Widmung

Meiner Tante, Rosemary Williams,
einer unermüdlichen Verfechterin der Rechte von Tieren,
deren Andenken mich beim Schreiben dieses Buches
immer wieder motiviert hat.

Inhalt

Einleitung

Warum sollten
50 Fakten die Welt verändern?

Der Vorsatz, die Welt verändern zu wollen, stellt jeden, der ihn fasst, vor eine ziemlich schwierige Aufgabe. Auf den ersten Blick mag kaum einzusehen sein, wie ein Faktum, ein schlichtes kleines Stück Information, so etwas fertig bringen sollte. Aber ich glaube fest daran, dass jede einzelne der in diesem Buch aufgelisteten 50 Tatsachen das Zeug dazu hat, unser Denken zu verändern – und wenn es darum geht, die Welt zu verändern, so ist das der wichtigste Schritt, den wir auf dem Weg dahin tun können.

Jede der hier aufgeführten Tatsachen sagt uns etwas Wichtiges, das wir über das moderne Leben in unserer modernen Welt unbedingt wissen müssen. In einigen Fällen geht es um Ungleichverteilungen in Bezug auf Einkommen, Chancen und Macht. Andere befassen sich mit der zügellosen Ausbeutung natürlicher Ressourcen, während wieder andere von unserer sich wandelnden Kultur und Gesellschaft handeln. Zu jeder Tatsache gibt es einen kurzen Aufsatz, der ein paar Zusammenhänge vermitteln, einen Blick auf die Geschichte hinter der Statistik werfen soll: Welche Ausmaße das Problem hat, wie es so weit gekommen ist, und was wir heute tun können. Am Ende des Buches findet sich eine komplette Liste der Quellen, aus denen diese 50 Tatsachen stammen. Außerdem finden Sie ein Glossar, das wenig geläufige Ausdrücke erklärt, und einen kleinen Leitfaden, der Ihnen helfen soll, sich einzumischen.

Bei der Lektüre dieses Buches werden einige Dinge zunehmend klar werden. Viele der Probleme unserer Welt sind auf das groteske Wohlstandsgefälle zurückzuführen, das zwischen den reichen Industrienationen und den ärmeren Entwicklungsländern besteht. Wenn wir es schaffen würden, dieser Ungleichheit zu Leibe zu rücken, kämen wir auf unserem Weg zur Lösung des Problems ein gutes Stück voran. Das so häufig verteufelte Phänomen der Globalisierung – die zunehmende Vernetzung der Welt durch Handel, Kommunikation und Investitionen – könnte viel dazu beitragen, würde es nur in der richtigen Art und Weise genutzt. Aber wie wir sehen werden, haben die reichen Länder es fertig gebracht, es als weiteres Werkzeug der Ausbeutung zu gebrauchen, den Entwicklungsländern hohe Hürden in den Weg zu stellen, während sie selbst gleichzeitig ihrer eigenen Ökonomie großzügig auf die Sprünge halfen und Unternehmen sich billige Arbeitskräfte und Rohstoffe aus ärmeren Ländern zunutze machen, um ihre Profite weiter zu maximieren.

Das Wichtigste aber, was Sie bedenken sollten, wenn Sie dieses Buch lesen: Es handelt sich zwar um Tatsachen, aber nicht um unumstößliche Wahrheiten. Es ist nicht zu spät, die Art und Weise zu ändern, wie die Welt funktioniert. Aber wir müssen rasch handeln. Einige der hier geschilderten Sachverhalte setzen ein größeres Umdenken voraus, andere machen es erforderlich, dass Regierungen endlich beginnen, ihre Verantwortung der internationalen Gemeinschaft gegenüber ernst zu nehmen. Keiner von all diesen Punkten wird leicht zu erreichen sein. Aber wenn wir es nicht versuchen, wird es nie dazu kommen. Ein Zitat der bedeutenden Anthropologin Margaret Mead hat Generationen von Aktivisten inspiriert, und auch mir ging es beim Schreiben nicht aus dem Kopf: »Zweifle nie daran, dass eine kleine Gruppe umsichtiger, engagierter Menschen die Welt verändern kann. Ja, es ist das Einzige, was solches je bewirkt hat.«

Ich bin davon überzeugt, dass diese 50 Fakten die Welt verändern sollten. Und ich hoffe, dass Sie, wenn Sie dieses Buch gelesen haben, ebenfalls davon überzeugt sein werden.

1

Eine japanische Frau kann damit rechnen, 84 Jahre alt zu werden, eine Botswanerin wird im Mittel nur 39

Wenn Sie in die industrialisierte Welt hineingeboren wurden, haben Sie die reelle Chance, dass Sie ein längeres Leben vor sich haben als Ihre Eltern – und Ihre Kinder werden noch älter werden. Ein heute geborenes deutsches Mädchen wird im Durchschnitt 86,5 Jahre alt werden, ein Junge immerhin 80 Jahre. In den vergangenen zweihundert Jahren hat sich die durchschnittliche Lebensspanne des Menschen verdoppelt, und in den meisten Ländern setzt sich dieser Trend auf absehbare Zeit fort. Die Wissenschaft in der hoch entwickelten und wohlhabenden Welt hat es fertig gebracht, einstmals verheerende Krankheiten auszurotten und uns eine Lebensqualität zu bescheren, auf die unsere Vorfahren – die, um es mit Thomas Hobbes´ berühmten Worten zu sagen, ein »einsames, kümmerliches, rohes und kurz dauerndes Leben« führten – niemals zu hoffen gewagt hätten. Wir haben vielleicht noch nicht den Schlüssel zur Unsterblichkeit, aber es kann uns heute unter Umständen bereits verdammt gut gehen.

Erst unsere jüngste Geschichte hat es uns ermöglicht, von einem langen, aktiv verbrachten Leben zu träumen. Zu Zeiten des Römischen Reiches betrug die Lebenserwartung nur 22 Jahre. Bis zum Mittelalter, um die 1500 Jahre später, war in England lediglich eine bescheidene Verbesserung zu verzeichnen – damals konnten die Menschen damit rechnen, 33 Jahre alt zu werden, und das waren nicht notwendigerweise gesunde Jahre.[1] Hunger war als Bedrohung allgegenwärtig, und die Medizin beschränkte sich auf wenige überaus brutale chirurgische Techniken. Typhus- und Lepraepidemien waren keine Seltenheit und der Schwarze Tod, der zwischen 1347 und 1351 über den europäischen Kontinent hinwegfegte, kostete ein Viertel seiner Bevölkerung das Leben.

Der dramatische Zuwachs der menschlichen Lebenserwartung begann erst mit der Industriellen Revolution, die im 19. Jahrhundert von England ihren Ausgang nahm und sich rasch über ganz Europa ausbreitete. Seit 1840 hat sich die durchschnittliche Lebenserwartung in den langlebigsten Ländern stetig verlängert, und zwar um drei Monate pro Jahr. Und dieser Zuwachs dauert bis zum heutigen Tage an.

Was also steckt hinter diesem plötzlichen Anstieg unserer Lebenserwartung? Mit Sicherheit haben die einschneidenden sozialen Veränderungen zu Beginn des 19. Jahrhunderts einen großen Teil dazu beigetragen. Das Wachstum der Industrie verschaffte den Städten als ihren Wirtschaftszentren einen ungeheuren Aufschwung, Vorstädte wurden aus dem Boden gestampft, um den Arbeiterströmen, die ihre beschwerliche bäuerliche Existenz hinter sich gelassen hatten, weil sie in der Stadt auf ein neues Leben hofften, eine Heimstatt zu gewähren. Diejenigen, die bereits in den Städten lebten, waren nun ebenfalls nicht mehr gezwungen, in beengten Quartieren zu hausen, in denen sich Krankheiten rasch ausbreiteten. Es gab sauberes Wasser und sanitäre Anlagen, Dinge, die wir heutzutage als Selbstverständlichkeit betrachten und die einen enormen Einfluss auf die Gesundheit der Allgemeinheit haben. Tuberkulose und Cholera, welche zuvor ganze Gemeinwesen lahm legen konnten, wurden sehr viel seltener.

Für diejenigen, die krank wurden, bedeutete medizinischer Fortschritt, dass man auf Blutegel und Schädelöffnungen mit Hammer und Meißel, Trepanationen, zu verzichten begann. Die Erkenntnis, wie wichtig Hygiene und Desinfektionsmaßnahmen im Umgang mit Kranken und Gebärenden sind, war ein weiterer Meilenstein und trug dazu bei, die Zahl der Frauen, die während der Geburt ihrer Kinder oder im Kindbett starben, dramatisch zu senken. Es sagt eine Menge, dass der Begriff »Lebensqualität« eine so junge Erfindung ist. Bis vor kurzem war das Leben allein bereits Segen genug.

Wie lange wird diese Zunahme wohl noch andauern? Hat der Körper eine begrenzte Lebensdauer, oder können wir das Leben endlos weiterverlängern? Eine These lautet, dass wir trotz aller Fortschritte in Wissenschaft und Medizin einen Punkt erreichen werden, an dem unser Körper einfach nicht länger funktionieren kann. Einhellige Lehrmeinung ist jedenfalls, dass auch unsere Lebenserwartung der Evolution unterworfen ist. Wenn wir immer weiter Kinder zur Welt brächten, die immer länger lebten, würde das delikate Gleichgewicht zwischen Überleben und Anpassung irgendwann verloren gehen. Das wiederum hätte unter anderem tief greifende Auswirkungen auf die Fähigkeit einer Regierung, die Grundversorgung ihrer Bürger zu gewährleisten, ja, die Industrienationen scheinen bereits auf diesen Punkt zuzusteuern.

Die Gruppe mit der höchsten Lebenserwartung sind derzeit japanische Frauen. Sie erreichen gegenwärtig im Durchschnitt ein Alter von 84,6 Jahren, und ihr Zugewinn in puncto Langlebigkeit scheint zurzeit durch nichts zu bremsen. Bis zum 31. Oktober 2003 konnte sich Japan mit dem ältesten Menschen der Welt brüsten: Mrs. Kamato Hongo, 1887 geboren, war bei ihrem Tod 116 Jahre alt. So bemerkenswert dieses Alter uns im Augenblick noch scheinen mag, es gibt Leute, die der Ansicht sind, dass solche extreme Langlebigkeit durchaus normal werden könnte. Die amerikanische Wissenschaftszeitschrift *Science* prophezeit, dass in sechzig Jahren ein neugeborenes japanisches Mädchen damit rechnen kann, hundert Jahre alt zu werden.[2] Schluss mit den Glückwunsch-Telegrammen von Monarchen und Präsidenten. Der hundertste wird zu einem ganz normalen Geburtstag werden.

Für diejenigen aber, die in Zentral- und Südafrika leben, besteht wenig Anlass zu feiern. Hier steigt die Lebenserwartung kein bisschen, ja, infolge der verheerenden HIV/AIDS-Pandemie sinkt sie sogar rasch. Das *US Census Bureau*, das zentrale statistische Register der Vereinigten Staaten, prophezeit, dass die durchschnittliche Lebenserwartung in 51 Ländern sinken wird, da das Virus immer noch ohne Unterlass Millionen Leben fordert.

Ein Baby, das im Jahre 2002 in Botswana geboren wurde, kann beispielsweise im Mittel damit rechnen, 39 Jahre alt zu werden. Das sind dreißig Jahre weniger als die mittlere Lebenserwartung ohne AIDS betragen würde. Bis zum Jahre 2010, so wird geschätzt, werden junge Botswaner im Durchschnitt nur noch 27 Jahre alt werden.[3] Das ist ein deprimierender Gedanke, noch dazu einer, der die Jahrhunderthoffnungen der Industrienationen nach grauenhafter Eitelkeit aussehen lässt.

AIDS mag der Hauptgrund für die verminderte Lebenserwartung in den Entwicklungsländern sein, aber es gibt noch viele andere. Die Kindersterblichkeit ist in vielen Ländern unvermindert hoch. In Sierra Leone sterben 157 von tausend Babys noch vor ihrem ersten Geburtstag. Hält man Island dagegen, wo dies auf 2,6 Babys zutrifft, wird einem rasch klar, warum die Säuglingssterblichkeit als eine so überaus sensible Messgröße für den Zustand des Gesundheitswesens in einem Staat angesehen wird.[4] Die Verfügbarkeit von sauberem Wasser, ausgewogene Ernährung und angemessene Gesundheitsfürsorge sind während einer Schwangerschaft unerlässlich. Im Westen sind sie eine Selbstverständlichkeit – in vielen Entwicklungsländern aber ist das nicht der Fall. Kleinkinder, die unzureichend ernährt werden, erkranken sehr viel leichter an Grippe und Durchfällen, und *UNICEF* geht davon aus, dass weltweit 150 Millionen Kinder unterernährt sind.

Auch Armut setzt die Lebenserwartung herab. Die fehlende Verfügbarkeit von sauberem Trinkwasser ist dabei in vielen Ländern noch immer die Haupttodesursache. Luft- und Bodenverschmutzung können Krankheiten verursachen und erschweren überdies die Nahrungsmittelproduktion. Zudem versteppt mehr und mehr Land, weil rasch wachsende Bevölkerungen Boden und natürliche Ressourcen einer ständig wachsenden Belastung aussetzen, und so lokale Ökosysteme zerstört werden.

An alledem zeigt sich, dass die Frage der Lebenserwartung für Entwicklungsländer und Industrienationen gleichermaßen eine Herausforderung darstellt. Die reichen Nationen müssen mit ihrer alternden Bevölkerung fertig werden und sich für die Belastungen wappnen, denen ihre Gesundheits- und Sozialsysteme künftig ausgesetzt sein werden. Regierungen und Unternehmen sind bereits heute gezwungen, die

Versorgung ihrer Ruheständler kritisch zu überprüfen. Wenn ein britischer Mann 75 Jahre alt wird, bezieht er im Durchschnitt die letzten zehn Jahre seines Lebens Rente. Das ist sicher eine überaus angenehme Aussicht, aber es wird schwerer und schwerer werden, dies zu gewährleisten. Manche europäischen Staaten diskutieren bereits über eine Heraufsetzung des Rentenalters, und wenn die Bevölkerung immer älter wird, werden immer weniger arbeitende Menschen immer mehr Geld für die Sozialsysteme erwirtschaften müssen. Die Regierungen sehen sich bereits jetzt lautstarker Kritik ausgesetzt von Bürgern, die das Gefühl haben, betrogen zu werden – der lang gehegte Glaube, dass ein arbeitsreiches Leben durch einen komfortablen Ruhestand belohnt werden muss, erweist sich als schwer zu erschüttern.

In den Entwicklungsländern hat unterdessen für viele Staaten die Beherrschung der AIDS-Pandemie Priorität. Die afrikanischen Nationen sind gegenwärtig am schwersten geschlagen, aber alle Zeichen deuten darauf hin, dass China, Indien und die Staaten der ehemaligen Sowjetunion in den kommenden zehn Jahren Millionen ihrer Bürger durch AIDS verlieren werden. Die Weltbank betont die Notwendigkeit, durch eine bessere Gesundheitsvorsorge Krankheiten zu verhüten, aber wo Analphabetentum herrscht und Bildung nur eingeschränkt verfügbar ist, scheint das nur schwer möglich.[5] AIDS ist in den meisten Ländern noch immer die Ursache für Ausgrenzungen, und viele Regierungen zaudern, das Problem zur Kenntnis zu nehmen. Im Juni 2003 erhielt der *Global Fund to Fight AIDS, Tuberculosis and Malaria* Zuwendungen in Höhe von 4,8 Milliarden Dollar, die bis Ende 2008 reichen sollten. Bereits Ende 2004 aber mahnte er an, er werde weitere drei Milliarden benötigen.[6]

Die Weltbank prophezeit vielen Regierungen überdies die Wahl zwischen zwei gleichermaßen unliebsamen Alternativen. Menschen zu behandeln, die an AIDS leiden, ist extrem kostenaufwändig. Man schätzt, dass der britische Gesundheitsdienst für jeden AIDS-Patienten pro Jahr im Schnitt 15 000 Pfund aufwenden muss. Diese Kosten sind schon für die Gesundheitssysteme der Industrienationen eine große Belastung – in den Entwicklungsländern aber ist es schlicht unmöglich, sich all denen, die einer Behandlung bedürfen, angemessen zuzuwenden. Die Weltbank rät, Fördermittel bevorzugt in Bildung und Prävention zu investieren – kurz: sich auf diejenigen zu konzentrieren, die noch gesund sind, statt auf jene, die ohnehin sterben werden. Doch angesichts voller Krankenhäuser und hoher Infektionsraten dürfte eine solchermaßen kalkulierte Entscheidung jeder Regierung höchstwahrscheinlich extrem schwer fallen.

2

Ein Drittel aller übergewichtigen Menschen lebt in Entwicklungsländern

Es wirkt wie grausamster Zynismus: Eine Welt, die vergeblich gegen den Hunger kämpft, ringt gleichzeitig mit einer wahren Epidemie des Übergewichts. Erstmals beginnt die Zahl der Übergewichtigen an die der Unterernährten heranzureichen. Und diese Epidemie ist nicht auf die reichen Länder der Welt beschränkt.

Über dreihundert Millionen Menschen auf der Welt sind übergewichtig, und die Schlagzeilen zur derzeitigen Krise einer »globalen Fettsucht« mehren sich ständig. Besorgniserregender als das aber ist womöglich, dass 115 Millionen der übergewichtigen Menschen in Entwicklungsländern leben. Es sieht ganz so aus, als hätten die Bewohner ärmerer Länder zusammen mit all den Verbraucherfallen, die vermehrter Wohlstand mit sich bringt, auch einige der gefährlichsten Gewohnheiten der westlichen Zivilisationen übernommen – und das, soviel scheint sicher, mit verheerenden Konsequenzen. Die *Weltgesundheitsorganisation WHO (World Health Organisation)* konstatiert, dass sich die Übergewichtsquoten auf der Erde in den vergangenen zwanzig Jahren mehr als verdreifacht haben, den raschesten Anstieg hatten dabei häufig Entwicklungsländer zu verzeichnen.

Nie zuvor in der Geschichte unserer Welt hatten wir so viel zu essen, aber es hat den Anschein, als käme es in einer

Kultur des Überflusses deutlich mehr darauf an, was für Entscheidungen wir treffen. Mit der zunehmenden Verstädterung der Weltbevölkerung rund um den Globus geht eine einschneidende Veränderung der Essgewohnheiten einher. Fachleute des Gesundheitswesens sprechen von einem Ernährungswandel. Bauern, die einst eine Vielfalt an Nutzpflanzen für den eigenen Gebrauch angebaut haben, fangen an, sich auf eine einzige gewinnbringende Kulturpflanze zu konzentrieren. Länder importieren zunehmend mehr Lebensmittel aus der industrialisierten Welt. Statt frischem Obst und Gemüse essen die Menschen massiv bearbeitete Lebensmittel von extrem hoher Energiedichte und hohem Fett-, Zucker- und Salzgehalt. Nimmt man dazu eine immer stärker um sich greifende sitzende Lebensweise – Menschen fahren, statt zu laufen, arbeiten in Büros statt auf den Feldern, schauen dem Sport zu, statt ihn selbst zu betreiben – so wächst sich dies zu einer tödlichen Kombination aus.

Fettleibigkeit und Übergewicht erhöhen das Risiko für schwere chronische Erkrankungen. Herz-Kreislauf-Beschwerden, Bluthochdruck, Schlaganfälle und bestimmte Krebsarten treten bei übergewichtigen Menschen gehäuft auf – ebenso eine Form des Diabetes, die man früher als »Altersdiabetes« bezeichnet hat, und die man nun bereits bei Zehnjährigen findet. Diese Krankheit allein erhöht das Risiko für Herzinfarkte und Schlaganfälle deutlich, kann zu Blindheit, Nierenversagen und Nervenschädigungen führen. Die sich daraus ergebende finanzielle und soziale Bürde lastet in den Industrienationen bereits heute schwer auf den Haushalten des Gesundheitswesens: Übergewichtsbedingte Krankheiten kosteten die Vereinigten Staaten in den Neunzigerjahren des 20. Jahrhunderts 12 Prozent ihres Gesundheitsbudgets – das entspricht in etwa 118 Milliarden Dollar, mehr als das Doppelte der 47 Milliarden Dollar, die für Krankheiten rund ums Rauchen ausgegeben werden müssen.[1] Nach Angaben der *WHO* findet sich die Mehrzahl der ernährungsbedingten chronischen Erkrankungen in den Entwicklungsländern.[2] Und in Ländern, in denen die Gesundheitssysteme ohnehin bereits bis zum Äußersten belastet sind, könnte der Druck untragbar werden.

In China werden fünf Prozent der Bevölkerung als übergewichtig eingestuft – schaut man aber die Städte an, so steigt diese Zahl auf 20 Prozent, zu denen auch zahlreiche Kinder gehören. Diese »kleinen Kaiser« gehen auf das Konto von Chinas Ein-Kind-Politik. Quer durch ganz Asien findet sich dasselbe Bild. Unter thailändischen Kindern zwischen fünf und zwölf Jahren stieg der Prozentsatz der Übergewichtigen binnen zwei Jahren von zwölf auf 15 bis 16 Prozent. Fast zehn Prozent der japanischen Jungen im Alter von neun Jahren sind heutzutage übergewichtig – 1970 waren es nur drei Prozent.[3]

Auch in Lateinamerika schnellen die Zahlen in die Höhe, machen denen seines nordöstlichen Nachbarn fast schon Konkurrenz. Vierundsechzig Prozent aller mexikanischen Frauen und 60 Prozent aller mexikanischen Männer sind übergewichtig. Auch hier das vertraute Bild: Junge Leute ziehen in die Städte, arbeiten hart in sitzenden Berufen und beziehen ihren »Treibstoff« aus billiger, industriell gefertigter Nahrung. Der *Guardian* bemerkt dazu, in manchen entlegenen Dörfern Mexikos sei es leichter, eine Tüte Chips zu kaufen als eine Banane.[4]

Alles in allem aber leben die dicksten Menschen auf den Inseln des Pazifiks. In Nauru sind 77 Prozent der Erwachsenen übergewichtig – das ist doppelt so viel wie in den reichen Ländern der Europäischen Union. In der pazifischen Kultur gilt Leibesfülle von jeher als Zeichen von Wohlstand und Macht. Einst musste man schon sehr reich sein, wenn man genug essen wollte, um dick zu werden. Heute aber macht die Flut an billigen importierten Lebensmitteln Fettleibigkeit für jedermann erschwinglich.

Wo einst die regionale Ernährung aus Fisch und tropischen Früchten bestand, quellen die Märkte von Fleisch über, das die reicheren Märkte in Übersee verweigern. Putenbürzel aus den Vereinigten Staaten, Bauchfleisch von Lamm und Hammel aus Australien und Neuseeland – früher wurden diese fettreichen Fleischsorten zu Düngemittel oder Tierfutter verarbeitet, heute gelten sie als Delikatessen. In Tonga sind gesündere Proteinquellen wie der vor Ort gefangene Fisch zwischen 15 und 50 Prozent teurer als Hammelspeck und importiertes Huhn.[5] Manche Leute bezichtigen Länder, die solche Produkte exportieren, des »ernährungsphysiologischen Völkermords«. Der Gesundheitsminister von Samoa, Mulitalo Siafausa Vui, nannte das importierte Fleisch »Küchenabfälle, die von den reichen Nationen auf die armen gekippt werden«.[6] Die Fidschi-Inseln gingen sogar noch weiter und verkündeten ein Importverbot für Lamm- und Hammelspeck – Neuseeland drohte daraufhin mit einer Beschwerde bei der *Welthandelsorganisation WTO (World Trade Organisation)*.[7]

Natürlich hat für die Hilfsorganisationen der Welt die Bekämpfung des Hungers oberste Priorität. Aber man ist sich dort auch durchaus darüber im Klaren, dass Fettleibigkeit und die mit ihr verbundenen Probleme längst an einem kritischen Punkt angelangt sind.

Teil der Lösung ist offenbar eine bessere Informationspolitik in Gegenden, in denen die Zahl der Übergewichtigen so rasant zunimmt. Die *Ernährungs- und Landwirtschaftsorganisation der Vereinten Nationen FAO (Food and Agricultural Organisation)* spricht von der Notwendigkeit, Lebensmittelproduktionsexperten, die entscheiden können, wie und wo der Nutzpflanzenanbau optimiert werden kann, mit Ernährungsphysiologen an einen Tisch zu bringen. Die *Weltgesundheitsorganisation WHO* ist überdies im Begriff, Richtlinien über die Zusammensetzung einer gesunden und ausgewogenen Ernährung zu formulieren. Länderregierungen können mehr tun, um in ihren Schulen eine gesunde Ernährung und die Ausübung von Sport zu fördern – Singapurs Programm »Trim and Fit« hat durch Veränderungen im Speisenangebot an den Schulen, mehr Sport sowie die Einführung des Fachs Ernährungskunde das Übergewicht bei Kindern um fast die Hälfte senken können.

Klar ist aber auch, dass eine zu scharfe Kritik an bestimmten Nahrungsmitteln die Lebensmittelindustrie dazu veranlassen könnte, erbarmungslos zurückzuschlagen: Im April 2003 zum Beispiel hatten *WHO* und *FAO* die Herausgabe einer Ernährungsempfehlung vorbereitet, der zufolge Zucker bei einer ausgewogenen Ernährung höchstens zehn Prozent der täglichen Kalorienaufnahme ausmachen dürfe. Die Vertretung der amerikanischen Zuckerindustrie *(Sugar Association)* ließ eine bittere Attacke vom Stapel, nannte den Bericht »irregeleitet [und] wissenschaftlich unbegründet«.[8] Die Gesellschaft behauptete, 25 Prozent seien weit realistischer und völlig sicher, und forderte überdies vom amerikanischen Gesundheitsminister schriftlich die Zurücknahme der Empfehlung. Außerdem drohte sie, die amerikanische Regierung zur Streichung ihrer Fördermittel für die *Weltgesundheitsorgani-*

sation zu drängen. Der Bericht von *WHO* und *FAO* wurde trotz- und alledem herausgegeben, das Ganze galt als Sieg nichtstaatlicher Organisationen über die Lobbyisten – aber die Botschaft war unmissverständlich und alles andere als erfreulich.

Aufklärung in puncto Ernährung ist Teil der Lösung, aber es ist auch klar, dass den Ökonomen eine wichtige Rolle zukommt. In Tonga, so zeigt ein *WHO*-Bericht, würde die Entwicklung einer nachhaltigen Landwirtschafts- und Fischereiindustrie dazu beitragen, gesündere traditionelle Lebensmittel zu geringeren Preisen verfügbar zu machen. Das Importverbot für ungesunde Lebensmittel, wie es die Fidschi-Inseln praktizieren, ist eine weitere Möglichkeit. Solche Alternativen aber erzürnen unter Umständen die reicheren Länder, die an dem Export billiger Nahrungsmittel in arme Länder eine Menge verdienen, und die Folge könnte eine Beschwerde bei der *Welthandelsorganisation* sein. Der Tonga-Bericht kommt zu dem Schluss: »Es obliegt den Vertretern der internationalen Politik, sich die gesundheitlichen Konsequenzen solcher ›Lebensmittel von zweifelhaftem Nutzen‹ und die Rolle des Handels für die Gesundheit einer Bevölkerung zu vergegenwärtigen.«[9]

Zeitungsartikel und Fernsehbeiträge in den Industrienationen werden es nicht müde, die Vorzüge einer Wunderdiät nach der anderen zu preisen. Aber wie die meisten Menschen, die sich schon einmal einer Diät unterzogen haben, wissen, birgt ein Glas Diätlimonade nur sehr selten die Lösung für das eigene Übergewicht. Und in den Entwicklungsländern, in denen Fettleibigkeit mindestens so viel mit Handel und Globalisierung zu tun hat wie mit anderen Dingen, schmeckt dieser Schluck obendrein bitter.

3

Die Vereinigten Staaten und Großbritannien haben von allen Industrienationen die meisten Teenagerschwangerschaften zu verzeichnen

In den reichsten Ländern der Welt werden Jahr für Jahr 1,25 Millionen Teenager schwanger. 760 000 von ihnen entscheiden sich dafür, das Kind zu behalten. Die bei weitem größte Wahrscheinlichkeit für eine Schwangerschaft zwischen zehn und zwanzig Jahren besteht bei amerikanischen Teenagern. Eine von *UNICEF* erstellte Ländertabelle macht deutlich, dass die Häufigkeit für Teenagerschwangerschaften in den Vereinigten Staaten doppelt so hoch ist wie in den meisten anderen industrialisierten Ländern. Auf tausend amerikanische Frauen zwischen fünfzehn und neunzehn kommen 52,1 Geburten – in Korea sind es im Vergleich dazu nur 2,9, in Japan 4,6. Schätzungsweise 22 Prozent aller zwanzigjährigen Amerikanerinnen hat im Teenageralter bereits ein Kind gehabt.[1]

Großbritannien hält mit 30,8 Geburten auf tausend Teenager den zweitletzten Platz in der Tabelle. Es liegt mit dieser Zahl dreimal so hoch wie Frankreich und viermal so hoch wie Italien.

Überall in der industrialisierten Welt sinkt die Häufigkeit für Teenagerschwangerschaften, und die amerikanische Regierung hat unlängst Zahlen veröffentlicht, die stolz verkündeten, die Schwangerschaftshäufigkeit bei den Vierzehn- bis

Fünfzehnjährigen sei die geringste seit 1946.[2] Aber in der übrigen Welt fallen die Quoten sehr viel rascher, und das relativ hohe Aufkommen in Großbritannien und den Vereinigten Staaten gilt allgemein als ernstes Problem.

Das war nicht immer so. Den größten Teil der Geschichte hindurch wurde von Frauen erwartet, dass sie ihr erstes Kind sehr jung bekamen. Aber es ist keine Frage, dass die Gesellschaft sich verändert und dies zu einem beträchtlichen Teil der Tatsache zu verdanken ist, dass Frauen heute eine größere Rolle im wirtschaftlichen und politischen Leben spielen. In den Industrienationen ist das Durchschnittsalter, in dem eine Frau ihr erstes Kind zur Welt bringt, deutlich gestiegen – in Spanien und den Niederlanden bekommt eine Frau im Mittel mit dreißig ihr erstes Kind.[3] Frauen heiraten später oder überhaupt nicht. Junge Mädchen haben früher Sex und oftmals mehrere Partner, bevor sie eine stabile Beziehung beginnen.

Heutzutage, in einer Welt, in der eine gute Ausbildung für Frauen eher die Regel denn die Ausnahme ist, eine Ehe oft nicht in Frage kommt und familiäre Unterstützung sehr häufig nicht verfügbar ist, befinden sich sehr junge Mütter beträchtlich im Nachteil.

Noch 1950 war eine Mutter unter zwanzig in aller Regel verheiratet – in Amerika kamen nur 13 Prozent aller Kinder von Teenagern unehelich zur Welt. Im Jahre 2000 waren fast 80 Prozent aller Teenager-Mütter unverheiratet.[4]

Eine von *UNICEF* in Auftrag gegebene Studie der University of Essex zeichnet ein düsteres Bild der Lebenssituation sehr junger Mütter. Im Mittel verdoppelt sich für sie das Risiko, in Armut zu leben, ebenso die Wahrscheinlichkeit, dass sie die Schule vorzeitig verlassen werden.[5]

Es ist eine harte Erkenntnis, dass allein die Tatsache, dass eine junge Frau in ihren Teenagerjahren ein Kind zur Welt bringt, ausreicht, sie für den Rest ihrer Tage zu schwierigeren Lebensumständen zu verdammen. Es gibt starke Indizien dafür, dass junge Frauen, die als Heranwachsende schwanger werden, bereits einen ärmeren Familienhintergrund haben. Eine britische Studie kam zu dem Schluss, dass es eine Reihe von Risikofaktoren gibt, die die Wahrscheinlichkeit dafür, dass ein junges Mädchen bereits als Teenager Mutter wird, beträchtlich erhöhen: finanzielle Nöte, emotionale Probleme im Kindesalter, geringer Bildungsstand, sowie eine Mutter, die selbst sehr jung Mutter geworden ist. Die Wahrscheinlichkeit, dass ein Mädchen, auf das alle der hier genannten Umstände zutreffen, als Teenager Mutter wird, betrug 40 Prozent, bei Mädchen, auf die nichts von alledem zutraf, hingegen nur vier Prozent.[6]

Die *UNICEF*-Studie folgert, dass einer der Schlüsselfaktoren zur Verringerung der Häufigkeit von Teenager-Schwangerschaften darin besteht, dass man junge Menschen in den Stand versetzt, fundierte Entscheidungen zu treffen. Im Zuge dessen, dass Gesellschaften sich von den so genannten traditionellen Werten wegentwickeln, ist es von entscheidender Bedeutung, Kindern mit hinreichenden Informationen das Rüstzeug an die Hand zu geben, das es ihnen ermöglicht, sich inmitten sich verändernder Zeiten zurechtzufinden. Und das bedeutet nicht allein Aufklärung in Bezug auf Sex und Beziehungen, sondern auch Anreize, sich fortzubilden, und Hilfe dabei, Arbeit zu finden und sich finanzielle Sicherheit zu schaffen.

Was also machen die beiden reichen und mächtigen Nationen – Großbritannien und die Vereinigten Staaten – falsch?

Auf der einen Seite scheinen die Briten in Fragen der Sexualität eine sehr offene Haltung an den Tag zu legen. Die Boulevardblätter schmücken sich tagtäglich mit nackten Frauen, an manchen Morgen hat es im öffentlichen Nahverkehr den Anschein, als gäbe es, wohin man sieht, nur unverhüllte Busen. Werbespots für die harmlosesten Produkte – Joghurts, Autoversicherungen, Multivitaminpräparate – bombardieren den Betrachter mit sexuellen Botschaften, und die Fernsehprogramme dazwischen sind oftmals noch um einiges unverblümter. Einem Teenager, der sich gerade mühsam durch die raue See der Pubertät hindurchlaviert, muss es scheinen, als habe jeder auf der Welt vor allem eins: Sex.

Aber der *Leiter der Teenage Pregnancy Unit* spricht von einer »Benny-Hill-Kultur« aus lauter Leuten, die Probleme haben, über Sex freimütig und offen zu sprechen, weil sie ihn als zutiefst »ungehörig« empfinden.[7] Der verstorbene Komiker Benny Hill wurde durch eine Fernsehserie berühmt, die von zahllosen spärlich gekleideten Frauen, halbseidenem Postkarten-Humor und jeder Menge Anspielungen lebte. Wenn es darum geht, über diese höchst private Angelegenheit öffentlich zu reden, ist bei vielen unter uns offenbar Gelächter das probateste Ventil für eine tief verwurzelte Verlegenheit.

Das Ringen um eine bessere Sexualerziehung scheint gelegentlich eine Schlacht, die nicht zu gewinnen ist. In Großbritannien reagieren die Medien des rechten Flügels wutentbrannt auf jedweden Vorschlag, die Sexualerziehung praktischer zu gestalten und zu einem früheren Zeitpunkt zu beginnen. Ein vom Ministerium für Gesundheit und Erziehung mitgetragenes Pilotprogramm namens »A Pause« riet Teenagern bei ihren Experimenten auf dem Weg zu sexueller Intimität zu verschiedenen »Zwischenstopps« als Ersatz für den Geschlechtsverkehr selbst. Die Schlagzeile der *Times* dazu sagte alles: »Regierung fordert Jugendliche unter sechzehn zum Oralsex auf«.[8] Und manche Kritiker sind der Ansicht, der Aufklärungsunterricht betone den sexuellen Aspekt einer Beziehung zu sehr – zu Ungunsten anderer Bedürfnisse, die junge Menschen möglicherweise haben.

Unabhängige Berater aber sind der Ansicht, die sexuelle Aufklärung und der Rat in Beziehungsfragen beginne einfach nicht früh genug, um Kinder auf das frühere Einsetzen der Pubertät vorzubereiten. Großbritanniens *Beratergruppe zum Thema Teenagerschwangerschaften (Independent Advisory Group on Teenage Pregnancy)* vertritt den Standpunkt, die sexuelle Aufklärung solle bereits im Grundschulalter – in Großbritannien also mit fünf Jahren – beginnen.[9]

In Amerika hingegen gibt es überhaupt kein Bundesgesetz, das irgendeine Form von sexueller Aufklärung in der Schule vorsieht. Es bleibt den einzelnen Bundesstaaten überlassen zu entscheiden, ob sie Sexualkundeunterricht wollen, und wenn ja, wie dieser zu erteilen ist. Die Bush-Regierung hat allerdings hinlänglich klar gemacht, dass sexuelle Aufklärung einzig und allein in der Aufforderung zur Enthaltsamkeit zu bestehen und keinerlei Informationen über andere Methoden zur Verhütung ungewollter Schwangerschaften und der Übertragung sexuell übermittelter Krankheiten zu enthalten habe.

Die Regierung unter Präsident Bush stellt »die wissenschaftliche Beweislage betreffs dessen, was im Zusammenhang mit sexueller Aufklärung funktioniert und was nicht, gleich bleibend verzerrt dar«.[10] Sie hat neue Maßstäbe geschaffen, an denen die Effizienz des Sexualkundeunterrichts zu messen ist. Eines der Erfolgskriterien ist der Anteil an Heranwachsenden, die erklären, ihnen sei klar, welche sozialen, psychologischen und gesundheitlichen Vorteile sexuelle Enthaltsamkeit vor der Ehe mit sich bringe. Aber natürlich bedeutet das Versprechen, etwas zu tun, noch lange nicht, dass man es auch wirklich tun wird. Die Richtlinien enthalten keinerlei Berichte oder Einschätzungen über das tatsächliche Verhalten der jungen Leute. Und die wenigen soliden Betrachtungen zur Enthaltsamkeitserziehung zeigen nicht die geringste positive Auswirkung auf das Sexualverhalten.[11] In einer Längsschnittstudie kam man zu dem Schluss, dass 88 Prozent aller Teenager, die Enthaltsamkeit gelobt hatten, trotzdem Sex vor der Ehe hatten.[12]

Die nichtstaatliche Organisation *Human Rights Watch* warnte besorgt, die Einseitigkeit, mit der Enthaltsamkeit als einzig zulässige Option gepredigt werde, habe auch zur Folge, dass grundlegende Informationen über Maßnahmen gegen die Ausbreitung von HIV/AIDS auf der Strecke blieben, denn über den Gebrauch von Kondomen würden vorsätzlich Fehlinformationen in die Welt gesetzt. *Human Rights Watch* zitiert von der amerikanischen Bundesregierung geförderte Werbefeldzüge, in denen die Botschaft vermittelt wird, Kondome seien unwirksam, und Eltern, die ihren Teenagern raten, diese zu verwenden, setzten die Gesundheit ihrer Kinder aufs Spiel.[13] *Human Rights Watch* zitiert eine Lehrerin, die berichtet, welche Auswirkungen das behördlich verhängte Enthaltsamkeitsgebot auf das hat, was sie ihren Schülern sagen darf: »Früher konnte ich sagen: ›Wenn ihr keinen Sex habt, prima. Falls aber doch, so müsst ihr euch vorsehen und Kondome benutzen.‹ Himmel, das war einmal.«[14] Trotz alledem und ungeachtet des eklatanten Mangels an schlüssigen wissenschaftlichen Beweisen für ihre Wirksamkeit sind die Fördermittel für Enthaltsamkeits-Kampagnen seit der Einführung des Regierungsprogramms um 3000 Prozent gestiegen.[15]

Fachleute sind sich einig, dass die Aufforderung zu Enthaltsamkeit ein wichtiger Aspekt der Sexualerziehung ist, aber keinesfalls der einzige sein darf, der gelehrt wird. Wenn Teenager sich für eine sexuelle Beziehung entscheiden, muss ihnen vermittelt werden, wie sie sich schützen können. Die meisten jugendlichen Mütter in Großbritannien und den Vereinigten Staaten erklären, dass sie nicht hatten schwanger werden wollen, aber weder genug über Verhütung gewusst hätten, noch über die Herausforderungen und Schwierigkeiten, die die Sorge für ein Baby mit sich bringt.[16] Beratung in Fragen der Verhütung mag in vielen Fällen verfügbar sein, aber der Schritt, sich wirklich Rat zu holen, scheitert unter Umständen an Verlegenheit und Geheimniskrämerei. Ein junges Mädchen erklärte dazu einmal: »Manchmal hat es den Anschein, als sei Sex ein Muss, Verhütung aber illegal.«[17]

Einander widersprechende Botschaften wie diese sind die Wurzel des Übels. Wir enthalten den jungen Leuten nicht nur die Mittel vor, die sie benötigen, wenn sie sich für eine sexuelle Beziehung entscheiden, sondern wir machen sie glauben, ihnen stünden alle Entscheidungen der Welt offen – und reden ihnen dann ein schlechtes Gewissen ein, wenn sie sie treffen. Eine offene und ehrliche Atmosphäre zu schaffen, in der Eltern mit ihren Kindern über Sex, Verhütung und Schwangerschaft reden können, hat in diesem Zusammenhang oberste Priorität. Es bedeutet einerseits, dass wir unsere eigene Verlegenheit überwinden, und andererseits, dass wir unseren Kindern zutrauen müssen, dass sie die richtigen

Entscheidungen treffen – zwei der einfachsten Dinge und gleichzeitig zwei der am schwersten zu erreichenden. Aber wenn wir etwas gegen Teenagerschwangerschaften unternehmen wollen, sind sie unerhört wichtig.

4

China fehlen 44 Millionen Frauen

Aus den offiziellen Nachrichtenmeldungen ließ sich schwach, aber deutlich ein alarmierter Unterton heraushören. Die staatliche chinesische Nachrichtenagentur berichtete im Oktober 2002, dass die jüngste Volkszählung eine höchst beunruhigende Tatsache bezüglich des Geschlechterverhältnisses beim größten Volk der Welt ans Licht gebracht habe: Auf 100 im Jahr 2000 neugeborene Mädchen kamen 116,8 neugeborene Jungen. Und ein Vergleich mit den beiden letzten Volkszählungen ergab, dass die Lage sich zuspitzt. Wenn die Geburtenzahlen weiterhin im selben Maß auseinander klaffen, so der *Shanghai Star*, dann werden in naher Zukunft 50 Millionen Männer keine Frau finden. In der Folge sei mit Problemen innerhalb der Familien, für Wirtschaft und Sozialsysteme zu rechnen. Ein Experte prophezeite gar eine zunehmende Häufigkeit von Entführungen, wenn so viele Männer verzweifelt auf Brautschau seien.[1]

Dieses Ungleichgewicht ist das beängstigende Ergebnis der in China, Indien und vielen Teilen Südostasiens verbreiteten Bevorzugung von Söhnen. Eltern, die kein Mädchen haben wollen, lassen an ihren ungeborenen Kindern Ultraschalluntersuchungen zur Geschlechtsbestimmung vornehmen und entscheiden sich bei weiblichen Föten für eine Abtreibung. Viele neugeborene weibliche Babys sterben in den ersten Lebenstagen oder -wochen scheinbar eines natürlichen Todes. Hat das Mädchen das Glück, das Säuglingsalter zu überleben, so kann es sein, dass seine Geburt nie registriert und es damit zu einem Leben am Rande der Gesellschaft verdammt wird, ihm Bildung, Gesundheitsfürsorge und oft sogar hinreichend Nahrung vorenthalten werden.

Obschon die Geburtenraten in Indien, China und Taiwan stetig fallen und sich mittlerweile denen der westlichen Welt annähern, lässt die ablehnende Haltung Mädchen gegenüber nicht nach. Die zunehmende Verfügbarkeit der Ultraschalltechnologie macht es Eltern immer leichter, sich aktiv gegen die Geburt eines Mädchens zu entscheiden. Dr. V. Parameshvara, ehemaliger Präsident des indischen Ärzteverbandes, schätzt, dass in seinem Land jährlich zwei Millionen Abtreibungen nur aus Gründen des Geschlechts vorgenommen werden.[2] In ihren Bestrebungen, dieser Welle etwas entgegenzusetzen, haben Indien und China geschlechtsbedingte Abtreibungen für illegal erklärt. In China dürfen Ärzte bei den routinemäßigen Ultraschalluntersuchungen ihren Patientinnen das Geschlecht des Kindes nicht verraten. Aber nicht alle Kliniken halten sich auch immer an die Regeln. Der *Shanghai Star* berichtete, dass illegale Ultraschalluntersuchungen für 60 bis 120 Dollar zu haben sind.[3]

In Anbetracht immer ausgefeilterer Obduktionsmethoden verlegen sich indische Eltern auf immer grausamere Methoden, sich ihrer Töchter zu entledigen. Radha Venkatesar beschreibt in der Zeitung *Hindu* detailliert einige der Methoden, von denen ihr Mütter aus der Region Salem im Bundesstaat Tamil Nadu erzählt hatten.

Eine dieser Methoden besteht darin, das Baby mit heißer, scharf gewürzter Hühnersuppe zu füttern. »Sie schreien, winden sich ein paar Stunden vor Schmerz und sterben dann« [erklärte eine Frau]. Wenn Aktivisten von nichtstaatlichen Organisationen von solchen Kindesmorden Wind bekommen und nachforschen, kontern die Dorfbewohner prompt, »das Kind hatte starke Blähungen und musste mit Hühnersuppe gefüttert werden«. Eine weitere dieser unbarmherzigen Beseitigungsmethoden in den Dörfern Salems besteht darin, Kinder zu überfüttern und fest in feuchte Tücher zu wickeln. Nach einstündigem, atemlosem Todeskampf sterben sie ... die jüngste Methode aber, ein Kind zu ersticken, indem man es unter einen voll aufgedrehten Standventilator legt, hat die Polizei in arge Verlegenheit gebracht. Im vergangenen Jahr hat sie in Salem nur fünf Fälle von Kindsmord an weiblichen Säuglingen nachweisen können.[4]

Auf ein Mädchen, das seine ersten Wochen überlebt, lauern weitere heimtückische Gefahren. Jungen werden bei der Gesundheitsfürsorge häufig bevorzugt. In Indien hat eine Untersuchung gezeigt, dass es zwar bei schweren, nicht zu verhindernden Krankheiten keine Diskrepanz zwischen den Geschlechtern gibt, dass aber Mädchen doppelt so häufig wie Jungen an Durchfällen sterben – und die sind behandelbar.[5] Oft wird für Jungen mehr Geld für Kleidung ausgegeben, zudem bekommen sie nahrhafteres Essen. Von Anfang an sind ihre Überlebenschancen höher. Mädchen haben es schwer im Leben.

In China hat die berühmte Ein-Kind-Politik dazu geführt, dass viele Geburten nicht angezeigt werden. Speziell in ländlichen Regionen werden daher größere Familien häufiger. Die chinesische Regierung scheint ihre drastischen Zwangsmaßnahmen zur Familienplanung gelockert zu haben, und die Tatsache, dass Frauen aus Arbeitsgründen ihren Aufenthaltsort im Land häufig wechseln, macht es schwerer,

Schwangerschaften zu überwachen. Chinesische Demographen berichten, bei Stichproben des staatlichen Amtes für Statistik fänden sich in manchen Dörfern Abweichungen um bis zu 40 Prozent von den amtlich vorliegenden Zahlen. Schwer zu sagen, wie hoch der Anteil an Mädchen bei diesen »unsichtbaren« Kindern ist. Aber die staatliche Kommission zur Familienplanung sagt, manche Familien auf dem Land seien größer, weil die Familie einen Sohn wolle.[6]

Was aber geschieht mit all diesen unregistrierten Kindern? In den Augen des Gesetzgebers existieren sie schlicht und einfach nicht. Diese Kinder werden nie eine Schule besuchen oder vom staatlichen Gesundheitssystem mitversorgt werden können. Ihre Chancen im Leben sind von vornherein stark beschnitten.

Um diesen Mädchen eine Chance zu geben, müssen die Regierungen das Problem des Mädchenmords entschieden angehen. Schwieriger als das aber wird die tief verwurzelte gesellschaftliche Haltung zu erschüttern sein, die Menschen glauben macht, es sei nichts dabei, weibliche Neugeborene umzubringen. Das Problem ist, dass die Praxis des Kindesmords an Mädchen und Jungen eine lange, blutige Geschichte hat. Die *Society for the Prevention of Infanticide (Gesellschaft zur Verhinderung von Kindesmord)* stellt fest: »Kindesmord hat auf allen Kontinenten stattgefunden, wurde von Völkern auf jeder Stufe kultureller Komplexität begangen ... vom Goldenen Zeitalter der Griechen bis hin zur Pracht des Persischen Reiches hat [er] so gut wie jede menschliche Gesellschaft durchzogen.«[7] In Zeiten knapper Lebensmittel zum Beispiel bestand eine der Möglichkeiten, sich vor dem Verhungern zu retten, darin, die Anzahl an Kindern, die das Erwachsenenalter erreichten, zu verringern.

In Südostasien gibt es zahllose Sprichwörter, die die Bevorzugung von Söhnen widerspiegeln. »Töchter sind wie Wasser, das mit der Ehe aus der Familie herausschwappt und nicht mehr zurückgeschöpft werden kann.« Oder: »Achtzehn göttinnengleiche Töchter sind nicht soviel wert wie ein buckliger Sohn.«

In patriarchalischen Gesellschaften kommt der Frage, in wessen Verantwortung es liegt, einmal die Eltern zu pflegen, besondere Bedeutung zu. In diesen Gesellschaften endet die Rolle der Tochter in der Regel mit der Eheschließung, während die des Sohnes sich ein Leben lang fortsetzt. Und wo alten Menschen wenig soziale Unterstützung zukommt, zählt das eine Menge. Dazu Monica Das Gupta, eine Demographin der Weltbank: »Eine erwachsene Frau ist zumeist sehr nützlich ... sie kann auf dem Feld arbeiten und eine gute Mutter sein, doch wenn sie gebildet ist und Arbeit hat, ändert sich dadurch ihr Wert für die Eltern nicht, sie haben keinen Gewinn davon.« In Gesellschaften, in denen sich Töchter die Fürsorge für die alternden Eltern mit den Söhnen teilen, reflektiert das Geschlechterverhältnis keine derartige Bevorzugung von Jungen.

Abgesehen von ihrer Rolle als Versorger sind Söhne diejenigen, die den Familiennamen weitertragen und das Land der Vorfahren erben. In manchen Religionen sind sie außerdem noch heute die Einzigen, die bestimmte Übergangsriten im Namen der Eltern zelebrieren dürfen. Auf Frauen lastet daher ein beträchtlicher Druck, Jungen zur Welt zu bringen. Wert und Stand einer Frau in ihrer Gemeinschaft steigen mit der Geburt von Söhnen und fallen mit der von Mädchen.

In Indien fürchten die Eltern von Mädchen den Zeitpunkt, an dem ihre Töchter ins heiratsfähige Alter kommen und sich die Mitgiftfrage stellt. In der Mehrzahl der indischen Sozialgemeinschaften wird die Familie des Bräutigams von der Familie der Braut irgendeine Form der Gegenleistung verlangen – Geld, Edelsteine, Grundbesitz oder irgendetwas anderes von Wert. Manchmal hören die Forderungen mit der Eheschließung nicht auf, und die Eltern fühlen sich verpflichtet, ihnen Folge zu leisten, weil sie sonst um die Sicherheit ihrer Tochter fürchten müssten. Und das mit gutem Grund: Indiens Bundespolizei ist der Ansicht, dass Gewalt im Zusammenhang mit Mitgiftforderungen tagtäglich sechzehn Frauen das Leben kostet.[8] Hilfsorganisationen sind davon überzeugt, dass das Problem der Mitgift außerdem in direktem Zusammenhang mit dem Kindesmord an Mädchen steht. Ein Autor berichtet über Werbetafeln im indischen Bundesstaat Haryana, auf denen zu lesen steht: »Sie haben die Wahl – investieren Sie ein paar hundert Rupien jetzt [in die Abtreibung weiblicher Feten] und sparen Sie ein paar hunderttausend [an Mitgift] später.«[9]

Es wäre schon schlimm genug, wenn diese mädchenfeindliche Haltung allein eine Frage der Tradition wäre – sobald die grausige Realität einer Tradition publik wird, mag es nicht unmöglich sein, sie zu ändern. Aber widerwärtigerweise scheint das Problem der fehlenden Frauen obendrein ökonomische Wurzeln zu haben. Mädchen kosten Geld, und wenn sie heiraten, wird dieses lebende Stück Eigentum zum Teil der Familie ihres Ehemanns. Eine ganz einfache, schreckliche Rechnung.

Es gibt Anzeichen dafür, dass die Dinge im Begriff sind, sich zu ändern. Viele ehemals rein landwirtschaftlich orientierte Gesellschaften erfahren eine zunehmende Verstädterung, und das hat Auswirkungen auf ihre Traditionen – und deren blutige Auswüchse. In Südkorea beginnt sich das Geschlechterverhältnis allmählich wieder einzupendeln: Im Jahre 1990 kamen auf 100 Mädchen 117 Jungen, bis zum Jahre 1999 waren es nur noch 110. Die jüngeren Generationen werden wirtschaftlich unabhängig von ihren Familien, und so wird auch die Wahrnehmung von Söhnen als Versorger und Töchtern als Last allmählich verblassen.[10]

In stärker landwirtschaftlich orientierten Gesellschaften aber könnte es sich als schwieriger erweisen, Eltern vom Wert einer Tochter zu überzeugen. Die Ergebnisse der Volkszählungen in Indien und China haben das Augenmerk der Öffentlichkeit auf das zunehmende Ungleichgewicht zwischen den Geschlechtern gelenkt, und beide Regierungen haben geschlechtsbedingte Abtreibungen von Gesetzes wegen verboten. Hilfsorganisationen und Frauengruppen nehmen Privatkliniken ins Visier und versuchen als Lobbyisten, Regierungen dazu zu bewegen, jene zu schließen, die das Gesetz missachten. Dennoch wird es womöglich eine Generation von Junggesellen kosten, einen weiterreichenden sozialen Wandel zu initiieren.

5

In Brasilien gibt es mehr Avon-Beraterinnen als Armeeangehörige

Es ist schon ein seltsames Bild, das sich da dem geistigen Auge präsentiert – Hunderttausende adrett gekleideter junger Damen, die durch die Straßen Brasiliens stiefeln, die gepflegte Hand nicht zum Salut erhoben, sondern ausgestreckt, bereit, auf den nächstbesten Klingelknopf zu drücken. Während die brasilianischen Streitkräfte über 454 000 Aktive verfügen, hat Avon 700 000 *revendadoras* unter Vertrag – Avon-Beraterinnen, wie sie im Deutschen heißen.[1,2] Allüberall im Land unterwegs – von den Innenstädten bis in die Regenwälder am Amazonas – haben sie Brasilien zu Avons zweitgrößtem Absatzmarkt nach den Vereinigten Staaten gemacht.

Angekurbelt durch den Zuwachs an frei verfügbarem Einkommen und einer wachsenden Mittelklasse in der industrialisierten Welt des Westens befindet sich die Schönheitsindustrie gegenwärtig in einem absoluten Hoch. Weltweit beträgt ihr Marktwert 95 Milliarden Dollar, und dieser nimmt jährlich um sieben Prozent zu, das ist doppelt so rasch wie das Bruttoinlandsprodukt der industrialisierten Welt.[3] Frauen und zunehmend auch Männer stehen Schlange, um zu erwerben, was der Pionier dieser Industrie, Charles Revlon, »Hoffnung aus dem Tiegel« nannte.

Was verkauft die Schönheitsindustrie eigentlich? Ein Zyniker könnte erklären, sie verschiebe teure Behältnisse, gefüllt mit parfümiertem, gefärbtem Gebräu von zweifelhafter Wirksamkeit. Aber offenbar hat es damit weit mehr auf sich. Was für Kräfte müssen am Werk sein, um eine erwachsene Frau dazu zu bringen, einen nagelneuen Lippenstift zu erstehen, wo sie doch bereits fünf andere von genau derselben Farbe zu Hause hat?

Weit über den Inhalt der hübschen Glastiegelchen hinaus verkauft die Schönheitsindustrie eine höchst wirksame Mischung aus Selbstachtung, Optimismus und Evolutionsvorteil. Der Wunsch, sich zu schmücken, ist so alt wie die Menschheit, und in jeder Kultur der Welt bringt körperliche Schönheit eine Menge Vorteile mit sich. Unattraktive Männer verdienen 15 Prozent weniger als ihre ästhetisch ansprechenderen Kollegen, dicke Frauen verdienen fünf Prozent weniger als schlanke.[4] In einer Untersuchung mit über 10 000 Beteiligten aus 37 Kulturen kam der amerikanische Psychologe David Buss zu dem Schluss, dass Männer bei einer potenziellen Partnerin mit großer Übereinstimmung Attraktivität und Jugend bewerten, während für Frauen Ehrgeiz, Status und Wohlstand zählen. Die Beständigkeit dieser Präferenzen über so viele Kulturen hinweg veranlasste Buss zu dem Schluss, dass es sich dabei um einen konzeptionellen Grundbaustein der menschlichen Psychologie handle: »Jugend ist ein Indiz für Fruchtbarkeit, die physische Erscheinung einer Frau vermittelt jede Menge Informationen über ihre Fruchtbarkeit, und Frauen wollen einen guten Versorger, jemand mit dem sich auch magere Zeiten durchstehen lassen.«[5]

Aber der Reiz von »Lippenstift, Puder und Farbe« erschöpft sich nicht einfach in der Möglichkeit, einen Partner zu becircen. In jüngster Zeit hat sich die Werbung für Kosmetika und andere Schönheitsprodukte auf den Wunsch – nein, mehr als das, auf die *Verantwortung* – einer jeden Frau zur Pflege des eigenen Körpers kapriziert. Wir tun das alles nicht, um Männer anzuziehen, wir tun es, damit wir selbst uns besser fühlen, um das Beste aus uns herauszuholen.

Auf David McConnell, den Begründer von Avon, würde all das vermutlich einen ungeheuren Eindruck machen. Er hatte Ende des 19. Jahrhunderts als Hausierer im Staat New York damit begonnen, zu den Büchern, die er verkaufte, ein Fläschchen Parfüm als Beigabe zu verschenken. Das Parfüm erlebte bald eine größere Nachfrage als die Bücher, und das Geschäft war geboren. Den Namen gab er seiner Firma zu Ehren seines verehrten Helden William Shakespeare.

Der große Dichter selbst hätte zu seiner Zeit sicher Einiges zum Thema Schönheit zu sagen gehabt, aber es ist schwer vorstellbar, dass er soviel Zeit und Sorgfalt in das Drechseln seiner Zeilen investiert haben soll wie die Kosmetikfirmen unserer Tage in ihre Werbeslogans. Beim flüchtigen Durchblättern schicker amerikanischer Hochglanzmagazine stößt man auf eine Flut an »Girl-Power«-Botschaften: »Weil du es dir wert bist«, »Fühl dich wohl in deiner Haut«, »Man kann es drehen und wenden, wie man will. Mit [unserer Marke] ist das Leben einfach schöner«. Wir schmieren uns nicht einfach nur mit Feuchtigkeitscreme ein, sondern wir verschönern uns – und damit die Welt, in der wir leben. Und das ist ein höchst wirksames Verkaufsrezept.

Brasilien belohnt Schönheit ausnehmend hoch. Im Land der winzigsten Bikinis der Welt – aufgrund ihrer Dimensionen manchmal auch als Zahnseide bezeichnet – gilt es als Kompliment, wenn man jemanden eitel nennt, denn dies impliziert, dass der oder die Betreffende sich alle Mühe gibt, sich attraktiver zu machen. Avons eigene Forschung zeigt, dass 90 Prozent aller brasilianischen Frauen Schönheitsprodukte für eine Notwendigkeit und keinesfalls für Luxus erachten – weltweit sind es nur 77 Prozent.[6] Kein Wunder also, dass die Branche es geschafft hat, das ständige wirtschaftliche Auf und Ab des Landes im Großen und Ganzen unbeschadet zu überstehen. Der Markt der brasilianischen Kosmetikindustrie hat sich zwischen 1997 und 2002 verdoppelt und einen Umsatz von 6,5 Milliarden Dollar erreicht.

Doch Brasiliens Avon-Bataillone lassen nicht nur ihre Kundschaft besser aussehen, sondern verbessern auch ihre eigene Lebenssituation. Brasiliens Wirtschaftskrisen haben viele Frauen zur Aufbesserung des Familieneinkommens in die Arme von Direktvermarktungsfirmen getrieben. In einem Land, in dem Politik und Geschäft eng mit persönlichen Beziehungen verflochten sind, ist das Arrangement perfekt. Um die 60 Prozent aller Parfüm- und 80 Prozent aller Lippenstiftverkäufe erfolgen daheim, von Frau zu Frau, und nicht am Kosmetiktresen.[7] Viele Leute erklären, sie zögen es vor, ein bisschen mehr zu bezahlen, wenn sie dafür bei jemandem kaufen können, den sie kennen. Dazu ein Anthropologe: »In Brasilien zählen persönliche Beziehungen mehr als wirtschaftliche Logik.«[8] In Anbetracht der Unabänderlichkeit hoher Arbeitslosigkeit und unablässiger ökonomischer Richtungswechsel schätzen Ökonomen, dass mindestens ein Drittel der brasilianischen Wirtschaft »schwarz« abgewickelt wird.[9]

Die Direktvermarktung erlaubt es brasilianischen Frauen überdies, sich aus einigen der traditionelleren Erwerbszweige des Landes zurückzuziehen. Für viele dieser Frauen, denen Bildung und Qualifikationen abgehen, bestand die einzig echte Option darin, Köchin oder Bedienstete in einem wohlhabenden Haushalt zu werden – was unter Umständen hieß, von der eigenen Familie fortzuziehen und jegliche Unabhängigkeit für immer aufzugeben. Dinge wie Avon-Produkte zu verkaufen ist gleichbedeutend mit Flexibilität, dem Gefühl, die Kontrolle über das eigene Leben zu haben, mit Unabhängigkeit. Sobald ihre Geschäfte Erfolg haben, beschäftigen die *revendadoras* weitere Verkäuferinnen, die ihnen helfen und sich eine Scheibe von ihrem Gewinn abschneiden.

Avon ist gut für Brasilien, aber es besteht auch keinerlei Zweifel, dass Brasilien gut für Avon ist. Avon hat in Brasilien beträchtliche Investitionen getätigt – ein Forschungs- und Entwicklungszentrum errichtet, ein neues Feld beackert, auf dem Schönheitsexperten, von Friseuren bis hin zu Schönheitschirurgen, groß werden sollen.[10] Die Erfahrungen aus Märkten wie dem Brasiliens haben dem Konzern geholfen, erfolgreich seine Fühler auf anderen, bislang unkartierten Märkten auszustrecken. Osteuropa und Russland haben sich mit Betriebsmargen, die doppelt so hoch sind wie der weltweite Durchschnitt, als extrem profitabel für Avon erwiesen.[11] Und andere Handelsunternehmen fallen in Scharen in Lateinamerika ein, hoffen, Avons Erfolg wiederholen zu können: Nestlé versuchte mit einer Direktverkaufskampagne den Absatz von Biojoghurts zu erhöhen, General Motors benutzte Brasilien als Testmarkt für den Direktverkauf von Kleinwagen per Internet. Im Jahre 2002 wurde Brasilien nach den USA und Japan zum drittgrößten Markt für den Direktverkauf von Produkten.[12]

Während Avon in den Entwicklungsländern als erfolgreicher westlicher Hersteller gut angesehen ist, versucht das

Unternehmen gegenwärtig, sich als globales Symbol der Sehnsucht neu zu definieren. In Großbritannien und den Vereinigten Staaten aber hat es schwer zu kämpfen, um den Spagat zu bewältigen zwischen dem Versuch, einerseits auf der Höhe der Zeit zu sein, dabei aber gleichzeitig sein Erbe nicht in den Wind zu schlagen. Berühmtheiten wie die Tennisgöttinnen Venus und Serena Williams wurden zur Hilfe gerufen, um Avons Image aufzupolieren. All das ist Teil des Versuchs, junge Frauen aus der Generation, die mit »Girl Power« aufgewachsen ist, anzusprechen. Aber die besten Rollenvorbilder finden sich womöglich im Unternehmen selbst: die Avon-Beraterinnen vom Amazonas, die mit dem Kanu durch den Dschungel paddeln, um Lippenstift und Deodorant an die Frau zu bringen – mehr »Girl Power« kann man sich wahrlich kaum vorstellen.

6

Im Jahre 2002 fanden einundachtzig Prozent aller Hinrichtungen weltweit in nur drei Ländern statt: in China, im Iran und in den Vereinigten Staaten

Am 28. Mai 2003 um 18 Uhr 17 wurde Napoleon Beazley in der Strafanstalt Huntsville, Texas, für tot erklärt. Der Begnadigungsausschuss des Staates Texas hatte es abgelehnt, sein Todesurteil in eine lebenslängliche Gefängnisstrafe umzuwandeln. Vor seiner Hinrichtung erklärte Beazley: »Die Tat, die mich hierher gebracht hat, war nicht nur schändlich, sie war sinnlos. Heute Abend erklären wir vor aller Welt, dass die Gerechtigkeit niemandem eine zweite Chance gibt. Heute Abend sagen wir unseren Kindern, dass es unter bestimmten Umständen rechtens ist zu töten.«[1]

Der Wunsch nach Rache ist sicher so alt wie die menschliche Natur. Die biblische Weisung »Auge um Auge« hat über viele hundert Jahre hinweg die Rechtssysteme geprägt. Jemandem, der Leben nimmt, soll das eigene Leben genommen werden. Es sieht so aus, als sei diese Ansicht vielen Leuten noch immer lieb und teuer.

Napoleon Beazley war erst siebzehn Jahre alt gewesen, als er eines Abends nach einem Autodiebstahl John Luttig umgebracht hatte. Er hatte gestanden und sich bei Luttigs Familie entschuldigt, allerdings nie erklärt, was ihn in jener Nacht zu seiner Tat getrieben hatte. Das Verbrechen erschütterte Beazleys Heimatort Grapeland. Beazley war Sprecher seiner

Oberstufenklasse gewesen, Sohn des ersten schwarzen Stadt-verordneten. Er hatte gehofft, eines Tages in Stanford Jura studieren zu können. Diejenigen, die sich dafür einsetzten, ihn nicht mit dem Tode zu bestrafen, führten jede Menge Gründe für seine Begnadigung ins Feld. Beazley war zum Zeitpunkt der Tat minderjährig, war nicht vorbestraft und wurde von einer weißen Jury verurteilt.[2] Alle Appelle blie-ben erfolglos, und Beazley wurde durch eine tödliche Injek-tion hingerichtet.

Präsident Bushs Befürwortung der Todesstrafe ist hinläng-lich bekannt. Zu seiner Zeit als Gouverneur von Texas hielt sein Staat den Hinrichtungsrekord, und bei seinem Präsi-dentschaftswahlkampf im Jahre 2000 ließ er keinen Zwei-fel an seinem Standpunkt, als er auf einer Zusammenkunft katholischer Journalisten erklärte, er finde, die Todesstrafe »vermittle die abschreckende Botschaft, dass das eigene Handeln Folgen hat«. In derselben Rede verlieh er seinem Glauben an die »Heiligkeit menschlichen Lebens« Aus-druck.[3] Wenn Sie allerdings einen anderen Menschen um-bringen, so ist in den Augen des Präsidenten Ihr Leben offen-bar nicht mehr heilig. In Amerika gibt es nach wie vor ein ho-hes Maß an Fürsprache für die Todesstrafe – eine Umfrage der Unternehmen beratenden *Gallup-Organisation* vom Mai 2003 kam zu dem Schluss, dass 74 Prozent aller Amerikaner die Todesstrafe für einen überführten Mörder gutheißen.[4]

Die Menschenrechtsorganisation *Amnesty International* berichtet über großen Erfolg bei ihren Bemühungen, die To-desstrafe abzuschaffen. Über die Hälfte aller Nationen der Welt haben von Gesetzes wegen oder in der Praxis auf sie verzichtet. *Amnesty* berichtet, dass im Verlauf des letzten Jahrzehnts im Durchschnitt drei Staaten pro Jahr die Todesstrafe abgeschafft haben. Und, einmal abgeschafft, wurde sie auch so gut wie nie wieder eingeführt.[5]

Aber im Weiteren heißt es in dem Bericht, dass 81 Prozent aller im Jahre 2002 bekannt gewordenen Hinrichtungen auf das Konto von nur drei Staaten gingen: China, Iran und die Vereinigten Staaten. In China wurden in jenem Jahr mindestens 1060 Menschen hingerichtet, und *Amnesty* merkt an, dass diese Zahl auf wenigen, unvollständigen Berichten beruht – die chinesische Regierung bewahrt über ihre Hinrichtungen Stillschweigen und macht sie selten publik, man nimmt daher an, dass die tatsächlichen Zahlen weit höher liegen. Im Iran haben mindestens 113 Exekutionen stattgefunden, in den Vereinigten Staaten 71.[6]

In China erfolgt der Einsatz der Todesstrafe in großem Umfang und völlig bedenkenlos. In den drei Monaten zwischen April und Juni 2001 wurden mindestens 1781 Menschen hingerichtet – mehr als in den drei Jahren davor auf der ganzen Welt zusammen. Im Zuge seiner Politik des »harten Durchgreifens« bei der Verbrechensbekämpfung wurden Polizei und Staatsanwaltschaft aufgefordert, die Mühlen der Justiz nicht über Gebühr aufzuhalten, denn China wolle »seiner Wirtschaftskriminalität noch vor seinem Eintritt in die *Welthandelsorganisation WTO* und den damit verbundenen Globalisierungsanforderungen Herr werden«.[7] Gerichte brüsteten sich mit ihrer Schnelligkeit und besonderen Methoden. Viele geringfügige Vergehen wurden zu Kapitalverbrechen, unter anderem Bestechung, Kuppelei, Benzindiebstahl und der Verkauf von verdorbenen Nahrungsmitteln. Die meisten Hinrichtungen finden vor großen Menschenansammlungen statt und nicht selten werden die Gefangenen in einem Zug durch die Straßen zum Hinrichtungsort vorgeführt.

Die chinesische Regierung hat ihr Festhalten an der Todes-strafe stets verteidigt und Menschenrechtsgruppen »unver-antwortlich« genannt.[8] Im Jahre 1997 führte die Regierung als alternative Exekutionsmethode die tödliche Injektion ein, und es mehren sich die Anzeichen, dass diese nun auch bei den Provinzbehörden wachsende Popularität genießt. *Amnesty* berichtet über die Anschaffung von »Hinrichtungsmo-bilen«, die an die Gerichte der Provinz Yunnan verteilt wur-den. Diese Mobile, am 6. März zugelassen, wurden unverzüg-lich in Gebrauch genommen, zwei verurteilte Drogenhändler hat man noch am selben Tag hingerichtet.[9] Tatsächlich gibt es Berichte, denenzufolge die Zahl der Hinrichtungen stän-dig weitersteigt. Die nichtstaatliche Organisation *Hands off Cain* zitiert eine »juristische Quelle«, derzufolge China im Jahre 2003 um die 5000 Hinrichtungen durchgeführt haben soll, und ein Mitglied des Nationalen Volkskongresses, Cheng Zhonglin, berichtete der staatlichen *China Youth Daily* im März 2004, dass jährlich 10000 Menschen hingerichtet würden.[10]

Als im Iran die Spannungen zwischen den gewählten Re-formern und dem fundamentalistischen Geistlichen Ajatol-lah Khomeini ihren Siedepunkt erreicht hatten, haben Men-schenrechtsgruppen eine starke Zunahme an öffentlichen Hinrichtungen und anderen Arten von physischer Bestra-fung wie Amputationen und Prügelstrafen vor den Augen der Öffentlichkeit registriert. Es gab Gerüchte, denenzufolge die konservative Gerichtsbarkeit gegen die zunehmende Li-beralisierung unter der Regierung von Präsident Mohammed Chatami immer stärker rebelliere und versuche, dem, was sie als moralischen Niedergang der iranischen Gesellschaft emp-fand, entgegenzuwirken. Im Oktober 2002 wurden fünf Männer für eine Reihe von Übergriffen an Frauen in Teheran verurteilt. Ihre Leichen wurden an Kränen aufgehängt durch die Straßen der Stadt transportiert.[11] Eine Frau, die aus 200 Kilometern Entfernung angereist war, um der Exekution beizuwohnen, erklärte der Nachrichtenagentur Reuters: »Ich war erleichtert, als ich das sah. Es ist gut, wenn die Männer das auch sehen, dann hören sie auf, Frauen zu belästigen.«[12] Viele in der Menge applaudierten, als die Männer hingerichtet wurden.

So mancher von uns würde gerne glauben, dass solche Barbarei in der westlichen Welt nicht vorkommen kann. Aber sie kann und tut es.

Bis der Oberste Gerichtshof dies im März 2005 zum Verstoß gegen die Verfassung erklärte, gehörten die Vereinigten Staaten zu der Hand voll Nationen, in denen Gefangene auch dann hingerichtet wurden, wenn sie zum Tatzeitpunkt unter achtzehn Jahre alt gewesen waren. Zwischen 1995 und 2005 wurden dort siebzehn minderjährige Täter hingerichtet – mehr als in jedem anderen Land der Welt.[13]

Im Jahre 1972 hatte der Oberste Gerichtshof der Vereinigten Staaten Hinrichtungen grundsätzlich Einhalt geboten, weil er der Ansicht war, die Ausführung der Todesstrafe werde zu sehr vom Zufall regiert. Im Jahre 1977 allerdings begann das Töten von neuem, nachdem der Gerichtshof verfügt hatte, neu erlassene Gesetze würden das System vor Voreingenommenheiten schützen. Doch fünfundzwanzig Jahre nach der Wiedereinführung der Todesstrafe erklärt *Amnesty International*, das amerikanische System komme einer »tödlichen Lotterie« gleich. Der Bericht »Arbitrary, discriminatory and cruel: an Aide-memoire to 25 years of judicial killing« führt einen Fall um den anderen auf, in dem ein Angeklagter unter Umständen hingerichtet wurde, die in jedem Rechts-system Anlass zu überaus besorgten Fragen geben sollten.[14]

Amnesty zufolge wurden Legionen von geistig behinderten oder kranken Gefangenen hingerichtet. Bei 80 Prozent aller Hinrichtungen war das Mordopfer weiß gewesen. Der Bericht listet 50 Fälle auf, in denen Afroamerikaner von einer rein weißen Jury verurteilt wurden, in jedem Fall unter aktivem Ausschluss schwarzer Juroren durch die Staatsanwaltschaft.

Er berichtet auch im Detail darüber, was für einen verrohenden Einfluss die Todesstrafe auf Menschen hat, die mit Verbrechen zu tun haben. Viele Befürworter der Todesstrafe rechtfertigen ihren Standpunkt mit den Rechten der Opfer. Die Todesstrafe, so argumentieren sie, vermittele Familien das Gefühl, dass »ein Schlussstrich gezogen sei«, eine Art emotionaler Genugtuung als Ausgleich für den schweren Verlust, den sie erlitten haben. Aber ein Teil des Verhaltens, das man bei Hinrichtungen beobachten kann, lässt weit niederere Beweggründe vermuten.

Bei der Hinrichtung von James Raulerson im Jahre 1985 – verurteilt wegen Mordes an einem Polizeibeamten – waren mehr als 70 Polizisten anwesend, einige davon trugen T-Shirts mit der Aufschrift »Dreht Sparky den Hals um«. Sie feierten seinen Tod vor dem Gefängnis mit Sekt und Applaus. Eine freiwillige Zeugin der Hinrichtung von Steve Roach im Jahre 2000 berichtete, dies sei ihre dritte Hinrichtung, und sie werde sich weiter als freiwillige Zuschauerin melden, weil sie ein solches Ereignis »interessant« finde. Ein anderer Zeuge habe der Hinrichtung beigewohnt, so wird berichtet, weil es für ihn Rache für die Ermordung seines eigenen Sohnes bedeutete, für dessen Tod nie jemand verurteilt wurde.[15]

Eine der effizientesten Möglichkeiten, Staaten dazu zu

zwingen, ihrer Verpflichtung zur Wahrung der Menschenrechte nachzukommen, ist internationaler Druck (umso ärgerlicher ist es für diejenigen, die gegen die Todesstrafe kämpfen, dass die mächtigste Nation der Welt an der Todesstrafe festhält). Die Tatsache, dass der Iran als Teil der berühmten Bushschen »Achse des Bösen« gilt, hat wohl weniger mit seiner Befürwortung der Todesstrafe zu tun, aber der Präsident hat dazu en passant ein paar Dinge geäußert, die durchaus unterschwelligen Einfluss haben könnten auf diejenigen, die sich Reformen entgegenstellen. In einer schriftlichen Stellungnahme zu den Teheraner Zusammenstößen zwischen Polizei und Studenten vom Juli 2002 verlieh der Präsident seinen Sympathien für die Studenten Ausdruck und gab dem Wunsch Ausdruck, dass »ihre Regierung ihren Hoffnungen Gehör schenken möge ... die überwiegende Mehrheit des iranischen Volkes hat sich für politische und ökonomische Reformen ausgesprochen. Trotzdem werden ihre Stimmen nicht gehört von jenen nicht gewählten Personen, die die eigentlichen Herrscher des Iran sind.«[16] Nach Aussage von *Human Rights Watch* hatte die amerikanische Regierung mit dieser Aussage zum ersten Mal seit vielen Jahren Einfluss auf die Menschenrechtssituation des Landes, weil sie die nicht gewählten Führer als Adressaten ihrer Kritik direkt benannt hatte.[17] Die Europäische Union hat sich für eine Politik der Annäherung an den Iran entschieden, aber keinen Zweifel daran gelassen, dass auch sie Fortschritte bei der Umsetzung der Menschenrechte sehen will.

Im Falle Chinas schafft die Wahl Pekings zum Austragungsort der Olympischen Spiele im Jahre 2008 möglicherweise neue Gelegenheiten, das Regime zur Reform seiner Menschenrechtspolitik zu drängen. Die Entscheidung wurde im Juli 2001 mit Pauken und Trompeten verkündet – auf der Höhe einer massiven Hinrichtungswelle im Rahmen der chinesischen Politik des harten Durchgreifens. *Human Rights Watch* hatte an den damaligen Präsidenten des *Internationalen Olympischen Komitees*, Juan Antonio Samaranch, geschrieben und das *IOC* aufgefordert, vor der Zuerkennung der Spiele an China von Peking Garantien für die Einhaltung der Menschenrechte zu verlangen Das *IOC* hatte dies abgelehnt. Der neue Präsident, Jacques Rogge, aber erklärte, er habe der chinesischen Regierung unmissverständlich klar gemacht, er erwarte, dass diese Fortschritte in Bezug auf ihre Menschenrechtspolitik mache und dass das *IOC* »handeln wird«.[18] *Human Rights Watch* hat Briefaktionen bei den großen Sponsoren der Olympischen Spiele veranlasst, mit denen diese aufgefordert werden, ihre Unternehmensmacht für diesen Zweck zu nutzen.

Und es gibt Anzeichen dafür, dass selbst die Vereinigten Staaten auf Druck von außen empfindlich reagieren. Im Mai 2001 wurden die USA aus der Menschenrechtskommission der Vereinten Nationen abgewählt. Dies war das erste Mal seit der Gründung des Gremiums im Jahre 1947, dass die Vereinigten Staaten nicht darin vertreten waren. Amerikas damaliger Botschafter bei den Vereinten Nationen hatte das Wahlergebnis »sehr enttäuschend« genannt.[19] Die Vereinigten Staaten sind inzwischen wieder in die Kommission gewählt, aber es besteht kein Zweifel daran, dass die Episode als bitterer Affront – und schlicht als große Peinlichkeit – aufgefasst wurde.

Auch der Oberste Gerichtshof der Vereinigten Staaten hat bei der Begründung seiner Entscheidungen zur Todesstrafe auf das Gewicht der internationalen Meinungsfront hingewiesen. In einer Entscheidung vom März 2005, in der die Hinrichtung von Minderjährigen zum Verstoß gegen die Verfassung erklärt wurde, verwies er bei der Formulierung der Mehrheitsmeinung ausdrücklich auf das »überwältigende Gewicht der internationalen Kritik an der Todesstrafe bei Jugendlichen«. Man geht davon aus, dass dieses Urteil an die siebzig Leben rettet.

Auch aus den Vereinigten Staaten selbst kommt Druck. Im Januar 2003 entschied der Gouverneur von Illinois, George Ryan, die Todesurteile aller 167 in den Gefängnissen des Landes einsitzenden Kandidaten in lebenslange Freiheitsstrafen umzuwandeln. Der republikanische Gouverneur Ryan erklärte, er habe beschlossen, nicht länger mit der »Todesmaschinerie herumzufuhrwerken«.[20] Bei einer Pressekonferenz im Weißen Haus erklärte Präsidentensprecher Ari Fleischer, der Präsident sei der Ansicht, es sei Sache eines Bundesstaats, seine Gesetze zu überprüfen, aber auch, »der Präsident glaubt nicht, dass die Todesstrafe Verbrechen durch Abschreckung verhindert. Er glaubt aber, dass sie im Falle besonders gewalttätiger und abscheulicher Verbrechen letzten Endes Leben rettet.«[21]

So konfus sich die Sicht des Präsidenten in dieser Erklärung auch ausnehmen mag, er hat immerhin klargestellt, dass er es nicht als seine Aufgabe erachtet, Bundesstaaten zur Aufgabe der Todesstrafe zu drängen – und dieses auch nie und nimmer tun werde. Damit ist klar, dass auf die einzelnen Gouverneure der Bundesstaaten Druck ausgeübt werden muss. Denn wenn Amerika seine Täter weiterhin mit unverminderter Häufigkeit hinrichtet, rettet es ganz sicher keine Leben. Durch die Beibehaltung einer barbarischen und unfairen Strafe macht es unser aller Leben ein Stück ärmer.

7

Britische Supermärkte wissen mehr über ihre Kunden als die britische Regierung

Das Arrangement scheint durchaus vernünftig: Sie kaufen regelmäßig bei einer bestimmten Ladenkette, also willigen Sie ein, sich deren Kundenkartensystem anzuschließen. Jedes Mal, wenn Sie einkaufen, legen Sie Ihre Karte vor und sammeln Punkte, die Sie dann gegen Gutscheine oder Prämien einlösen können. Feine Sache. Das Unternehmen hat Sie als festen Kunden, und Sie werden dafür belohnt, dass Sie bei ihm einkaufen. Sieht aus wie eine Situation, bei der es nur Gewinner gibt. Sieht so aus. Bis Sie herausfinden, *was* der Händler bei dem Geschäft so alles gewinnt.

Außer, dass er mit seiner Kundenkarte versucht, Sie dazu zu bringen, mehr Geld in seinen Läden auszugeben, hat der Händler mit ihr auch die Möglichkeit, Informationen über seine Kunden zu sammeln. Angenommen, Sie suchen Ihren Supermarkt um die Ecke zweimal in der Woche auf und legen dabei jedes Mal Ihre Kundenkarte vor. Jeder einzelne Artikel, den Sie kaufen, wird darauf vermerkt und die Daten werden – manchmal über mehrere Jahre hinweg – gespeichert. Die am weitesten verbreitete Kundenkarte in Großbritannien ist die »nectar card«, angeblich gibt es 13 Millionen Kartenbesitzer. Wenn Sie sich die Liste der »Sponsoren« ansehen – Supermärkte der Saintsbury-Kette, Warenhäuser, BP, Vodafone, Weinhandlungen der Threshers-Kette, um nur einige wenige zu nennen – so ist die Menge an Informationen, die sich über jeden Karteninhaber ansammelt, »einigermaßen erstaunlich«, wie ein Industriemitarbeiter es ausdrückt. Man geht davon aus, dass Großbritanniens Kundenkartenanbieter mehr zentral verfügbare Informationen über ihre Kunden parat haben als die Regierung.[1]

In den Vereinigten Staaten wird die Masse an gespeicherter Information allein durch die Größe einiger Unternehmen noch unfassbarer. Die Wal-Mart-Kette berichtet von 460 Terabyte an Daten auf ihren Computern – das entspricht der Zahl 460 mit 12 Nullen daran und ist mehr als das Doppelte der gesamten Information im Internet – oder dreiundzwanzig Mal die Information aller 128 Millionen Bände der Kongressbibliothek in Washington.[2]

Eine Kundenkarte ist also alles andere als ein freundliches Stück Plastik, das Ihnen hilft, Geld zu sparen, sie ist vielmehr eher so etwas wie ein Spion, der beobachtet, für was Sie wie viel ausgeben, und aus Ihren Anschaffungen Schlüsse zulässt. Dabei geht es nicht nur darum herauszufinden, ob Sie Vegetarier sind oder eine Katze besitzen: Die Unternehmen bedienen sich ausgeklügelter soziodemographischer Software, um Ihre Lebenssituation, die Größe Ihres Haushalts und Ihr Einkommen zu erfassen sowie in Erfahrung zu bringen, welche Interessen Sie haben. Dann bekommen Sie eines der Schublädchen zugewiesen, die man geschaffen hat, um einzelne Segmente der Gesellschaft zu charakterisieren. Sind Sie ein junges Paar, das sich gerade in seiner ersten Wohnung einrichtet, eine Familie mit halbwüchsigen Kindern, ein älteres Ehepaar, das mit großer Wahrscheinlichkeit jede Menge Urlaub in Übersee machen wird? Ihr Einkaufskorb verrät Sie. Einem Marktforscher in einem britischen Supermarkt zufolge können sich »Daten aus Dingen ergeben, die auf den ersten Blick nicht danach aussehen. Wie viel Toilettenpapier, wie viele Glühbirnen, wie viele Steaks Sie kaufen. Wir können nicht nur schätzen, wie groß Ihr Haus vermutlich sein wird, sondern auch wie groß ihr Haushalt ist. Wenn Sie zum Beispiel eine Britney-Spears-CD kaufen und niemanden sonst auf ihrer Karte registriert haben, dann haben Sie entweder halbwüchsige Kinder oder Sie sind ein Mann und schwul.«

Als wir vor nicht allzu langer Zeit umgezogen sind, und mein Lebensgefährte die Adresse auf seiner Kundenkarte ändern ließ, sprang sofort der Werbeapparat an. Binnen weniger Tage, nachdem wir das neue Haus bezogen hatten, trudelte ein Päckchen von den Betreibern der Kundenkarte ein, darin ein Schokoriegel als Willkommensgruß, ein Packen Rabattgutscheine für Putzmittel und etliche Hinweise, damit wir ihren nächstgelegenen Laden finden konnten. Sicher, in diesem Falle war nicht allzu viel detektivischer Spürsinn vonnöten: Wir haben ihnen gesagt, dass wir umziehen, und sie haben reagiert. Aber Datenanalytiker behaupten, Ihr Einkaufskorb kann eine genauso deutliche Botschaft übermitteln. Wenn ein Paar sein erstes Kind erwartet, verändert sich das Einkaufsverhalten grundsätzlich, und die Information vermag sogar Aufschluss darüber zu geben, ob Sie mit dem Gedanken spielen, zum Konkurrenzunternehmen »überzulaufen«. Sofort wird es eine Reihe verlockender Angebote geben, die den Karteninhaber zum Bleiben ermuntern sollen.

Was also ist das Problem? Wen juckt es, ob Ihr Supermarkt ein bisschen was über Sie weiß? Schließlich gewinnen Sie bei der ganzen Sache doch auch etwas, oder? Die Vertreiber von Kundenkarten erklären, sie versuchten lediglich, ihren

Kunden einen besseren Service zu bieten. In den Vereinigten Staaten aber sehen manche Leute in den ungeheuren Informationsreservoiren der Kundenkartenunternehmen ein riesiges Potenzial – und setzen alles daran, dieses in die Finger zu bekommen.

Die *Caspian Group* mit Sitz in den Vereinigten Staaten zieht gegen Kundenkartensysteme zu Felde und berichtet, Kartendaten seien bereits vor amerikanischen Gerichten zum Einsatz gekommen. In einem Fall verwendete ein Supermarkt Kassenbons, um eine Klage wegen fahrlässiger Körperverletzung abzuweisen: Der Kläger behauptete, er sei auf verschüttetem Joghurt ausgerutscht, der Laden wollte beweisen, dass der Kontrahent Alkoholiker war, und legte seine Wein- und Spirituosenkäufe offen.[3] Und es gibt andere, noch unheilvollere Möglichkeiten, wie diese Daten gegen Sie verwendet werden könnten. Während der Nachwehen des 11. September übergab eine amerikanische Lebensmittelkette ihre Kundenkartendaten freiwillig dem FBI. Ein Rechtsanwalt, der für die Kette arbeitete, nahm Kontakt zu Larry Ponemon von der Beraterfirma Privacy Council auf, die Unternehmen in Fragen des Datenschutzes berät. Ponemon erklärte, die Kette habe die Information angeboten, weil sie helfen wollte: »Das war kein Fall von haarsträubendem Übergriff durch Gesetzeshüter, auch keiner, bei dem eine böswillige Organisation Wanzen installiert oder das Telefon anzapft. Es handelte sich um einen Marketingmenschen, der schlicht und einfach sagte: ›Vielleicht hilft Ihnen das, einen Verbrecher dingfest zu machen.‹[4] Den Kunden wurde nie gesagt, dass Informationen über sie an die Regierung weitergegeben worden waren. Nach Ponemons Aussagen verfügen die Bundesbehörden über einen Algorithmus, mit dessen Hilfe sich das terroristische Potenzial von fast jedem Bürger der Vereinigten Staaten bemessen lässt. Agenten des FBI haben, so wird berichtet, die Kundenkarten-Transaktionen der Entführer vom 11. September unter die Lupe genommen, um ein Profil ihrer Einkaufsgewohnheiten zu erstellen.[5]

Es gibt keine Garantie dafür, dass dies in anderen Ländern nicht geschehen kann. Rechtsanwälte sprechen von der Möglichkeit einer »Funktionsentfremdung« – Informationssysteme, die aus irgendeinem Grund installiert wurden, können am Ende zu ganz anderen Zwecken verwendet werden. Das ist eine der größten Befürchtungen bei der Einführung der so genannten RFID-Technik (RFID steht für Radio Frequency Identification).

RFID ist ein System zur Kontrolle und Steuerung von Warenströmen, das mit Hilfe eines winzigen Funkchips arbeitet, der mit einer Antenne verbunden ist. Der Chip kann innerhalb eines bestimmten Radius frei mit Lesegeräten kommunizieren. Im besten Falle funktioniert er wie ein Strichcode, der Informationen an eine Kasse sendet. Er hilft zum Beispiel, Waren vom Hersteller über das Lager bis zur Kasse zu verfolgen. Er warnt Händler, wenn etwas am falschen Ort gelagert oder gestohlen wurde. Wenn unsere Haushalte dereinst mit dieser Technologie ausgerüstet sein werden, dann wäre ihr Nutzen der Stoff, aus dem Science-Fiction gemacht ist: Ein eingefrorenes Hähnchen, dass dem Backofen erklärt, bei welcher Temperatur es gegrillt werden sollte, ein Kühlschrank, der Ihnen sagt, wenn die Milch sauer ist.

Aber es gibt andere, besorgniserregende Verwendungen für diese Technologie: Läden registrieren vielleicht, dass Sie teure Kleidung tragen, und erhöhen klammheimlich ihre Preise. Und möglicherweise würde RFID es erlauben, die

Wege und Gewohnheiten eines Menschen zu jedem Zeitpunkt des Tages zu verfolgen. Lebensmittelhersteller und Händler ziehen bereits an einem Strang, um RFID als Antiterrorstrategie zu vermarkten. Ihre Befürworter sind bereits an Heimatschutzminister Tom Ridge herangetreten und haben ihm demonstriert, wie die Regierung mit ihrer Hilfe Nahrungsmittelvorräte zurückrufen kann, die bei einem Terroranschlag kontaminiert wurden, aber man braucht nicht allzu viel Fantasie, um sich vorzustellen, wie man es sonst noch einsetzen könnte.[6]

In Großbritannien wurden Experimente mit RFID teilweise vom Innenministerium gefördert. Tesco hat die Chips in Rasierklingenpäckchen ausprobiert, Marks and Spencer hat verkündet, man werde sie in Verpackungsmaterial einbetten.[7] Die Europäische Zentralbank erwägt Berichten zufolge, bis zum Jahre 2005 alle Euronoten mit RFID-Chips zu versehen.[8] Es gibt Pläne, sämtliche britischen Autos damit auszurüsten, Handyhersteller bieten inzwischen einen besonderen Service an: Man gibt eine Telefonnummer ein und kann den gewünschten Teilnehmer dann aufspüren. Und bei den Besitzern der Londoner »Oyster smartcard«, einer elektronischen Fahrkarte für den Nahverkehr, werden bereits sämtliche Fahrten überwacht. Bei jeder Chip-Karte ist eine einzigartige Nummer mit dem Namen des Besitzers verknüpft, und diese Information wird jedes Mal gelesen, wenn mit der Karte ein Einlassautomat gefüttert wird. Die Londoner Verkehrsbetriebe erklären, sie beabsichtigten, diese Information »ein paar Jahre« aufzubewahren.[9]

Geschäfte versichern uns, dass diese Information nicht den Sinn habe, Einzelpersonen zu überwachen. Aber wie dem auch sei – es müssen Kontrollinstanzen her, die dafür

Sorge tragen, dass Leute sich aus Registrierungssystemen, die ihnen missfallen, zurückziehen können – und dass es in Bezug auf die gesammelten Informationen einen gewissen Grad an Datenschutz gibt. Die britische Menschenrechtsgruppe *Liberty* mahnt, dass die Informationsverwaltung nicht den Unternehmen überlassen bleiben darf.[10] Die Gesetzgebung zum Schutz der Persönlichkeitsrechte bedarf dringend der Überarbeitung, damit Informationen über uns in angemessener Weise geschützt werden können.

Selbst dann aber müssen wir uns fragen, ob der minimale Nutzen, den wir aus Kundenkarten und anderen Treuerabattsystemen ziehen, das Risiko, ausspioniert zu werden, aufwiegt. Wenden Sie sich an die Händler, und lassen Sie sie wissen, dass Sie sich Gedanken über die Wahrung Ihrer Persönlichkeitsrechte machen, verlangen Sie genauere Informationen darüber, was die Händler tun, um diese zu schützen. Lassen Sie sich nicht blenden von Angeboten wie zehn Cent weniger auf jede Flasche Geschirrspülmittel oder Extrapunkte beim Kauf von Cornflakes, und verzichten Sie auf Ihre Kundenkarten. Vielleicht ist es Verfolgungswahn, und vielleicht wird ein Großteil dieser Technologie ohnehin eingeführt, ganz gleich, was wir dagegen unternehmen, aber das heißt nicht, dass wir untätig zusehen sollten, wie Unternehmen in unseren Einkaufskörben – und in unseren Leben – herumschnüffeln.

8

**Jede Kuh in der Europäischen Union wird
mit zwei Dollar fünfzig pro Tag subventioniert.
Das ist mehr, als fünfundsiebzig Prozent aller
Afrikaner zum Leben haben**

Europas Kühe wissen ja gar nicht, wie glücklich sie sich
schätzen sollten. Denn die großzügigen Subventionen,
die ihre bäuerlichen Besitzer erhalten, erheben sie in die
Klasse der vom Glück meistbegünstigten lebenden Wesen.
Die Kühe der Europäischen Gemeinschaft fallen unter die
supranationale »Gemeinsame Agrarpolitik«, kurz GAP. Jede
von ihnen bringt tagtäglich 2,50 Dollar an Subventionen
ein.

Anders ausgedrückt: Die katholische Hilfsorganisation
CAFOD hat errechnet, dass von dem Geld, das die EU zum
Schutz ihrer Bauern ausgibt, jede der 21 Millionen Kühe in
der EU einmal im Jahr rund um die Welt reisen könnte. Die
Kühe könnten in London, Shanghai, Hongkong, Singapur,
Hanoi, Siem Reap, Brisbane, Rarotonga, Los Angeles und San
Francisco zwischenlanden – und hätten noch fast sechshundert Euro Taschengeld zur freien Verfügung.[1]

Was diese Tatsache noch bemerkenswerter macht, ist der
Umstand, dass die EU-Kühe längst nicht die meistsubventionierten sind. Nach Angaben der Weltbank geht dieser Preis
an die japanischen Kühe, die Tag für Tag 7,50 Dollar erhalten.[2] Sie könnten Business Class fliegen, wenn sie je mit ih-

ren europäischen Freunden auf die Reise um die Welt gehen wollten.

Die Gemeinsame Agrarpolitik bildet das Herz der modernen Europäischen Union. Die Landwirtschaft war Schlüsselelement ihrer Vorgängerin, der 1958 gegründeten Europäischen Wirtschaftsgemeinschaft, denn in der Nachkriegssituation war es entscheidend wichtig, den Lebensmittelnachschub zu erschwinglichen Preisen zu garantieren und dabei gleichzeitig den Bauern einen angemessenen Lebensstandard zu sichern. Doch seither hat sich die Landschaft Europas grundlegend verändert. Laut EU-Angaben arbeitete Anfang der Sechzigerjahre in ihren damals sechs Mitgliedsstaaten einer von fünf Beschäftigten auf dem Land. Im Jahre 1998 war dieser Anteil in den nunmehr fünfzehn Mitgliedsstaaten auf weniger als einen von zwanzig gefallen.[3]

Ihre Politik ist komplex, manchmal unlogisch und politisch unglaublich aufgeladen. Der *Economist* beschreibt sie als »das bei weitem idiotischste System ökonomischer Misswirtschaft, das die reichen westlichen Nationen je entworfen haben«.[4] Der berühmte Ökonom Jeffrey Sachs stellte einst fest: »Ich habe die Agrarpolitik der EU nie begriffen, weil ich fand, wenn ich das täte, würde sie mich in einen derartig surrealen Abgrund zerren, dass ich diesem Schattenreich nie wieder würde entrinnen können.«[5]

Zum Teil aufgrund ihrer Komplexität hat sich die GAP zu einem extrem teuren Weg zur Sicherung billiger Nahrungsmittel und fairer Löhne ausgewachsen. Diese Politik verschlingt etwa 44 Milliarden Euro im Jahr – etwa die Hälfte des gesamten EU-Budgets. Mit ihrer neuen Mitgliederzahl von 25 Staaten kommt der Art und Weise, wie die gemeinsame Agrarpolitik umgesetzt wird, eine zentrale Rolle zu. Viele der neuen Mitgliedsstaaten wie Polen und Slowenien sind noch in hohem Maße von der Landwirtschaft abhängig. Sie ins Subventionssystem aufzunehmen wird schwere Folgen für den EU-Haushalt haben.

Die Kosten für die Regierungen werden natürlich an die Verbraucher weitergegeben. Das System, ursprünglich gedacht, erschwingliche Lebensmittel zu sichern, macht nun schrägerweise unseren Wocheneinkauf sehr viel teurer. Berechnungen der *Organisation für Wirtschaftliche Zusammenarbeit und Entwicklung OECD (Organisation for Economic Cooperation and Development)* zufolge liegen die Lebensmittelpreise in der Europäischen Union um 44 Prozent höher, als sie es ohne eine supranationale Agrarpolitik tun würden. Milch ist um 70 Prozent teurer, Rindfleisch um 221 Prozent und Zucker um 94 Prozent.[6] Trotzdem sinken die Jahreseinkünfte auf dem britischen Agrarsektor ständig, und im Jahre 2002 haben 52 000 Betriebe aufgegeben – das sind mehr als doppelt so viele wie im Jahr zuvor.[7]

Die im Juni 2003 präsentierte lang ersehnte Reform der gemeinsamen Agrarpolitik stellt einen schwer erkämpften Kompromiss zwischen den widerstreitenden Interessen der Mitgliedsstaaten dar. Die Verknüpfung von Subvention und Produktivität wurde aufgehoben, so dass der Anreiz zur Überproduktion wegfiel – aber selbst hierbei mussten dem Vernehmen nach Ausnahmen gemacht werden. Der Landwirtschaftskommissar Franz Fischler nannte es den »Beginn einer neuen Ära«. Kritiker aber monieren, dass Europa noch immer dieselbe Summe für Subventionen ausgibt. Das Einzige, was man erreicht habe, sei eine Verkomplizierung des Systems.

Die Sorge, die Hilfsorganisationen vor allem umtreibt, ist

die Tatsache, dass Europas großzügige Subventionen den Entwicklungsländern schwer schaden. Die Bauern produzieren mehr Nahrungsmittel, als die europäischen Märkte wirklich brauchen, also verkaufen sie ihre subventionierten Überschüsse zu einem Preis weit unterhalb der Produktionskosten in ärmere Länder. Die regionalen Produzenten können mit den Preisen nicht mithalten, und das hat verheerende Auswirkungen auf Bauern, die nicht in den Genuss der extravaganten Subventionen der reichen Welt kommen.

Nach Angaben der Hilfsorganisation *Oxfam* stellt das Zuckergeschäft der EU »eines der beeindruckendsten und unverhohlensten Beispiele für Preisdumping« dar.[8] Obwohl die EU einer der teuersten Zuckerproduzenten ist, führen ihre Subventionen dazu, dass sie unter den Zuckerexporteuren weltweit an zweiter Stelle steht. Eines der Länder, das durch die Niedrigkostenpolitik Europas massive Einbußen erleidet, ist Mosambik. Zucker ist dort ein lukrativer Exportartikel, und der Zuckersektor ist der größte Arbeitgeber des Landes. Dennoch exportiert die EU viele hunderttausend Tonnen Zucker in afrikanische Länder – die im Normalfall aus Mosambik importieren würden. Die Weltbank schätzt, dass das EU-Zuckerkartell den Weltpreis um 17 Prozent hat fallen lassen.[9]

Zur selben Zeit hindern gestaffelte Zölle – Einfuhrzölle, die bei Rohstoffen und unverarbeiteten Materialien gering sind und mit jedem Verarbeitungsschritt, der den Wert des Produktes erhöht, rasant ansteigen – Länder daran, ihre Herstellungs- und Exportsektoren auszuweiten. Die Weltbank zitiert das Beispiel der amerikanischen Einfuhrzölle für chilenische Tomaten. Der Zoll auf frische Tomaten beläuft sich auf 2,2 Prozent – sobald diese allerdings zu Sauce verarbeitet wurden, schnellen die Einfuhrgebühren auf 12 Prozent.

Auf diese Weise werden afrikanische Kaffeeanbauer wirksam dahin gebracht, nur noch Rohbohnen zu exportieren, in Mali und Burkina Faso gilt dasselbe für Baumwolle. Der Chefökonom der Weltbank, Nicholas Stern, bezeichnete diese Maßnahmen als »Entwicklungssteuern«.[10]

Europa ist freilich nicht der einzige Übeltäter. Amerika hat seine Subventionen und andere Hilfen für seine Farmer im Mai 2002 drastisch erhöht – die Regierung wird im Verlauf der nächsten zehn Jahre 180 Milliarden Dollar zusätzlich dafür ausgeben. Präsident Bush nennt es ein »Sicherheitsnetz für die Farmer«. Von nun an werden die Subventionen überdies einem »antizyklischen Muster« folgen – das heißt, sie werden sogar die Signale des Marktes ausblenden und Bauern ermutigen, auch in Zeiten des Überflusses weiter zu produzieren und die Überproduktion so noch weiter zu erhöhen.

Die EU hatte dieses Gesetz scharf kritisiert und erklärt, die Vereinigten Staaten hätten »jeden Anspruch darauf verwirkt, bei den Landwirtschaftsverhandlungen der *WTO* als glaubwürdige Kraft bei der Reform der Agrarpolitik dazustehen«.[11] Die Beziehungen zwischen beiden – bereits im Vorfeld durch die Einführung von Strafzöllen auf Stahlimporte von den Vereinigten Staaten schwer strapaziert – drohte, sich zu einem Handelskrieg auszuweiten.

Im August 2003, als beide sich anschickten, ihr Arsenal für die Ministerkonferenz der *Welthandelsorganisation* auf Vordermann zu bringen, die im September desselben Jahres in Cancun stattfinden sollte, schienen Europa und Amerika allerdings ihre Differenzen beigelegt zu haben. Es wurde erwartet, dass die Landwirtschaft bei den Diskussionen ein breites Feld einnehmen würde, und eine Reihe einflussreicher und bevölkerungsreicher Nationen (unter anderem China, Brasilien und Indien) hatten sich darauf geeinigt, ihre Kräfte zu bündeln, um auf einen Politikwechsel zu drängen. Sie nannten sich selbst G21 – eine verzweifelte Gruppe von Nationen mit einem gemeinsamen Ziel –, und sowohl die EU als auch die Vereinigten Staaten wussten, dass sie unter Beschuss geraten würden. Bei der Doha-Runde im Jahre 2001 hatten beide versprochen, Exportsubventionen abzuschaffen – und es war klar, dass keiner von beiden Wort gehalten hatte. Drei Wochen vor der Konferenz von Cancun schloss die EU ein bilaterales Übereinkommen mit den Vereinigten Staaten. Es umging elegant die Forderung nach der Abschaffung von Exportsubventionen und veränderte zwar die Form der Zahlungen an Bauern und Farmer, machte jedoch keinerlei Zugeständnis bei der Frage nach einer Streichung von Subventionen. In Cancun würde es demnach Probleme geben.

Und so war es auch. Am ersten Tag der Gespräche sickerte der Inhalt eines Dokuments der Europäischen Kommission durch, in dem von der Absicht die Rede war, jegliche Aussage zur Abschaffung von Exportsubventionen aus der Schlusserklärung der Konferenz zu streichen. Am vierten Tag wurden die Gespräche abgebrochen, hauptsächlicher Stein des Anstoßes – die Agrarsubventionen. Das Bild, das aus Cancun in Erinnerung bleibt, ist die Verzweiflung der Entwicklungsländer. Lee Kyang-Hae, einst Vorsitzender der südkoreanischen Bauernvereinigung, stürzte sich während der Proteste in sein Messer. Eine Stellungnahme der südkoreanischen Bauern bestätigte, dass Mr. Lee sich selbst »umgebracht hat, nachdem er gesehen hatte, wie die *WTO* Bauern auf der ganzen Welt umbringt«.

Die Aktivisten in Cancun rieben sich an vielen unheilvollen Missständen, die die europäische und amerikanische Landwirtschaftspolitik zu verantworten haben, und einmal mehr gerieten unsere polyglotten gehörnten Paarhuferkollegen ins Rampenlicht. Keine Frage, dass die EU aufgebracht war über den Vergleich zwischen den Subventionen für Kühe und dem Einkommen der Ärmsten der Welt. Landwirtschaftskommissar Franz Fischler biss bei diesen Argumenten wütend zurück und nannte sie »intellektuell unredlich [und] in der Realität irrelevant«. Natürlich gebe man in der entwickelten Welt für viele Dinge Geld aus. Aber nicht, weil man dumm sei, sondern, weil der Lebensstandard einfach höher sei. Was denn als Nächstes komme? Kritik daran, dass Regierungen öffentliche Mittel für Krankenhausbetten, teure Lärmschutzwälle oder exotische Bäume in ihren Parks ausgäben, statt es nach Afrika zu schicken? Gesellschaften auf der ganzen Welt müssten das Recht haben, selbst zu entscheiden, welche öffentlichen Investitionen und Aufgaben ihnen wichtig seien.[12]

Eben genau weil wir die Möglichkeit haben zu entscheiden, müssen wir diese Entscheidungen weise treffen. In dem Bestreben, das Treffen wieder aufzunehmen, klopften die 147 *WTO*-Mitgliedsstaaten im August 2004 in Genf einen neuen Pakt fest. Die reichen Länder willigten ein, ihre Agrarsubventionen zu kürzen, wenn ihnen dafür der Zugang zu den Märkten der Entwicklungsländer erleichtert würde. Der US-Handelsabgeordnete Robert Zoellick nannte dies »einen entscheidenden Schritt für den Welthandel«. Doch was bis zu diesem Stadium beschlossen wurde, ist lediglich ein grober Rahmen. Die Details herauszumeißeln kann ein paar Jahre dauern, und die Entwicklungsländer werden einmal mehr dem Druck der reichen Nationen ausgesetzt sein.

Einige Kommentatoren sind der Ansicht, die dramatischen Ereignisse von Cancun werden beide Seiten kompromissbereiter machen. Cancun hat gezeigt, dass die Entwicklungsländer in der *WTO* tatsächlich Macht ausüben können, und das wird von vielen Regierungen als ermutigend empfunden. Doch solange sie diese Macht nicht in Handeln umsetzen, werden die massiven Ungerechtigkeiten in der Agrarpolitik der industrialisierten Welt nicht aufhören.

9

*In über siebzig Ländern verstoßen gleichge-
schlechtliche Beziehungen gegen das Gesetz.
In neun Ländern werden sie mit dem Tode bestraft.*

Am 1. Januar 2002 wurden in der Stadt Abha im Südwes-
ten von Saudi-Arabien drei Männer enthauptet. Ali bin
Hatan bin Saad, Mohammed bin Suleiman bin Mohammed
und Mohammead bin Chalil bin Abdullah wurden hingerichtet, nachdem man sie »extremer Obszönität und hässli-
cher Akte der Homosexualität, der Ehe miteinander und der
Belästigung von Kindern« für schuldig befunden hatte.[1] *Amnesty International* berichtet dazu, dass die Gerichtsverfahren wie üblich im Geheimen abgehalten worden waren. Es
scheint wahrscheinlich, dass die drei Männer in erster Linie ihrer sexuellen Orientierung wegen hingerichtet worden
sind.[2]

Nach Auskunft der internationalen Lesben- und Schwu-
lenvereinigung *International Gay and Lesbian Association*,
die eine umfassende Betrachtung zur Gesetzgebung weltweit
unternommen hat, gibt es neun Länder, in denen homosexuelle Handlungen noch heute mit dem Tode bestraft werden:
Mauretanien, der Sudan, Afghanistan, Pakistan, Tschetschenien, Iran, Saudi-Arabien, die Vereinigten Arabischen Emirate und der Jemen. Von diesen neun haben drei in den letzten
zehn Jahren Homosexuelle exekutiert: Afghanistan, Iran und
Saudi-Arabien. Man schätzt, dass seit der Islamischen Revo-

lution im Jahre 1979 im Iran mehr als 4000 Homosexuelle hingerichtet worden sind.

Eine derart barbarische Strafe für Lesben und Schwule ist nach traditioneller islamischer Auffassung nach den Geboten der Scharia rechtens. Der Koran ist, was gleichgeschlechtlichen Verkehr betrifft, in seiner Aussage klar. Eine häufig zitierte Textstelle ist Sure 7: 80-81: »Und Lot (entsandten Wir,) da er zu seinem Volke sprach: ›Wollt ihr Schandbarkeiten begehen, wie keins der Geschöpfe sie vorher beging? Wahrlich. Ihr kommt zu den Männern im Gelüst anstatt zu den Weibern! Ja, ihr seid ein ausschweifend Volk!‹«[3]

Die verschiedenen islamischen Denkschulen beurteilen die Frage, wie schwer die Bestrafung für homosexuelle Handlungen sein sollte, unterschiedlich – und manche Regierungen halten ohne Zweifel die Todesstrafe für angemessen, auch wenn sie nur selten angewendet wird. Kritiker behaupten, die Praxis werfe ein schlechtes Licht auf die Toleranz in der muslimischen Welt. Die *Al-Fatiha-Stiftung*, die sich für schwule und lesbische Muslime vor allem in der westlichen Welt einsetzt, ist der Ansicht: »Es gibt – vor allem in der westlichen Welt – eine wachsende Bewegung fortschrittlich gesinnter Muslime, die den Islam als eine sich entwickelnde Religion sehen, die sich der modernen Gesellschaft anpassen muss.«[4] Doch ist klar, dass es noch ein weiter Weg ist, bis traditionalistische Regierungen sich davon werden überzeugen lassen.

Bei ihrer Sitzung in Genf 2002 verabschiedete die *Menschenrechtskommission der Vereinten Nationen* eine Resolution, in der alle Staaten, die noch die Todesstrafe vorsehen, gedrängt werden, dafür Sorge zu tragen, dass diese nicht auf gewaltlose Handlungen wie sexuelle Beziehungen in gegenseitigem Einverständnis zwischen Erwachsenen Anwendung findet. Im Anschluss an die Verabschiedung der Resolution legte Saudi-Arabien im Namen von 62 Staaten, die sich von der Resolution zu distanzieren wünschten, eine Erklärung vor.[5]

Die Vorstellung, dass es in der modernen Welt Orte gibt, an denen es einer Person verboten ist, ihre eigene sexuelle Identität zu leben, hat etwas Erschreckendes. Aber doch ist es so. Die Todesstrafe ist nur das extremste Beispiel für das vielerorts sogar gesetzlich verbriefte Vorurteil gegen gleichgeschlechtliche Beziehungen, aber es gibt auf der Welt über siebzig Länder, in denen das Gesetz lesbische, schwule, bisexuelle oder transsexuelle Personen diskriminiert.

Warum wird Sexualität in dieser Weise kriminalisiert? Die Länder, die über Gesetze gegen gleichgeschlechtliche Beziehungen verfügen, bilden eine bunt gemischte Gruppe – sie hängen keiner gemeinsamen Religion an, und viele von ihnen würden von den meisten Menschen auch nicht als übermäßig repressive Staaten empfunden. Alles scheint darauf hinauszulaufen, dass manche Regierungen keine Personen mögen, die dem, was als gesellschaftliche Norm empfunden wird, zuwiderhandeln. Für eine autoritäre und konservative Regierung hat jemand, der sich aus freien Stücken gegen den »traditionellen« Weg – Heterosexualität, Ehe und Familie – entscheidet, offenbar etwas Bedrohliches. Wie der indische Schwulenrechtsaktivist Ashok Row Kavi es ausdrückt: »Warum dieser plötzliche Hass auf Homosexuelle? Weil es zur politischen Identität geworden ist. Regierungen versuchen, diese zu unterdrücken, weil sie sie als gesellschaftszersetzende Kraft ansehen.«[6]

Es herrscht kein Mangel an Berichten darüber, wie schwule, lesbische und transsexuelle Personen unter der Hand des Gesetzes gelitten haben. Eine, wie ich finde, besonders traurige Episode hat sich in Rumänien ereignet. Im Jahre 1992 setzte Ciprian Cucu eine Kontaktanzeige in eine Regionalzeitung. Marian Mutascu antwortete darauf, und die beiden jungen Männer verliebten sich ineinander. Cucus Familie berichtete der Polizei von ihrer Beziehung. Die beiden wurden festgenommen und während der Haft gefoltert. Cucu wurde mehrmals von Mitinsassen vergewaltigt. Beide erhielten Bewährungsstrafen, die Folterungen wurden nie untersucht. Mutascu erholte sich von dieser Erfahrung nie mehr und beging zwei Jahre später Selbstmord.[7]

Es gibt auch Beispiele von landesweiter Verfolgung. Im September 1999 erteilte Ugandas Präsident Yoweri Museveni der Polizei öffentlich den Auftrag, Homosexuelle ausfindig zu machen, sie einzusperren und anzuklagen. Fünf Männer und Frauen wurden im Laufe des darauf folgenden Monats verhaftet – sie alle wurden in illegalen Haftanstalten festgehalten, gefoltert und schließlich ohne Anklage freigelassen. Eine ganze Reihe Ugander flohen aus Furcht vor der Verhaftung aus ihrem Land. Im November 1999 leugnete Präsident Museveni jegliche Verfolgung von Homosexuellen. Sie dürften in Uganda leben, erklärte er, solange sie ihre sexuelle Orientierung für sich behielten.[8]

Ein solcher Zwang, das Geschlechtsleben im Geheimen zu führen, hinterlässt tiefe Narben. Stellen Sie sich vor, Sie dürften sich mit dem Menschen, den Sie lieben, kein gemeinsames Zuhause schaffen, Freunden und Familie nichts von sich erzählen, weil Sie fürchten müssten, sonst den Behörden gemeldet zu werden. Besonders bedrückend aber wird dieses Klima der Angst und Heimlichtuerei im Angesicht der HIV/AIDS-Epidemie. Wenn junge Leute Angst haben müssen, offen über Sexualität zu reden, ist ihre Chance, zu erfahren, was sie wissen müssen, um sich zu schützen, wirklich minimal.

In manchen Gesellschaften wird Homosexualität als Krankheit betrachtet, Schwule und Lesben wurden gezwungen, sich psychiatrischer Behandlung zu unterziehen, um ihr vermeintliches Leiden zu »heilen«. *Amnesty International* berichtet, dass in den Siebziger- und Achtzigerjahren des letzten Jahrhunderts Angehörige der südafrikanischen Streitkräfte ohne ihre Einwilligung einer »Umerziehungstherapie« unterworfen wurden. Männern wurden beim Betrachten von Bildern anderer nackter Männer Elektroschocks verabreicht – beim Betrachten der Bilder von nackten Frauen wurde der Strom abgeschaltet.[9] In jüngerer Zeit berichtete eine Schwulenrechtsorganisation aus der Ukraine, dass die Androhung einer psychiatrischen Behandlung von der Polizei als Mittel zur Einschüchterung eingesetzt wurde.[10]

Auch wenn ein Land Homosexualität nicht ausdrücklich kriminalisiert, so gibt es doch häufig andere, subtilere Wege, Vorurteile zu halten. Das mag eine unausgesprochene Nachsicht gegenüber »Verbrechen aus Hass« sein – dort, wo Berichten über Angriffe auf Schwulen und Lesben mit Ablehnung begegnet und diesen mit sehr viel weniger Nachdruck nachgegangen wird als vergleichbare Angriffe auf Heterosexuelle. Rechtssysteme zeigen ihre Voreingenommenheit Nichtheterosexuellen gegenüber unter Umständen auch nur durch das Ignorieren von Beziehungen. Es hat sogar Situationen gegeben, in denen Regierungen aktiv den Hass gegen Lesben und Schwule geschürt haben. Zimbabwes Präsident

Robert Mugabe erklärte ohne mit der Wimper zu zucken, er fände nicht, dass Homosexuelle überhaupt Rechte hätten.

In vielen Ländern sind die Dinge im Begriff, sich zu ändern. Im Juni 2003 hob der Oberste Gerichtshof der Vereinigten Staaten ein texanisches Gesetz auf, das die meisten Arten von sexuellen Kontakten zwischen gleichgeschlechtlichen Paaren untersagt hatte. Die Entscheidung betraf übrigens nicht nur Texas, sondern setzte ähnliche Gesetze in dreizehn anderen Bundesstaaten aus. Auch machten die Richter unmissverständlich klar, dass homosexuelle Paare genau wie heterosexuelle in ihren Beziehungen das Recht auf »Autonomie« haben: das Recht, Kinder aufzuziehen, Bindungen innerhalb der Familie einzugehen, Entscheidungen über eine Ehe zu treffen. Dieses Recht ist Teil der amerikanischen Verfassung, doch im Jahre 1986 erklärte eine Entscheidung des Obersten Gerichtshofes, dass dies für Homosexuelle nicht gelte. Nun hat sich all das geändert. Die amerikanische Bürgerrechtsbewegung *American Civil Liberties Union* nannte die Entscheidung des Obersten Gerichtshofs den »mit Abstand bedeutendsten Rechtsspruch, der der Gemeinde der Schwulen, Lesben, Bisexuellen und Transsexuellen jemals zuteil werden wird«.[11]

Mehr und mehr Länder dehnen ihr Asylangebot auch auf Personen aus, die aufgrund ihrer Sexualität in ihrem eigenen Land verfolgt werden. Viele Aktivisten aber beschließen auch, zu Hause zu bleiben und trotz aller Risiken für Veränderungen zu kämpfen. Der Druck seitens der internationalen Menschenrechtsorganisationen, Personen zu schützen, die sich zu diesen Themen öffentlich äußern, macht Dinge sichtbar und bringt damit womöglich auch ein gewisses Maß an Schutz.

Doch nichts von alledem reicht aus. Regierungen müssen aufgefordert werden, Gesetze außer Kraft zu setzen, die sexuelle Handlungen in gegenseitigem Einverständnis zwischen Erwachsenen kriminalisieren. Sie müssen auch sicherstellen, dass Polizei und Rechtssysteme frei sind von jenem schleichenden Hang zur Diskriminierung, der Schwule und Lesben daran hindert, sich frei zu äußern.

Am wichtigsten von alledem aber ist, dass wir anerkennen, dass das Ausleben der eigenen Sexualität eines der grundlegendsten Rechte des Menschen ist. Und wie alle anderen Menschenrechte sollte auch dieses jenseits aller Gesetzgebung stehen als etwas, dessen Schutz oberste Priorität zukommt.

10

Einer von fünf Menschen auf der Erde lebt von weniger als einem Dollar pro Tag

Das Traurigste an Armut ist: Sie müsste nicht sein. Denn mit weniger als einem Prozent des Einkommens der wohlhabendsten Nationen ließen sich die schlimmsten Auswirkungen von Armut zu einem großen Teil lindern.[1] Menschen hätten genug zu essen, grundlegende Rechte, wie das auf Gesundheit und das auf Bildung, blieben niemandem verwehrt, weniger Babys würden sterben, Pandemien könnten unter Kontrolle gebracht werden.

Armut ist nicht nur eine Frage mangelnden materiellen Wohlstands – der Möglichkeit, Brot oder vielleicht die Grundwerkzeuge für den Ackerbau zu erwerben. Wo Armut herrscht, bleiben den Menschen auch Medizin und Gesundheitsfürsorge vorenthalten, ihre gesunden Lebensjahre reduzieren sich damit drastisch. Kinder werden statt in Schulen oder Ausbildungsstätten zur Arbeit geschickt. Aus dem Kreislauf aus mangelnder Gesundheit und Benachteiligung gibt es kaum ein Entkommen. Menschen, die in Armut leben, sind verletzlich – und sie haben keine Stimme. Wo Einkommen und das Nötigste zum Leben nicht gewährleistet sind, haben Menschen keine Wahl. Sie werden leicht zu Opfern von Verbrechen und Gewalt. Eine junge Frau aus Jamaika fasst ihre Gefühle zusammen. Sie sagt: »Armut ist, als lebe man im Gefängnis, läge in Ketten und warte darauf, freizukommen.«[2]

Im Jahre 2000 hatten sich die Vereinten Nationen in ihrer Millenniumserklärung verpflichtet, die Zahl der Menschen, die in Armut leben, bis zum Jahre 2015 um die Hälfte zu verringern. Bereits drei Jahre später warnten die Vereinten Nationen, dass die Welt hinter ihre Ziele zurückfalle. Mindestens viermal zwischen 2000 und 2003 hatten reiche und arme Länder versprochen, zusammenzuarbeiten, um weltweit die Armut zu lindern. Reichere Länder willigten ein, 0,7 Prozent ihres Nationaleinkommens zu spenden, die ärmeren Länder hatten sich verpflichtet, politische Reformen vorzunehmen, die sicherstellen sollten, dass die Hilfsgelder klug und angemessen eingesetzt würden.[3]

Doch in eine Verpflichtung einzuwilligen und diese dann tatsächlich auch umzusetzen, sind zwei ganz verschiedene Dinge, und es hat den Anschein, als fielen die reicheren Länder schon jetzt weit hinter ihre Versprechen zurück. Hilfszuwendungen aus den Ländern des Entwicklungshilfeausschusses der OECD (die mindestens 95 Prozent der Hilfszahlungen weltweit stellen) stiegen im Jahre 2002 um fast fünf Prozent, blieben aber mit 0,23 Prozent des Nationaleinkommens weit unter den von den Vereinten Nationen vorgeschlagenen 0,7 Prozent.[4] Die Vereinten Nationen warnen, dass zwar manche Nationen zielstrebig auf die Erreichung des Millenniumsziels der Armutsbekämpfung hinarbeiten, viele andere dies jedoch nicht tun. Alles in allem sollten die Ziele erreichbar sein, aber wenn wir zwei große Länder aus der Gleichung ausklammern – Indien und China –, wird das nicht der Fall sein. Warum haben manche Länder Erfolg, warum versagen andere – und was können wir daran ändern?

In den Neunzigerjahren des 20. Jahrhunderts fiel der Anteil der Weltbevölkerung, der in extremer Armut lebte – definiert durch ein Einkommen von weniger als einem Dollar pro Tag, zugrunde gelegt wird dabei die Kaufkraft –, leicht von 30 Prozent auf 23 Prozent.[5] In China sind innerhalb des letzten Jahrzehnts mehr als 150 Millionen Menschen der Armut entronnen.[6]

In 54 Entwicklungsländern aber sind die Einkommen im Verlauf der Neunzigerjahre gefallen. Zwanzig davon liegen südlich der Sahara, siebzehn in Osteuropa und der ehemaligen Gemeinschaft unabhängiger Staaten GUS. In Osteuropa haben die Nachwehen nach dem Zusammenbruch des Kommunismus zu einer Spirale aus Arbeitslosigkeit und raschem ökonomischem Abstieg geführt. In Afrika wird die Entwicklung durch die HIV/AIDS-bedingt sinkende Lebenserwartung gebremst, am schwersten betroffen sind die kleinen Länder ohne Zugang zum Meer. Beim derzeitigen Stand der Entwicklung wird es bis zum Jahre 2150 dauern, bis in den afrikanischen Staaten südlich der Sahara die Zahl der Menschen, die in Armut leben, halbiert ist.[7] Es stimmt, dass manche Länder reicher werden, aber viele werden ärmer.

Wohin man auch schaut: Quer durch die Weltbevölkerung klafft die Schere zwischen arm und reich immer weiter auseinander. Wir denken an Länder wie Brasilien, die ein groteskes Maß an Ungleichheit zwischen wohlhabenden Industriellen und Armen in den Wellblechhütten der städtischen Slums aufweisen, aber die Verteilung des globalen Wohlstands auf die Weltbevölkerung ist noch viel ungleicher.[8] Im Jahre 1960 betrug in den zwanzig reichsten Ländern das Bruttoinlandsprodukt pro Kopf das Achtzehnfache dessen, was die zwanzig ärmsten Länder erwirtschaften konnten. Im Jahre 1995 hatte sich diese Kluft auf das Siebenunddreißigfache vergrößert.[9] Heute bezieht das reichste Prozent der Weltbevölkerung genauso viel Einkommen wie die ärmsten 57 Prozent.[10]

Sogar in Ländern, in denen die Armut im Sinken begriffen ist, gibt es eine solche Ungleichverteilung, was nichts anderes heißt, als dass nicht jeder von diesem Fortschritt profitiert. Chinas Entwicklungsstrategie lenkt Fördermittel in Richtung Industrie und weg von der Landwirtschaft, so dass die Menschen in den reicheren Küstenregionen auf Kosten der armen Landbevölkerung profitieren. Die ärmsten Regionen Mexikos sind diejenigen, die weit von der US-amerikanischen Grenze entfernt liegen und in denen es wenig Handel und nur geringe Beschäftigungsmöglichkeiten gibt. Die reichsten zehn Prozent der Bevölkerung verdienen fünfunddreißig Mal so viel wie die ärmsten zehn Prozent.[11] Ein hohes Wohlstandsgefälle in einer Gesellschaft führt in einen Teufelskreis: Die Menschen sind weniger motiviert, hart zu arbeiten, weil das Fortkommen innerhalb der Gesellschaft so ungemein schwer ist, das wiederum führt zu steigender Kriminalität, sozialen Unruhen und Korruption – die nun ihrerseits zu einer Gefahr für die wirtschaftliche Stabilität werden.[12]

Wenn wir es nicht schaffen, das Millenniumsziel der Armutsreduzierung zu erreichen, ist das ein Versagen der industrialisierten Welt. Wir haben nicht nur gegenüber den Menschen versagt, denen wir Hilfe versprochen haben, sondern wir haben auch vor uns selbst versagt. Als wir unsere politischen Führer vom Segen der Globalisierung und des freien Handels predigen hörten, haben wir geglaubt, wir täten etwas, um zu helfen. Wir müssen sicherstellen, dass unsere Regierungen und unsere multinationalen Unternehmen dafür sorgen, dass wir Recht behalten.

Zunächst einmal müssen wir die Linderung von Armut als

vordringliches Anliegen betrachten. Wenn Regierungen öffentliche Ausgaben kürzen, gehört die Entwicklungshilfe oftmals zu den ersten Dingen, an denen gespart wird – das aber darf nicht sein. Wie der Wirtschaftswissenschaftler Jeffrey Sachs und die Leiterin des UN-Entwicklungsprogramms, Sakiko Fukuda-Parr, es formulierten: »Die Frage ist nicht, ob die reichen Länder es sich leisten können, mehr zu tun, oder gar entscheiden müssten zwischen, sagen wir, Ausgaben für die Verteidigung und Ausgaben für die Verringerung von Armut. Da weniger als ein Prozent des Nationaleinkommens benötigt werden, lautet die Frage einzig und allein, ob sie die Abschaffung extremer Armut in der Welt zur Priorität erheben oder nicht.«[13]

Entwicklungshilfe sollte zum Beispiel weit höhere Priorität genießen als das von den USA und Europa finanzierte, kostspielige und unfaire System der Agrarsubventionen. Nach Angaben der *Organisation für Wirtschaftliche Zusammenarbeit und Entwicklung OECD* geben die Mitgliedsstaaten rund 300 Milliarden Dollar aus, um ihre Landwirtschaft zu stützen – mehr als das Fünffache dessen, was in die Entwicklungshilfe fließt.[14] Diese üppige Förderung veranlasst Farmer dazu, weit mehr Nutzpflanzen anzubauen, als sie müssten, die Überschüsse werden dann in den Entwicklungsländern zu Schleuderpreisen verkauft.

Wenn sich die reichen Länder entschließen würden, ihre Agrarsubventionen einzustellen und die Hürden für Importe aus den Entwicklungsländern zu senken, könnte das Ergebnis dramatisch sein. Für jeden Dollar, den die Entwicklungsländer an Hilfe erhalten, verlieren sie zwei Dollar durch unfaire Handelsschranken.[15] Die Liberalisierung des Marktes muss in beide Richtungen gehen, so dass die Entwicklungsländer ihre Tore nicht vergebens öffnen, schon gar nicht, um vom starren Regelwerk der reichen Nationen erdrückt zu werden.

Doch nur die Handelsschranken aufzugeben reicht noch nicht aus, um das Problem zu lösen. Die drückende Schuldenlast zu senken, unter der viele Entwicklungsländer ächzen, ist ein entscheidender Beitrag jeder Strategie zur Senkung der Armut: Sobald sie von dem Zwang befreit wären, sämtliche Mittel in die Tilgung riesiger Kredite stecken zu müssen, wären die Regierungen in der Lage, mehr in lebenswichtige Infrastrukturen, Bildung und Gesundheit zu investieren. Die Führer der G7-Staaten haben sich auf einen Schuldenerlass in Höhe von 100 Milliarden Dollar für die 42 ärmsten unter den armen Ländern geeinigt, die von Weltbank und Internationalem Währungsfond IWF als »hoch verschuldet« eingestuft wurden. Bis September 2003 hätte diese Initiative in 21 dieser Länder abgeschlossen sein sollen, so dass sie von einem Teil ihrer Schulden entlastet worden wären. Tatsächlich aber sind nur acht Länder an diesem Punkt angelangt. Hilfsorganisationen betrachten das Schneckentempo des Prozesses ebenso kritisch wie das offenkundige Zaudern der Weltbank und des IWF, die Führung beim Schuldenerlass zu übernehmen.[16]

Es liegt auf der Hand, dass zur Etablierung wichtiger Infrastrukturen der Entwicklung – Schulen, Krankenhäuser, Wasserversorgung und sanitäre Anlagen – große Finanzspritzen von Spendengeldern vonnöten sind. Diese aber sollten in Form von Schenkungen und nicht in Gestalt von Krediten geleistet werden, denn das Letzte, was viele dieser Länder gebrauchen können, sind weitere Schulden. Auch muss die Hilfe effizient sein, den richtigen Personen zur rechten Zeit zukommen, und das mit einem sensiblen Gespür für die Verwerfungen, die große Geldbewilligungen in einer Gesellschaft und ihren Menschen anrichten können.

Der Menschenrechtsbericht der Vereinten Nationen gibt eine Zusammenfassung zuträglicher Vorgehensweisen für Geber und Empfänger. Seitens der Geber ist darauf zu achten, dass Hilfsgelder so fließen, dass dezentralisierte Entscheidungen (das heißt, von Kommunen statt von Landesregierungen) begünstigt werden, eine Koordination von Projekten und Programmen erfolgt, die den Bedürfnissen des jeweiligen Landes angemessen ist, und dass es direkte Verantwortlichkeiten gibt. Die Hilfe sollte zudem nicht an bestimmte Bedingungen geknüpft werden. Auf Seiten des Empfängers sollte es Reformen geben, die Transparenz und eine besonnene Steuerung der institutionellen Abläufe gewährleisten, ein breiter gefächertes Engagement und eine verbesserte Kontrolle (durch nichtstaatliche Organisationen, die Gesellschaft und Einzelpersonen), um den verantwortlichen Umgang mit Mitteln zu bestärken.[17] Kurz: Geber können eine ganze Menge dafür tun, dass ihre Gelder dahin fließen, wo sie gebraucht werden, und Empfänger können sicherstellen, dass sie für die richtigen Dinge ausgegeben werden, indem sie den Menschen in ihren eigenen Gemeinschaften eine Stimme geben.

Die Industrienationen müssen außerdem bereit sein, ihr technologisches Wissen zu teilen, um ärmeren Ländern zu helfen. Das betrifft nicht nur Computer und die Computertechnologie, obwohl diese sehr wichtig sind, sondern auch zum Beispiel Patentrechte, zu denen innovative Köpfe in den Entwicklungsländern Zugang haben müssen, zudem die Erforschung und Entwicklung von Medikamenten gegen Krankheiten, die in den Entwicklungsländern endemisch sind, und ein Beitrag zur Nutzung sauberer Energiealternativen mit dem Ziel einer Verringerung der Luftverschmutzung und zur Senkung von Treibstoffkosten. Die wertvollste Hilfe von allem sind aber womöglich Schulungen: die Vermittlung von Kenntnissen, wie sich aus einem Stück Land das Beste machen lässt. Die »Heifer Charity« beispielsweise hilft Familien, indem sie Kleinbauern und kleinen Gemeinschaften Vieh und Schulungen finanziert (*heifer* ist der englische Begriff für Färse): Die Familien erhalten eine Jungkuh, die sie besamen lassen können. Sobald ein Betrieb wieder auf sicheren Füßen steht, geben die Empfänger die Gabe weiter, indem sie den Nachwuchs ihres Tieres der nächsten bedürftigen Familie schenken).[18]

Vor allem anderen müssen wir sicherstellen, dass die Kräfte der Globalisierung nicht sämtlich dahin wirken, reiche Länder noch reicher zu machen. Der Nutzen muss beiderseitig sein. Die Entwicklungsländer haben bei den Gesprächen der *Welthandelsorganisation* in Cancun ihre Stimme laut und vernehmlich erhoben und das Thema Armut und Handel auf Platz eins der Welttagesordnung gesetzt. Jetzt ist es an der industrialisierten Welt, sich der Herausforderung zu stellen.

Am Vorabend der Gespräche von Cancun schrieb der britische Kanzler Gordon Brown, im Anschluss daran werde »Globalisierung von Millionen entweder als Weg zu sozialer Gerechtigkeit gesehen oder als Alleingang des reichen Mannes«.[19] Die industrialisierte Welt hat nicht mehr viel Zeit, den Kurs der Globalisierung zu ändern, aber andererseits ist es nicht so schwer, zu tun, was getan werden muss. Unsere Versprechungen zu halten, den Menschen eine Stimme geben, ein faires Spiel zu spielen – nichts von alledem scheint unvernünftig. Ja, es scheint das Mindeste, was wir tun sollten.

11

In Russland sterben jährlich über 12000 Frauen als Opfer von häuslicher Gewalt

Er hat so auf mich eingeschlagen, dass mir Zähne ausgefallen sind. Mindestens einmal im Monat hat er mich verprügelt. Immer mit den Fäusten. Am schlimmsten hat er zugeschlagen, wenn ich schwanger war ... Beim ersten Mal habe ich das Kind verloren. Ich war im Krankenhaus. Das zweite Mal war es wenige Tage vor der Geburt des Kindes, und ich hatte überall Blutergüsse im Gesicht. Ich bin zu meinen Eltern gegangen. Mein Vater hat sich geweigert, mit mir zum Arzt zu gehen. Er sagte: ›Was soll ich dem sagen – ihr Mann hat sie geschlagen?‹«[1]

Niemand sollte in Angst vor Gewalt leben müssen. Und niemand sollte in Angst vor den Menschen leben müssen, die ihn von Rechts wegen lieben sollten. Trotzdem werden auf der ganzen Welt Jahr für Jahr Millionen Frauen Opfer gewalttätiger Übergriffe von Freunden oder Ehemännern.

In vielen Ländern ist das ein schmutziges, wohlgehütetes Geheimnis, etwas, das sich zwischen Mann und Frau abspielt, in einer Sphäre, in die das Gesetz nicht eingreifen kann und darf. Von allen Gewaltverbrechen einer Gesellschaft ist es vermutlich das Unsichtbarste – und damit das am schwersten zu Bekämpfende. Doch die Folgen von Untätigkeit sind tragisch.

Einer Schätzung zufolge werden jährlich drei Millionen

Frauen von ihrem Ehemann oder ihrem Freund physisch misshandelt – einer anderen zufolge wird jede dritte Frau irgendwann in ihrem Leben geschlagen, zum Geschlechtsverkehr gezwungen oder anderweitig misshandelt.[2,3] Man geht davon aus, dass in Russland Jahr für Jahr 12 000 bis 14 000 Frauen von ihren Ehemännern umgebracht werden – das heißt alle 43 Minuten eine. Stellt man dagegen Amerika, wo im Jahre 2000 einer Erhebung zufolge 1247 Frauen von einem Geschlechtspartner umgebracht wurden, wird das Ausmaß des Problems deutlich. Nichtsstaatliche russische Organisationen berichten, dass Missbrauch, wenn es nicht zu extrem schweren Verletzungen oder Todesfällen kommt, nur selten angezeigt wird, es ist also nahezu unmöglich zu erfassen, wie viele Frauen jedes Jahr misshandelt werden.

Russische Frauengruppen haben versucht, ein Bewusstsein für diese stummen Tragödien zu wecken – Betroffene dazu zu bewegen, über erfahrene Misshandlungen zu sprechen und die Regierung zur Schaffung von Einrichtungen zu drängen, in denen Frauen, die Opfer von Gewalt geworden sind, betreut werden können. Aber sie müssen einräumen, dass sie gegen extrem fest verankerte Auffassungen anrennen. Ein russisches Sprichwort behauptet gar sinngemäß, wenn ein Mann seine Frau schlage, heiße das, er liebe sie. Frauen – und natürlich Männer – dazu zu bringen, das anders zu sehen, ist die erste Herausforderung.

Einer der wenigen russischen Ärzte, denen es gestattet ist, medizinische Untersuchungen zum Nachweis von Gewalteinwirkung durchzuführen, verweist zur Begründung dieser Haltung unter anderem auf Russlands von Gewalt regierte Geschichte. Juri Pigolkin: »Unsere Gesellschaft ist extrem aggressiv, stürzt von einem Krieg in den nächsten. Das schafft eine Sorte Bürger, auf die sich Verhaltensregeln, die in den Vereinigten Staaten allgemein anerkannt sein mögen, nicht anwenden lassen. Programme, die für Amerikaner entwickelt wurden, sind hierzulande wirkungslos. Das hat vor allem mit wirtschaftlichen Faktoren zu tun: Wenn jemand arm ist und mittellos, wenn es ihm kaum zum Leben reicht und er seine Miete nicht zahlen kann [wird es nicht viel nützen], ihm eine Strafe aufzuerlegen.«[4]

Es sieht so aus, als hätten die massiven wirtschaftlichen und sozialen Umwälzungen der postsowjetischen Ära die Männer demoralisiert und kontrollversessen gemacht. Viele bestehen darauf, dass ihre Frauen aufhören zu arbeiten, machen sie damit völlig von sich abhängig. Wenn die Dinge schlecht laufen, haben sie dann erst recht nicht die Mittel, den Mann zu verlassen. Die Wohnraumknappheit bringt es mit sich, dass auch geschiedene Paare manchmal weiter zusammenleben müssen. In Anbetracht bestenfalls zähneknirschender Unterstützung seitens der Behörden sind die nichtstaatlichen Organisationen nicht allzu optimistisch, was einen Wandel betrifft. Im Jahre 2001 gab es in ganz Russland nur sechs Frauenhäuser, in Moskau kein einziges. Als ein Vertreter einer nichtstaatlichen Organisation einen Vertreter des Innenministeriums darum bat, eine Sondereinheit zur Behandlung und Untersuchung der Opfer von häuslicher Gewalt zu schaffen, lautete dessen lächelnde Antwort: »Wir können nicht einfach nur für Sie so etwas einrichten!«[5]

Die größte Herausforderung vielleicht – und der erste Schritt zu einer Lösung – wird darin bestehen, die fest verwurzelte Überzeugung ins Wanken zu bringen, Gewalt in einer Beziehung sei akzeptabel. Selbst in Großbritannien, wo ein ausgeprägtes Bewusstsein in Bezug auf häusliche Gewalt herrscht und es häufig überregionale Kampagnen zur Beendigung von Gewalt in der Familie gibt, kam eine Umfrage zu dem Schluss, dass jeder fünfte junge Mann und jede zehnte junge Frau Misshandlungen oder Gewalt gegen Frauen nicht untragbar finden.[6]

Seit der Antike sind Frauen als lebendiges Eigentum betrachtet worden, das am Tag der Hochzeit vom Vater an den Ehemann abgetreten wird. Das römische Eherecht sah vor, dass Frauen sich der Herrschaft des Mannes unterzuordnen hatten. Im Mittelalter wurden ungehorsame Frauen häufig in der Öffentlichkeit gezüchtigt. Und bei der Durchsicht von Blackstones berühmten *Commentaries on the Laws of England* kommt man dahinter, dass sich daran bis zum Jahre 1765 nicht allzu viel geändert hatte. Blackstone stellt fest:

»Der Mann darf seine Frau in vernünftigem Maße züchtigen. Denn, da er für ihr Missbetragen Rede und Antwort zu stehen hat, hat das Gesetz es für angemessen befunden, ihm die Macht zuzugestehen, sie zu zügeln, sie im häuslichen Bereich in demselben Maße zu züchtigen, das er auch seinen Bediensteten oder Kindern angedeihen lassen darf ... aber diese Macht zur Maßregelung hat in angemessenen Grenzen zu bleiben.«[7]

In Anbetracht dessen, dass in Blackstones Vorstellung von »angemessenen Grenzen« Peitschen- und Knüppelhiebe eingeschlossen waren, liegt es auf der Hand, dass für »Missbetragen« ein durchaus schmerzhafter Preis zu zahlen war.

Mögen auch die meisten alten europäischen Gesetzbücher darauf verzichtet haben, Mord zu sanktionieren, so gab es doch durchaus Länder, die Männern das Recht zum »Ehrenmord« zugestanden. Ein Mann, der seine Frau oder ein anderes Familienmitglied umgebracht hatte, konnte sich damit rechtfertigen, durch deren Verhalten »provoziert« worden zu sein – durch einen vermeintlichen Ehebruch zum Beispiel oder die Weigerung, in eine arrangierte Hochzeit einzuwilligen. *Human Rights Watch* berichtet, dass manche Länder – unter anderem Jordanien – der Verteidigung noch heute dieses Argument zugestehen.[8]

Bei der Weltfrauenkonferenz 1995 in Peking verpflichteten sich 189 Regierungen, Gewalt gegen Frauen in jeglicher Form Einhalt zu gebieten. Doch in manchen Ländern gibt es wenig Hinweise darauf, dass die Dinge sich bessern. Dort, wo Gesetze tatsächlich Schutzmaßnahmen vorsehen, ist es oftmals immer noch schwierig, Behörden dazu zu bewegen, die Strafverfolgung aufzunehmen. In vielen Fällen beurteilt die Polizei die Sachlage noch immer als etwas, das am besten innerhalb der Familie bleibt – in Pakistan schreitet die Polizei unter Umständen sogar zugunsten des Angeklagten ein oder versucht, die Versöhnung zwischen Mann und Frau zu vermitteln. In anderen Fällen bummelt die Polizei bei der Beweisaufnahme so lange, dass bis zu dem Zeitpunkt, an dem das Opfer einen Arzt zu Gesicht bekommt, alle Blutergüsse verheilt und ein Großteil der rechtsmedizinischen Beweise verloren sind.

Häusliche Gewalt ist freilich kein Problem, das nur Frauen betrifft. Auch Männer sind Angriffen ihrer Intimpartner ausgesetzt, und Hunderte werden umgebracht. Männergruppen vertreten den Standpunkt, dass die Wahrnehmung häuslicher Gewalt als einem rein weiblichen Problem es für Männer schwer mache, mit solchen Fällen Gehör zu finden. Aber es ist nicht von der Hand zu weisen, dass Frauen mit einer fünf- bis achtmal höheren Wahrscheinlichkeit von ihrem Partner angegriffen werden als Männer.[9] Im Jahr 2000 wurden in den Vereinigten Staaten 33,5 Prozent aller ermordeten Frauen von ihren Partnern ermordet – bei den Männern traf das auf weniger als vier Prozent zu.[10]

Gewalt gegen Frauen ist Gewalt gegen alle Menschen, denn sie bringt eine Kultur hervor, in der Frauen Angst vor allen Männern haben und Männer sich ungerecht behandelt fühlen, weil sie in der allgemeinen Wahrnehmung als tickende Zeitbomben gelten, denen es nur mit Mühe gelingt, ihren Drang zuzuschlagen zu unterdrücken. Wir wissen das alles, und dennoch hält sich das Problem der Gewalt gegen Frauen unvermindert hartnäckig. Regierungen müssen sich an ihre Verpflichtungen nach dem Pekinger Abkommen halten – ihre Polizei und Rechtssysteme dazu bringen, Opfer zu schützen und Täter zu bestrafen sowie Gruppen zu unterstützen, die Frauen, die vor Gewalt auf der Flucht sind, Schutz und Rat gewähren. Vor allem anderen aber müssen wir entschieden der Auffassung entgegentreten, dass körperliche Züchtigungen und Misshandlungen unter gewissen Umständen zulässig seien. Denn das sind sie nie.

12

*Im Jahre 2003 unterzogen sich 15 Millionen
Amerikaner der einen oder anderen Form
von plastischer Chirurgie*

Ist Schönheitschirurgie ein ultimativer Akt der Eitelkeit – oder ein mutiger Schritt, um sich selbst auf Vordermann zu bringen? Sollen wir uns darüber aufregen, dass Millionen kerngesunder Menschen beschließen, ihren Körper aufschneiden und chirurgisch bearbeiten zu lassen, oder sollen wir vielmehr froh sein, dass die medizinische Technologie sich bis zu einem Punkt entwickelt hat, an dem wir unseren Körper so verändern können, dass er unser wahres Ich widerspiegelt?

Was immer Sie von der Schönheitschirurgie halten mögen – es ist ein blühendes Gewerbe. In Anbetracht sinkender Preise und abnehmender gesellschaftlicher Stigmatisierung strömen die Menschen auf der Suche nach Vollkommenheit – oder wenigstens einem gewissen Maß an Verbesserung – in Scharen zu den Schönheitschirurgen dieser Welt.

Die Gesellschaft der amerikanischen Schönheitschirurgen hat vor kurzem eine Annoncenserie gestartet, in der echte Patienten als zufriedene Kunden auftreten. Andrew, ein Anwalt, verbreitet sich in blumigen Worten über die Fettabsaugung, die er hat vornehmen lassen, und seine Nasenplastik: »Ich habe harter Arbeit, langen Arbeitstagen und Stress einen Teil meiner physischen Erscheinung geopfert, und ich wollte mir etwas davon zurückkaufen ... wenn ich auf irgendeinem Anwaltstreffen bin und wir uns unterhalten, erzähle ich gerne, wie alt ich wirklich bin, und weide mich dann an ihren überraschten Reaktionen.« Laurie, ehemals preisgekrönte Bodybuilderin, erklärt, ihre Brustvergrößerung habe ihre »Motivation beflügelt, Selbstachtung und Vertrauen gestärkt. Ich habe es für mich getan – für niemanden sonst.«[1]

Im Jahre 2003 wurden in Amerika 15 Millionen Schönheitsoperationen durchgeführt.[2] In dieser Zahl enthalten sind Nasenkorrekturen, Brustvergrößerungen und Fettabsaugungen, plastische Chirurgie wie Narbenkorrekturen und Tumorentfernungen sowie nicht invasive Maßnahmen wie Haarentfernungen per Laser und die Behandlung von Orangenhaut. Nach Auskunft der Ärztevereinigung war mehr als die Hälfte davon – 8,7 Millionen Eingriffe – an Leuten vorgenommen worden, die »sich zum Handeln entschlossen haben, um Anzeichen beginnenden Alters im Vorfeld abzufangen oder« die eigene Erscheinung aufzubessern«.[3] Dank der wachsenden Popularität von Botox-Injektionen hat sich die Zahl der Eingriffe seit 1997 mehr als verdoppelt.[4] Bei dieser Form der Behandlung spritzt man Botulinum-Toxin unter die Haut und lähmt auf diese Weise Muskeln, die an der Faltenbildung beteiligt sind. Dem Patienten – der im Übrigen damit rechnen muss, pro Injektion um die 400 Dollar zu zahlen – bleibt ein glattes, aber ausdrucksloses Gesicht.

Botox-Injektionen sind inzwischen zur meistdurchgeführten kosmetischen Korrektur geworden, im Jahre 2002 ließen sich 1,1 Million Amerikaner eine Spritze geben. Aber es gibt ein ganzes Arsenal an neuen Möglichkeiten, den eigenen Körper umzubauen, wenn man das will: Gesäßimplantate lassen Ihre Kehrseite aussehen wie die von Jennifer Lopez, winzige künstliche Füllungen werden unter die Haut gepflanzt, um Falten auszubügeln, und dann gibt es noch das »Körperlifting«, bei dem die Haut in der Taillengegend nach oben gerafft wird, um hängende Gesäßbacken und faltige Oberschenkel zu straffen. Damit ist noch kein Wort verloren über die alarmierende Vielfalt an Korrekturen, die man an seinen Genitalien vornehmen lassen kann – die »Designervaginas« mit dem wunderbaren Namen, für den Herrn Penisvergrößerungen, jedem bestens vertraut, der schon mal Spam-Mails erhalten hat.

Die Pioniere der plastischen Chirurgie wären perplex angesichts der Bandbreite und Kompliziertheit einiger dieser modernen Errungenschaften. Schon vor viertausend Jahren haben Ärzte Gesichtsverletzungen behandelt, um die Entstellung von Gesichtszügen abzumildern – und 800 vor Christus experimentierten indische Ärzte bereits mit Hauttransplantaten.[5] Ärzte im mittelalterlichen England betraten Neuland mit ein paar recht grobschlächtigen Methoden, die von der Syphilis verursachten Zerstörungen bei vornehmeren Patienten zu verbergen. Weite Verbreitung aber erreichte die plastische Chirurgie erst ab dem Ersten Weltkrieg, als viele renommierte Chirurgen sich der Wiederherstellung der auf den Schlachtfeldern entstellten Gesichter und Körper verschrieben. Die so genannte Schönheitschirurgie entstand etwa um dieselbe Zeit, als den Chirurgen nämlich aufging, »wie viel wertvolle Begabung ... vor den Augen der Menschen verborgen, der Welt und der Gesellschaft aus Gründen wie peinlicher Verlegenheit verschlossen geblieben ist, verursacht oft durch den bewussten, in manchen Fällen auch unbewussten Einfluss körperlicher Unzulänglichkeiten oder Fehlbildungen oder unansehnlicher Mängel«.[6]

Jahrzehnte später hat sich die Sprache rund um die Schönheitschirurgie kaum geändert. Eine Internetseite aus Kanada plädiert beredt dafür, die eigenen »Fehler« richten zu lassen. »Die meisten Menschen würden sich der Meinung anschließen, dass das, was in einem Menschen steckt, wichtiger ist als ein Aussehen, aber wir erkennen mehr und mehr, dass auch das Äußere wichtig ist ... Die Methoden, von denen Sie hier lesen, können ganz normalen Menschen helfen, ihr Aussehen zu verbessern und sich in ihrer Haut wohler zu fühlen. Sie können in vielen Fällen dazu beitragen, Selbstachtung und Selbstvertrauen zu erhöhen. Betrachten Sie es als kleine Veränderung des Äußeren, die große Veränderungen im Inneren mit sich bringen kann.«[7]

Eine solche Sprache, die sich auf das eigene Ich konzentriert und die uns glauben macht, dass das, was uns krank macht, nichts mit der Art und Weise zu tun hat, wie wir uns selbst sehen, sondern mit dem Körper, der uns einschränkt – diese Art zu denken hat der Schönheitschirurgie breite Akzeptanz verschafft. Sie ist nicht mehr alleinige Domäne der Reichen und Eitlen. Mag kosmetische Chirurgie einst ein Luxus gewesen sein, der nur für Hollywoodstars und Millionäre erschwinglich war, heute fallen die Preise ins Bodenlose. Im *Economist* wird ein plastischer Chirurg zitiert, nach dessen Auskunft eine Brustrekonstruktion, die vor zehn Jahren noch 12 000 Dollar gekostet hat, heute für 600 Dollar zu haben ist.[8] Brustvergrößerung und Nasenkorrektur kosten im Durchschnitt 3000 Dollar und liegen damit in Reichweite der meisten Amerikaner. Heute verdienen über 70 Prozent der Patienten der plastischen Chirurgie weniger als 50 000 Dollar im Jahr.[9]

Andere Kommentatoren weisen darauf hin, dass in der

Popkultur mehr und mehr Wert auf körperliche Vollkommenheit gelegt wird. Musikvideos und die so genannten Herrenmagazine – Erotikblätter wie *Playboy*, *Maxim*, *FHM* und zahllose andere – zeigen nichts anderes als perfekte, spärlich bekleidete Frauenkörper. Mögen deren Kurven auch digital manipuliert worden sein, die Botschaft ist klar: Der perfekte Frauenkörper ist vollbusig, langbeinig, makellos. Viele Schauspielerinnen und Fotomodelle bekennen sich zu ihren Schönheitsoperationen, um den »Hat sie oder hat sie nicht?«-Gerüchten einen Riegel vorzuschieben. Und all das lässt die Schönheitschirurgie noch weiter an Popularität gewinnen. Berichte, denenzufolge die Sauberfrau und Pop-Prinzessin Britney Spears Brustimplantate trägt, hat Scharen von jungen Mädchen dazu veranlasst, den Arzt aufzusuchen und sich nach Schönheitsoperationen zu erkundigen – nun, da ihre Ikone sie salonfähig gemacht hat.[10]

Vermutlich war es unvermeidlich, dass die Branche nun über ihre eigene Reality-TV-Show verfügt. ABC beschreibt ihre Serie *Extreme Makeover* als »Märchen aus dem richtigen Leben«, in dem Leute die Chance bekommen, »nicht nur ... ihr Aussehen, sondern ihr ganzes Leben und ihre Ziele zu verändern«. Neben dem normalen Aufgebot an Friseuren, Make-up- und Modeexperten gehören zu den Fachleuten in dieser Sendung auch Schönheitschirurgen – Augenspezialisten und Zahnchirurgen. Bei der Premiere zur zweiten Staffel wurde Hörfunkjournalist Dan Restione von einem »langweiligen, plumpen« Typen, dessen einziger Sport darin bestand, hin und wieder durchs Zimmer zu laufen, um sich einen weiteren Doughnut zu holen, in einen »heißen Knaben« verwandelt. Fettabsaugungen im Gesicht, Kinnimplantate, Porzellanzähne und Laserchirurgie am Auge verliehen ihm, wenn man einem Kollegen glauben darf, ein »verblüffendes Selbstvertrauen«.[11] Den Bildern nach zu urteilen sieht er nun eher durchschnittlich aus: braun gebrannt, mit kantigem Kinn. Das aber gilt gemeinhin offenbar als anziehender als seine frühere Inkarnation, und so etwas scheint mehr zu zählen als ein individuelles Aussehen.

Amerika mag die Welt im Wettlauf zur Vollkommenheit anführen, aber andere Länder holen rasch auf. Brasilien und das Vereinigte Königreich belegen Platz zwei und drei auf der Hitliste der Schönheitschirurgie. Nach Auskunft des ersten britischen Professors für plastische Chirurgie, Professor Angus McGrouter, wurden im Jahre 2002 in Großbritannien schätzungsweise 2,5 Millionen kosmetische Eingriffe durchgeführt.[12] Einige Staaten wie Südafrika und Costa Rica tauschen ihre schwachen Währungen gegen Komplettpakete und bieten Ferien mit Schönheitsoperationen an – sobald die ersten Tage der Genesung vorüber sind, können Sie die Stadt angucken, während Ihre Blutergüsse abheilen, und werden bei ihrer Rückkehr auch noch auf wundersame Weise erholt aussehen.

In einer zunehmend egozentrisch ausgerichteten Welt ist die Versessenheit darauf, jung und attraktiv zu bleiben, vielleicht nur eine Erweiterung unseres Wunsches, der Welt unser schönstes Gesicht zu zeigen. Durch alle Jahrtausende der menschlichen Zivilisation hindurch wurde Schönheit hoch gehandelt, und sosehr wir auch das Gefühl haben mögen, unsere Kultur sei, zutiefst materialistisch und besessen vom Erscheinungsbild ihrer Mitglieder – diese Haltung ist so alt wie die Menschheit. Wer in einer westlichen Gesellschaft altert, fühlt sich bis weit in die Lebensmitte jung und vital – warum also sollte sein Äußeres dies nicht reflektieren?

Aber es besteht die Gefahr, dass wir, wenn wir uns dem Sirenenruf des Skalpells allzu bereitwillig ausliefern, anfangen, unsere natürliche Beschaffenheit als hässlich zu empfinden und Alter als Krankheit zu sehen. Harrt unser eine Welt, in der wir einer alterslosen, plastikunterfütterten Vorlage von Attraktivität zu entsprechen haben, wenn wir erfolgreich sein wollen? Werden wir uns dereinst nicht mehr dafür entscheiden können, in Würde zu altern? Und was ist mit denjenigen unter uns, die es sich nicht leisten können, mitzuhalten? Womöglich werden wir gezwungen sein, im Namen der Schönheit ein paar überaus hässlichen Wahrheiten bezüglich der menschlichen Natur ins Auge zu sehen.

13

*In jeder Stunde wird mindestens ein Mensch
von Landminen getötet oder verstümmelt*

Über 100 Millionen Überreste aktueller und vergangener Konflikte lauern, auf der ganzen Welt verteilt, unbemerkt in der Erde und warten darauf, in die Luft zu gehen.

In über 60 Ländern verseuchen Landminen das Erdreich. In den Straßen dort kann man ihr schmerzliches Zeugnis beobachten. Einer von sechzig Kambodschanern ist amputiert – und das sind die Glücklichen. Chirurgen des Internationalen Roten Kreuzes gehen davon aus, dass bis zu 50 Prozent aller Minenopfer auf der Stelle sterben oder verbluten, weil sie nicht rechtzeitig medizinisch versorgt werden können.[1]

Margaret Arach wurde Weihnachten 1998 das Opfer einer Minenexplosion. Sie hatte sich auf dem Weg von dem Distrikt Kitgum im Norden Ugandas nach Kampala befunden, wo sie ihre Eltern besuchen wollte. Trotz der Berichte über Rebellenaufstände entschloss sie sich, den Bus zu nehmen. Außer ihr waren noch 22 Personen im Fahrzeug, als es plötzlich einen furchtbaren Knall gab.

»Wer konnte, versuchte davonzulaufen. Mir war zunächst einmal nicht klar, dass der Knall meinen rechten Fuß abgetrennt hatte. Ich brachte es fertig, mich an den Straßenrand zu schleppen, dort blieb ich reglos liegen. Der erste der Rebell, der mich fand, stahl meine Uhr ... dann setzten sie den Bus in Brand. Die Flammen hätte mich bis zur Unkenntlichkeit verbrannt, aber der Wind blies in meine Richtung, und so konnte ich im Schutz der Rauchwolken in Sicherheit kriechen.«

Die sechzehnjährige Taha Ziyadeh sammelte zusammen mit zwei Freundinnen im jordanischen Zarqa Steine, als sie auf einen seltsamen Gegenstand stießen. »Wir dachten, wir könnten ihn vielleicht brauchen. Aber es war ein Blindgänger – das war das letzte Mal, dass ich meine Freundinnen gesehen habe. Beide wurden durch die starke Explosion getötet ... Ich habe das rechte Bein vom Knie abwärts verloren.«[2]

Im Zeitalter der computergelenkten Geschosse und unbemannten Bomber ist es schon bemerkenswert, dass eine so primitive Waffe wie die Landmine noch immer in Gebrauch ist. Erstmals eingesetzt wurden Landminen im Ersten Weltkrieg, sie dienten der Geländesicherung. Doch billig, wie sie nun einmal sind, werden sie auch heute noch in großen Mengen hergestellt und eingesetzt. Die Vereinigten Staaten brachten zu Beginn des Irakkriegs 2003 sage und schreibe 90 000 Landminen oder Antipersonenminen an den Persischen Golf.[3] Sie wurden letztlich nicht eingesetzt, aber die Erkenntnis ist eindeutig: Eine so grobe und ungerichtete Waffe wie eine Mine hat auch im modernen Krieg noch immer ihren Platz.

Was also macht Landminen so viel problematischer als andere herkömmliche Waffen? Das Hauptproblem ist ihre ungeheure Haltbarkeit. Minenfelder werden nur selten geräumt, wenn ein Krieg sein Ende findet, und die Ladung bleibt über viele Jahre scharf. Landminen, die während des Zweiten Weltkriegs in Polen gelegt worden waren, haben noch in den Siebzigerjahren des vergangenen Jahrhunderts Jahr für Jahr zig Menschen das Leben gekostet – und das, obwohl in diesem Land mehr als 25 Millionen Minen entfernt worden waren.[4]

Auch unterscheiden Minen nicht zwischen Soldaten und Zivilbevölkerung – in jedem Kriegsrecht aber gehört eine solche Unterscheidung zu den fundamentalen Grundforderungen. Die internationale Kampagne gegen Landminen *(International Campaign to Ban Landmines, kurz ICBL)* bezeichnet sie als illegale Waffe: »Der psychologische Effekt, den Landminen auf den Feind haben, ist nicht von der Hand zu weisen, aber Landminen terrorisieren und demoralisieren auch die Zivilgesellschaft. Vereinfacht ausgedrückt: All das, was Landminen der Armee des Feindes zuzufügen vermögen, können sie auch der Zivilbevölkerung antun. Was sie nicht leisten können, ist die Unterscheidung zwischen Soldat und Zivilist. Und ihre Wirksamkeit lässt sich nicht auf die Zeit der Schlacht beschränken.«[5]

Warum verwenden Streitkräfte sie dann? In einer Welt, in deren Kriegen es kaum noch um die Übernahme feindlicher Territorien geht, hat sich ihr strategischer Wert als Verteidigungswaffe längst überholt. Ein Faktor aber ist und bleibt attraktiv: ihr Preis. Strategen sind der Ansicht, dass sie bei einem Preis von nur zwei Pfund als kostengünstig gelten können. Und das heißt, sie können in großer Zahl eingesetzt werden, und zwar, um den Feind einzuschüchtern, nicht zu Verteidigungszwecken. Inzwischen, so ein Experte, verwendet man sie als »strategische Waffe, die oftmals vorsätzlich gegen Zivilpersonen gerichtet ist: um ein Gebiet zu räumen beispielsweise, um Nahrungsvorräte zu zerstören oder Flüchtlingsströme in Gang zu setzen, oder auch nur um Angst und Schrecken zu verbreiten und ein normales Leben unmöglich zu machen«.[6]

Diese Verkaufsargumente überzeugen nicht nur konventionelle Streitkräfte. Landminen sind die Waffe der Wahl für diejenigen, die nichtstaatliche Organisationen als »Akteure jenseits der Staatsmacht« bezeichnen. Im Jahre 2002 kam ein Jahresbericht über Landminen zu dem Schluss, dass in elf Ländern bewaffnete Oppositionstruppen Antipersonenminen einsetzen – unter anderem in den von Dürre geplagten afrikanischen Staaten Somalia und Sudan.[7] Hunderttausende Minen auf landwirtschaftlich genutztem Land haben Nomadenbauern auf der Suche nach Weideland das Leben zur Hölle gemacht und die landwirtschaftliche Produktion zum Stillstand gebracht.

Es gibt Fortschritte. Am 1. März 1999 trat die *Konvention gegen Antipersonenminen* in Kraft *(International Convention on the Prohibition of the Use, Stockpiling, Production and Transfer of Anti-Personnel Mines and on Their Destruction,* auch bekannt unter dem etwas handlicheren Namen *Ottawa-Konvention)*, die Einsatz, Produktion, Lagerung und Weiterverkauf dieser Waffen verbietet. Bis zum Dezember 2004 hatten sich ihr 144 Staaten angeschlossen. Und das Abkommen beginnt, erste Wirkung zu zeigen. Die *ICBL* stellte bei ihren Kontrollen fest, dass weniger Regierungen Antipersonenminen einsetzen und dass der weltweite Landminenhandel bis auf ein sehr geringes Niveau an illegalem Handel stark abgenommen hat. Achtzehn Länder haben ihre gesamten Landminenvorräte vollständig zerstört, und die Fördermittel für die Minenräumung sind um 30 Prozent auf 309 Millionen Dollar gestiegen. *Human Rights Watch* nannte diese Entwicklung »ermutigend«.[8]

Allerdings gibt es noch immer 42 Länder, die das Abkommen nicht unterzeichnet haben und die zusammen über ein

Arsenal von 180 Millionen Minen verfügen. Drei ständige Mitglieder im UN-Sicherheitsrat haben noch nicht unterzeichnet – die Vereinigten Staaten, China und Russland. Die *IBCL* berichtet, dass Russland noch immer routinemäßig Antipersonenminen einsetzt. Und wie wir bereits erfahren haben, behält auch Amerika sich das Recht vor, Landminen in bewaffneten Konflikten zu verwenden. Die Vereinigten Staaten sind der größte Geber, was die Mittel zur Beseitigung von Landminen angeht, aber die Bush-Regierung scheint nicht willens, sich anderen internationalen Bestrebungen, Landminen auf immer zu verbannen, zu beugen.

Die Vereinigten Staaten haben unter Umständen ihre eigenen Gründe, das Tempo zu verschleppen. Im Jahre 1997 trat *Human Rights Watch* an 47 amerikanische Zuliefererfirmen heran, von denen bekannt war, dass sie Bauteile für Antipersonenminen herstellen. Dreißig Firmen lehnten die Bitte der Menschenrechtsorganisation, auf die weitere Produktion zu verzichten, rundweg ab. Der Geschäftsführer von Alliant Techsystems legte zwar ein vollmundiges Lippenbekenntnis zum »schrecklichen Problem« Landminen ab, fuhr dann aber fort mit der Aussage, es sei »unverantwortlich, in irgendeiner Weise den Eindruck zu erwecken, Unternehmen wie Alliant Techsystems hätten zum Landminenproblem der Welt beigetragen«. Der Präsident von Nomura Enterprise Incorporated schrieb: »Wir glauben, dass es für die Vereinigten Staaten notwendig ist, sich selbst und ihre Bürger mit Militärgewalt verteidigen zu können. Wir wünschen wirklich, dass dem nicht so wäre, aber an diesem Punkt der Weltgeschichte ist es nun einmal eine unumstößliche Tatsache.«[9]

Die Landminenthematik hat, zum Teil auch dank der sich dafür engagierenden Prominenz, in den letzten Jahren ein hohes Maß an öffentlicher Aufmerksamkeit erregt. Sir Paul McCartney und seine Frau Heather Mills McCartney engagieren sich als Paten für die Stiftung *Adopt A Minefield,* und die Schauspielerin Angelina Jolie unterstützte die Kampagne für das Verbot von Landminen in aller Öffentlichkeit. Nur wenige aber hatten den Einfluss einer Prinzessin Diana, die 1997 mit ihrer Forderung nach einer internationalen Ächtung von Landminen die Minister der britischen Regierung in Rage brachte.

Die Bilder von der blonden Prinzessin, die sich auf den Minenfeldern Angolas mit Menschen unterhielt, die durch Minen einen Teil ihrer Gliedmaßen verloren hatten, fanden auf der ganzen Welt große Resonanz, und die konservativen Minister der britischen Regierung attackierten mit harschen Worten die Prinzessin, die es gewagt hatte, aus der Reihe zu tanzen. Peter Viggers, konservatives Mitglied im Verteidigungsausschuss des britischen Unterhauses, zürnte: »Das ist eine wichtige und delikate Auseinandersetzung. Da hilft es nicht, einfach mit dem Finger auf die Amputierten zu zeigen und zu erklären, wie schrecklich das alles ist.«[10]

Im Rückblick aber war es das Hilfreichste, was die Prinzessin tun konnte: das Elend der Opfer laut und deutlich beim Namen zu nennen. Menschen, die von Landminen getötet und verstümmelt werden, sind großenteils machtlos. Diesen Ländern fehlen die Ressourcen, einen größeren Beitrag zur Minenräumung zu leisten, und ihre Gesundheitssysteme sind nicht hinlänglich gerüstet, Überlebenden zu helfen. Im internationalen Chor der Staaten werden ihre Stimmen so gut wie nie vernommen. Vielleicht beginnt die Welt allmählich doch zuzuhören.

14

In Indien gibt es 44 Millionen Kinderarbeiter

In Indien werden Tag für Tag 44 Millionen Kinder, die eigentlich die Schule besuchen sollten, zur Arbeit geschickt. Für fast alle von ihnen ist dies eine Frage des Überlebens. In einem Land, in dem zwei von fünf Menschen in tiefster Armut leben, kann es schwer sein, genug Geld herbeizuschaffen, um eine Familie zu ernähren und zu kleiden. Wo Kastensystem und Bildungsmangel es schwer machen, an gut bezahlte Stellungen zu kommen, sind Kinder unter Umständen gezwungen, hinauszugehen und zu arbeiten, um zum Familienunterhalt beizutragen. Die Arbeit, die man ihnen gibt, ist in vielen Fällen gefährlich, und die Bedingungen grenzen nicht selten ans Unmenschliche.

Der zehn Jahre alte Vinod arbeitete zwei Jahre lang in einer Teppichfabrik im indischen Bundesstaat Uttar Pradesh. »Ich musste 12 bis 14 Stunden pro Tag am Webstuhl arbeiten. Ein ganzes Jahr lang bekam ich keinen einzigen Penny. Eine Woche, nachdem ich angefangen hatte, wurde ich wegen eines kleinen Fehlers mit dem Kopf nach unten aufgehängt. Wenn ich mich mit dem scharfen Messer zum Kappen der Teppichknoten verletzte, hat mir niemand geholfen. Stattdessen streute mein Arbeitgeber Zündpulver in die Wunde [damit sie aufhörte zu bluten] und hielt ein Streichholz daran: Haut und Fleisch waren verbrannt.«[1]

Kinder weben Saris, reinigen Abwasserrohre, stellen Glas

her. Mädchen arbeiten in Privathaushalten als Hausange-
stellte, andere Kinder übernehmen in der eigenen Familie
die Hauptverantwortung für die Versorgung der jüngeren Ge-
schwister. Nach Auskunft der indischen Regierung gehen
12,6 Millionen Kinder zwischen fünf und vierzehn Jahren einer Vollzeitbeschäftigung nach. Die *Internationale Arbeitsorganisation der Vereinten Nationen IAO* schätzt, dass es 44
Millionen Kinderarbeiter gibt, inoffizielle Schätzungen kommen sogar auf bis zu 100 Millionen – was grob der Zahl an
Kindern zwischen fünf und vierzehn Jahren entspricht, die
nicht zur Schule gehen.[2,3]

Welche Schätzung der Wahrheit auch immer am nächsten
kommt, es ist nicht an der Tatsache zu rütteln, dass in Indi-
en Millionen und Abermillionen Kinder arbeiten – und dass
deren Bildung, Zukunft und Gesundheit davon massiv beeinträchtigt werden.

Weltweit, so schätzt die *IAO*, gibt es 246 Millionen Kinderarbeiter im Alter zwischen fünf und siebzehn Jahren.
Hunderteinundsiebzig Millionen von ihnen werden unter
gefährlichen Bedingungen beschäftigt; etwa 8,4 Millionen
fallen unter das, was die *IAO* in ihrer Kinderarbeitskonven-
tion C182 als »schlimmste Form von Kinderarbeit« bezeichnet – Zwangsarbeit, Fronarbeit, Beteiligung an bewaffneten
Konflikten, Prostitution, Pornographie und andere illegale
Aktionen.

Lassen Sie uns kurz klarstellen, worum es bei dem Begriff
»Kinderarbeit« geht. Wir sprechen dabei nicht von einem
Kind, das im Haushalt zu Hand geht, oder einem Teenager,
der samstags ein paar Stunden im Laden um die Ecke jobbt.
Wir reden von Teenagern, die als Zwangsarbeiter auf den Ka-
kaoplantagen der Elfenbeinküste eingesetzt werden. Wir re-

den von sechsjährigen Jungen, die in Katar als Kameljockeys arbeiten.[4] Wir reden von zehnjährigen Mädchen in Sri Lanka, die in Haushalten als einzige Bedienstete eingestellt sind.[5] Das sind keine Kinder, die ein paar Stunden lang irgendeine Arbeit verrichten, um sich von dem Lohn Luxusartikel zu kaufen – es sind Kinder, denen in viel zu jungen Jahren die Verantwortung von Erwachsenen aufgebürdet wird und die meist unter gefahrvollen Bedingungen arbeiten.

Aber wir lägen falsch, wollten wir Kinderarbeit als Problem thematisieren, das einzig in den Entwicklungsländern eine Rolle spielt. Bei einer Reihe Aufsehen erregender Ermittlungen in der englischen Grafschaft Sussex stieß man auf Schulkinder, die in den Fastfood-Tretmühlen der Region Sechzehnstundentage ableisteten.[6] In den Vereinigten Staaten arbeiten 800 000 Kinder im Alter zwischen fünf und achtzehn Jahren als Saisonarbeiter auf Farmen, auf denen Kinder von Gesetzes wegen erst ab zehn Jahren beschäftigt werden dürfen.[7]

Die vierzehnjährige Belinda berichtete *UNICEF*-Mitarbeitern, sie ziehe jedes Jahr von Texas nach Maryland, wechsle alle sechs Monate die Schule. Im Alter von elf Jahren habe sie auf den Feldern zu arbeiten begonnen, damals erhielt sie 42 Cent für einen elf Kilo schweren Kürbiseimer. »Kein Kind gehört aufs Feld«, sagt sie. »Alle Kinder verdienen die Chance, ihre Kindheit genießen zu können.«[8]

Wo Kinderarbeit schadet, wo sie die Möglichkeiten eines Kindes, eine Schule zu besuchen, beschneidet oder seine Gesundheit und sein Wohlbefinden beeinträchtigt, muss etwas unternommen werden. Das aber ist unter Umständen nicht damit getan, einfach nach Handelssanktionen gegen Firmen zu verlangen, die Kinderarbeiter beschäftigen, und zu fordern, Arbeitgeber sollten sämtliche Kinderarbeiter entlassen. Kinder, die von ihren Arbeitgebern entlassen werden, brauchen weiterhin Geld. Unter Umständen arbeiten sie am Ende unter noch schlimmeren Bedingungen für eine noch geringere Bezahlung oder werden zur Straßenarbeit – Prostitution oder Verbrechen – gezwungen.[9] Boykotte für bestimmte Produkte sind schwer zu überwachen, und dort, wo Entwicklungsländer in hohem Maße von einem oder zwei Exportsektoren abhängig sind, kann dies für Kinderarbeiter verheerende Konsequenzen haben. Die zehnjährige Moyna, ein Waisenkind, verlor aufgrund eines vom US-Senat verhängten Boykotts ihre Arbeit in einer Kleiderfabrik in Bangladesh. Fünfzigtausend Kinder hatten plötzlich keinen Job mehr, und Moyna ist nun auf Familienangehörige angewiesen, die sie und ihre Großmutter unterstützen müssen. Zu einem Reporter vom *New Internationalist* sagte sie: »Sie verabscheuen uns, wissen Sie? Wir sind arm und nicht sehr gebildet, also verachten sie uns einfach. Deshalb schließen sie die Fabriken.«[10]

Viele Kinderarbeiter haben Sorge, dass ihre Stimmen ungehört verhallen. Wenn die industrialisierte Welt die Probleme der Kinderarbeit lösen will, so ihr Argument, warum hören sie dann nicht auf die Kinder, die es angeht? Die *Afrikanische Bewegung der arbeitenden Kinder und Jugendlichen (African Movement for Working Children and Youth)* tritt dafür ein, dass Kinder weiterarbeiten können, diese Arbeit aber im Einklang mit zwölf Grundrechten stehen muss: dem Recht, einen Beruf zu erlernen, der Möglichkeit, in den Heimatdörfern zu bleiben, statt gezwungen zu werden, in die Städte zu ziehen, einer sicheren Arbeitsumgebung, leichter und in absehbarer Zeit durchführbarer Arbeit, dem Recht auf angemessene medizinische Versorgung, auf Ruhe bei Krankheit und auf Achtung; dem Recht, angehört zu werden, lesen und schreiben zu lernen, zu spielen, Organisationen zu gründen und sich zu äußern.[11] Arbeitende Kinder wollen nicht notwendigerweise ein Ende der Arbeit, aber sie wollen ein Ende der Ausbeutung.

Es ist jedoch klar, dass die am meisten gefährdeten Kinder nicht leicht einen Weg finden werden, ihre Stimme zu erheben, und in solchen Situationen muss das internationale Recht die klare Aussage treffen, dass die gefährlichsten und ausbeuterischen Formen von Kinderarbeit abzuschaffen sind. Die *Kinderrechtskonvention der Vereinten Nationen* (Übereinkommen über die Rechte des Kindes) erklärt ausdrücklich, dass Kinder vor wirtschaftlicher Ausbeutung zu schützen sind und »nicht zu einer Arbeit herangezogen werden dürfen, die Gefahren mit sich bringen, die Erziehung des Kindes behindern oder die Gesundheit des Kindes oder seine körperliche, geistige, seelische, sittliche oder soziale Entwicklung schädigen könnte«. Vor nicht allzu langer Zeit rief das *IAO*-Abkommen zur Abschaffung der schlimmsten Formen von Kinderarbeit C182 *(Convention On the Worst Forms of Child Labour)* seine Unterzeichner dazu auf, Kindersklaverei, Schuldknechtschaft und dem Missbrauch von Kindern zum Zwecke der Prostitution, Pornographie, des Drogenmissbrauchs oder gefahrenträchtiger Arbeit ein Ende zu setzen. Die Konvention verpflichtet ihre Unterzeichnerstaaten, Kindern, die aus solcher Arbeit entlassen sind, beizustehen, indem sie ihnen zu Schul- und, wenn möglich, auch zu einer Berufsausbildung verhelfen.

Programme wie das der *Rugmark Initiative* können Kindern unter Umständen ebenfalls sehr wirksam dabei helfen, aus einer gefährlichen Beschäftigung auszusteigen. *Rugmark* vermittelt Partnerschaften zwischen Teppichherstellern und Importeuren zur Produktion von Teppichen unter Verzicht auf Kinderarbeit – die Fabriken werden von unabhängigen Beobachtern kontrolliert, um sicherzustellen, dass sie sich an die Abmachung halten. Ein Teil des Erlöses beim Verkauf des Teppichs fließt dann in die Rehabilitation und Ausbildung ehemaliger Kinderarbeiter. Die Stiftung arbeitet in Indien, Nepal und Pakistan und befreit im Durchschnitt drei Kinder pro Woche aus ihren Webstühlen. [12]

Vinod, der kleine Inder, wurde bei einer Routineüberprüfung seiner Fabrik durch *Rugmark*-Inspektoren freigelassen. Der Besitzer wurde aufgefordert, alle Kinderarbeiter aus seinen Diensten zu entlassen. Heute besucht Vinod eine Wiedereingliederungsgruppe für Kinder. »Als ich in den Diwali-Ferien zurück in mein Dorf kam, hat meine Mutter sich so gefreut, mich zu sehen. Sie meinte, ich sähe anders aus und sprühe vor Energie. Mutter hat gesagt, ich solle mich auf das Lernen konzentrieren und es als heilige Mission betrachten.«[13]

Sämtliche *IAO*-Mitgliedsstaaten haben die Konvention C182 unterzeichnet, es war die am schnellsten ratifizierte Konvention in der Geschichte der *IAO*. Der politische Wille ist vorhanden – nun ist es an den Regierungen, diesen in die Tat umzusetzen.

Eine kostenlose und für alle verpflichtende Grundschulbildung wird allgemein als wichtiger Schritt erachtet. Ein Kind, das über grundlegende Schulkenntnisse verfügt, hat eine weit größere Chance, der Armut zu entrinnen. Wenn es den Regierungen mit der Erfüllung ihrer Verpflichtungen gemäß der Konvention ernst ist, muss dieses Thema Priorität haben. Ebenso die Einrichtung eines unabhängigen Überwachungssystems. Wo ein funktionierendes Gewerkschaftssystem besteht, kann das Engagement in Sachen Kinderarbeit den Stand der Gewerkschaften in der Gemeinschaft deutlich erhöhen: Wenn Erwachsene fair bezahlt werden, müssen Kinder nicht arbeiten. Auch Kindergruppen sollte gestattet werden, bei der Gestaltung ihres Arbeitslebens ein Wort mitzureden.

In den Industrienationen sollten Eltern ein wachsames Auge darauf haben, wie viele Stunden ihre Kinder arbeiten – und Arbeitgeber müssen eine verantwortungsvolle Haltung einnehmen. Die lokale Politik sollte das Thema Kinderarbeit ebenfalls zur Priorität erheben und mehr tun, um Unternehmen, die möglicherweise junge Arbeitnehmer ausbeuten, durch Spontanbesuche zu überwachen. Auch müssen wir darüber nachdenken, inwieweit die Produkte, mit denen wir Tag für Tag zu tun haben, uns möglicherweise durch die Ausbeutung von Kindern verfügbar gemacht werden. Boykotte scheinen eine leichte Antwort, aber wenn wir unsere Macht als wohlhabende westliche Verbraucher ausspielen wollen, gibt es bessere Möglichkeiten: Suchen Sie bei Ihrem nächsten Besuch im Supermarkt nach Produkten aus fairem Handel: Fair gehandelte Bananen und Schokolade, fair gehandelten Kakao, Kaffee, Honig und Tee gibt es. Wenn Sie sie nicht finden, fragen Sie danach.

Für viele Kinder ist die Arbeit im Haushalt eine Einführung in die Verantwortlichkeiten eines Erwachsenen. Prospekte austragen oder ein Teilzeitjob am Samstag verleiht ihnen ein gewisses Maß an finanzieller Unabhängigkeit und einen Sinn dafür, wie wichtig ein verantwortungsvoller Umgang mit Geld ist – beides wertvolle Lektionen fürs spätere Leben. Sobald aber Arbeit bedeutet, dass Kinder keine Kinder mehr sein können – keine Zeit mehr für Schule, Spiel und Freunde haben –, ist die Last der Verantwortung auf ihren Schultern zu groß geworden. Und das ist der Punkt, an dem wir einschreiten müssen.

15

Ein Bewohner der Industrienationen verzehrt jährlich zwischen sechs und sieben Kilogramm an Nahrungsmittelzusatzstoffen

Viele Menschen in der westlichen Welt vertilgen ein solches Mittagessen jeden Tag: ein Sandwich – Schinken mit Senf auf Weißbrot, hübsch zu einem Plastikdreieck verpackt, eine Tüte Chips und eine Flasche Orangenlimonade. Klingt lecker, vielleicht nicht allzu gesundheitsbewusst, aber doch wie ein bequemes, sättigendes Mittagessen.

Das Schinkensandwich enthält nicht weniger als dreizehn »E-Substanzen«. Lebensmittelzusatzstoffe mit seltsamen Funktionsbeschreibungen: Emulgatoren, Veredelungsmittel, Stabilisatoren, Säureregulatoren. Hinzu kommen noch ein paar überraschende Inhaltsstoffe: Was ist modifizierte Stärke, und warum habe ich sie beim Backen noch nie verwendet? Warum sollte geräucherter Schinken Wasser enthalten? Die Chips eignen sich offenbar für Vegetarier und Zöliakie-Patienten, sind aber nichtsdestotrotz mit Geschmacksverstärkern hergestellt: mit Natriumglutamat und Dinatrium-5-ribonucleotid. Und was die Limonade angeht, nun, so enthält sie wohl Orangensaft (acht Prozent), darüber hinaus aber Glucose-Fructose-Sirup, Zucker, Aspartam und Saccharin, Konservierungsstoffe, Aromen, Farbstoff und etwas namens Stärkenatriumoctenylsuccinat (ein Verdickungsmittel, Stabilisator E 1450, falls Sie es genau wissen wollen).

Im Jahre 2000 gab die Nahrungsmittelindustrie 20 Milliarden Dollar dafür aus, unser Essen hübscher aussehen, besser schmecken und länger haltbar sein zu lassen. Es ist in den Industrienationen ein Riesengeschäft, in Schwung gehalten von der Notwendigkeit, eine Menge Menschen billig – und profitabel – zu ernähren. Die Nahrungsmittelzusatzindustrie beharrt hartnäckig darauf, dass diese Chemikalien uns das Leben erleichtern. Sie lassen unsere Lebensmittel länger frisch bleiben und haben Dinge wie Fertignahrung erst möglich gemacht. Ohne Nahrungsmittelzusätze, so ihr Argument, müssten wir eine Menge mehr Zeit in der Küche verbringen. Auch müssten wir mehr Zeit mit dem Einkaufen vertun, denn unsere Lebensmittel würden nur ein paar Tage halten und rasch verderben. Und dann noch die Margarine mit ihren ungesättigten Fettsäuren oder kalorienarme Mahlzeiten und Produkte mit Vitaminzusatz – gäbe es alles nicht! Wie es die europäische Nahrungsmittelzusätze und Enzyme produzierende Industrie sieht, »hat der Einsatz von Nahrungsmittelzusatzstoffen ... die Produktion guter, vollwertiger Lebensmittel zu wirtschaftlichen Preisen möglich gemacht ... ja, viele der heutigen Nahrungsmittel gäbe es ohne Zusatzstoffe überhaupt nicht«.[1]

Man ist allzu leicht versucht, die Zusatzstoffdebatte als einen Streit zwischen Chemie und Natur zu betrachten, aber ganz so einfach liegen die Dinge nicht. Jahrhunderte hindurch haben Menschen natürliche Substanzen wie Salz und Rauch als Mittel zur Konservierung von Lebensmitteln verwendet. In frühen Gesellschaften, in denen der Jagderfolg nicht garantiert war und Nutzpflanzen leicht Krankheiten zum Opfer fielen, war es lebensnotwendig, Möglichkeiten zu finden, überschüssige Nahrung zu konservieren.

In heutiger Zeit wird weniger als ein Gewichtsprozent der Zusatzstoffe zur Konservierung verwendet. Neunundneunzig Prozent sind, was man als »kosmetische« Zusatzstoffe bezeichnet: Aromen, Farbstoffe, Emulgatoren, die dafür sorgen, dass sich das Produkt im Mund geschmeidiger anfühlt, Dickmittel, Süßstoffe. Diese Substanzen sind es, die den Gegnern die eigentlichen Sorgen bereiten. Dadurch, dass sie Rohstoffe von minderer Qualität höchst wirkungsvoll verbrämen, machen sie uns glauben, wir nähmen etwas weit Besseres zu uns, als es gemessen an den Bestandteilen tatsächlich der Fall ist. Nur wer wirklich eine Menge Ahnung davon hat, was die einzelnen Substanzen bewirken, weiß genau, was er isst. Und das ist besorgniserregend.

Der Weltmarkt setzt im Jahr 3,6 Milliarden Dollar an Zusatzstoffen um.[2] Geschmacksstoffe zu synthetisieren ist ein hochkomplexer Vorgang, und die meisten Hersteller hüten ihre Formeln eifersüchtig. Selbst ein Geschmack, den wir für relativ schlicht halten – der einer Banane etwa oder eines Apfels –, ist das Produkt vieler hundert chemischer Reaktionen. Die Menge an künstlichem Aroma, die man zugeben muss, um eine Limonade nach Orangen schmecken zu lassen, ist verschwindend gering. Außerdem sind Hersteller keineswegs verpflichtet, im Detail zu erklären, was ein Aromazusatz enthält – das Einzige, was sie erklären müssen, ist, ob dieser natürlichen Ursprungs ist oder künstlich.

Und selbst diese Unterscheidung hat ihre Tücken. Das Reglement der Europäischen Union sieht vor, dass der Begriff »natürliche Aromen« nur für Geschmackssubstanzen verwendet werden darf, die man aus tierischem oder pflanzlichem Ausgangsmaterial gewonnen hat – aber es ist keineswegs die Voraussetzung dafür, dass der Erdbeergeschmack in

Ihrem Joghurt wirklich von einer Erdbeere stammt. Es heißt lediglich, dass er aus einer natürlichen Quelle stammt.

Die Internetseiten von Aromastoffproduzenten zu lesen hat etwas zutiefst Unwirkliches. Auf einer Seite ist die Rede von »natürlichem Limonenemulsionskonzentrat, homogenisiert, hitzebeständig, als koscher anerkannt und salzfrei«. Sie können Bierkonzentrat in Pulverform kaufen, Flüssigkeiten, die Ihnen in Konsistenz und Geschmack die Illusion von Creme double oder Buttercreme vorgaukeln. Solange sie aus natürlichen Quellen stammen, erfahren die meisten Verbraucher überhaupt nichts von ihnen.

Süßstoffe sind ein weiterer ungeheuer profitabler Sektor. Die britische Gesellschaft der Zusatzstoffhersteller *(British Food Additives and Ingredients Association)*, eine Interessenvertretung der Industrie, rechtfertigt die Popularität von Süßstoffen mit Gesundheitsargumenten: »Unkontrolliertes Essen spielt eine Rolle bei der Entstehung von Übergewicht und Diabetes, Süßstoffe ohne Brennwert sind daher in vielen Lebensmitteln zweifellos wünschenswert.«[3] Leute, die auf ihre Kalorienaufnahme achten müssen, können nunmehr aus einem breiten Spektrum an zuckerarmen Lebensmitteln wählen, ohne auf den geliebten süßen Geschmack verzichten zu müssen.

Aber es gibt noch andere Gründe dafür, Süße ohne Zucker zu zaubern: die Kosten. Während es etwa neun Eurocent kostet, einen Liter Limonade mit Zucker zu süßen, kostet der meistverkaufte zuckerfreie Süßstoff Aspartam nur drei Eurocent, Saccharin kostet nur einen halben.[4] Jährlich werden weltweit schätzungsweise 10 000 Tonnen an künstlichen Süßstoffen verwendet.[5]

Beide, die Zusatzstoffindustrie und Aufsichtsbehörden

wie die britische *Food Standards Agency,* vertreten voller Zuversicht die Überzeugung, dass Süßstoffe sicher sind. Gegner aber sind der Ansicht, dass darüber in Bezug auf mehrere der meistverwendeten Produkte erhebliche Zweifel bestehen. Krebsforscher stehen zum Beispiel den Überprüfungsergebnissen des Süßstoffs Acesulfam-K skeptisch gegenüber und fordern handfestere Tests. Ein inzwischen pensionierter stellvertretender Inspekteur des US-Gesundheitswesens erklärte: »Es gibt Hinweise darauf, dass [Acesulfam-K] karzinogen sein könnte ... eine solide angelegte Studie an Mäusen und Ratten [sollte] durchgeführt werden.«[6] Von Saccharin konnte gezeigt werden, dass es bei Nagetieren Krebs erzeugen kann, und Aspartam wird Berichten zufolge mit neurologischen Nebenwirkungen wie Schwindel und Migräne in Zusammenhang gebracht.[7]

In Großbritannien wird die Sicherheit von Nahrungsmittelzusatzstoffen durch die Lebensmittelbehörde der Europäischen Kommission beurteilt. Auch in Deutschland begrüsst man die Vorschläge der Europäischen Kommission. Es gibt allerdings Berichte über einen enormen Druck hinter den Kulissen, denn die Lobby der Lebensmittelindustrie versucht, der EU zu Leibe zurücken. Die amerikanische Lebensmittelaufsichtsbehörde *FDA (Food and Drug Administration)* ist ebenfalls nicht immun. Im Jahre 1977 bestätigte eine kanadische Studie die Resultate früherer Tests, die zeigten, dass Ratten Blasenkrebs entwickeln, wenn man ihnen Saccharin in hohen Dosen füttert, und die *FDA* schlug ein umfassendes Verbot vor. Nach einem allgemeinen öffentlichen Lamento, das von den Herstellern garantiert kräftig angeheizt wurde, verhängte der Kongress ein Moratorium – und erließ dann ein Gesetz, in dem verlangt wurde, Produkte, die Saccharin enthalten, als potenziell gefährlich zu kennzeichnen. Sogar diese Kennzeichnungspflicht ist inzwischen gelockert worden.

Es besteht kein Zweifel, dass die britische Öffentlichkeit sich Gedanken um die Sicherheit von Lebensmitteln macht – Umfragen des Forschungsunternehmens Mintel ergaben, dass diese Frage 44 Prozent der Verbraucher umtreibt und 36 Prozent der Erwachsenen der Ansicht sind, es solle eine deutlichere Kennzeichnung der Inhaltsstoffe, Zusätze und E-Stoffe geben. Ohne Frage sorgen sie sich zu Recht. Aber eine strengere Kennzeichnungspflicht löst das Problem nicht notwendigerweise. Zwar stufen die Aufsichtsbehörden 540 Nahrungsmittelzusatzstoffe als für den menschlichen Verzehr geeignet ein, doch bei 150 von diesen bestehen Zweifel bezüglich ihrer Unbedenklichkeit. Dreißig darunter können bei jedem, der sie verzehrt, beträchtliche langfristige Schäden anrichten.[8]

Die *europäische Behörde für Lebensmittelsicherheit EFSA* verkündete im März 2003, sie werde ihr Reglement in Bezug auf Aromastoffe ändern. Ab Juli 2005 dürften nur noch Aromastoffe verwendet werden, die auf einer »Positivliste« aufgeführt seien. Die Liste solle nur Substanzen enthalten, die nach einem allgemein anerkannten Verfahren beurteilt und für sicher befunden worden waren. Das ist ein guter Anfang, aber auch er übermittelt eine klare Botschaft: Solange unsere Lebensmittel sicher sind, befasst sich die EU nicht mit der Frage, woraus diese bestehen. Echte Erdbeeren oder Erdbeergeschmack aus Dutzenden chemischer Verbindungen – alles dasselbe, oder nicht?

Nein, eben nicht. Um was es hier geht, das ist die Frage, was wir in Wirklichkeit zu uns nehmen – und die Tatsache, dass all diese Zusatzstoffe eine Art Betrug an jedem von uns darstellen. Wenn ich ein Schinkensandwich kaufe, will ich echten Schinken schmecken, keine abartige Mischung aus chemisch aromatisiertem Tiergewebe. Ich will nicht das Kleingedruckte auf meiner Limonadenflasche lesen müssen, um herausfinden zu können, ob diese Süßstoffe enthält. Frische, gut zubereitete Nahrung hat an Geschmack und Konsistenz alles, was sie haben muss.

Zum Teil haben wir es hier mit Entscheidungen zu tun, die wir selbst treffen – in den meisten Fällen aber geht es um Entscheidungen, die für uns getroffen werden: von Händlern und Herstellern. Eine Lobby für bessere Standards zu formieren ist eines der Dinge, die wir selbst tun können. Und wenn Sie das nächste Mal im Supermarkt sind, nehmen Sie sich einfach einen Augenblick Zeit, das Kleingedruckte zu lesen. Sollte sich darunter etwas finden, das Ihnen missfällt, kaufen Sie das Produkt einfach nicht. Das sollten viele so machen. Allzu lange werden Hersteller und Händler nicht brauchen, um den Wink zu verstehen.

16

Der Golfspieler Tiger Woods ist der höchstbezahlte
Sportler der Welt. Er verdient 78 Millionen Dollar
pro Jahr – oder 148 Dollar pro Sekunde

Für seinen größten Sponsor Nike hat Tiger Woods viele, viele Male Werbung gemacht. In der, an die ich mich am besten erinnere, trat er nicht einmal selbst auf. Es war eine Montage aus Videoclips von Kindern auf einem Golfplatz – einige darunter sahen aus, als seien sie höchstens fünf, vielleicht sieben Jahre alt – und sie alle schauten unverwandt in die Kamera und erklärten feierlich: »Ich bin Tiger Woods.«

Mehr als sein wunderbares Talent, mehr vielleicht als sein gutes Aussehen und seine erstaunliche Karriere, ist dies Tiger Woods' wertvollste Qualität. Es ist etwas an ihm, mit dem wir uns identifizieren können. Natürlich ist er ein phantastischer Spieler, aber auch er hat seine schlechten Tage wie wir alle. Wir sehen einen Anflug von Zorn, wenn er im Rough den Schläger schwingt, wir sahen seine Verlegenheit, als eine spärlich bekleidete Frau auf dem Green auf ihn zueilte. Für junge Schwarze – vermutlich für junge Leute wo auch immer – ist er das perfekte Rollenvorbild. Von teils afroamerikanischer, teils indianischer und teils thailändischer Abkunft, hat er in einer Sportart Erfolg, in der die überwiegende Mehrheit weiß und wohlhabend ist. Kein Wunder, dass die Kinder aus der Nike-Werbung davon träumen, Tiger Woods zu sein.

Tiger ist so berühmt, dass er zu einem jener »einnamigen« Sportler geworden ist. Ali, Jordan, Pete – lauter Typen, die über ihre sportlichen Heldentaten hinaus zu etwas Größerem, Bedeutenderem gewachsen sind. Tiger ist zu einem globalen Phänomen geworden, weit mehr als ein Mann, der einfach nur gut Golf spielt. Und er wird reichlich dafür belohnt. Im Jahre 2002 häufte er schätzungsweise 78 Millionen Dollar an. In der Zeit, die Sie gebraucht haben, um bis hierher zu lesen, hat Tiger Woods etwa 4500 Dollar verdient. Für einen Mann, dessen Tagwerk darin besteht, mit einem großen Stock auf einen kleinen Ball einzudreschen, ein unglaublicher Batzen Geld.

Im Jahre 2002 überholte Woods den Formel-Eins-Fahrer Michael Schumacher und gilt seither als bestbezahlter Sportler der Welt. Schumacher hatte in jenem Jahr 75 Millionen Dollar eingefahren, als Nächstes folgten die Basketball-Stars Michael Jordan und Shaquille O'Neal mit 35 Millionen beziehungsweise 30,5 Millionen Dollar und komplett wird die Runde der ersten Fünf durch Boxer Oscar de la Hoya, dessen 30 000-Dollar-Scheck sich der Kampfbörse eines einzigen prestigeträchtigen Kampfes verdankt. Der bestbezahlte britische Sportler, David Beckham, ist mit nur 19 Millionen fast schon ein armer Schlucker.

Auf der Prominentenrangliste des *Forbes Magazine* – einem Rankingsystem, das Stars nicht nur nach ihrem Einkommen, sondern auch nach ihrer Medienpräsenz beurteilt – belegt Woods Platz drei, hinter der *Friends*-Darstellerin Jennifer Aniston und dem Hip-Hop-Gespann Eminem und Dr. Dre. Und all das in einem Jahr, das viele nicht gerade für Tigers bestes halten. Wohl hat er 2002 fünf Turniere der *Professional Golfers Association* in Amerika gewonnen, darunter die

US Open und das Masters Turnier, ein höchst eindrucksvoller Rekord, doch reicht er nicht annähernd an das ruhmreiche Jahr 2000 heran, in dem er neun *PGA*-Turniere gewann, darunter drei der vier Hauptkonkurrenzen. Die Saison 2003 beendete er ohne einen Sieg in einem größeren Wettkampf – es war das erste Mal seit 1998.

Doch Tigers Millionen verdanken sich nicht nur dem, was er auf der Tour gewinnt – das war noch nie so. Im Jahre 2002 erhielt er 6,9 Millionen an Preisgeldern. Die übrigen 71 Millionen stammten aus Sponsorenverträgen. Da gibt es einen Vertrag mit Nike aus dem Jahre 2000. Zwar stellen die Einzelheiten ein streng gehütetes Geheimnis dar, doch es wurde weithin verbreitet, dass ihm dieser Vertrag 100 Millionen Dollar über einen Zeitraum von fünf Jahren einbringen würde – damals war dies die größte Summe, die einem aktiven Sportler je angeboten worden war.

Der Vertrag gab Anlass zu allerhand Spekulationen über die Frage übertrieben hoher Sportlerhonorare, der Wirbel war allerdings nicht halb so groß wie bei seinem ersten Vertrag mit Nike – unterzeichnet im Jahre 1996, wenige Wochen nach Woods' Debüt als Profi –, in dem ihm 40 Millionen Dollar über fünf Jahre zugesagt worden waren. Womit kann Nike solche horrenden Summen rechtfertigen?, riefen manche Kommentatoren aus. Doch im Laufe dieses Zeitraums konnte Nike seine Anteile im Golfbereich von 100 Millionen auf 250 Millionen anwachsen sehen.[1] Das veranlasste Tigers Vater Earl Woods zu der Äußerung, bei dem Handel sei es um kleine Münze gegangen, die Vertragssumme dieses Vertrages werde im Vergleich zur nächsten Kleingeld sein, denn Tiger könne nur größer und besser werden.

Der Präsident von Nikes Golfabteilung Bob Wood stellte

die zweifelhafte Behauptung auf, bei dem Handel mit Woods gehe es für seine Firma gar nicht um Geld. »Als der erste Vertrag herauskam, sagte jeder: ›Wofür zum Teufel tun Sie das?‹ Seine Leistung unterstreicht all das, was wir über uns selbst sagen – über unsere Konkurrenzfähigkeit, unsere Klasse und den Wunsch, besser zu sein.«[2]

Andere drücken das anders aus. Nike ist als Marke allgegenwärtig, erklärt *Sports Illustrated*, Tiger Woods auch – sie können es sich nicht leisten, ihn nicht an Bord zu haben. Nike muss sich ins Unterbewusste eines jeden Sportfans eingraben, so dass er, wenn er sich in sein Sportgeschäft am Ort begibt, automatisch, ohne auch nur darüber nachzudenken, auf den »Swoosh«, Nikes Firmenlogo, zustrebt. Michael Jordan hat das in den Achtzigerjahren für Nike bewirkt, jetzt macht es Tiger Woods.[3]

Und dann sind da noch andere Verträge: mit Buick, American Express und Tag Heuer, Verträge mit dem Computerspielhersteller EA Sports, der ein Tiger-Woods-Golfspiel auf den Markt bringen will, und jeder Menge anderer Hersteller. Die Zeitschrift *Golf World* mutmaßte, Tiger Woods könne 54 Millionen Dollar im Jahr verdienen, ohne den Schläger auch nur anzurühren.

Wenn man über die astronomischen Summen spricht, die von Sportstars verdient werden, verliert man leicht den Sinn für die Verhältnismäßigkeit der Dinge. Nach Berichten, denenzufolge der Durchschnittsspieler von Manchester United knapp drei Millionen Euro an Vereinsgeldern nach Hause bringt, fragte sich die BBC, ob britische Fußballer im Vergleich zu den Sportstars der Vereinigten Staaten nicht womöglich unterbezahlt seien.[4]

Eher angebracht ist in diesem Zusammenhang vielleicht

der Vergleich zwischen Woods' Nike-Vertrag und den Löhnen derer, die die Waren herstellen, für die er wirbt. Durchaus vernehmbar wurde diesem Punkt Gehör verschafft, als eine Gruppe von Nike-Arbeitern dem berühmtesten Thai der Welt ihre Belange vortrugen.

Im November 2000 protestierte eine Gruppe von ausgebeuteten Arbeitern, die von dem Unternehmen entlassen worden waren, vor Bangkoks Hotel Shangri-La, in dem Woods soeben die Ehrendoktorwürde einer Universität verliehen wurde. Sie übergaben ihm einen offenen Brief, in dem sie darlegten, dass ein Thai, der in einer Kleiderfabrik arbeitet, achtunddreißig Jahre brauchen würde, um zu verdienen, was Woods von Nike täglich bekomme. Sie verwiesen auf die schlechten Arbeitsbedingungen und das Fehlen von Gewerkschaften – und forderten Woods auf, ihnen zu helfen, Druck auf Nike auszuüben, damit die Firma ihren thailändischen Arbeitern genug Lohn zum Leben zahlt. Woods lehnte es ab, sich mit den Arbeitern zu treffen, und ging wortlos an ihnen vorbei. Sein Kommentar später war entsprechend einsilbig: »Sie haben ihre Meinung, und es gibt Dinge, die sie versuchen und erreichen möchten, und daran kann man sie nicht hindern.«[5]

Tiger Woods will Golfturniere gewinnen. Die Thai-Arbeiter wollen ihre Familien ernähren. Tiger Woods verdient 55 000 Dollar pro Tag dafür, dass er Nike-Mützen trägt. Ein Arbeiter erhält im Schnitt einen Lohn von vier Dollar pro Tag dafür, dass er sie näht. Nike mag Woods unter Vertrag genommen haben, damit er »alles unterstreicht, was wir über uns selbst sagen«, aber das Unternehmen liefert damit zugleich ungewollt ein Musterbeispiel für die unschöne Realität moderner Marktwirtschaft.

Nikes Prominentenunterstützungsfonds wächst und wächst. Aus den jüngsten Dokumenten, die der amerikanischen Börsenaufsichtsbehörde vorgelegt worden sind, geht hervor, dass das Unternehmen Nike seine Werbeverträge mit Sportlern und Mannschaften auf 1,44 Milliarden Dollar beziffert – das ist mehr als siebenmal soviel, wie sein nächster Konkurrent Reebok investiert.[6] Seine neueste Errungenschaft ist LeBron James, ein siebzehn Jahre alter Highschool-Basketball-Star, der zum Zeitpunkt der Unterzeichnung seines 90-Millionen-Dollar-Vertrages sein erstes NBA-Spiel noch gar nicht gespielt hatte. James spielt für die Cleveland Cavaliers, und bereits vor dem Beginn der Saison gab sein Trainer einer gewissen Besorgnis Ausdruck, weil das Drehen von Werbefilmen und der Auftritt bei MTV-Veranstaltungen ihn zu lange dem Spielfeld fern gehalten haben.

Der Sport braucht die Unternehmen, genauso wie die Unternehmen den Sport brauchen, und solange die Zuschauer mit Wonne dasitzen und ihren Lieblingsspielern zuschauen, ist schwer vorstellbar, wie sich an dieser Beziehung je etwas ändern sollte. Diesen Sportlern werden Millionen Dollar gezahlt, weil sich die ganze Atmosphäre ändert, sobald sie ihr jeweiliges Spielfeld betreten. Golfer mögen gegeneinander antreten, aber jeder von ihnen spielt gegen Tiger Woods.

17

*Sieben Millionen Amerikanerinnen und eine Million
Amerikaner leiden unter einer Essstörung*

Jeder weiß – oder sollte es nicht vergessen haben –, dass die
Jahre zwischen zehn und zwanzig eine Zeit dramatischer
Umwälzungen sind. Der Körper verändert sich, Beziehungen
verändern sich, und ganz plötzlich ist man kein Kind mehr,
auch noch kein Erwachsener, sondern irgendwas dazwischen. Kein Wunder, dass viele junge Menschen das Gefühl
haben, die Kontrolle über das eigene Leben verloren zu haben. Und rund um die Welt, in besonderem Maße aber im reichen Westen, versuchen junge Männer und Frauen, einen
Teil dieser Kontrolle zurückzuerlangen, indem sie sich an
den Rand des Todes hungern.

Die Häufigkeit von Essstörungen scheint manchmal die
bitterste Ironie unserer ganzen Kultur. Der typische Kandidat
ist in der Regel jemand, der eine Menge leistet, etwas von einem Perfektionisten hat, hart arbeitet und es dabei allen anderen recht machen will. Sein Stern strahlt hell. Er will das
Beste aus sich machen. Und aus einem Grund, der bis heute
nicht ganz und gar verstanden ist, beschließt er, dass Ge-
wichtsverlust und Schlanksein der richtige Weg dahin sind.

Allein in Amerika, so wird geschätzt, leiden etwa sieben
Millionen Frauen und eine Million Männer unter irgendeiner Form von Essstörung. Die häufigste Erkrankung stellt dabei die Anorexia nervosa dar, von der Selbsthilfeorganisation

ANRED (Anorexia Nervosa and Related Disorders) definiert als »extreme Angst vor einer Gewichtszunahme oder dem Dickwerden«. Wer unter ihr leidet, unterwirft sich mörderischen Diäten und treibt zwanghaft Sport, oder hört ganz und gar auf zu essen. Die Betroffenen weigern sich zu glauben, dass sie in Wahrheit dünn sind – wenn sie in den Spiegel schauen, sehen sie kein bis auf die Knochen abgemagertes Wesen, sondern einen aufgedunsenen, übergewichtigen Körper. Anorexie hat von allen psychischen Erkrankungen die höchste Sterberate zu verzeichnen – bis zu 20 Prozent der Betroffenen gehen an ihr zugrunde.[1]

Die beiden anderen häufig diagnostizierten Essstörungen sind die Bulimia nervosa (ein Zyklus aus übermäßiger Nahrungsaufnahme und anschließendem – selbst herbeigeführtem – Erbrechen) und das auch als Binge-Eating bezeichnete anfallsweise Essen. Und es gibt noch eine ganze Palette an anderen Krankheiten – bei deren Diagnose zu klären ist, inwieweit das Verhältnis der Betroffenen zu Nahrungsmitteln gesund ist oder in irgendeiner Form vom Normalen abweicht.

Doch wer will in unserer diät- und essensversessenen Kultur, in der Fernsehprogramme, deren Stars zu gleichen Teilen aus unnatürlich schlanken Frauen und unerhört schwabbeligen Männern bestehen, mit Werbespots für Junkfood gespickt sind, schon sagen, was normal ist und was nicht? Und wenn vier Prozent der Bevölkerung unter einer behandlungsbedürftigen Essstörung leiden – was sollen wir dagegen tun?

Anorexie und Bulimie mögen erst in den vergangenen paar Jahrzehnten ins Bewusstsein der Öffentlichkeit gedrungen sein, doch die Menschen kasteien sich bereits seit Jahrhunderten durch Hungerkuren. Alte ägyptische und persische Handschriften beschreiben Verhaltensweisen, die große Ähnlichkeit haben mit den modernen Zyklen aus Essen und Erbrechen, die wir heute beobachten. Die Ausschweifungen der Römer sind legendär. Die heilige Katharina von Siena hungerte sich im 14. Jahrhundert zu Tode, im 18. und 19. Jahrhundert galt extreme Schlankheit als Zeichen von Spiritualität, Symbol der Überwindung niederer Gelüste.

Zum ersten Mal in aller Ausführlichkeit beschrieben wurde die Krankheit im Jahre 1689 von Richard Morton, der einen seiner Londoner Patienten als »nur noch von Haut bedecktes Skelett« bezeichnete. Doch erst Anfang des 20. Jahrhunderts begannen die Ärzte, die psychischen Grundlagen dieser Krankheit zu begreifen.

Der Tod der Sängerin Karen Carpenter im Jahre 1983 führte der Öffentlichkeit die Anorexie in bis dahin nie da gewesener Deutlichkeit vor Augen. Karen Carpenter starb im Alter von 32 Jahren, nachdem sie den größten Teil ihres Lebens damit zugebracht hatte, gegen die Krankheit zu kämpfen. Ihr Tod verschaffte einem Leiden, das mittlerweile im Begriff scheint, sich zu epidemischen Ausmaßen auszuwachsen, erstmals breite Aufmerksamkeit. Eine Studie kam zu dem Ergebnis, dass die Zahl der Fälle von Anorexie seit den Fünfzigerjahren etwa alle fünf Jahre um ein Drittel zugenommen hat.[2] Heute findet man schwerlich einen Menschen, der nicht wenigstens einen anderen kennt, der zu irgendeinem Zeitpunkt darunter gelitten hat.

Es wäre leicht, die Massenmedien dafür verantwortlich zu machen, und viele Leute tun das. Auf den ersten Blick scheinen die Beweise überzeugend. Die Topmodels der Modebranche wiegen heutzutage 25 Prozent weniger als die Durchschnittsamerikanerin. Das ständig wachsende Angebot an Prominenten- und Lifestyle-Magazinen schwelgt in Geschichten über legendäre Diäterfolge von Berühmtheiten, verfolgt den kometenhaften »Aufstieg« eines Stars aus trauriger Normalität zu erfolgreicher (hungernder) Berühmtheit. Jedes durchschnittliche Hollywoodsternchen trägt heutzutage auf dem roten Teppich ein Kleid in US-Größe 2, das dieselben Maße hat wie ein Kleid für eine Zehnjährige.

Eine Studie der Harvard Medical School berichtet über den Einfluss des Fernsehens auf den Fidschi-Inseln. Wie die meisten Kulturen auf den Inseln des Pazifik pflegten auch die Fidschi-Insulaner einen wohlgerundeten muskulösen Körper als Inbegriff von Schönheit zu betrachten. Das aber begann sich zu ändern, als im Jahre 1995 das Fernsehen auf den Inseln Einzug hielt. Der einzige dort verfügbare Kanal zeigte ein Sammelsurium an Programmen aus Amerika, Großbritannien und Neuseeland, unter denen sich Sendungen wie *Seinfeld*, *Emergency Room* und *Melrose Place* als wahre Renner erwiesen. Etwa drei Jahre später hatten diese Bilder eindeutig begonnen, junge Frauen zu beeinflussen. Drei Viertel aller Teenager empfanden sich fortan als zu dick. Zehn Jahre zuvor hatte auf den Fidschi-Inseln kein Mensch an eine Diät gedacht – nun erzählten 15 Prozent der Mädchen den Wissenschaftlern, dass sie sich freiwillig erbrächen, um ihr Gewicht gering zu halten. Die Anthropologin Anne Becker verglich die Einführung des Fernsehens mit der Ankunft britischer Siedler auf den Inseln. »Ich hoffe nur, dass es dieses Mal nicht so läuft wie im 19. Jahrhundert, als die Briten nach Fidschi kamen und die Masern mitbrachten. Es war eine furchtbare Epidemie. Man könnte so weit gehen zu sagen, dass das Fernsehen im 20. Jahrhundert ein weiteres Pathogen ist.«[3]

So klar die Studie auf den ersten Blick in ihrer Aussage scheint, die meisten Forschungen deuten darauf hin, dass das Bild komplexer ist, als es aussieht. Die Ergebnisse einer Untersuchung besagen zum Beispiel, dass das Betrachten dürrer Models in Zeitschriften nicht zu übertriebenem Diätwahn führt – es sei denn, das fragliche Mädchen hat bereits Unzufriedenheit mit seinem Körper und seinem Selbstbild geäußert.[4] Die Aussage von Supermodel Karen Elson scheint das zu bestätigen. Im August 2002 bekannte sie sich zu einem lange währenden Kampf mit ihrer Magersucht. »Ich schob meinen Beruf vor, um meine Essstörung zu rechtfertigen ... Viele Mädchen, die ins Modelgeschäft gehen, haben bereits ein Problem mit dem Essen, und der Beruf liefert ihnen eine Ausrede, um weiterzumachen.«[5]

Der Mangel an Selbstachtung wird sicher oft verursacht durch das Gefühl von Unzulänglichkeit, durch Illusionen, die durch Prominentenstorys geweckt werden, durch den Glauben, dass nur ein Leben in Schlankheit ein vollkommenes Leben ist. Manche Fachleute aber sind der Ansicht, dass viele Menschen, die unter Essstörungen leiden, Kontrolle suchen, eine Möglichkeit, ihre Ängste auszudrücken. Manchmal beginnt die Abwärtsspirale mit einem auslösenden Ereignis – einer Scheidung, der Pubertät, Examensstress. Eine junge Frau mit Anorexie versucht unter Umständen, dem Übergang ins Erwachsenenleben zu entrinnen, indem sie ihren Körper in einen kindlichen Zustand zurückhungert. Vielleicht ist sie wütend, hat aber keine andere Möglichkeit, dieser Wut Ausdruck zu verleihen, als sie gegen sich selbst zu richten.

Ein weiterer wichtiger Faktor ist der Druck durch Eltern und Klassenkameraden. Spielplatzsticheleien sind oft grausam, und manche Anorexie- und Bulimiepatientinnen können den Beginn ihrer Essstörungen bis auf die Hänseleien in Kindertagen zurückverfolgen, in denen sie als »dickes Kind« verspottet wurden. Die Lektion, dass ein dickes Kind das dumme, unpopuläre ist, zu vergessen, braucht lange – vor allem deshalb, weil Menschen, die unter Essstörungen leiden, die Welt typischerweise in Schwarz und Weiß sehen. Wie die Leute von *ANRED* es ausdrücken: Wenn dick schlecht ist und dünn gut, dann ist dünner besser, und noch dünner noch besser – auch wenn noch dünner 30 Kilo am Tropf auf der Intensivstation bedeutet«.[6]

Bei jungen Männern macht die kulturell bedingte traditionelle Rolle von Macht und Stärke – sowohl in physischer als auch in psychischer Hinsicht – die Diagnose und Behandlung von Essstörungen noch sehr viel schwieriger. Da die meisten Menschen Probleme mit dem Essen als rein weibliche Domäne betrachten, schämen sich junge Männer unter Umständen zu gestehen, dass sie Hilfe bräuchten. Nur wenige Behandlungszentren bieten Programme an, die speziell auf Männer zugeschnitten sind.

Es ist keine Frage, dass der Druck, schlank sein zu müssen, sich über beide Geschlechter, alle Altersgruppen und alle ethnischen Gruppierungen ausbreitet. Etwa achtzig Prozent aller Frauen und 45 Prozent aller Männer erklären, sie seien mit ihrem Körper unzufrieden. Lehrer berichten von achtjährigen Mädchen, die bereits Diät halten, um abzunehmen.

Auch wenn wir unser Bestes tun, unseren Söhnen und Töchtern einzutrichtern, dass sie wunderbar und einzigartig sind, so wie sie sind, wird ihnen der eine oder andere Kampf trotzdem nicht erspart bleiben. Kate Dillon, die ihre Karriere als anorexisches Nervenbündel begann und sich inzwischen zu einem erfolgreichen Übergrößen-Modell gemausert hat, erinnert sich, wie es sein kann: »Man fühlt sich, wie man sich eben so fühlt ... das Empfinden, dass man in Bezug auf sich selbst hat, sagt einem, dass man ein feiner Kerl ist, gut aussieht, stark ist und was los hat. Und an irgendeinem Punkt begegnet einem eine äußere Instanz, die einem sagt: ›Nein, du bist nichts von alledem.‹«[7]

Es kann schwer sein, die Stimmen in unseren Köpfen, die uns sagen, dass wir nichts wert sind, dass wir besser sein sollten, zum Schweigen zu bringen – ganz abgesehen von den Stimmen, die von jeder Litfasssäule herab- und aus jeder Fernsehwerbung herauszudröhnen scheinen. Aber wenn wir Millionen junge Menschen daran hindern wollen, sich krank zu hungern, müssen wir etwas unternehmen.

Im Jahre 2003 wurde die Zeitschrift *GQ* dabei ertappt, dass sie ein Foto der Schauspielerin Kate Winslet – die berühmt ist für ihren schönen, wohl proportionierten Körper – digital so manipuliert hatte, dass sie größer und dünner wirkte als im wahren Leben. Der Wirbel, der darauf folgte, hat viel dazu beigetragen, den Ikonenstatus der »Cover Girls« zu entzaubern. Wir wissen, dass das Bild von Kate Winslet toll aussah, aber wir wissen auch, dass Kate selbst nicht so aussieht. Das Gleiche gilt für die meisten Models, die in Zeitschriften abgebildet sind. Filmstars, die ihren vollkommenen Körper zur Schau stellen, sind nicht, wie man uns immer weismachen will, die mit einem hohen Stoffwechselumsatz gesegneten schlechten Futterverwerter – sie beschäftigen eine Hundertschaft an Köchen, Spezialtrainern und Stylisten, die oftmals Wochen in die Vorbereitung eines einzigen Auftritts auf dem roten Teppich investieren. Die Bilder von betrunkenen Berühmtheiten, die mit verschwommenem Blick, mit Bierbauch und Orangenhaut aus irgendeiner Bar in Soho torkeln, kommen der Realität weit näher.

Die Medien müssen aufhören, Lippenbekenntnisse zum Thema Essstörungen abzulegen, und das Problem mit allem Ernst angehen. Vielleicht müssen wir anfangen, dem, was Zeitschriften und Fernsehprogramme uns einreden wollen, ein bisschen weniger Aufmerksamkeit zu schenken – und uns mehr darum kümmern, dass unsere Kinder lernen, den Wahrheitswert all der vielen widersprüchlichen Medienbotschaften zu ermessen. Und wir müssen alles daran setzen zu erreichen, dass unsere Kinder, wie auch immer ihre äußere Erscheinung aussehen mag, mit einem positiven Gefühl gegenüber dem Wert des eigenen Selbst und der ihnen innewohnenden Schönheit aufwachsen. Manche jungen Männer und Frauen werden freilich dennoch einer Essstörung anheim fallen, natürlich ist das nicht auszuschließen. Aber wenn wir uns weigern, uns dem Kult der Dürren zu unterwerfen, indem wir einen normalen menschlichen Körper mit all seinen Fehlern und Macken eben nicht mit Hässlichkeit gleichsetzen, fangen wir möglicherweise an, den sozialen Druck auszuhebeln, der diese Epidemie nährt.

18

Fast die Hälfte aller britischen Fünfzehnjährigen hat schon einmal illegale Drogen ausprobiert, und fast ein Viertel gehört zu den Gewohnheitsrauchern

Der Drogenkonsum unter Teenagern wächst sich zum nationalen Alptraum aus«, warnt die Internetseite *drugfreeteenagers.com*. »Sie als Eltern bilden die erste Verteidigungslinie gegen den Drogenkonsum Ihres Kindes.« Und womit sollen Eltern sich dafür wappnen? Mit einem Haarprobentest zum Selbermachen, mit dem er bei seinem Teenager einen Drogentest durchführen kann.

Die Internetseite behauptet, wenn Sie einen solchen Test zu Hause haben, sei dies so etwas wie eine »Lebensversicherung für Ihr Kind«. Aber allein das Vorhandensein eines solchen Misstrauens zwischen Eltern und Kindern zeigt, dass hier etwas gründlich schief läuft.

Seit man sie in den Fünfzigerjahren zur eigenen sozialen Gruppe erklärt hat, haben sich Teenager unablässig durch ihr rebellisches Verhalten hervorgetan. Ein Teenager, der versucht, eine Persönlichkeit und Identität zu etablieren, die sich von der Einheit Familie abhebt, weist die Werte seiner Eltern womöglich zurück, unterstreicht durch Kleidung und Musik seine eigene Individualität. Teenager lernen die Grenzen ihrer eigenen Fähigkeiten kennen, indem sie sie ausloten – Fehler zu machen und Lehren daraus zu ziehen ist ein wichtiger Bestandteil der Persönlichkeitsbildung.

Psychologen kennen ein Phänomen, das sie als »pubertäre Egozentrik« bezeichnen. Junge Menschen haben das Gefühl, dass sie einzigartig sind und niemand auf der Welt sie je verstehen wird. Sie sehen sich unter Umständen als etwas Besonderes, zu Großem ausersehen, unverwundbar. Und das lässt sie gelegentlich größere Risiken eingehen, denn sie glauben nicht, dass ihnen etwas zustoßen kann. Mehr und mehr scheinen Jugendliche auf diesem Weg Drogen und Alkohol zu gleichen Teilen als Quelle der Rebellion wie des Trostes zu betrachten.

Eine Umfrage des *Britischen Zentrums für Sozialforschung (Britain's National Centre for Social Research)* und der *Stiftung für Erziehungswissenschaften (National Foundation for Educational Research)* ergab, dass 45 Prozent der Fünfzehnjährigen zu irgendeinem Zeitpunkt ihres Lebens Drogen genommen hatten. Sechsunddreißig Prozent hatten im zurückliegenden Jahr Drogen konsumiert. Cannabisprodukte waren die bei weitem populärsten Rauschmittel – 31 Prozent der Fünfzehnjährigen hatten sie im vorangegangenen Jahr genommen.[1]

Doch nicht nur die illegalen Drogen verursachen Probleme. Die *Europäische Beobachtungsstelle für Drogen und Drogensucht EMCDDA (European Monitoring Centre on Drugs and Drug Abuse)* hat festgestellt, dass sich der Cannabiskonsum bei britischen Teenagern im Jahr 2003 zu stabilisieren begonnen hat, aber nur deshalb, weil die Droge so leicht verfügbar war, dass der Markt vermutlich gesättigt ist. Zudem hat sich gezeigt, dass der Lösungsmittelmissbrauch (das Einatmen der Dämpfe von Benzin, Klebstoffen, Aerosolen und anderen flüchtigen Substanzen) sich zu einem akuten Gesundheitsproblem auswächst – etwa 15 Prozent aller britischen Fünfzehn- bis Sechzehnjährigen haben schon »geschnüffelt«, und 1700 Todesfälle aus den Jahren 1983 bis 2000 werden mit Lösungsmitteln in Zusammenhang gebracht.[2]

In Amerika ist der Konsum illegaler Drogen durch Jugendliche nicht weniger ausgeprägt. In einer Sammlung von Schulumfragen, dem *Pride Survey* aus dem Jahre 2003, gaben 24 Prozent der befragten Teenager an, im Schuljahr 2002/ 2003 Drogen genommen zu haben – und das »deckt sich mit dem Durchschnitt der letzten fünf Jahre«. Doch der Verfasser der Umfrage hat ein zwiespältiges Verhältnis zu den Schlüssen, die daraus zu ziehen sind. Dr. Thomas Gleaton erklärte, die eigentliche Frage laute, wie viel Drogenkonsum bei Teenagern eine Nation zu akzeptieren bereit sei. »Wenn es akzeptabel ist, dass jeder Vierte Drogen nimmt, dann haben unsere Programme zur Kontrolle des Konsums in den letzten zehn Jahren gut funktioniert. Wenn es aber nicht akzeptiert werden kann, dass ein Viertel aller Jugendlichen Drogen nimmt, brauchen wir wirksamere Maßnahmen, um die Probleme von Teenagern wirklich in den Griff zu bekommen.«[3]

Das Rauchen von Zigaretten ist eine weitere Gewohnheit, die Teenager früh im Leben annehmen – fast ein Viertel der britischen Fünfzehnjährigen ist Gewohnheitsraucher mit einem Konsum von durchschnittlich 50 Zigaretten pro Woche.[4] Während unter Erwachsenen der Anteil an Rauchern seit Anfang der Achtzigerjahre stetig abgenommen hat, ist der Anteil an jungen Rauchern relativ konstant geblieben.[5] Dasselbe gilt für die Vereinigten Staaten, wo um die 28 Prozent der Teenager rauchen.[6]

Und dann ist da noch der Alkohol. Britische Teenager trinken heutzutage doppelt so viel wie noch vor zehn Jahren.

Fünfundzwanzig Prozent der Jungen zwischen elf und fünfzehn gaben an, in der zurückliegenden Woche Alkohol getrunken zu haben, und diese 25 Prozent hatten im Durchschnitt 11,7 Einheiten Alkohol zu sich genommen, das entspricht etwa drei Litern Bier. 49 Prozent der amerikanischen Zwölftklässler gaben an, in den zurückliegenden 30 Tagen Alkohol getrunken zu haben, etwa ein Viertel bekannte sich zum ein- oder mehrmaligen »Rauschtrinken« – das heißt fünf oder mehr Drinks kurz hintereinander – innerhalb der vergangenen vierzehn Tage.[7] Man schätzt, dass der Alkoholkonsum von Minderjährigen die Vereinigten Staaten jährlich 53 Milliarden Dollar kostet.[8]

Initiativen des nationalen Gesundheitswesens haben kaum Einfluss auf diese Entwicklungen. Es ist sicher nicht einfach, die Faktoren zu ergründen, die Alkohol und Drogen für Teenager so attraktiv machen – aber den Regierungen geht allmählich auf, dass sie es werden versuchen müssen.

Es heißt oft, die Teenager von heute würden früher erwachsen. Denjenigen unter uns, die dieses Stadium lange hinter sich gelassen haben, mag dies vorkommen wie das Phänomen, das Polizisten immer jünger aussehen lässt, je älter man wird – aber Händlern und Markenberatern sind das höhere verfügbare Einkommen von Teenagern und deren Wunsch, erwachsen zu wirken, nicht lange verborgen geblieben. Der Konsum von Alkohol und Drogen gilt als »erwachsen« und ist möglicherweise ein Weg, in den Augen der Klassenkameraden reifer zu wirken.

Davon abgesehen nehmen Teenager Alkohol und Drogen in vielen Fällen aus demselben Grund zu sich, der auch Erwachsene dazu veranlasst: aus dem Wunsch zu entspannen, sich in schwierigen sozialen Situationen gelöster zu fühlen.

Erste Bekanntschaft mit Alkohol (unter Umständen auch mit Drogen) haben junge Leute für gewöhnlich zu Hause gemacht, wo sie gesehen haben, wie ihre Eltern sich seiner bedienen, um »sich abzureagieren«, »nach einen harten Tag runterzukommen«.

Manche Eltern entscheiden sich beim Thema Alkohol und Drogen für eine strikte Verbotspolitik – das sind vermutlich diejenigen, die der Drogentest für zu Hause am meisten begeistert. Andere sind ein bisschen liberaler, betrachten die Experimente ihres Teenagers als harmloses Geplänkel. Und für die meisten Teenager sind sie das auch. Aber beim Drogen- und Alkoholkonsum in jungen Jahren gibt es auch Risiken – und das beunruhigt vor allem Jugendschutzorganisationen in besonderem Maße.

Erst einmal kann der Genuss von Alkohol oder Drogen Einfluss haben auf die Entscheidungen eines Jugendlichen im Zusammenhang mit anderen riskanten Handlungen. Womöglich beschließen sie, zu jemandem, der betrunken oder high ist, ins Auto zu steigen. Vielleicht lassen sie sich zum Geschlechtsverkehr drängen – oder, wie etwa ein Viertel aller amerikanischen Jugendlichen mit sexueller Erfahrung, zu Sex ohne Kondom.[9]

Und dann ist da noch die Frage, wohin das Ganze führen kann. Zwar hat die so genannte Gateway-Theorie – die These, dass das Experimentieren mit »weichen« Drogen wie Cannabis unweigerlich in Heroinabhängigkeit und einem elenden Tod enden wird – an Glaubwürdigkeit verloren, doch gibt es durchaus Hinweise darauf, dass Teenager, die früh im Leben anfangen zu trinken, zu rauchen oder Cannabis zu konsumieren, mit größerer Wahrscheinlichkeit zu harten Drogen übergehen werden als solche, die später anfangen.[10] Alkohol und Tabak sind suchtfördernde Substanzen, Cannabis eher nicht – doch die *Europäische Beobachtungsstelle für Drogen* hat festgestellt, dass mehr als die Hälfte der jungen Leute, die sich in Rehabilitationszentren befinden, Cannabis als ihre Hauptproblemdroge angeben.[11] Und Gewohnheiten, die man im Kindesalter annimmt, können ein Leben lang bestehen bleiben: Fast 90 Prozent aller Raucher haben mit dem Rauchen angefangen, bevor sie einundzwanzig wurden.[12]

Ob Sie nun daran glauben, dass man Teenager frei experimentieren lassen sollte, oder den Weg des strikten Verbots einschlagen, es ist auf jeden Fall klar, dass junge Leute in zunehmendem Maße Risiken ausgesetzt sind. Was immer wir gegen das Problem tun, es reicht nicht aus.

Amerikas National Academy of Sciences forderte »intensive gemeinsame Anstrengungen« im Zusammenhang mit dem Thema Alkoholkonsum bei Minderjährigen, unter anderem ein entschiedeneres Vorgehen gegen Händler, die Alkohol an Minderjährige verkaufen, sowie höhere Steuern auf Alkohol, vor allem auf Getränke, die bei Jugendlichen hoch im Kurs stehen. Sie forderte überdies Werbebeschränkungen und -kontrollen bei der Darstellung von Alkohol und Zigaretten in Film und Fernsehen. Das *British Medical Journal* berichtet über »ein hohes Maß« an Rauscherfahrungen bei Jugendlichen nach dem Konsum von gezuckerten, fruchtig schmeckenden »Alko-Pops« und über eine besondere Aufmerksamkeit gegenüber den meistbeworbenen Zigarettenmarken.[13] Auch hat es Berichte gegeben, denenzufolge ein britischer Tabakkonzern eine derartige Angst hatte, seinen Marktanteil an harte Drogen zu verlieren, dass man sich dort aktiv nach Möglichkeiten umgesehen hat, seine Produkte an junge Leute zu vermarkten – alles andere als ein glorreiches Musterbeispiel für unternehmerisches Verantwortungsbewusstsein.[14] Regierungen müssen aufmerksam darauf achten, wie Alkohol und Zigaretten vermarktet werden, und versuchen, die Macht der Unternehmenslobbyisten nicht zu fürchten.

Das Problem des Drogenkonsums bei Minderjährigen anzugehen mag komplizierter sein, aber es sieht ganz so aus, als spiele Bildung dabei eine große Rolle. Eine britische Studie kam zu dem Schluss, dass Jugendliche, denen ausführliche Unterrichtseinheiten zum Thema Drogen geboten worden waren, weniger leicht zu illegalen Substanzen neigten.[15]

Doch wenn wir unser Augenmerk darauf richten, wie Regierungen und Unternehmen handeln sollten, so müssen wir auch uns selbst betrachten. Den wachsamen Augen eines Teenagers entgeht keine noch so kleine Heuchelei eines Erwachsenen, und da bekommen sie eine ganze Menge zu sehen. Das alte Argument, dass Marihuana weniger schädlich sei als Alkohol und Zigaretten, wird allen Eltern von Teenagern vertraut sein, aber wir müssen auch sorgsam darauf achten, wie wir mit – legalen und mit illegalen – Drogen umgehen, wie wir über sie reden. Verkünden wir, dass unser Morgenkaffee für uns »überlebensnotwendig« sei, sagen wir »ich lechze nach einer Zigarette«, reden wir davon, »süchtig« nach Schokolade zu sein? Lügen wir, sobald es um unseren illegalen Drogenkonsum geht, weil wir hoffen, ein gutes Beispiel zu geben?

Die Ergebnisse verschiedener Studien besagen, dass Eltern auf die Entscheidung ihrer Kinder für oder gegen den Konsum von Alkohol und Drogen mehr Einfluss haben als jeder andere.[16] Wenn wir es schaffen, mit unseren Kindern einen offenen, ehrlichen und toleranten Dialog über diese Themen zu führen, so ist das vermutlich das Beste, was wir tun können. Unsere Jugendlichen werden das Gefühl haben, dass wir ihnen zutrauen, wie Erwachsene zu handeln. Und wenn sie auch dann sicher nicht immer die richtigen Entscheidungen treffen werden, so ist dieses Vertrauen garantiert von weit größerer Überzeugungskraft als ein Drogentest für zu Hause.

19

Die Industrielobby beschäftigt in Washington
67000 Personen – das macht 125 Lobbyisten auf
jeden gewählten Kongressabgeordneten

Die HBO-Serie *K Street* war im Herbst 2003 eine der meistdiskutierten Fernsehsendungen der Saison, brachte frischen Wind in das Thema politisches Drama: eine TV-Serie, in der das Hauptthema nicht irgendein fiktiver Präsident oder seine Senatoren waren, sondern Unternehmenslobbyisten, die ihre Tage mit dem Versuch zubringen, die Regierung zu beeinflussen. Die beiden Stars, James Carville und Mary Matalin, sind auch im wirklichen Leben Berater im Weißen Haus und miteinander verheiratet. Hier und da traten ein paar echte Journalisten auf, die sich selbst spielten, ebenso echte Senatoren wie Orrin Hatch und Charles Schumer. Einige auf dem Hügel aber waren der Ansicht, die Sendung sei ein bisschen zu lebensecht. Irgendwann, als die Sorge, die Sendung könnte zuviel von den wahren Geschäften Washingtons preisgeben, zu groß geworden war, wurde dem Produzenten George Clooney verboten, im Senat zu drehen.[1]

Ein Lobbyist ist jemand, der versucht, die Politik einer Regierung zu beeinflussen. Wenn Sie je an Ihren Abgeordneten geschrieben haben, stehen Sie mit den Lobbyisten in einer Reihe. Aber Lobbyarbeit ist nicht nur eine Frage der Arbeit an der Basis, der Organisation von Zusammenkünften und der Mittelbeschaffung. Wenn bei Ihrer speziellen Angelegenheit genügend Geld im Spiel ist, können Sie einen Lobbyisten beauftragen, Ihre Bedenken direkt an die Leute heranzutragen, die Gesetze machen.

Lobbyarbeit ist ein großes Geschäft: Nicht umsonst trägt die K-Street, Washingtoner Sitz vieler Beraterfirmen, den Spitznamen »Guccischlucht«. Für das Jahr 2004 wurde erwartet, dass die Kosten für die Lobbyarbeit bei der amerikanischen Regierung die Zwei-Milliarden-Dollarmarke überschreiten werden – und diese Zahl gibt nur die Beträge wieder, die an Lobbyisten gezahlt wurden.[2] Addieren Sie dazu noch die Kosten für Fernsehwerbung und andere Aktionen in diesem Zusammenhang, so steigt die Summe auf ein Vielfaches. Eine Internetquelle behauptet, detaillierte Auskünfte über 17 000 Lobbyisten geben zu können,[3] eine andere Schätzung (die auch juristische Dienste und Organisationen einschließt), spricht von etwas mehr als 67 000.[4] Unternehmen verfügen über Lobbyisten, nichtstaatliche Organisationen ebenso und besondere Interessengruppen nicht minder ... sogar die Pornoindustrie hat ihren Lobbyisten auf dem Capitol Hill, der für die Rechte des Gewerbes ficht.

In einem Interview auf der Internetseite *Slashdot* spricht Lobbyist Morgan Reed darüber, wie er den Einfluss der Lobbyisten von Unternehmen und anderen Gruppen sieht. Er sagte, sie hätten das »erwartete Maß« an Einfluss. »Jede Organisation will die Regierung davon überzeugen, dass ihre Position diejenige ist, die entweder den meisten oder den bedürftigsten Personen zugute kommt oder mit den bestehenden Gesetzen und Praktiken am besten konform geht ... Wenn ein Kongressmitglied von einem Unternehmen oder seinem ortsansässigen Lion's Club bearbeitet wird, dann denkt es daran, ob und wie deren Anliegen seinen Wählern zugute kommt und ob und wie es seinen persönlichen Belangen nützt ... Sie marschieren nicht einfach in sein Büro, drücken ihm einen Scheck in die Hand und haben damit sein Abstimmungsverhalten geändert. So geht es nicht.«[5]

Doch vielleicht ist Mr. Reed – bei allem gehörigen Respekt – hierin ein bisschen phantasielos. Es besteht kein Zweifel, dass Geld in der amerikanischen Politik eine große Rolle spielt. Das gilt vermutlich für jedes politische Umfeld, aber die Vereinigten Staaten gehen dabei weiter als andere Staaten. Das *Center for Responsive Politics*, das Parteigelder und -spenden dokumentiert, schätzt, dass Kandidaten und Parteien während des Präsidentschaftswahlkampfes 2004 rund 3,9 Milliarden Dollar ausgegeben haben, im Jahre 2000 waren es drei Milliarden gewesen.[6] Auch gibt es eindeutige Beispiele dafür, dass Industriezweige Kandidaten, die ihren Interessen gemäß votieren, beträchtliche Wahlkampfmittel zukommen lassen. Lobbyisten behaupten allerdings, dass Wahlkampfspenden keineswegs die Belohnung für das richtige Abstimmungsverhalten im Kongress darstellen, sondern lediglich dazu dienten, dass der Lobbyist seinen Fuß in die Tür bekommt, um die Interessen seines Klienten vertreten zu können. Wie auch immer, der Zusammenhang zwischen Abstimmungsverhalten und gezahlter Summe ist in vielen Fällen schlicht nicht zu übersehen.

Nehmen wir zum Beispiel das Gesetz zur Energiepolitik, den Energy Policy Act, aus dem Jahre 2003. Im November hatten sich die Republikaner des Repräsentantenhauses mit dem Senat auf einen Gesetzesentwurf geeinigt, der vom Weißen Haus abgesegnet wurde. Der Plan sieht Milliarden Dollar an Steuervergünstigungen für die Öl-, Gas-, Atom- und Kohleindustrie vor, den Auftrag zur Verdoppelung der Äthanolproduktion sowie die Aufhebung von Gesetzen, mit denen die Fusion von Energieunternehmen hätte eingeschränkt werden sollen. Ein besonders umstrittener Punkt sollte den Herstellern eines bestimmten Treibstoffzusatzes – von dem bekannt ist, dass er an manchen Orten das Grundwasser bereits verschmutzt hat – eine teilweise Immunität vor Gericht gewähren. Diese Bestimmung war der Grund für die Zurücknahme des Gesetzes durch den Senat Ende 2003. Zum Zeitpunkt der Niederschrift dieses Buches liegt dem Senat eine revidierte Fassung vor, in dem die strittige Immunitätsklausel fehlt. Das *Center for Responsive Politics* berichtet, dass Senator Pete Domenici, der republikanische Vorsitzende des Senatsausschusses für Energie und natürliche Ressourcen, im Wahljahr 2002 der Hauptempfänger von Zuwendungen der Elektrizitätslieferanten gewesen ist.[7] Insgesamt brachte die Öl- und Gasindustrie im Jahre 2002 rund 22,7 Millionen Dollar auf, 80 Prozent davon gingen an Republikaner. Umweltschutzgruppen wendeten in den Jahren 2001/2002 zusammen 1,4 Milliarden Dollar auf, davon gingen 81 Prozent an Demokraten.[8]

Lobbyarbeit findet überall statt. Regionalregierungen bezahlen Leute dafür, ihre Interessen in Washington zu vertreten. Ideologisch motivierte Gruppen wie die *National Rifle Association* oder Organisationen, die sich pro oder contra Abtreibungen engagieren, rufen ihre Mitglieder auf, für Kandidaten zu stimmen, die ihrem Anliegen aufgeschlossen gegenüberstehen. So etwas kann internationale Dimensionen annehmen. Von dem Lobbyisten Bruce Jackson wird berichtet, er sei im Vorfeld des Irakkrieges in den osteuropäischen Ländern herumgereist, um für Unterstützung für den von den Amerikanern angeführten Militärschlag zu werben. Als

Gegenleistung betätigten sich die Vereinigten Staaten als Fürsprecher für diese Länder in der Frage des NATO-Beitritts. Dazu Jackson: »Natürlich wollten sie etwas tun, um dem US-Senat die freiheitsliebende Attitüde ihrer jungen Demokratien zu illustrieren.«[9]

Auch in der Europäischen Union geschieht das in hohem Maße. Die Internetseite des Europäischen Parlaments listet sämtliche akkreditierten Lobbyisten auf – zum Zeitpunkt dieser Niederschrift waren es 5082, acht pro gewähltem Abgeordneten. Die Liste umschließt nichtstaatliche Organisationen wie *Action Aid*, Körperschaften der Vereinten Nationen wie die *Weltgesundheitsorganisation*, Geldinstitute, Großunternehmen wie Daimler-Chrysler, British Airways, Exxon Mobil und Shell International.[10] Auf jeden Versuch des Parlaments, ein europaweites Gesetz zu erlassen, folgt zunächst einmal ein wilder Kuhhandel, bei dem nationale Vorreiterunternehmen, die in ihrem Heimatland über ungeheures Prestige verfügen, eine Menge Druck ausüben können. Dank dieses Drucks wurde der vorgeschlagene EU-Übernahmekodex in einer stark verwässerten Version verabschiedet, und jedem Versuch einer europaweiten Industrieregulation schlagen zahllose Ersuchen um Ausnahmen entgegen.

Welche Auswirkungen hat also all das auf den großen Entwurf Demokratie? Ist sie, wie manche behaupten, lediglich ein Mittel, mit dessen Hilfe Unternehmen und Interessengruppen Gesetzgebern die nötigen Informationen an die Hand geben, die sie brauchen, um ihre Entscheidungen fällen zu können? Oder – im Falle der Kopplung mit Geldzuwendungen für Wahlkampfzwecke – ein klarer Versuch mächtiger und wohlhabender Interessenvertretungen, sich Einfluss zu erkaufen?

Steve Weiss vom *Center for Responsive Politics* sagt, dass viele Menschen den Standpunkt vertreten würden, Lobbyarbeit und Geld schwächten die Demokratie. »Das häufigste Argument, das von Kritikern ins Feld geführt wird, lautet, dass die Abstimmenden in Wirklichkeit umso weniger Macht haben, je mehr Geld im Spiel ist. Tatsache ist, dass die drei Milliarden, die 2000 ausgegeben wurden, von einer relativ kleinen Gruppe stammen – und wenn Sie sich einmal die handelnden Personen anschauen, die diese großen Summen geben, so handelt es sich um einen relativ kleinen Teil der Wählerschaft. Einige wenige Auserwählte sind imstande, den größten Einfluss zu nehmen ... Es ist wichtig, dass die Leute wissen, wo das Geld herkommt, denn das kann das beste Kontrollinstrument sein – je mehr der Einzelne weiß, umso mehr Macht hat er als Wähler.«[11]

Politik mag in der Tat ein undurchsichtiges Geschäft sein, das durch Geld nur noch undurchsichtiger wird. Aber es gibt Versuche, das amerikanische System transparenter zu machen. Bundesgesetze verlangen die Registrierung professioneller Lobbyisten und auch die Angabe der Klienten, für die sie tätig werden. Außerdem müssen Lobbyisten jedes Jahr zwei Berichte anfertigen, in denen sie ihre Klienten, die Geldbeträge, die sie ausgeben, und die Themen, für die sie werben, auflisten müssen. Diese Berichte sind online einsehbar und der Öffentlichkeit zugänglich.[12] Das Gesetz sieht überdies vor, dass jeder ehemalige Angestellte oder gewählte Vertreter ein Jahr warten muss, bevor er eine Lobbyistentätigkeit aufnimmt – damit soll verhindert werden, dass er von einem Augenblick auf den anderen »die Seiten wechselt« und ehemalige Kollegen zu beeinflussen sucht. Kritiker monieren allerdings, dass die Umsetzung der Gesetze nicht konsequent genug betrieben wird und viele große Firmen Mittel und Wege finden, sich darum herumzumogeln. Pharmaunternehmen zahlen beispielsweise Geld an kleine Aktivistengruppen, die die Interessenlage der Medikamentenhersteller ihren Mitgliedern schildern, die sie dann an den Kongress weitergeben.[13]

Das Petitionsrecht, das Recht, sein Ersuchen dem eigenen Parlamentsabgeordneten direkt zu unterbreiten, ist wichtiger Baustein des demokratischen Prozesses. Man kann daher darüber streiten, ob Lobbyarbeit nichts weiter ist als die Umsetzung dieses Rechts – mit einem Haufen Geld im Rücken. In einer idealen Welt sollten Politiker in ihren Überzeugungen standfest sein und beide Seiten eines Interessenkonflikts grundsätzlich die gleichen Möglichkeiten haben, Einfluss auf Entscheidungsträger zu nehmen. In der Praxis ist das Kräftegleichgewicht allerdings häufig verschoben, und den Lobbyisten großer Unternehmen stehen kleine Gruppen gegenüber, die gezwungen sind, sich auf Graswurzelaktivismus zu verlegen.

Regierungen müssen Kontrollen der Lobbyarbeit mit allen Mitteln durchsetzen und sicherstellen, dass die Auskünfte über Klienten und ihre Interessen so ausführlich wie möglich sind. Und Wähler müssen sich bemühen, so viel wie irgend möglich darüber zu erfahren, wer was zu wem sagt (und wer wem was gibt), damit sie sich ein Bild machen können von der Integrität derer, denen sie ihre Stimme geben. Das zunehmende Medieninteresse an der Verknüpfung von Geld und Politik trägt dazu bei, dieses Thema ins Bewusstsein der Öffentlichkeit zu rücken.

Nicht minder wichtig ist es anzumerken, dass der Einfluss der Lobbyarbeit in zwei Richtungen wirken kann. Wenn es um Angelegenheiten geht, an denen Ihnen viel liegt und bei denen Sie fürchten müssen, dass die Unternehmenslobbyisten zuviel Druck ausüben könnten, haben Sie die Möglichkeit, selbst aktiv zu werden. Schreiben Sie an Ihren Abgeordneten, suchen Sie ihn auf, organisieren Sie eine Demonstration oder eine Zusammenkunft. Leisten Sie Lobbyarbeit für einen Wandel, genauer: für bessere Kontrollen der Lobbyarbeit. Wenn wir uns Sorgen machen, dass die Demokratie unterwandert wird, ist es an uns, ihr wieder zu ihrem Recht zu verhelfen.

20

In jeder Minute sterben zwei Menschen durch Autounfälle

Der erste Mensch, der durch einen Verkehrsunfall ums Leben kam, war die vierundvierzigjährige Bridget Driscoll. Sie starb am 17. August 1896. Mrs. Driscoll und ihre zehnjährige Tochter waren in London gewesen, um eine Tanzvorführung anzuschauen. Auf einer der Ausstellungsflächen des Crystal Palace wurde sie von einem Automobil angefahren, das zu Demonstrationsfahrten für die Allgemeinheit angemietet worden war. Das Auto fuhr mit einer Geschwindigkeit von sieben Stundenkilometern, als es Mrs. Driscoll erfasste, der Aufprall war tödlich. Als er den Totenschein ausstellte – Unfall mit Todesfolge –, erklärte der Leichenbeschauer: »So etwas darf nie wieder geschehen.«[1]

Aber das ist es trotzdem. Seither sind um die 25 Millionen Menschen bei Unfällen im Straßenverkehr ums Leben gekommen. Wenn die derzeitige Unfallrate anhält, werden jährlich 1,17 Millionen weitere sterben – zwei Menschen pro Minute an jedem Tag – und weitere zehn Millionen werden verletzt werden oder dauerhafte Behinderungen zurückbehalten. Das Problem hat solche Ausmaße, dass sich manch einer bereits gefragt hat, ob die Erfinder des Automobils auch nur die geringste Vorstellung davon gehabt hatten, was sie da auf die Menschheit losließen.

Im 20. Jahrhundert hat sich der Tod durch Verkehrsunfälle in der westlichen Welt zu einer wahren Seuche ausgewachsen. Im Jahre 1930 gab es in Großbritannien nur wenig mehr als eine Million Autos, 7300 Menschen starben auf den Straßen – mehr als doppelt so viele wie im Jahre 1999 bei einer Zahl von 27 Millionen Fahrzeugen.[2] In Deutschland waren Ende 2003 knapp 50 Millionen Automobile zugelassen. Verkehrstote gab es etwas mehr als 6000 zu beklagen. Tendenz sinkend.

Präsident John F. Kennedy nannte Verkehrsunfälle im Jahre 1960 »eines der größten, vielleicht das größte Gesundheitsproblem der Nation«.[3] Damals starben in den Vereinigten Staaten jährlich etwa 40000 Menschen auf den Straßen. Heute hat sich diese Zahl ziemlich genau gehalten, obwohl es inzwischen dreieinhalb Mal so viele Fahrzeuge gibt.[4] Am meisten betroffen von Straßenunfällen sind die Ärmsten der Welt.

Die Statistik zeichnet ein erschreckendes Bild: Siebzig Prozent der Todesfälle im Straßenverkehr ereignen sich in Entwicklungsländern. Fünfundsechzig Prozent der Getöteten sind Fußgänger. Die Mehrzahl der bei Verkehrsunfällen in der Dritten Welt verletzten oder getöteten Menschen sind nicht die Fahrzeugführer. Sie gehen zu Fuß, fahren Motorrad, Fahrrad oder ein anderes unmotorisiertes Vehikel.

Das Problem ist zudem im Begriff, sich zu verschärfen. Eine von der Harvard University und der *Weltgesundheitsorganisation* durchgeführte Studie prophezeit, dass Verkehrsunfälle im Jahre 2020 die dritthäufigste Todesursache beziehungsweise Quelle für bleibende Beeinträchtigungen darstellen werden. Für Männer zwischen 15 und 44 sind sie bereits heute die zweithäufigste Ursache für einen frühzeitigen Tod – an erster Stelle steht HIV/AIDS.

Hinter der tragischen Auslöschung von Leben verbirgt sich in der letztgenannten Statistik ein ganzer Wust an anderen Problemen. Männer in den besten Jahren sorgen in der Regel für den Lebensunterhalt einer Familie. Sogar wenn ihre Verletzungen nicht tödlich sind, schränken sie doch die Fähigkeit, Geld zu verdienen, unter Umständen massiv ein. Wenn eine Familie ihr Haupteinkommen verliert, gibt es vor allem in ärmeren Ländern nur wenig soziale Sicherheitsnetze, die sie auffangen können. Die Folgen für den Lebensstandard können katastrophal sein.

In manchen Ländern mit geringem oder mittlerem Einkommen belegen die Opfer von Verkehrsunfällen zehn Prozent der Krankenhausbetten.[5] Die WHO schätzt, dass Unfälle im Straßenverkehr Staaten ein bis zwei Prozent ihres Bruttoinlandprodukts kosten. Die Entwicklungsländer verlieren jährlich eine Milliarde Dollar – das Doppelte dessen, was sie an Entwicklungshilfe empfangen.[6] Wenn man die Zahl der Fahrzeugbesitzer in die Unfallstatistiken mit hineinrechnet, stellt man fest, dass die Länder mit der höchsten Zahl an Unfalltoten sich allesamt unter den südlichen Sahara-Anrainerstaaten befinden: Äthiopien, Ruanda, Guinea, Nigeria und Lesotho.[7]

In Ländern mit einem hohen Anteil an Fahrzeugbesitzern scheint die Zahl der Verkehrstoten zu sinken. In den Industriestaaten ist die Zahl der Verkehrsunfälle seit Beginn der Siebzigerjahre um 25 Prozent gefallen – trotz der massiven Zunahme an Fahrzeugen auf den Straßen.[8] In Großbritannien gibt es heute 24 Millionen Autos, zehnmal so viele wie im Jahre 1950 – und dennoch ist die Zahl derer, die auf den Straßen den Tod fanden, von mehr als 5000 auf 3508 im Jahre 2003 gefallen.[9] Die so genannten hochmotorisierten Länder stellen 60 Prozent aller Fahrzeuge weltweit, aber nur 14 Prozent aller tödlichen Verkehrsunfälle ereignen sich dort.[10]

Worin besteht also der Unterschied? Warum sind Entwicklungsländer einmal mehr überrepräsentiert, wenn es um Unzulänglichkeiten bei der Gesundheitsversorgung der Allgemeinheit geht? Und was lässt sich daran ändern?

Wenn Sie in einem reicheren Land Auto fahren, ist die Chance sehr viel größer, dass Ihr Fahrzeug relativ neu ist und es überdies regelmäßig auf seine Sicherheit untersucht wird. Ihr Gefährt verfügt vermutlich auch über eine Reihe von Sicherheitseinrichtungen wie Airbags oder ein ABS-System. Sie fahren auf gut gewarteten Straßen. Und es gibt vermutlich strenge Gesetze, die Sie daran hindern, Dinge zu tun, die ihre Fahrtüchtigkeit beeinflussen könnten: der Genuss von Alkohol zum Beispiel, Drogenkonsum oder ein Handy-Telefonat.

In manchen Entwicklungsländern fahren viele Menschen, ohne je eine Fahrprüfung abgelegt zu haben. Die Zahl der Fahrzeuge auf den Straßen steigt in vielen Staaten dramatisch an, und oft sind die Straßen dieser plötzlichen Fahrzeugflut nicht gewachsen. In vielen Fällen sind sie schmal, haben einen schlechten Belag und Schlaglöcher. Aufgrund von Korruption oder mangelnder Verfügbarkeit von Mitteln werden die Straßen häufig wenig überwacht. Bei Unfällen brauchen die Unfalldienste oft lange, um an den Unglücksort zu gelangen, womit sich die Gefahr, dass Menschen an Ort und Stelle sterben oder dauerhafte Gesundheitsschäden davontragen, erheblich erhöht. Und wenn die Ambulanz tatsächlich zur rechten Zeit eintrifft, so ist die medizinische Behandlung in vielen Fällen unbotmäßig teuer. In Ghana nehmen einer Studie zufolge nur 27 Prozent aller Unfallopfer

Krankenhausdienste in Anspruch. Die Begründung dafür, dass viele Menschen auf eine medizinische Behandlung verzichten: Sie können es sich nicht leisten.[11]

Die meisten Regierungen sind sich darüber im Klaren, dass die hohe Zahl an Verkehrstoten ein Problem darstellt, aber manchmal ist es schwierig, die Weichen neu zu stellen, um etwas dagegen zu unternehmen. Um sie wird es nie einen solchen öffentlichkeitswirksamen Wirbel geben wie um die SARS-Epidemie in den Jahren 2002/2003. Damals starben 774 Menschen innerhalb von neun Monaten. Autounfälle fordern dieselbe Zahl an Toten in nur acht Stunden.

Hier und da beginnt man zu realisieren, dass es sich bei Verkehrsunfällen nicht nur um eine Reihe einzelner, isolierter Tragödien handelt. Betrachtet man sie als Gesamtbild, so werden sie zu einem Entwicklungshindernis. Aber es gibt ein paar Erfolgsgeschichten. Auf den Fidschi-Inseln haben die Autoversicherer sich darauf eingelassen, zehn Prozent ihrer Prämien an einen nationalen Ausschuss für Straßensicherheit zu bezahlen – dessen Programme die Zahl der Verkehrstoten zwischen 1999 und 2002 um 44 Prozent sinken ließen.[12]

Der Schlüssel zur Lösung scheint zu sein, dass es gelingt, Regierungen davon zu überzeugen, wie ungemein lohnend Investitionen in die Straßensicherheit sind. Im Jahre 1999 rief die Weltbank die *Global Road Safety Partnership (GRSP)* ins Leben, deren Ziel es ist, Regierungen davon zu überzeugen, dass Straßensicherheit nicht nur eine moralische Verpflichtung ist, sondern auch dazu beitragen kann, den Weg aus der Armut zu ebnen.

Die *GRSP* zitiert eine Studie, die zu dem Ergebnis kam, dass Verkehrsunfälle ein bestimmtes Land jährlich 30 Millionen Dollar kosten. Ein umfassendes Straßensanierungsprogramm mit Verbesserungen des Schnellstraßennetzes, Verkehrserziehung und anderen Maßnahmen würde 150 000 Dollar kosten, die Einsparungen durch die sinkende Zahl an Unfällen betrügen etwa 1,5 Millionen Dollar.[13] Auf der ganzen Welt gibt es inzwischen *GRSP*-Initiativen, und die Maßnahmen reichen von der Ausrüstung südafrikanischer Schulkinder mit fluoreszierenden Jacken und Rucksäcken bis hin zu Aufrufen an vietnamesische Motorradfahrer, Helme zu tragen. In Ungarn haben *GRSP*-Partner zur Einführung von reflektierenden Verkehrszeichen, Geschwindigkeitsbeschränkungen und Straßenmarkierungen an gefährlichen Stellen beigetragen.[14]

In den Industrienationen sind Regierungen inzwischen bestrebt, die abnehmende Tendenz der Todeszahlen in ihren Verkehrsstatistiken aufrechtzuerhalten. Großbritanniens »Think«-Kampagne zielt darauf ab, Fahrern die Folgen ihres Handelns vor Augen zu führen – in welchem Maße Alkohol, Drogen oder zu schnelles Fahren ihre Fähigkeit beeinträchtigt, in bestimmten Situationen angemessen zu reagieren. Eine Reihe europäischer Länder hat Kampagnen initiiert, mit denen versucht wird, Jungfahrer durch Belohnungssysteme zu motivieren, auf Alkohol am Steuer zu verzichten und so alkoholbedingten Unfällen entgegenzuwirken (in manchen Diskotheken erhalten zum Beispiel die Fahrer aus einer Gruppe Jugendlicher Vorzugspreise). In den Vereinigten Staaten hat die *Foundation for Traffic Safety* der *American Automobile Association* jüngst Projekte zu Themen wie Fahren ohne Führerschein, Ablenkung beim Fahren (wenn Fahrer am Steuer essen und trinken oder Handys benutzen) und Sicherheit von Kindersitzen abgeschlossen.

Der vielleicht traurigste Aspekt bei Verkehrsunfällen ist der Umstand, dass sie zum größten Teil völlig vermeidbar sind. Sie kosten junge, leistungsfähige Menschen das Leben. Nelson Mandela schreibt, was er fühlte, als er erfuhr, dass sein ältester Sohn bei einem Verkehrsunfall ums Leben gekommen war: »Ich habe keine Worte, um den Kummer und Verlust zu beschreiben, den ich empfand. Er hinterlässt ein Loch in meinem Herzen, das sich nie schließen wird.«[15]

Wenn sie Mandelas Worte hören könnten, würden sich die Erfinder des Automobils vermutlich wirklich fragen, was sie da von der Leine gelassen haben. Nun ist es an den Regierungen – und uns allen –, dafür zu sorgen, dass die Folgen der Erfindung Automobil so segensreich wie irgend möglich ausfallen.

21

Seit 1977 hat es an nordamerikanischen Abtreibungs-kliniken über 90 000 Fälle von Gewalttaten und Vandalismus gegeben

Im September 2003 wurde zum ersten Mal in der Geschichte ein Mensch für den Mord an einem Arzt hingerichtet, der Abtreibungen vorgenommen hatte. Es handelte sich um einen ehemaligen Geistlichen der presbyterianischen Kirche. Paul Hill hatte im Jahre 1994 Dr. John Britton und dessen Fahrer James Barret vor dem Ladies Center von Pensacola, Florida, ermordet. Er stellte sich der Polizei und erklärte, er habe Dr. Britton getötet, um zu verhindern, dass »unschuldige Babys« sterben müssten.

Vor seiner Hinrichtung sagte Hill, er freue sich, für seine Sache zu sterben: »Ich glaube, dass der Staat mich durch meine Hinrichtung zum Märtyrer macht«, erklärte er vor Reportern und dass er, wenn er es noch einmal zu tun bekäme, wieder morden würde, um das Leben ungeborener Kinder zu retten. Viele Demonstranten, die am Tag der Exekution vor dem Starke-Gefängnis gewartet hatten, feierten Hill als Helden. In einer letzten Stellungnahme vor der Hinrichtung rief Hill zu mehr Gewalt auf. »Wenn Sie glauben, dass Abtreibungen eine tödliche Gefahr sind, dann sollten Sie gegen diese Gefahr kämpfen und alles tun, was in Ihren Kräften steht, um sie aufzuhalten.«[1]

Die Schlacht um Amerikas ungeborene Kinder tobt seit jenem Tag, an dem das richtungweisende Urteil des Obersten Gerichtshofs im Fall Roe gegen Wade im Jahre 1973 die Abtreibung legalisiert hat. Mit einer Mehrheit von sieben zu zwei entschied das Gericht, dass der Staat nicht die Macht habe, Abtreibungen zu verbieten, weil die Entscheidung einer Frau zur Beendigung einer Schwangerschaft unter die im Vierzehnten Zusatzartikel zur amerikanischen Verfassung garantierte persönliche Entscheidungsfreiheit, in diesem Falle in Familienfragen, falle.

Seit damals haben die Entscheidungen des Obersten Gerichtshofs die vom Urteil Roe gegen Wade garantierten Freiheiten immer wieder eingeschränkt, und einige Bundesstaaten verfügen über eine Gesetzgebung, die zum Ziel hat, ein abtreibungsfeindliches Klima zu schaffen – zum Beispiel indem sie vorschreiben, dass einer Frau alle denkbaren Informationen gegeben werden müssen, die sie von diesem Schritt möglicherweise abhalten könnten, oder eine Pflichtwartezeit zwischen dem ersten Gespräch und der Abtreibung vorsehen. Eine vom *Alan Guttmacher Institute* durchgeführte Umfrage vom Januar 2003 ergab, dass die Abtreibungsraten in den Vereinigten Staaten dreißig Jahre nach Roe und Wade auf dem niedrigsten Niveau seit 1974 angelangt waren und dass die Nachverhütung oder »Pille danach« bei dieser Abnahme eine wesentliche Rolle gespielt hat.[2]

Manchen Menschen reicht dieser Abwärtstrend jedoch noch nicht. Sie sind nicht damit zufrieden, dass die derzeitige Regierung bemüht ist, Abtreibung mit soviel Einschränkungen wie möglich zu versehen. Manche Leute empören sich über das, was sie als den Mord an ungeborenen Kindern betrachten, derart, dass sie ihre Gefühle an den Kliniken abreagieren. Die auch beratend tätige *National Abortion Fede-*

ration (NAF) führt seit 1977 Statistiken über Gewalttaten und Akte von Vandalismus gegen diese Kliniken, und seit Beginn der Aufzeichnungen sind mehr als 90 000 Vorfälle bekannt geworden.[3]

Diese Vorfälle decken ein breites Spektrum an Aktionen ab – angefangen bei Mahnwachen und Absperrungen vor den Kliniken über die Belästigung von Patientinnen und Personal, das Fotografieren von Frauen, die die Kliniken aufsuchen, und das Veröffentlichen der Fotos im Internet bis hin zum Versenden von Briefumschlägen mit verdächtigen, zum Beispiel anthraxerregerähnlichen Substanzen, Bomben, Brandstiftung und Mord.

Sieben Menschen wurden bereits von militanten Abtreibungsgegnern ermordet. Am 23. Oktober 1998 wurde Dr. Barnett Slepian in Buffalo, New York, in seiner Küche von einem Heckenschützen erschossen. Dr. Slepians Ehefrau und ihre vier Söhne befanden sich in unmittelbarer Nähe. Er war der fünfte Arzt, auf den von einem Heckenschützen geschossen, aber der erste, der tödlich getroffen wurde. Nach einer zweijährigen Fahndung wurde James Kopp in Frankreich verhaftet und an die Vereinigten Staaten ausgeliefert. Im März 2003 wurde er des Totschlags für schuldig befunden. Außerdem legte man ihm versuchten Mord an einem kanadischen Arzt zur Last und suchte ihn zum Zwecke der Befragung im Zusammenhang mit zwei weiteren Anschlägen in Kanada. Kopp wurde zu mindestens fünfundzwanzig Jahren verurteilt. Entschuldigen wollte er sich nicht für das, was er getan hatte.

Kopp handelte nicht im Alleingang. Es ist bekannt, dass er Mitglied des Untergrundnetzwerks »*Army of God*« war, einer terroristischen Vereinigung, der man unter anderem vorwirft,

Bomben in einer Abtreibungsklinik und in einer Schwulenbar in Georgia gelegt zu haben, einen Abtreibungsvermittler aus Illinois entführt, Hunderte von Anthraxdrohungen gegen Abtreibungskliniken gerichtet sowie zahlreiche Gewalttaten begangen zu haben.

Nach eigenen Worten sieht sich die Gruppe im Krieg gegen die amerikanische Regierung – »ein Krieg ohne Kriegserklärung«, so der militante Neal Horsley, »der in diesem Land seit 1973 tobt, seit jenem Tag, an dem die Regierung der Vereinigten Staaten im Fall Roe gegen Wade den Krieg gegen Gottes Kinder erklärt hat.« Er fährt fort: »Wie die Bomben, die die IRA in Irland legt, mögen unsere Bomben zwar Terrorakte sein, aber sie sind nicht feige, weil der Krieg erklärt und die Verantwortung für die militärischen Aktionen in angemessener Weise übernommen wird.«[4]

Horsley ist der Mann hinter den berüchtigten *Nuremberg Files*, einer Internetseite, auf der Ärzte und andere Beschäftigte aufgelistet werden, die an Abtreibungskliniken arbeiten. Horsley behauptet, genügend belastendes Material zusammentragen zu wollen, damit alle Personen, die an Abtreibungen beteiligt sind, vor Gericht gestellt werden können. Auf der Internetseite heißt es: »Unser Ziel ist es, den Namen jedes Einzelnen aufzulisten, der irgendwo in Amerika am Babymord-Geschäft beteiligt ist, damit wir ihn wie bei den Nürnberger Prozessen in Nazi-Deutschland dafür bestrafen können, dass er Gottes Kinder gemordet hat.«

Viele hatten das Gefühl, dass das Archiv auf eine Art Abschussliste hinauslief. Die Seite ist »geschmückt« mit grausigen Bildern, die aussehen wie von Blut triefende Körperteile. Die Liste der »Babyschlachter und Geschlachteten« enthält Namen und Staaten – wenn jemand verletzt worden ist, wird der Name grau unterlegt, wenn jemand tot ist, wird er durchgestrichen.

Unter den jüngsten Einträgen in den *Nuremberg Files* findet sich Präsident George W. Bush. Die Herausgeber des Registers waren gegen seine Zustimmung zur Förderung der Stammzellforschung mit Bundesmitteln vom August 2001 – bei dieser Forschung werden Zellen aus abgetriebenen Embryonen verwendet. Horsley beschrieb die Entscheidung des Präsidenten als »Teufelspakt«. Es entbehrt nicht der Ironie, dass Bush von den Verfassern der *Nuremberg Files* verdammt wird, denn viele derjenigen, die sich für die Entscheidungsfreiheit stark machen, sind der Ansicht, dass seine Regierung eher eine ernsthafte Gefahr für die Rechtssprechung im Fall Roe gegen Wade bedeutet. Die amerikanische Frauenrechtsorganisation *NOW (National Organisation for Women)* verweist in diesem Zusammenhang auf seine Verfügung vom August 2003, nach der Bundesmittel für die Familienplanung an keine internationale Organisation gezahlt werden dürfen, die Abtreibungen durchführt oder Frauen an abtreibungswillige Stellen verweist, und auf ein Gesetz vom Juni 2003, in dem ohne Rücksicht auf die Gefahr für die Gesundheit der Betroffenen Abtreibungspraktiken verboten werden, die im zweiten und dritten Schwangerschaftsdrittel Anwendung finden. Er hat sogar, wie *NOW* glaubt, Abtreibung mit Terrorismus verglichen.[5] Doch trotz alledem befindet sich Präsident Bush noch immer auf der Liste der *Nuremberg Files* – in den Augen der Abtreibungsgegner hat er sich des Verbrechens gegen die Menschheit schuldig gemacht.

Im Jahre 2002 befand ein Bundesberufungsgericht, dass die Internetseite der *Nuremberg Files* »wahrhaftig Androhungen« von Gewalt gegen Personen enthält, die Abtreibungen praktizieren, und dass diese Androhungen nicht unter politische Aussagen im Sinne des ersten Zusatzartikels über das Recht auf freie Meinungsäußerung fallen. Die Anklage, vorgebracht von zwei Abtreibungs-Organisationen und vier Ärzten, war im Jahre 2001 abgewiesen worden, aber die Ereignisse vom 11. September hatten dem Berufungsgericht zu denken gegeben. Das neue Urteil bezog sich allerdings lediglich auf eine Plakatkampagne, bei der Ärzte als »das tödliche Dutzend« bezeichnet worden waren. Neal Horsleys Reaktion darauf: Die sechs Richter, die dem Urteil beigepflichtet hatten, wurden auf die Abschussliste der *Nuremberg Files* gesetzt.[6]

Wenn wir an das Recht auf freie Meinungsäußerung glauben – und das sollten wir –, müssen wir zur Kenntnis nehmen, dass es ein Recht ist, das auch für Menschen gilt, deren Ansichten wir als untragbar oder verletzend empfinden. Wann aber überschreitet der Ausdruck der eigenen Ansichten die Grenzlinie und wird zur Demütigung?

Bei einem emotional und ethisch derart komplexen Thema ist kaum anzunehmen, dass die Entscheidung des Einzelnen für oder gegen eine Abtreibung jemals frei von allem Druck pro Leben gefällt werden kann. Kein Gesetz hindert Aktivisten daran, sich vor Abtreibungskliniken aufzupflanzen, Flugblätter zu verteilen und für diejenigen, die sich in den Kliniken befinden, zu singen und zu beten. Aber wenn Leute anfangen, Frauen mit Waffengewalt am Betreten einer Klinik zu hindern, so ist das ein Problem. Wenn Leute anfangen, Namen und Adressen von Ärzten, die Abtreibungen vornehmen, zu veröffentlichen, so ist das ebenfalls ein Problem. Und wenn Rhetorik in Gewalt umkippt, dann ist das ein sehr ernstes Problem.

Wir müssen sicherstellen, dass das Recht eines Menschen, sich gegen Abtreibungen auszusprechen, so widerwärtig auch immer es geäußert werden mag, und unabhängig davon, ob wir ihm beipflichten oder eben nicht, respektiert wird. Wir müssen auch sicherstellen, dass unsere Behörden Abtreibungsgegner nicht besonders hart anfassen – solches würde den Mythos des Verfolgtwerdens, den diese Gruppen aufrechterhalten, nur nähren und lediglich dazu beitragen, ihren Glauben an die Gerechtigkeit ihrer Sache zu stärken.

Es gibt viele Menschen, die einer Abtreibung zutiefst ablehnend gegenüberstehen – aber die überwiegende Mehrheit von ihnen fühlt sich nicht aufgefordert, gegen Personen und Kliniken, die Abtreibungen vornehmen, zur Gewalt aufzurufen. Beide Parteien der Abtreibungsdebatte müssen die paar Gewaltbereiten als das sehen, was sie sind: Terroristen, die eine legitime Debatte für ihre Zwecke missbrauchen.

22

Mehr Menschen kennen die goldenen Bögen des McDonald's-Emblems als das Kreuz der Christenheit

In der westlichen Welt ist das Kreuz eines der mächtigsten Symbole des Glaubens. Die Bibel berichtet, dass Jesus Christus, Gottes Sohn, von den Römern gekreuzigt worden sei – man hat ihn an ein großes hölzernes Kreuz genagelt und dort sterben lassen. Christi Auferstehung ist die Grundlage der christlichen Religion, und das Kreuz steht als Symbol für seinen Sieg über den Tod. Christen glauben, dass Christi Auferstehung jedem Menschen den Weg zur Erlösung von seinen Sünden und zum ewigen Leben geebnet hat.

Trotz dieses hohen Symbolwerts scheint es, als werde das Kreuz in unseren Tagen weniger bereitwillig erkannt als viele andere mehr oder minder wichtige Symbole der Gegenwart. Eine Umfrage unter 7000 Beteiligten aus sechs Ländern ergab, dass das Logo des Ölkonzerns Shell, der Mercedesstern und die fünf Olympischen Ringe einen höheren Erkennungswert haben als das christliche Kreuz.

Die Firma, die die Umfrage unternommen hatte, Sponsorship Research International, war rasch mit der Begründung bei der Hand, dass zwei der sechs Länder – Indien und Japan – keine vorwiegend christlich geprägten Gesellschaften seien und dies das Ergebnis in gewissem Maße beeinflusst haben könnte. Kirchenführer zeigten sich allerdings enttäuscht darüber, dass der Erkennungswert gerade in den westlichen

Ländern – den Vereinigten Staaten, Großbritannien, Deutschland und Australien – nicht höher ausgefallen war. Mit Ausnahme ausgewählter Anlässe, die ein Kirchensprecher als »Verneigungen vor Gott« bezeichnete – Taufen, Hochzeiten und Beerdigungen –, scheinen wir uns von der Kirche abzuwenden.[1]

Speziell in Europa sind Kirchenbesuche selten geworden, und es gibt einen starken Trend zur Säkularisierung – der Abkehr von Kirchen und anderen christlichen Institutionen. Obwohl drei von fünf Briten angeben, an Gott zu glauben, sind eigenen Aussagen zufolge nur 18 Prozent praktizierendes Mitglied einer Religion.[2] Nur einer von dreizehn Franzosen besucht jede Woche einen Gottesdienst.[3] Der Entwurf für die neue Verfassung der Europäischen Union verzichtet auf jede Erwähnung des Christentums oder gar Gottes.

Einige europäische Kommentatoren gehen sogar so weit, dass sie das Festhalten an einem religiösen Glauben als einen Mangel an psychischer Entwicklung betrachten. Sich den moralischen Prinzipien und Geboten zu unterwerfen, die eine Religion einem Menschen auferlegt, ist ihrer Ansicht nach Zeichen für einen eklatanten Mangel an Bildung und reflektiert die Unfähigkeit, Leben in seiner ganzen Komplexität zu erfassen. Der Autor Martin Amis vertritt diese Sichtweise, wenn er schreibt: »Wir müssen die Tatsache akzeptieren, dass Bush religiöser ist als Saddam: Von den beiden Präsidenten ist er, was diese Frage angeht, der psychologisch primitivere.«[4]

Eine solche Haltung gibt Anlass zu der Sorge, dass Europa sich nicht nur von der Kirche abwenden, sondern sich gar gegen sie wenden könnte. John Bruton, ein ehemaliger irischer Premierminister, äußert die Sorge, dass »in Europa eine Form der säkularen Intoleranz herrscht, die genauso ausgeprägt ist wie einst die religiöse Intoleranz der Vergangenheit«.[5]

Manche Kommentatoren sind der Ansicht, dass Europas Desillusionierung in Bezug auf große Institutionen diesen Trend weg von der Religion genährt haben könnte. Im Unterschied zu Amerika übten die religiösen Führer einst direkte politische Macht aus – was möglicherweise die Aversion gegen die Verankerung von Religionen in der Verfassung erklären könnte. Viele Menschen fühlen sich darüber hinaus mit der Unbeweglichkeit der kirchlichen Lehre und deren Unfähigkeit, sich dem steten Wandel einer modernen Gesellschaft anzupassen, nicht wohl. Der Umgang der Church of England mit dem Disput über die Ordination homosexueller Bischöfe enthüllte wütende Uneinigkeit betreffs der Frage, ob die Kirche in Fragen der Moral einer Nation voranzugehen oder sich ihr unterzuordnen habe.

Einem Londoner Institut für Sozialwissenschaften *(MORI Social Research Institute)* zufolge erklären die meisten Briten, ihre Ansichten und Perspektiven seien am stärksten durch ihre eigenen Erfahrungen, die Eltern und ihre Erziehung geprägt worden. Weniger als ein Fünftel gab an, in erster Linie von seiner Religion beeinflusst zu werden.[6] Das steht in krassem Gegensatz zu Amerika – wo 92 Prozent der Bundesbürger an Gott glauben und jeder dritte mindestens einmal in der Woche einen Gottesdienst besucht.[7]

Woran also glaubt Europa, und wen betet es an? Die Kirchen beklagen häufig, dass das Konsumverhalten – der Trieb, Geld auszugeben, Dinge anzuschaffen und zu besitzen – den Glauben verdränge. In unserer schnelllebigen Kultur des permanenten Zeitmangels übt die Macht des Plastikgeldes gewiss eine besondere Anziehungskraft aus. Und der Handel –

insbesondere die großen Namen und die Luxusmarkenhersteller – kassiert die Rendite. Die Kaffeehauskette Starbucks berichtete im November 2003 über einen weltweiten Anstieg ihres Umsatzes um 26 Prozent und kündigte an, für die nächste Zukunft jährlich fünfzig neue Läden in Großbritannien eröffnen zu wollen.[8] Große Modenamen wie Gucci, Burberry und Tod's profilierten sich erfolgreich an der Börse, während sich bei den Verbrauchern die Schuldenspirale dreht und jede fünfte Familie über Kreditkartenschulden in Höhe von mindestens 2000 Pfund berichtet.[9] Gebete und Meditationen mögen lange brauchen, bis sie Wirkung zeigen – wenn sie es denn tun –, aber ein guter Frustkauf wirkt sofort.

Werbefirmen haben nicht lange gezögert, sich diesen Umstand zunutze zu machen. Eine Agentur prägte den berühmten Satz: »Marken sind die neue Religion«. In dem Bestreben, mehr ihrer Produkte an den Mann zu bringen, haben sich die Unternehmen die Sprache der traditionellen Religionen zu Eigen gemacht. Ein alkoholhaltiges Getränk wirbt zum Beispiel mit dem Spruch »Believe«. Ein Schnellimbiss-Hersteller vermarktet sein Produkt inzwischen als »Seelennahrung«. Sollten wir in unserem Inneren irgendeine Art von spirituellem Bedürfnis fühlen, so lässt es sich auf der Stelle befriedigen. Unterdessen berichten Modemagazine darüber, dass Hollywoodsternchen derzeit gerne mit Diamanten besetzte Kruzifixe um den Hals tragen, wenn sie auf dem roten Teppich paradieren. Ein Kruzifix um den Hals ist von einer Frage des Glaubens zu einer Frage der Mode geworden – seine Botschaft ist auf denselben Inhalt reduziert, den auch all die anderen Botschaften verkörpern, die durch die Wahl des Gewandes, der Accessoires und der Designerschuhe vermittelt werden.

Dadurch dass sie mit ihrer Werbung einen bestimmten äußeren Anschein verbinden, um ihr Produkt zu verkaufen, hoffen Markenhersteller, ein Gefühl, vielleicht sogar eine Lebensart, an den Kunden zu bringen. Und genau dieser Gesichtspunkt ist es, der Parallelen zur Religion liefert. Wenn Sie nicht sicher sind, wohin Ihr Leben führt oder was Sie anstreben sollten, sind Marken da, um Ihnen zu helfen. Ein Parfüm verspricht Heiterkeit, einen Partner, der Sie verehrt, und hübsche Kinder. Ein Paar Sportschuhe verschafft Ihnen augenblicklich Zutritt zu einem Elitesportclub, dessen philosophische Grundpfeiler Wettstreit, Teamwork und Siege sind. Ein Päckchen Chips bringt Ihnen eine Gefolgschaft reizender Freunde, die sich in Ihrer Wohnung treffen, um mit Ihnen fernzusehen und sich fröhlich zu unterhalten. Wie eine Religion versprechen diese Werbekampagnen ein besseres, sinnvolleres Leben. Treten Sie herbei mit reinem Herzen (und offener Brieftasche).

In Anbetracht dessen, dass solch leicht errungener Lohn in den Entwicklungsländern gemeinhin nicht verfügbar ist, verwundert es nicht, dass das Christentum dort zunehmend an Popularität gewinnt. Heute kommen mehr als 60 Prozent aller Christen aus Ländern außerhalb Europas und Amerikas.[10] Je beschwerlicher das tägliche Leben wird – Kriege, Korruption und Seuchen haben viele Länder fest im Griff –, umso stärker vermittelt die Religion Kraft zur Hoffnung. Mit den Worten eines jungen nigerianischen Gottesdienstbesuchers: »In Ländern, in denen alles okay ist, wo für die Bürger gesorgt ist, sind die Menschen sehr träge, wenn es um Gott und Glauben geht. Sie sehen keinen Anlass, um Hilfe zu flehen. Sie haben anscheinend alles.«[11]

In Afrika verdankt sich die zunehmende Verbreitung des

Christentums dem Aufstieg der Pfingstbewegung. Diese Kirche bindet traditionelle Glaubensformen und -inhalte ein und ermutigt ihre Gläubigen, sich mit ihrer Bitte um Hilfe direkt an Gott zu wenden. Sogar die alteingesessenen Kirchen haben sich einiges von dieser Art zu Eigen gemacht, feiern fröhliche Gottesdienste in den jeweiligen regionalen Sprachen und Dialekten mit großen Taufbecken, Heilungsritualen und regelmäßigen Dämonenaustreibungen. So wie bei einem althergebrachten Produkt oftmals versucht wird, durch eine schicke neue Verpackung neue Kunden anzusprechen, hat sich die Religion gewandelt, um den Bedürfnissen ihrer potenziellen Anhänger gerecht zu werden, und die Kirche profitiert davon.

In Europa versuchen einige der großen Kirchen, ein Konzept zu finden, wie sie die Menschen wieder in ihre Reihen holen können. Wenn die Mehrzahl der Bevölkerung an Gott glaubt – was muss man tun, um sie für die Religion zu gewinnen? Manche Kirchen borgen sich die Methoden der Markenexperten, versenden persönlich adressierte Werbebriefe und Werbegeschenke.[12] Die Church of England erwägt, sich bei den Absolventenbörsen, den Jobmessen für Universitätsabgänger, in einer Reihe mit den großen Unternehmen zu postieren, um intelligente junge Vikare für die Kirche anzuwerben.[13]

Der Lohn wartet möglicherweise nicht erst im Jenseits. Man hat bereits gemutmaßt, dass Europa sein Misstrauen gegenüber Religionen zum Nachteil gereichen könnte, wenn es zum Dialog mit anderen, religiöser veranlagten Ländern kommt. Großbritanniens Oberrabbiner Dr. Jonathan Sacks berichtete nach einem Treffen mit mehreren hochrangigen iranischen Geistlichen über seine Erfahrung. Man könnte glauben, Gemeinsamkeiten ließen sich in einer solchen Situation schwer finden, aber tatsächlich war das Gegenteil der Fall. Dr. Sacks berichtete, man habe »binnen Minuten eine gemeinsame Sprache gefunden, weil wir alle gewisse Dinge sehr ernst nehmen. Wir nehmen den Glauben ernst, wir nehmen Texte ernst. Es ist eine besondere Sprache, die die Gläubigen da teilen.«[14] Wenn die europäischen Staaten diese Sprache einigermaßen fließend sprechen wollen, müssen sie anfangen, sie zu lernen.

Um neue Gottesdienstbesucher anzuziehen, werden sich die Kirchen womöglich neuen Ideen öffnen und den veränderten Zeiten anpassen müssen: Größere Offenheit gegenüber Homosexuellen, Ehen ohne Trauschein und strittigen Themen wie Verhütung wären ein guter Anfang. Der Schlüssel ist mehr Toleranz auf allen Seiten: Nicht nur die Religionen sollten nach größerer Offenheit streben, auch wer nicht glaubt, sollte bei seiner Kritik an Gläubigen Bedacht walten lassen.

Dr. Sacks ist der Überzeugung, dass »Werte so etwas wie Tonbänder [sind], die wir auf dem Walkman unseres Geistes ablaufen lassen; wir können uns jede beliebige Melodie aussuchen, solange sie andere nicht stört.«[15] Vielleicht fürchten wir, dass manche nichts anderes hören als die Aufrufe zu Fundamentalismus, Extremismus und Intoleranz. Aber es ist auch furchtbar, sich künftige Generationen vorzustellen, die keine anderen Klänge im Ohr haben als das fade Gedudel von Einkaufszentren.

23

In Kenia machen Bestechungsgelder in einem normalen Durchschnittshaushalt ein Drittel der Ausgaben aus

Für die meisten Kenianer ist die Forderung nach *kitu kidogo* (»etwas Kleinem« auf Suaheli) eine beinahe tägliche Erfahrung. Es ist kaum möglich, etwas getan zu bekommen, ohne Bestechungsgelder zu zahlen, heißt es dort. Ihr Kind in der Schule einschreiben zu lassen bedeutet immer, ein paar Handflächen zu schmieren. Wenn Sie krank sind und Medikamente oder ein Krankenhausbett brauchen, haben Sie Pech, so Sie nicht ein paar wichtige Leute bezahlen können. Geburts- und Sterbeurkunden, Arbeitsstellen, Geschäftslizenzen – für all das brauchen Sie Schmiergeld. Wie ein Einwohner von Nairobi es ausdrückt: »Sie können an einem Tag Dokumente bekommen, die bestätigen, dass Ihr Vater vor zehn Jahren gestorben ist, und am anderen Morgen hingehen und für Ihren Vater einen Pass ausstellen lassen.«[1]

Vor einem solchen Hintergrund nimmt es nicht Wunder, dass Eric Wainainas Lied »Nchi ya Kitu Kidogo« (»Land der Schmiergelder«) ein solcher Hit geworden ist. Seine eingängige Melodie steht in scharfem Gegensatz zum Text, der die alltäglichen Bestechungen porträtiert, die Teil des kenianischen Lebens geworden sind. Im August 2001 sang Wainaina vor einem Publikum, zu dem auch der Vizepräsident des Landes und zahlreiche Regierungsvertreter gehörten. Beim zweiten Vers versagte sein Mikrophon – aber die Botschaft war angekommen. Die Kenianer fingen an zu begreifen, dass die allgegenwärtige Korruption etwas war, mit dem sie sich nicht notwendigerweise abfinden müssen.

Der *Kenyan Urban Bribery Index* listet im Einzelnen auf, wie viel ein Durchschnittsbürger an Schmiergeldern zahlt. Der Bericht vom Januar 2001 stellt fest, dass die Menschen im Mittel sechzehn Mal im Monat Bestechungsgelder zahlen – und dies insgesamt einem Drittel ihres Einkommens entspricht

Transparency International, eine Organisation zur Bekämpfung der Korruption, definiert diese schlicht als »Missbrauch anvertrauter Macht zur persönlichen Bereicherung«. Eine Riesenpalette an Transaktionen fällt darunter – angefangen von multinationalen Unternehmen, die Schmiergelder zahlen, um bei der Vergabe von Regierungsaufträgen bevorzugt zu werden, bis zu Polizeibeamten, die an Straßensperren Fahrer anhalten und Geld einfordern, um ihre mageren Löhne aufzubessern. Wenn Korruption in einer Gesellschaft dermaßen gang und gäbe geworden ist wie in Kenia, vollzieht sich ganz allmählich eine seltsame Wandlung im Denken der Menschen: Den Leuten mag es nicht gefallen, dass sie Schmiergelder zahlen müssen, aber sie beginnen, sie als Teil des täglichen Lebens zu betrachten. Die Leiterin der Kenia-Sektion von *Transparency International*, Gladwell Otieno, drückt es so aus: »Die Menschen fangen an, es als unausweichlich und normal zu empfinden, wenn sie daher eine Gelegenheit sehen, tun sie es selbst.«[2]

Mrs. Gladwell glaubt, dass Kenias neue Regierung in der Lage sein könnte, daran etwas zu ändern – aber sie wird rasch handeln müssen. Ende 2002 hat Kenia Mwai Kibaki zum neuen Präsidenten gewählt, er übernahm seine neue Rolle mit einer Antikorruptionsoffensive. Bei seinem Amtsantritt erklärte er vor dem Parlament: »[Die] Korruption hat unsere Wirtschaft, unsere Politik und unsere nationale Psyche unterwandert.« Es sei an der Zeit für einen Wandel, sagte er, und dass dieser Wandel ganz oben zu beginnen habe.

Der Korruption ein Ende zu machen, ist eine Herausforderung für jede Gesellschaft, für die Entwicklungsländer aber ist sie von besonders entscheidender Bedeutung. Kenia galt einst als afrikanische Erfolgsgeschichte, aber das Problem der Korruption hat seinen Tribut gefordert. Heute gehört das Land zu den zehn korruptesten Staaten der Welt.[3] Die Weltbank hat errechnet, dass Kenias Armutsquote im Laufe der Neunzigerjahre, als die Armutsquoten global im Sinken begriffen waren, anstieg. Die Wachstumsrate sank von vier Prozent im Jahre 1990 auf ein Prozent im Jahre 2001. Die Säuglingssterblichkeit stieg, die Schulanmeldungen an den Grundschulen nahmen ab.[4] Es war nicht zu übersehen, dass Kenia in seiner Entwicklung Rückschritte machte, und einen Teil der Schuld daran trägt die Korruption.

Warum trifft Korruption die Armen so schwer? Weil in einer Bevölkerung, in der mehr als die Hälfte der Menschen in Armut leben, gerade diesen die Dinge vorenthalten werden, die sie bitter nötig haben: Bildung, Gesundheitsvorsorge, Arbeit. Inzwischen verteuern Schmiergelder und Bestechungsgelder die Investitionen der Regierung um 20 bis 25 Prozent. Die ohnehin schon knappen Mittel gelangen nicht mehr dorthin, wo sie gebraucht werden. Der Markt wird verzerrt und ineffizient, die Grundbedürfnisse der Menschen werden ignoriert – wodurch sich der Teufelskreis der Armut weiter verschlimmert. Der schlechte Ruf, ein korruptes Land zu sein, schreckt fremde Investoren ab, auch das verlangsamt die Entwicklung. Die Gefahren staatlicher Einmischung und korrupter Geldforderungen schaffen ein zusätzliches Element der Unsicherheit, das im heutigen Klima nur wenige Unternehmen bereit sind, in Kauf zu nehmen.

Noch schlimmer ist beinahe, dass auch multinationale Konzerne sich in den Korruptionszyklus einbinden lassen. Lesothos Gerichte haben zwei westliche Unternehmen – Acres International aus Kanada und Lahmeyer International aus Deutschland – der Bestechung schuldig gesprochen, weil sie sich mit Schmiergeldern die Aufträge für ein großes Staudammprojekt erkauft haben.[5] Zwei amerikanische Geschäftsmänner wurden wegen ihrer Rolle in einem groß angelegten Schwindel angeklagt, bei dem Zahlungen, die für kasachische Öl- und Gasprojekte bestimmt waren, innerhalb des Unternehmens auf Bankkonten ihrer Vorgesetzten umgeleitet wurden.[6]

Bis 1999 gab es keinerlei internationale Konventionen, die verhinderten, dass Unternehmen mit Sitz in einem Land Personen in einem anderen Land bestechen oder anderweitig ködern konnten. Dabei war es weithin bekannt, dass es so etwas gab – ja, einige europäische Länder ließen es sogar zu, dass Unternehmen ihre Bestechungsgelder von der Steuer absetzten. Das Übereinkommen über die Bekämpfung der Bestechung ausländischer Amtsträger im internationalen Geschäftsverkehr der *Organisation für Wirtschaftliche Zusammenarbeit und Entwicklung (OECD)* trat im Februar 1999 in Kraft, doch bisher hat keiner der Unterzeichnerstaaten einen solchen Fall strafrechtlich verfolgt. Und das, obwohl Studien belegen, dass es in den Entwicklungsländern »ein sehr hohes Niveau« an Bestechungsversuchen von Seiten russischer, chinesischer, taiwanesischer und südkoreanischer Unternehmen gibt. Auch Firmen aus den Vereinigten Staaten, Italien und Japan – allesamt Unterzeichnerstaaten des Übereinkommens – wurde eine große Bereitwilligkeit zur Bestechung nachgewiesen.[7] Die Konvention mag zwar ein guter Anfang gewesen sein, aber offenbar hat sie nur wenig Einfluss auf die Einstellung von Unternehmen zu Schmiergeldzahlungen.

In Kenia hat die Regierung Kibaki sich zu einer radikalen Säuberung der korruptionsanfälligsten Gesellschaftsbereiche entschlossen. Man hat die Gehälter der Polizeibeamten erhöht, so dass die Versuchung, den Lebensunterhalt durch Bestechungsgelder aufzubessern, nicht mehr so groß ist. Höhere Beamte wurden aufgefordert, ihre Vermögensverhältnisse offen zu legen, damit es einfacher wird, ihre Einkünfte von außen zu verfolgen.

Schließlich und endlich, so hat es den Anschein, beginnt Kenia, sich gegen die Kultur des Bestechens aufzulehnen. Es gibt Berichte über Leute, die sich nicht nur weigern, »etwas Kleines« zu zahlen, sondern den sündigen Beamten überdies bei der Polizei anzeigen, damit er bestraft wird. Sie nehmen Präsident Kibakis Mahnung ernst, derzufolge die Korruption aufhören muss, die Entwicklung zu blockieren.

Was das angeht, so glaubt Gladwell Otieno, ist Kenia ein typisches Beispiel für ein afrikanisches Gesamtproblem. Seite an Seite mit Nigeria ist Kenia zum Synonym für Bestechung geworden. Aber sie sagt auch, dass Staaten, die versuchen, ihre Bilanzen in Ordnung zu bringen, es nicht leicht haben. Ganz wichtig sind frühe Erfolge, erklärt sie, das Zeitfenster für die Chance, die Empfänger von Bestechungsgeldern dingfest zu machen, ist eng – vielleicht 18 bis 24 Monate. Danach beginnt das Vertrauen der Allgemeinheit zu schwinden. »Diejenigen, die von Schmiergeldern profitieren, formieren sich neu, loten die neue Situation aus, errichten neue Netzwerke. Wer sich in der Vergangenheit hat bestechen lassen, verfügt in der Regel über reichliche Mittel, kann Gerichtsverfahren über Jahrzehnte hinweg am Laufen halten, sich die besten Rechtsanwälte leisten. Ich glaube, dass die Reformer, was Mittel und Zahlen angeht, den schwächeren Stand haben. Es ist ein ungleicher Kampf.«[8]

Wenn die Entwicklungsziele erreicht werden sollen, ist es allerdings auch einer, der gewonnen werden muss. Und der Westen muss darin ebenfalls eine Rolle übernehmen. Er muss weghören, wenn es heißt, die ganze Antikorruptionsaffäre sei nur ein weiteres Beispiel dafür, dass die Industrienationen dem Rest der Welt ihre Werte aufzwingen. Die Tradition, einander zu beschenken, mag ein wichtiger Aspekt beim Aufbau von Geschäftsbeziehungen sein, aber es gibt einen deutlichen Unterschied zwischen offiziellen Geschenken und privaten Gaben.

Aktionäre müssen multinationale Konzerne mit Nachdruck dazu bewegen, die Kultur der Schmiergeldzahlungen nicht zu unterstützen, und Regierungen müssen dafür sorgen, dass Leute, die das Gesetz übertreten, auch bestraft werden. Der Rahmen steht, aber die Konzernverwaltungen und administrativen Organe zögern noch, den ersten Schritt zu tun und so ihr Unternehmen möglicherweise Gefahren auszusetzen. Sämtliche Unterzeichnerstaaten der *OECD*-Konvention müssen ihre Verpflichtungen ernst nehmen. Der Weltbank und dem Internationalen Weltwährungsfond, die man dafür kritisiert hat, dass sie die Etablierung von Standardmaßstäben für Transparenz und Berechenbarkeit zu nachlässig gehandhabt haben, ist klar geworden, dass Hilfe aufmerksam begleitet sein muss.

Was die Situation in Kenia betrifft – nun, Gladwell Otieno sieht »an manchen Tagen« Grund zur Hoffnung. Es ist schwer abzuschätzen, was die Korruption das Land gekostet hat, oder vor allem auch, was es kosten wird, sie zu beseitigen. Wenn der Durchschnittsbürger in Kenia behalten kann, was er sonst an Schmiergeldern hätte zahlen müssen, könnte sich ein bemerkenswerter Wandel vollziehen.

Als er vor das Parlament trat, um die Liste seiner Einkünfte offen zu legen, erklärte Präsident Kibaki der Öffentlichkeit: »In den wenigen Monaten, die ich der Regierung vorstehe, habe ich gelernt, dass wir mehr als genug Mittel haben, alles zu tun, was wir tun wollen, so es uns gelingt, die Korruption zu stoppen.«[9] Isoliert betrachtet, mag jeder Korruptionsfall nur »etwas Kleines« sein – aber wenn er zusammen mit vielen anderen der Entwicklung im Wege steht, wird aus ihm etwas wahrhaft Großes.

24

Weltweit werden durch den Handel mit illegalen Drogen etwa 400 Milliarden Dollar umgesetzt – ungefähr genauso viel wie in der gesamten legalen Pharmaindustrie der Welt

Zivilisationen kommen und gehen, Regierungssysteme erstarken und fallen, doch unveränderter Bestandteil der Menschheitsgeschichte ist der Drang, der Realität entfliehen zu wollen. Die Sumerer verwendeten bereits vor siebentausend Jahren Opium – belegt ist das durch die Tatsache, so die Gelehrten, dass dieses in ihrer Schriftsprache über ein eigenes Piktogramm verfügte. Im Jahre 3000 begannen die Chinesen, Tee zu trinken, während ägyptische Dokumente Orte beschreiben, an denen Alkohol hergestellt wurde. Opium war einst in ganz Asien weit verbreitet und wurde über Jahrhunderte in der Region gehandelt. Im 19. Jahrhundert führte Großbritannien seinetwegen zwei Kriege mit China. Mögen wir auch über die Legalität oder die moralische Vertretbarkeit einer bestimmten Droge streiten, eins ist doch sicher: Menschen haben schon immer eine Möglichkeit gefunden, sich in einen Rauschzustand zu versetzen, und das wird womöglich immer so bleiben.

Das erste Gesetz, das den Genuss einer Droge untersagte, wurde im Jahre 1875 erlassen: Damals verbot San Francisco das Rauchen von Opium. Die Droge war mit den vielen tausend Chinesen gekommen, die Mitte des 19. Jahrhunderts nach Amerika gereist waren, um beim Bau der Eisenbahnlinien mitzuarbeiten. Als allerdings auch die weiße Bevölkerung anfing, sich in den Opiumhöhlen zu vergnügen, gab es einen Aufschrei der Empörung. Die Behörden von San Francisco mussten zur Kenntnis nehmen, dass sich »viele Frauen und junge Mädchen ebenso wie junge Männer aus angesehenen Familien dazu veranlasst sahen, die Opiumhöhlen aufzusuchen, wo sie moralisch und anderweitig in den Ruin getrieben wurden«.[1] Aber es sah so aus, als dränge das Gesetz die Etablissements lediglich in den Untergrund – ja, das Verbot erhöhte den dekadenten Nimbus der Droge nur.

Somit scheiterte das erste Gesetz zum Verbot von Drogen kläglich – und es gibt keinerlei Anhaltspunkte dafür, dass irgendein Antidrogengesetz unter welcher Rechtsprechung auch immer je Wirkung gezeigt hätte. Dennoch ist die weite Verbreitung des Drogenkonsums ein politisches Thema von ungeheurer Bedeutung geworden. Im Jahre 1971 erklärte der amerikanische Präsident Richard Nixon Drogen zum »Volksfeind Nummer eins« und erklärte Konsum und Handel den Krieg. Seither haben viele Regierungen ihre eigenen Feldzüge gegen Drogenkonsumenten, -dealer und -schmuggler geführt, und die Formulierung »Krieg den Drogen« ist im Wörterbuch unserer Zeit fest verankert. Im Jahre 2005 will die amerikanische Bundesregierung 12,6 Milliarden Dollar für ihr nationales Drogenkontrollprogramm ausgeben, und der Staat wird zusammen mit den Regierungen der einzelnen Bundesstaaten noch einmal 20 Milliarden dazulegen.[2,3]

Augenscheinlich gibt es ein paar sehr überzeugende Argumente für ein Verbot. Die traditionelle Wirtschaftstheorie würde den Standpunkt vertreten, dass es die Nachfrage nach einem bestimmten Produkt drosseln wird, wenn man dessen

Nachschub unterbindet – blockiert man also den Drogenvertrieb, hieße das, werden die Konsumenten irgendwann ihre Gewohnheiten aufgeben. Abgesehen davon, dass ihr Genuss von einem Großteil der Bevölkerung als unmoralisch angesehen wird, sind Drogen gefährlich. Sie bürden dem Gesundheitssystem und dem Polizeidienst eine große Last auf und tragen in hohem Maße zur Kriminalität bei. Suchtbildende Drogen nehmen dem Konsumenten jegliche Fähigkeit, sich für oder gegen ihre Einnahme zu entscheiden. Demzufolge hat der Staat das Recht, einzuschreiten und seine Bürger davor zu schützen, dass sie sich selbst Schaden zufügen.

So weit, so gut. Sollte man meinen. Aber diese Betrachtung krankt an einem Riesenproblem: Der Krieg gegen Drogen funktioniert nicht.

Es gibt wenige Indizien dafür, dass irgendeine der globalen Initiativen, den Drogenhandel einzudämmen, auch nur den geringsten Erfolg gehabt hat. Die Vereinten Nationen schätzen, dass weltweit 200 Millionen Menschen Drogen nehmen und dass der Handel mit illegalen Drogen einen Umsatz von 400 Milliarden Dollar im Jahr zu verzeichnen hat.[4] Mit anderen Worten: Der illegale Drogenmarkt ist fast genauso viel wert wie der weltweite Handel mit Medikamenten[5] und entspricht acht Prozent des gesamten internationalen Handels weltweit.

In den Vereinigten Staaten ist der Drogenkonsum im Verlauf des letzten Jahrzehnts mehr oder weniger konstant geblieben, obwohl die Ausgaben des Staates für die Drogenbekämpfung um 50 Prozent gestiegen sind. Während die Drogenkontrollbehörden ihre vermeintlichen Erfolge herausposaunen, erklärten Polizisten und Gemeindebedienstete in den Nachrichten des Senders ABC, dass das Verbot völlig nutzlos sei, wenn es darum geht, Menschen von Drogen abzubringen. Dadurch dass sie Dealer aus dem Verkehr zieht, erreiche die Regierung nichts weiter, als dass die Preise in die Höhe getrieben würden. Und wo es Geld zu verdienen gibt, werden sich zu jedem Geschäft Menschen in Scharen bereitfinden.[6]

Bestätigt wird das durch Untersuchungen der Polizei von Cleveland im Nordosten Englands. Die Studie ergab, dass die Versuche zur Einschränkung der Drogenversorgung nicht nur scheiterten, sondern dass es auch so gut wie keine Anhaltspunkte dafür gibt, dass sie je Erfolg werden haben können.

Der Bericht wendet sich mit harschen Worten gegen die derzeitige Politik. »Wenn es sich tatsächlich um einen ›Krieg gegen Drogen‹ handelt, so ist er mitnichten gewonnen. Drogen sind nachweisbar billiger und leichter zu bekommen als je zuvor ... Wenn ein hinreichend großer (und offenbar wachsender) Teil der Bevölkerung sich aus welchen Gründen auch immer dafür entscheidet, ein Gesetz zu missachten, dann wird dieses Gesetz undurchsetzbar.«[7]

Diese Machtlosigkeit bleibt vermutlich nicht ohne ernste Folgen für die weltweiten Bestrebungen zur Eindämmung von terroristischen Aktivitäten und organisiertem Verbrechen. Das amerikanische Außenministerium hat über seine Drogenbekämpfungsbehörde, das *Bureau for International Narcotics and Law Enforcement Affairs* sein Bestes versucht, eine Verbindung zwischen Drogenschmuggel und Terrorismus zu suggerieren. Das Außenministerium behauptet, es gebe »häufig« eine Verbindung zwischen organisiertem Verbrechen und Terrorismus, Drogenhändler profitierten von den organisierten Netzwerken und den militärischen Fertigkeiten von Terroristen, Letzteren kämen die Einnahmen zugute.

Das mag stimmen. Aber noch einmal: Es sind die Verbote, die diesen einträglichen Handel im Untergrund überhaupt erst geschaffen haben, und es sind auch die Verbote, die die Kämpfe um die Kontrolle einzelner Schmuggelrouten zwischen den einzelnen Gruppen nähren. Die – zum großen Teil von den Vereinigten Staaten finanzierte – Verschärfung des Drogenkrieges in Südamerika hat nichts weiter bewirkt als den Anstieg des Kokainpreises und der Gewalt im Umfeld des Handels.[8]

Nicht zu vergessen das menschliche Elend, das ein Verbot als Tribut fordert. Es wird geschätzt, dass 36 Prozent aller HIV/AIDS-Fälle in den Vereinigten Staaten mit der Injektion von Drogen zu tun haben: direkte Folge von Gesetzen, die die freie Verfügbarkeit von sauberen Nadeln einschränken.[9] Drogenkonsumenten werden gezwungen, sich kriminell zu betätigen; Drogen zu beziehen ist illegal, und viele Abhängige sehen sich zur Unterhaltung ihrer Sucht zu kriminellen Handlungen genötigt. In manchen Ländern werden bis zu 50 Prozent aller Diebstähle von Drogenabhängigen begangen. Und etwa 30 Prozent aller von der britischen Polizei verhafteten Personen sind von einer oder mehreren illegalen Drogen abhängig.[10,11]

Über 30 Jahre nach Präsident Nixons erster Kriegserklärung gegen den Drogenkonsum wird immer klarer, dass dieser Krieg nicht gewonnen werden kann – jedenfalls nicht mit den Waffen, die wir gegenwärtig einsetzen.

Einige Gruppen, die sich mit Drogenpolitik befassen, plädieren für einen Strategiewechsel. Statt zu versuchen, den Drogenkonsum zu verbieten, so ihr Argument, müssen wir uns auf eine Strategie der Schadensbegrenzung verlegen. Das würde bedeuten zu akzeptieren, dass es eine drogenfreie Gesellschaft vermutlich nie geben wird, weil sich immer einige Menschen für Drogen entscheiden werden. Daher müssen wir versuchen, die negativen Folgen – für sie und für die übrige Gesellschaft – zu entschärfen, so gut es uns möglich ist.

Die Befürworter einer Strategie der Schadensbegrenzung vertreten den Standpunkt, dass Marihuana legalisiert werden sollte. Harte Drogen wie Heroin, Kokain und Crack dürften nur auf ärztliches Rezept verfügbar sein, damit sich der Konsum überwachen lässt. Die Regierung solle die Drogenproduktion kontrollieren, damit der Reinheitsgrad gewährleistet ist und es weniger leicht zu Überdosierungen und Gesundheitsproblemen durch Beimengungen kommt, die man zum Verschneiden von Drogen zusetzt.

Drogengegnern ist all das allerdings mehr als ein Dorn im Auge. Sie sind der Ansicht, dass es, selbst wenn sich Regierungen an der Zulassung und am Import von Drogen beteiligten, keinerlei Qualitäts- und Versorgungskontrolle gebe. Jede fünfte Zigarette, die in Großbritannien geraucht wird, ist ins Land geschmuggelt worden, kaum zu übersehen also, wie leicht sich staatliche Kontrolle aushebeln lässt. Andere stehen auf dem Standpunkt, dass dies zu einer noch größeren Gefährdung junger Menschen führen würde. Wie sollten wir ohne die moralische Kraft eines Gesetzes, das unsere Kinder daran hindert, sich harten Drogen zuzuwenden, diese davon abhalten, mit so etwas zu experimentieren und möglicherweise abhängig zu werden?

Einige wenige Rechtssysteme haben gezeigt, dass Strategien zur Schadensbegrenzung durchaus funktionieren können. In den Niederlanden wird Marihuana in »Coffee Shops« verkauft, wie viel jeder Konsument bekommt, wird von der Polizei reguliert. Das Ergebnis: Während sich 37 Prozent aller Amerikaner dazu bekennen, an irgendeinem Punkt ihres Lebens Marihuana konsumiert zu haben,[12] berichten nur 16 Prozent aller niederländischen Bürger über solche Erfahrungen.[13] Der niederländische Gesundheitsminister erklärt dazu, die Niederlande hätten es erfolgreich hinbekommen, Pot für junge Leute langweilig zu machen. Und man nimmt zudem an, dass die Coffee Shops in hohem Maße dazu beigetragen haben, die Märkte für harte und weiche Drogen voneinander zu trennen, so dass neugierige Teenager auf der Suche nach Marihuana nicht automatisch mit gefährlicheren Drogen in Kontakt kommen.[14]

Die Kritiker verweisen im Gegenzug allerdings auf die Anfang der Neunzigerjahre unternommenen Versuche der Schweiz, den Heroinkonsum zu entkriminalisieren, indem man Drogenhändlern und Heroinabhängigen erlaubte, sich in einem Park im Herzen von Zürich zu treffen. Drogenbedingte Todesfälle gingen sprunghaft in die Höhe, die Kriminalität nahm drastisch zu, und 1995 wurde der Park geschlossen. Inzwischen können Heroinabhängige ihre Droge auf Rezept bekommen, der Staat stellt Mittel für Programme zur Versorgung mit sterilen Nadeln und weist Orte aus, an denen sich die Abhängigen unter sicheren Bedingungen spritzen können. Während Innenministerin Ruth Dreifuss erklärt, die Schweiz stelle sich lediglich einer »sozialen Realität«, kritisiert der *Internationale Suchtstoffkontrollrat der Vereinten Nationen (UN International Narcotics Control Board)* die Schweiz in regelmäßigen Abständen. Wegen einer Gesetzeslücke darf Marihuana in manchen Hanfläden bereits verkauft werden, doch im September 2003 stimmte das Schweizer Parlament gegen die endgültige Entkriminalisierung von Marihuana.

Angesichts epidemischer Ausmaße des Kokain- und Ecstasy-Konsums hat Großbritannien nun erste zaghafte Versuche in Richtung Strategie zur Schadensbegrenzung unternommen. Im Januar 2004 wurde Cannabis zur Klasse-C-Droge erklärt. Die Polizei verhaftet nicht mehr automatisch jeden, der im Besitz von Drogen ist, und die maximale Haftstrafe für Drogenbesitz wurde von fünf Jahren auf zwei gesenkt. Der damalige Innenminister David Blunkett erklärte, er wünsche, dass die britische Polizei sich auf die Verringerung der Versorgung mit Heroin, Kokain und Crack konzentriere. Bei diesen Drogen scheint ein Verbot noch immer als Königsweg zu gelten.

Vielleicht heißt es zu viel erwarten, wenn man nun glaubt, Regierungen würden sich ab sofort mit ganzem Herzen Strategien zur Schadensbegrenzung zuwenden – derzeit auf jeden Fall noch. Aber sie müssen aufhören, den Krieg gegen Drogen schlicht als eine Frage der Nachschubblockade zu betrachten. Jahr für Jahr nehmen Millionen Menschen auf der ganzen Welt illegale Drogen. Das wird sich vermutlich nie ändern. Statt also die Abhängigen zu bestrafen, indem wir sie zu Kriminellen machen, müssen wir uns darum kümmern, wie wir ihnen Sicherheit bieten können. Jede menschenfreundliche Gesellschaft muss einen ersten Schritt tun.

25

Über ein Drittel aller Amerikaner glaubt, dass schon einmal Außerirdische auf der Erde gelandet seien

Der berühmte Kosmologe Carl Sagan begründete die seiner Ansicht nach wahrscheinliche Existenz von Lebensformen in anderen Galaxien höchst simpel: Eine Figur in seinem Phantasieroman *Contact* bemerkt, dass es in Anbetracht der Unermesslichkeit des Universums »eine unerhörte Platzverschwendung wäre, wenn es nur uns gäbe«.

Es hat den Anschein, als würde eine recht beträchtliche Minderheit der Bevölkerung dem zustimmen können. Im Jahre 2001 gaben 30 Prozent aller Personen, die im Rahmen einer Umfrage der amerikanischen *National Science Foundation* dazu befragt worden waren, einmütig zu Protokoll, sie seien der Ansicht, dass »einige der unbekannten Flugobjekte, über die berichtet worden ist, tatsächlich Raumfahrzeuge aus anderen Zivilisationen« seien, und in einer Umfrage der Zeitschrift *Popular Science* aus dem Jahre 2000 wurde festgestellt, dass 45 Prozent der Amerikaner der Ansicht seien, intelligente Außerirdische hätten die Erde besucht.[1]

Nicht nur die Vereinigten Staaten sind von der Idee fasziniert, dass es Leben auf anderen Planeten geben könnte. In Großbritannien ergab eine Umfrage aus dem Jahre 1999, dass 61 Prozent der britischen Teenager an Außerirdische und UFOs glaubten – wohingegen nur 37 Prozent irgendeinem christlichen Glauben anhingen.[2] In China gehört der Glaube an Außerirdische zu einer der wenigen Randströmungen, denen gestattet wurde, sich zu einer organisierten Bewegung auszuweiten. Ein chinesisches Magazin über UFOs brilliert mit einer Auflagenstärke von 200 000, und der ehemalige Leiter der *Pekinger Gesellschaft für die Erforschung von UFOs* berichtet, er erhalte so viele »Besuchsberichte«, dass er sich nicht die Mühe mache, diese zu untersuchen, so die Menschen keine Bilder von ihren Wahrnehmungen vorlegen könnten.[3]

Das Phänomen UFO-Forschung, die Faszination für unidentifizierte Flugobjekte, die, mutmaßlich von irgendwelchen Aliens gesteuert, immer mal wieder auf der Erde vorbeischauen, um kurz einen Blick auf das zu werfen, was wir hier gerade so treiben, ist vergleichsweise jungen Datums. Erst in den Vierzigerjahren fing man an, das Auftauchen von »fliegenden Untertassen« ernst zu nehmen. Der moderne UFO-Kult basiert vor allem auf der berühmtesten aller Beobachtungen – den Ereignissen im Juli 1947 in der Nähe der kleinen Stadt Roswell in New Mexico. 1997 kamen um die achtzigtausend Menschen zum 50. Jahrestag des Geschehens, das die Stadt berühmt gemacht hatte – und in den Augen vieler gläubiger UFO-Fans niemals hinreichend erklärt wurde.

An jenem Tag vollführte irgendetwas auf dem Wüstenboden in der Nähe von Roswell eine Bruchlandung. Was immer es gewesen sein mag, binnen kürzester Zeit wurde es von Angehörigen der amerikanischen Luftwaffe geborgen, die sich fortan in eisernes Stillschweigen hüllten. Das *Albuquerque Journal* von Mittwoch, dem 9. Juli 1947, berichtet, dass ein Farmer auf seinem Feld über einen »seltsamen Gegenstand« stolperte. Ein Presseoffizier der Armee beschrieb diesen zunächst als fliegende Untertasse, weitere Pressemitteilungen aber versuchten, der wachsenden Erregung entgegenzuwirken: Es handle sich lediglich um einen Wetterballon der Armee, man möge weitergehen, hier gäbe es nichts zu sehen. UFO-Begeisterte sehen das als Beweis dafür, dass zu jenem Zeitpunkt bereits eine groß angelegte Verschleierung im Gange war.

Hinter den offiziellen Erklärungen aber gab es einander widersprechende Darstellungen von Militärangehörigen und Augenzeugen. Mehrere Leute berichteten, sie hätten gesehen, wie Leichen von Außerirdischen in das seither berühmte »Areal 51« des Luftwaffenstützpunktes Roswell gebracht worden seien. Im Jahre 1994 tauchte aus geheimnisvollen Quellen ein Videomitschnitt einer »Obduktion« auf, der angeblich zeigte, wie Militärangehörige einen der beim UFO-Aufprall ums Leben gekommenen Außerirdischen sezierten.

Im Juli 1994 unternahm die US Air Force eine umfassende Sichtung des gesamten Dokumentationsmaterials rund um die Ereignisse von Roswell. Die Untersuchungskommission hielt hartnäckig an ihrer Darstellung fest: Die Überreste eines Ballons seien in der Nähe von Roswell gefunden worden, Müll eines fehlgeschlagenen Forschungsprojekts. Die angeblichen Leichen von Außerirdischen seien nichts weiter als Testpuppen, die der Ballon transportiert habe. Und was die Berichte betrifft, denenzufolge die Militäreinheiten so überaus rasch am Unglücksort erschienen seien, um »Beweise« verschwinden zu lassen, so hätten Letztere lediglich nach Abschluss des Experimentes ordnungsgemäß aufgeräumt. Die Überschrift des Berichtes lässt keinerlei Zweifel an der Position der Luftwaffe: »Roswell: abschließende Falldarstellung«.

Doch die Verschwörungstheoretiker sind nicht überzeugt,

und, so scheint es, auch die amerikanische Öffentlichkeit nicht. Eine Meinungsumfrage von CNN/*Time* im Juni 1997 ergab, dass 80 Prozent aller Amerikaner der Ansicht sind, die Regierung halte Kenntnisse über die Existenz fremder Lebensformen geheim.[4] Und, wer weiß, vielleicht haben sie Recht. Ein Berater beim *Project Blue Book* der amerikanischen Regierung behauptete, die Luftwaffe hätte unter einem kolossalen Druck gestanden, UFO-Beobachtungen »handhabbar« zu halten. Beobachtungen von Personen unter achtzehn Jahren beispielsweise seien automatisch verworfen worden, und gegen Ende des Projekts sei es Militärangehörigen gestattet gewesen, Berichte zu ignorieren, wenn sie den Eindruck hatten, sie stammten von sonderbaren Käuzen.[5]

Für die gläubigen UFO-Anhänger zeigt all das nur, dass unsere Regierungen bestrebt sind, Belege für Stippvisiten Außerirdischer unter den Teppich zu kehren. Ihre Theorien sind eine Rebellion gegen offizielle Erklärungen, und sicher ist leicht einzusehen, warum die amerikanische Regierung, wenn wirklich Außerirdische in Roswell gelandet sein sollten, nicht will, dass die Menschen davon wissen. Verschwörungstheorien gehen davon aus, dass Menschen sich benehmen, wie sie es immer tun: mauscheln, lügen und betrügen.[6] So manches Mal, wenn Wissenschaftler und Politiker um Erklärungen für ein Phänomen gebeten werden, passen ihre Antworten nicht zu den Tatsachen – und aus dieser Diskrepanz werden Verschwörungstheorien geboren.

Aus irgendeinem Grund wollen Menschen glauben, dass es da draußen Leben gibt und dass dieses sich für sie interessiert – so wie wir an andere Phänomene glauben wollen, für die es keinerlei wissenschaftliche Beweise gibt. Die amerikanische *National Science Foundation* stellt fest, der Glaube an

»Pseudowissenschaften« wie Astrologie und außersinnliche Wahrnehmungen sowie an Außerirdische, Geister und Ähnliches sei »weit verbreitet«.

Es gibt keinerlei Beweis dafür, dass irgendeines dieser UFOs von neugierigen Außerirdischen gelenkt worden sei. Bestenfalls haben wir es mit Phänomenen zu tun, die sich nicht ohne weiteres erklären lassen. Schließlich wird von UFO-Landungen erst seit etwa 50 Jahren berichtet – einem winzigen Zeitfünkchen in der vier Milliarden Jahre umfassenden planetarischen Geschichte. Ein leitender Astronom bei dem vom *SETI-Institute* für die Suche nach außerirdischen Lebensformen (*Search for Extraterrestrial Intelligence*) unterhaltenen Project Phoenix erläutert, dass Wesen in anderen Galaxien die Erde nur deshalb würden »sehen« können, weil wir hochfrequente Radiosignale aussenden – und das tun wir erst seit etwa 70 Jahren. Selbst wenn die Außerirdischen sofort in ihre Raumschiffe gehüpft wären, um diesen geheimnisvollen Planeten ausfindig zu machen, und vorausgesetzt, sie wären imstande, mit Lichtgeschwindigkeit zu reisen, so gäbe es nur vier Sternensysteme, die uns nahe genug wären, um nach dem Empfang von Radiosignalen die Erde bis 1947 – zum Zeitpunkt des Roswell-Geschehens – erreichen zu können.[7]

Wenige Leute bezweifeln allerdings die theoretische Möglichkeit, dass es da draußen Leben gibt. Und vielleicht ist dieses sogar näher, als wir glauben. Dr. Frank Drake hat eine mathematische Formel aufgestellt, mit deren Hilfe sich die Anzahl an Planeten errechnen lässt, die Lebensformen mit hinreichend hoch entwickelter Technologie beherbergen könnten, um mit uns im Universum zu kommunizieren. In die Formel geht die Sternbildungsrate von Himmelskörpern wie unserer Sonne ebenso ein wie der statistische Anteil an Fixsternen, die von Planeten umkreist werden, der Anteil an Planeten, auf denen sich Leben entwickeln könnte, und so weiter. Mittels dieser Formel kommt Drake auf eine geschätzte Zahl von um die 10 000 kommunikationsfähigen Zivilisationen allein in der Milchstraße.[8]

Dieser Optimismus ist es, der die Suche nach Leben in den Sternen beflügelt. Nachdem der Kongress die NASA-Mittel für die Suche nach außerirdischem Leben gestrichen hatte, entstand eine große Bewegung auf privater Basis. Das *SETI-Institute* betreibt die weltweit umfassendste Forschung auf diesem Gebiet, die *SETI-League* koordiniert etliche tausend Radioteleskope von Amateuren und professionellen Astronomen, die auf sonnenähnliche Sterne gerichtet sind und in deren Umfeld nach Anzeichen für Leben suchen.[9] Und bis 2015 sollte auch der *Terrestrial Planet Finder* der NASA mit seiner Suche nach kleinen erdähnlichen Planeten im Orbit anderer Sterne begonnen haben.

Was aber, wenn wir im Rahmen dieser Programme auf etwas stoßen? Wie können wir mit diesen entfernten Wesen Kontakt aufnehmen – oder, vielleicht wichtiger noch als das, was um alles in der Welt würden wir sagen? Werden diese Fremden friedlich gesonnen sein – oder eher feindselig? Das herauszufinden kann lange dauern. Angenommen, Drakes Schätzung ist korrekt, dann sind die nächsten Außerirdischen womöglich 500 Lichtjahre entfernt. Eine Unterhaltung würde sehr, sehr lange dauern. Das soll freilich nicht heißen, dass wir es nicht versuchen sollten – aber was sollen wir ihnen über uns erzählen, und wie sollen wir es sagen?

Anfänglich wurde angenommen, dass Mathematiker und Physiker imstande seien, eine gemeinsame Sprache zu entwickeln, die von jeder Gesellschaft verstanden würde, die in ihrer technischen Entwicklung weit genug fortgeschritten ist, um Weltraumforschung zu betreiben. Das aber würde ein eher freudloses, arg nüchternes Bild von der Erde zeichnen. Was könnten wir irgendwelchen Außerirdischen über unser Leben, unsere Kulturen, unseren Planeten sagen?

Vielleicht findet sich die Antwort doch auf den goldenen Schallplatten, die die Voyagersonden I und II bei sich trugen? Die beiden im Jahre 1977 gestarteten Sonden bergen Aufzeichnungen vom Leben auf der Erde: Bilder von Pflanzen, Landschaften, Bergen und Menschen, Grüße in 55 Sprachen, den Gesang eines Wals. Die von einem Ausschuss unter Vorsitz von Carl Sagan ausgewählten Aufzeichnungen enthalten Symbole, die anzeigen, wie sie abzuspielen sind. Diese Art von Optimismus hat etwas Wunderbares. Angenommen, es gibt wirklich Außerirdische, und angenommen, sie finden irgendwann die Sonden, und sie bekommen obendrein auch noch heraus, wie die Platten abzuspielen sind, so kann es doch immer noch 40 000 Jahre dauern, bis die Sonden ein anderes Planetensystem erreichen. Das *SETI-Institute* versucht, Mittel und Wege zu finden, einige dieser eher ästhetischen Botschaften in Radiosignale zu verwandeln.

Die Überzeugung, dass es da draußen andere Lebewesen gibt – Wesen, denen daran gelegen ist, mit uns zu sprechen, unsere Freunde zu sein –, kündet von einem fundamentalen menschlichen Bedürfnis. Wir sind unserem Wesen nach sozial, und der Gedanke, dass wir ganz allein in unserem Universum sein könnten, macht unsäglich einsam. Das Wissen, dass es da draußen andere Erden gibt, gestattet es uns, das eigene Spiegelbild zu betrachten, nach tief schürfenden Wahr-

heiten bezüglich der Frage zu suchen, wie wir hierher gekommen und wozu wir da sind.

Sagan war der Ansicht, die Untersuchung der Beschaffenheit des Lebens auf der Erde und die Suche nach Leben andernorts liefen auf ein und dasselbe hinaus: auf die Frage,
wer wir sind.

26

In über 150 Ländern wird gefoltert

Er hatte eine Zange in der Hand. Immer wieder fragte er, wo das Fahrzeug sei. Ich sagte ihm, dass ich es nicht wisse. Dann befahl er mir, den Daumen auszustrecken. Er griff ihn und legte die Zange darum. Dann drückte er fest zu und zerquetschte meinen Daumen. Ich weiß nicht mehr, was dann geschah.«[1]

So beschreibt ein bengalisches Folteropfer seine Behandlung in den Händen der Polizei. Das ist schon an sich ein Akt schlimmster Barbarei. Was ihn umso schockierender macht ist die Tatsache, dass das Opfer zu dem Zeitpunkt erst neun Jahre alt war. Auf der ganzen Welt gibt es Regierungen, die Folter billigen – entweder, indem sie ihre Verwendung gesetzlich verankern, oder indem sie vor dem Verhalten von Polizei und Sicherheitsdiensten die Augen verschließen – gegen Grausamkeiten, die aller internationalen Gesetzgebung in Bezug auf die Menschenrechte spotten.

Folter ist definiert als »jede Handlung, durch die einer Person vorsätzlich große körperliche oder seelische Schmerzen oder Leiden zugefügt werden«. Sie kündet von der dunkelsten Seite der menschlichen Natur: dem Willen, andere zu beherrschen, denen Schaden zuzufügen, die sich weigern, unserem Verlangen nachzukommen. Fein gearbeitete Holzschnitte aus dem Mittelalter bilden detailliert Foltertechniken ab, mit denen man Geständnisse von Leuten zu erpres-

sen sucht, die unter Verdacht standen, ein Verbrechen begangen zu haben. In jenen Tagen hielt man körperliche Züchti-
gung für ein legitimes Mittel, Aussagen zu erwirken. Schmerzen und Entstellungen verursachende Gerätschaften wie die
Streckbank, die eiserne Jungfrau (ein großes, mannshohes
Behältnis, das innen mit Eisenstacheln bewehrt ist) und
die Maulbirne (eine Metallbirne mit vier Schenkeln und
Schraubmechanismus, die den Mund und andere Körperöff-
nungen des Opfers bis zum Zerreißen dehnt) mögen moder-
neren Techniken wie Elektroschocks und der Verabreichung
von Drogen gewichen sein, aber das Prinzip bleibt dasselbe.

Amnesty International schätzt, dass zwischen 1998 und
2000 über 150 Regierungen zugelassen haben, dass innerhalb
ihrer Landesgrenzen gefoltert wird. Das sind zwei Drittel aller Staaten der Welt. Warum bedienen sich diese Regierungen der Folter? Und warum halten sie sie für akzeptabel?

Länder, die sich der Folter bedienen, lassen sich in mehrere Gruppen einteilen. Es gibt solche, in denen die Menschenrechte, wie sie von internationalen Organisationen definiert
sind, grundsätzlich nicht viel gelten – darunter fällt eine Reihe von Staaten, in denen die Scharia, das islamische Recht,
gilt, das auf der Liste möglicher Bestrafungen die Amputati-
on von Gliedmaßen und Steinigungen führt. Dann gibt es solche, in denen die Kontrolle über Polizei und Sicherheits-
dienste lax gehandhabt wird – Beamte werden für ihr Handeln nicht bestraft, und es gibt nur wenige Mittel, sie zur
Rechenschaft zu ziehen. Und dann gibt es noch Länder, in
denen nur bei seltenen Gelegenheiten gefoltert wird – in
Konfliktsituationen zum Beispiel. Zusammengenommen gibt
das eine beträchtliche Liste.

Manche Länder verzichten auf die Institutionalisierung

von Folter und setzen auf eine Reihe von Methoden, die man ironischerweise unter dem Begriff »*torture light*«, »leichte Folter«, zusammenfasst. Das kann heißen, dass die Gefangenen grob angepackt oder gezwungen werden, über längere Zeiträume in einer »Stresshaltung« zu verharren, oder dass man ihnen mit psychologischen Mitteln Angst einjagt und sie konfus macht. Die *Genfer Konvention* verbietet dies, und nichtstaatliche Antifolterorganisationen erklären, sie hielten jede Form der schlechten Behandlung für untersuchungswürdig. Dennoch erachten viele Staaten – insbesondere im Licht des so genannten »Krieges gegen den Terror« – dies für ein vertretbares Vorgehen. Wenn es Gefangene dazu bringt, Informationen preiszugeben, die Leben retten könnten, so sehen es die Vorreiter dieser Praxis, ist gegen ein bisschen Gewalt, ein wenig körperliche Drangsal nichts einzuwenden.

Im Dezember 2002 zitiert ein Artikel in der Washington Post CIA-Agenten, die bestätigten, dass Agenten bei ihren Befragungen routinemäßig zu Stress- und Zwangsmethoden greifen. Gefangene auf dem Luftwaffenstützpunkt im afghanischen Bagram mussten Berichten zufolge stundenlang mit schwarzen Kapuzen über dem Kopf stehen oder knien. Die Verdächtigen wurden von grellen Scheinwerfern beleuchtet und über Stunden ununterbrochen am Schlafen gehindert.

Diejenigen, die durchhielten, wurden belohnt – mit ein paar Annehmlichkeiten des Lebens, geheucheltem Respekt. Die anderen erwartete die Aussicht, einem fremden Geheimdienst ausgeliefert zu werden, dessen Folterpraktiken der amerikanischen Regierung und sämtlichen Menschenrechtsgruppen wohl bekannt waren. Um es mit den Worten eines Beamten auszudrücken: »Wenn Sie nicht ab und zu jemandes Menschenrechte verletzen, machen Sie Ihre Arbeit nicht richtig.«[2]

Die tragischen Ereignisse vom 11. September 2001 haben den amerikanischen Geheimdiensten neuen Antrieb verschafft, so viele Informationen wie möglich über weitere Angriffe zu beschaffen. Es ging das Gerücht, die CIA habe ihre Vorgehensweise verschärft, sich bei ihrem Umgang mit Verdächtigen dem verschrieben, was man (in klassisch militärischem Jargon) als *operational flexibility* – eine gewisse Handlungsfreiheit – bezeichnet. Der damalige Leiter der Antiterroreinheit, Cofer Black, erklärte auf einer gemeinsamen Sitzung der Geheimdienstausschüsse von Senat und Parlament, der 11.9. habe einen Politikwechsel gebracht. »Das ist ein hochsensibles Gebiet, aber ich muss Ihnen sagen, dass alles, was Sie wissen müssen, ist, dass es ein ›vor dem 11.9.‹ gab und ein ›nach dem 11.9.‹. Nach dem 11.9. fielen die Samthandschuhe weg.«[3]

Alljährlich gibt das amerikanische Außenministerium einen Menschenrechtsbericht heraus, der detailliert die Situation in Ländern beschreibt, die amerikanische Finanzhilfe erhalten, und Ländern, die Mitglied der Vereinten Nationen sind. Einer Reihe von Staaten wurde der Einsatz von »Stress- und Zwangsmethoden«, ähnlich den auf dem Luftwaffenstützpunkt Bagram angewandten, vorgeworfen. Auch gab es heftige Kritik an Foltermethoden in Ländern, in die Häftlinge überstellt worden waren. In Ägypten sollen, so wird berichtet, Häftlinge an der Decke oder am Türrahmen aufgehängt worden, mit Fäusten, Peitschen und Metallstangen geschlagen und mit Elektroschocks gequält worden sein. Jordanien wurde dafür kritisiert, dass man dort Gefangene auf die Fußsohlen geschlagen und über lange Zeiträume in verkrümmter Haltung eingesperrt hat.[4] Diese Anschuldigungen entstammen dem Bericht des Außenministeriums selbst. Es ist unmöglich, dass die amerikanische Regierung davon keine Kenntnis hat.

Im Juli 2003 lehnte die Bush-Regierung den Einsatz »grausamer« Behandlungsmethoden bei der Befragung von Verdächtigen unmissverständlich ab. In Reaktion auf Vorwürfe, auf dem amerikanischen Militärstützpunkt Guantanamo Bay in Kuba seien Häftlinge gefoltert worden, bekräftigte Präsident Bush seine Haltung im Oktober erneut. Aber der Schatten der Heuchelei will nicht weichen. Im Oktober 2003 wurden dort über 600 Gefangene ohne Prozess festgehalten, darunter Kinder von dreizehn Jahren. Einundzwanzig Häftlinge sollen versucht haben, Selbstmord zu begehen, und viele litten unter Depressionen.[5] Menschenrechtsgruppen halten daran fest, dass die Bedingungen, unter denen die Häftlinge gehalten werden, insgesamt grausam, unmenschlich und entwürdigend seien. In Anbetracht dessen und der schockierenden Bilder von Gefangenenmisshandlungen im irakischen Gefängnis Abu Ghraib kommt *Amnesty International* zu dem Schluss, dass das amerikanische Verbot von Folter und Misshandlung offenbar nicht mehr »unverhandelbar« sei.[6]

Konfrontiert mit dem Vorwurf der Heuchelei, hat der Jura-Professor Alan Dershowitz von der Harvard University für eine »Foltervollmacht« plädiert. Professor Dershowitz steht auf dem Standpunkt, dass in extremen Fällen, in denen eine unmittelbare Gefahr für einen Anschlag besteht und man annimmt, dass ein Verdächtiger über Informationen verfügt, die eine Tragödie abwenden könnten, der Vorsitzende des Obersten Bundesgerichts anweisen könnte, dass Folter erlaubt sei. »Ich rede dabei nicht von tödlicher Folter, eher von, sagen wir, einer sterilen Nadel unter einem Nagel, die wohl gegen die Genfer Abkommen verstieße, aber Sie wissen doch, dass Länder auf der ganzen Welt gegen die Genfer Konvention verstoßen. Sie tun es heimlich ... falls wir je dahin kommen sollten, so denke ich, dass wir es offen und in freier Verantwortung würden tun wollen und uns nicht der Heuchelei befleißigen.«[7]

Professor Dershowitzs Argumentation wirft eine von Ethikern heiß diskutierte Frage auf. Angenommen, Sie wissen, dass jemand entscheidende Informationen für sich behält, die den Tod vieler Menschen verhindern könnten, sind Sie dann berechtigt, gewaltsame und brutale Mittel anzuwenden, um an diese Informationen zu kommen? In der Antwort auf diese Frage wurzeln die subtilen Verlagerungen, die seit dem 11. September stattgefunden haben.

Diese Verlagerungen haben unter Umständen weitreichende Auswirkungen. Zum einen wird eine stillschweigende Duldung von Folterpraktiken durch westliche Nationen in hohem Maße deren Fähigkeit beschneiden, Druck auf Länder auszuüben, in denen Folter für Vollzugs- und Sicherheitsbeamte zum Alltag gehört. Wenn sie selbst foltern, institutionalisieren diese Regierungen Folter als legitime Praxis. Ein Mitglied der *Weltorganisation gegen Folter (World Organisation Against Torture)* erläutert, auf welche Weise dies dem Terrorismus eher förderlich ist, statt ihn zu bekämpfen: »Wenn Folter nicht mehr uneingeschränkt verboten ist, wird sich die Haltung zur Strafverfolgung verändern. Mit der Zeit wird die Mentalität, derzufolge Folter akzeptabel ist, das gesamte System infiltrieren, und irgendwann werden auch Personen, die sich normaler Vergehen schuldig gemacht haben, derselben Behandlung unterzogen werden wie mutmaßliche Terro-

203

risten... Terroristen leiden in einem solchen Umfeld nicht – sie gedeihen darin.«[8]

Regierungen, die in der Vergangenheit kritisiert wurden, könnten auf die westliche Heuchelei verweisen. »Stress- und Zwangsmethoden« würden das Spektrum an barbarischen Praktiken ergänzen, die staatlich legitimiert Anwendung finden. Sie stünden neben Berichten über Pfählungen und das Abtrennen von Gliedmaßen aus dem Jemen, den Vergewaltigungsvorwürfen und den Beschuldigungen wegen sexueller Gewaltanwendung, die gegen die russischen Streitkräfte in Tschetschenien erhoben werden, dem in Saudi-Arabien praktizierten Ziehen von Zähnen und dem Aufhängen in Ketten.

Zweitens besteht die Befürchtung, dass die auf solche Weise erwirkten Aussagen bestenfalls unzuverlässig sind. Schon 1764 warnte der italienische Philosoph Cesare Beccaria, dass ein Mensch, der gefoltert wird, nichts Eiligeres zu tun haben wird, als den Händen seiner Peiniger zu entfliehen, so dass er ihnen sagen wird, was sie hören wollen: »Dann ist die Antwort des Angeklagten ebenso naturnotwendig wie die Einwirkungen des Feuers oder des Wassers. Der für den Schmerz empfindliche Unschuldige wird sich dann als schuldig bekennen, wenn er hierdurch das Ende seiner Martern herbeiführen zu können glaubt. Jeder Unterschied zwischen dem Schuldigen und Unschuldigen verschwindet gerade durch das Mittel, das man zu seiner Auffindung angewendet zu haben behauptet.«[9] Manch einer mag unter Druck die Wahrheit gestehen, aber so mancher wird lügen. Die Folter hat somit nichts erreicht.

Die langfristigen Folgen können für Folteropfer verheerend sein. Der medizinische Koordinator von *Amnesty International*, Jim Welsh, berichtet, dass Folter »das menschliche

Wesen als Ganzes trifft. Jemand hat Sie in seiner Gewalt, und die Betreffenden werden Sie auf möglichst schreckliche Weise quälen.«[10] Neben den physischen Folgen dessen, was ihnen angetan wurde, erleiden Folteropfer in vielen Fällen über Jahre hinweg das immer während Wiederdurchspielen des Erlittenen und schwere Angstzustände.

Die internationale Staatengemeinschaft hat viel Energie investiert, um eine Front gegen die Folter zu errichten. Die Allgemeine Erklärung der Menschenrechte verbot bereits im Jahre 1948 Folter und Misshandlung, und das gilt für alle Staaten. Das Übereinkommen gegen Folter und andere grausame, unmenschliche oder erniedrigende Behandlung oder Strafe ist für die Staaten, die es unterzeichnet haben, bindend. Im November 2004 waren es 139 Staaten. Es gibt eine Reihe weiterer Instrumente, die Folter untersagen. Sie alle zusammen verfolgen nur ein Ziel: Folter unter allen Umständen zu verhindern. Warum also versuchen Staaten noch immer, Ausnahmen zu rechtfertigen – und warum gibt es Folterberichte aus Staaten, die die UN-Konvention unterzeichnet haben?

Nach internationalem Recht und unter jedem humanen Rechtssystem ist Folter zu ächten. Regierungen müssen alles in ihrer Macht Stehende tun, um sicherzustellen, dass Foltervorwürfen nachgegangen wird und die Täter bestraft werden. Und wir müssen den Druck auf unsere Regierungen aufrechterhalten, um dafür zu sorgen, dass sie das auch tun. Es sollte keine Diskussion über Ausnahmen vom internationalen Recht mehr geben dürfen – auch nicht im Zusammenhang mit einem Krieg gegen den Terror. Folter schürt das Feuer des Terrorismus und schränkt die Freiheit ein, auf die jeder von uns ein Recht hat.

27

**Jeder fünfte Mensch auf der Erde
leidet Tag für Tag Hunger – das sind insgesamt
mehr als 1 Milliarde Menschen**

Zu Beginn des 21. Jahrhunderts, da die reiche Welt sich der Segnungen wissenschaftlicher und medizinischer Forschung erfreut und der Einzelne einem langen Wohlleben entgegensieht, ist schwer zu begreifen, warum ein so großer Teil der Menschheit noch immer hungern muss.

Die Statistiken berichten über ein Problem von ungeheuren Ausmaßen. Jeden Tag hungern eine Milliarde Menschen. Zwei Milliarden Menschen leiden unter ernährungsbedingten Mangelerscheinungen, die zu chronischen Gesundheitsproblemen führen. Etwa die Hälfte aller Todesfälle bei Kindern unter fünf Jahren (zehn Millionen jährlich) steht im Zusammenhang mit unzulänglicher Ernährung. Akute Hungerkatastrophen ereignen sich, wenn für viele Menschen die Lebensmittelversorgung plötzlich extrem knapp wird, alltäglicher Hunger aber kann zum Dauerzustand über viele Jahre, werden und seine langfristigen Folgen sind unter Umständen nicht minder katastrophal. Laut der *Weltgesundheitsorganisation WHO* gehören Hunger und Unterernährung zu den schlimmsten unter all den Problemen, mit denen die Armen der Welt zu kämpfen haben.[1]

Und dennoch wird Hunger, man kann es kaum glauben, nicht durch Lebensmittelknappheit verursacht. Die Welt produziert im Jahr genügend Nahrung, um jeden ihrer Bewohner zu ernähren: Wäre sie gleichmäßig verteilt, hätte jeder genug zu essen. Ernährungswissenschaftler halten eine Energiezufuhr von 2500 Kalorien am Tag für ein gesundes Maß. In den Vereinigten Staaten nimmt der Durchschnittsbürger 3600 Kalorien zu sich, in Somalia bekommt er 1500.[2]

Die Nahrungsmittelproduktion hat mit dem globalen Bedarf Schritt gehalten, und die Preise für Grundnahrungsmittel wie Reis und Getreide sind gesunken. Warum also leiden noch immer so viele?

Der Wirtschaftsforscher und Nobelpreisträger Amartya Sen ist eine der weltweit führenden Autoritäten zur Frage nach den Ursachen von Hunger. Nach seinen Worten ist Hunger weniger bedingt durch die Unfähigkeit eines Landes, Nahrung zu produzieren, als vielmehr durch seinen Mangel an Einkommen. Arme haben nicht das Geld, sich einen gleich bleibenden Lebensmittelvorrat zu sichern, und keine Möglichkeit, eigene Lebensmittel anzubauen.

Professor Sen ist der Ansicht, dass in vielen Fällen die politischen Umstände die Schuld daran tragen. Hungersnöte mögen das Überleben einer demokratischen Regierung gefährden, aber wo es keine Demokratie gibt oder diese bereits angeschlagen ist, fehlt der Regierung in vielen Fällen die Motivation, das Problem anzugehen. »Ja, sobald ein Land wie Simbabwe aufhört, eine funktionierende Demokratie zu sein«, so Professor Sen, »wird seine einstige Fähigkeit, im Falle einer extrem ungünstigen Ertragssituation Hungersnöte zu vermeiden (für die Simbabwe in den Siebziger- und Achtzigerjahren in exzellentem Ruf stand) geschwächt. Ein autoritär regiertes Simbabwe sieht sich nun mit einer beträchtlichen Gefahr für das Ausbrechen von Hungerkatastrophen konfrontiert.«[3]

Auch bewaffnete Konflikte bedeuten starken Druck auf die Sicherheit der Lebensmittelversorgung. Die *Ernährungs- und Landwirtschaftsorganisation der Vereinten Nationen (Food and Agricultural Organisation FAO)* hat festgestellt, dass von den achtzehn afrikanischen Ländern, die im Jahre 2001 mit Nahrungsmittelknappheit zu kämpfen hatten, acht in einen Konflikt verwickelt waren, weitere drei litten unter den Nachwirkungen einer bewaffneten Auseinandersetzung.[4] In Kriegszeiten wird eine Regierung ihre Mittel statt in die Lebensmittelproduktion eher in den Ausbau ihrer militärischen Stärke investieren. Lebensmittelverteilungs- und -transportnetze werden zerstört, und in umkämpften Gebieten kann es für die Bauern zu gefährlich werden, ihr Land zu bestellen. In Ruanda hat der Krieg 1995 drei Viertel aller Bauern von ihrem Land vertrieben und die Ernte halbiert.[5]

Perfiderweise wird Hunger zudem als Kriegsinstrument eingesetzt. Nicht selten versucht eine Seite, die andere auszuhungern, bis diese sich unterwirft, beschlagnahmt oder zerstört Lebensmittellager und lenkt Hilfslieferungen statt in die Hände der Bedürftigen zu den Streitkräften. Land wird vermint, Wasserquellen werden vorsätzlich verdorben. In den Nachwehen eines Konflikts ist es für Dörfer und Gemeinwesen schwierig bis unmöglich, ihre Lebensmittelvorräte wieder aufzustocken. Bewaffnete Konflikte in Mittelamerika sowie in Süd- und Westafrika haben ganze Generationen von jungen Menschen entstehen lassen, die über keinerlei landwirtschaftliche Kenntnisse verfügen – die einzige Realität, die diese jungen Leute kannten, war der Krieg, die einzige Unterweisung, die sie je erhalten haben, lehrte sie, eine Waffe zu bedienen.[6]

Der Rückgang traditioneller Ackerbaumethoden ist auch

in Gegenden zu beobachten, in denen HIV/AIDS massiv zugeschlagen hat. Es besteht ein Zusammenhang zwischen Unterernährung und einem früheren Einsetzen der AIDS-Symptome nach einer HIV-Infektion, außerdem erhöht sich die Wahrscheinlichkeit für das Auftreten von opportunistischen Infektionen – und damit einer weiteren Verkürzung der Lebensspanne der Leidenden. Eine Familie, in der eines oder beide Elternteile erkrankt sind, verliert wertvolles Einkommen und ist unter Umständen gezwungen, Teile ihres Hab und Guts – Vieh zum Beispiel – zu veräußern, um die medizinische Versorgung und Beerdigungen bezahlen zu können. Manche Gesellschaften lassen nicht zu, dass Witwen ein Stück Land erben, so dass dieses der Familie unter Umständen verloren geht. Kleine Kinder müssen häufig die Schule verlassen, um arbeiten oder kranke Verwandte versorgen zu können. Das Spezialwissen, von dem Eltern gehofft haben, es ihren Kindern möglicherweise weitergeben zu können, geht so verloren.[7]

Wo ein Land durch Krieg oder Seuchen bereits geschwächt ist, sind Naturkatastrophen wie Dürren und Überschwemmungen noch viel schwerer zu bewältigen. Korruption, Missmanagement und eine schlechte Regierung können unter Umständen bedeuten, dass einem Land die Mittel fehlen, Lebensmittel einzuführen, wenn sie gebraucht werden – eine Verknappung kann daher rasch zu einer Hungersnot ausarten.

Genug zu essen zu haben ist ein menschliches Grundrecht, und Hunger ist ein ungeheures Entwicklungshindernis. Wer genug zu essen hat, kann besser arbeiten und mehr Einkommen erwirtschaften. Eine Untersuchung, die in Sierra Leone durchgeführt wurde, hat ergeben, dass eine Erhöhung der Kalorienzufuhr um 50 Prozent pro Landarbeiter den landwirtschaftlichen Ertrag im Mittel um 16,5 Prozent erhöht.[8]

Wie also lässt sich das erreichen? Im reichen Westen gibt es riesige Lebensmittelüberschüsse – von solchen Ausmaßen übrigens, dass in vielen Fällen Nahrungsmittel vernichtet werden, um die Preise stabil zu halten. Ein beträchtlicher Teil dieses Überschusses wird als Hilfsgüter in ärmere Länder verschickt, aber die Behörden sind sich sehr wohl darüber im Klaren, dass dies keine langfristige Lösung sein kann. Zentrales Anliegen muss sein, zuerst einmal die Faktoren zu ändern, die überhaupt in die Armut führen, indem man das Durchschnittseinkommen in einer Region erhöht, damit Hungernde und damit auch ihre Regierungen, kaufen können, was sie zum Leben brauchen.

In Afghanistan helfen Hilfsorganisationen zum Beispiel, eine von zwei Jahrzehnten Krieg und einer schweren Dürre gebeutelte Bevölkerung zu ernähren. Ein Teil der Hilfe besteht in der Verteilung von Lebensmittelspenden aus dem Westen, andere Initiativen aber verlegen sich darauf, den Bauern Samen, Werkzeuge und Dünger zur Verfügung zu stellen, damit sie ihre eigenen Nutzpflanzen anbauen können. Solche Maßnahmen sollen, so es eine günstige Wetterlage zulässt und auch die Schädlingskontrolle verbessert werden kann, laut Vorhersagen die Ernte des Jahre 2003 um 50 Prozent ertragreicher ausfallen lassen als im Jahr davor. Das Missionswerk *Christian Aid* aber äußerte sich sehr besorgt darüber, dass die Vereinten Nationen noch immer umfangreiche Weizenlieferungen in die Region verschiffen, so dass die Preise für lokal angebauten Weizen ins Uferlose fallen und die Bauern sich nach lukrativeren Nutzpflanzen umsehen –

beispielsweise nach Opium.[9] Entscheidend ist, dass man Länder, wenn irgend möglich, nicht von Almosen abhängig macht. Vielmehr sollte die internationale Gemeinschaft vom Hunger gepeinigten Ländern zu einem gewissen Maß an Selbständigkeit verhelfen. Mit nachlassendem Hunger wird sich die Einkommenssituation des Landes verbessern, und es wird künftig besser in der Lage sein, mit Lebensmittelengpässen zurechtzukommen.

Doch selbst dieser Weg ist kompliziert. Die afrikanischen Staaten diskutieren gegenwärtig genmanipulierte Pflanzen als Rettungsanker im Kampf gegen den Hunger. Die Vereinigten Staaten sind der Ansicht, dass extrem ertragreiche genmanipulierte Sorten helfen werden, den Hunger zu bezwingen, weil sich durch sie das Einkommen der Farmer erhöhen würde. Es gibt sogar Überlegungen, genmanipulierte Pflanzen zu schaffen, die den durch Unterernährung bedingten Mangelerscheinungen entgegenwirken würden. Manche Länder haben die Aussicht auf genmanipulierte Lebensmittelhilfe stürmisch begrüßt, andere erklären diese zu »Gift«. In diesem Zusammenhang müssen in jedem Fall verschiedene langfristige Aspekte geklärt werden, nicht nur, was die möglichen Auswirkungen genmanipulierter Nahrung auf die Umwelt und die Verbraucher betrifft, sondern auch in Bezug auf eine Kultur der Abhängigkeit, die dadurch geschaffen werden könnte. Ärmere Länder würden noch abhängiger von den Industrienationen und großen multinationalen Konzernen werden, die sie mit dem nötigen gentechnologischen Mitteln ausstatten müssten, weil sie sich diese von sich aus nicht leisten könnten.

Als einer der wichtigsten Faktoren bei der Bekämpfung des Hungers gilt die Bildung. Die *FAO* schätzt, dass etwa 300

Millionen arme Kinder in der Welt entweder gar keine Schule besuchen oder während des Schultages keine Mahlzeit erhalten.[10] Die Primärschulbildung ist das wirksamste Entwicklungsinstrument, das es gibt. In Ländern, in denen 40 Prozent der Erwachsenen des Lesens und Schreibens mächtig sind, beträgt das Bruttoinlandsprodukt pro Kopf 210 Dollar, liegt die Alphabetisierungsquote bei mindestens 80 Prozent, beträgt das Bruttoinlandsprodukt 1000 Dollar und mehr.[11] Mädchen, die eine Schule besucht haben, heiraten später und bekommen weniger Kinder. Bauern mit einer Schulbildung von mindestens vier Jahren sind bis zu zehn Prozent produktiver.[12]

Der Welternährungsgipfel von 1996 hatte sich zum Ziel gesetzt, die Zahl der Hungernden in der Welt bis zum Jahre 2015 zu halbieren. Damit das möglich wird, müsste die Zahl der Hungernden jährlich um 33 Millionen abnehmen. Gegenwärtig sinkt sie nur um sechs Millionen pro Jahr. Der Fortschritt muss unbedingt beschleunigt werden. Im Oktober 2003 stellte man beim Welternährungsprogramm fest, dass die Beiträge zu seinem Mittelfonds nicht mit der Nachfrage nach Lebensmittelhilfe Schritt hielten. Im Jahre 2003 hätte man 4,3 Milliarden Dollar gebraucht, um 110 Millionen Menschen auf der ganzen Welt zu ernähren; um das zu erreichen fehlten 600 Millionen Dollar (das sind fast 15 Prozent).[13]

Globale Körperschaften wie die *WHO* sind bemüht, die Welt zu der Einsicht zu bewegen, dass Gesundheit und eine angemessene Ernährung zu den unveräußerlichen Grundrechten gehören. Die Beseitigung des Hungerproblems würde ärmeren Nationen helfen, den Weg zu nachhaltiger Entwicklung einzuschlagen. Die ehemalige Generaldirektorin der *WHO*, Gro Harlem Brundtland, mahnte, dass »entschiedenes Handeln auf der Basis der Menschenrechte nötig ist, um die Millionen Menschen, die bei der Gesundheitsreform des 20. Jahrhunderts auf der Strecke geblieben sind, an Bord zu holen«.[14]

Artikel 25(1) der Allgemeinen Erklärung der Menschenrechte von 1948 stellt fest: »Jeder hat das Recht auf einen Lebensstandard, der seine und seiner Familie Gesundheit und Wohl gewährleistet, einschließlich Nahrung...« Die Menschenrechtserklärung legt die primäre Verantwortung dafür, dass jeder Mensch zu essen hat, in die Hände der Regierungen. Aber wir alle tragen die Verantwortung dafür, dass die Dimensionen dieses Problems nie aus den Augen verloren werden. Wir können Wohltätigkeitsorganisationen unterstützen, die es sich zum Ziel gesetzt haben, für eine gesicherte Ernährung zu sorgen, und wir können unsere eigenen Regierungen auffordern, alles in ihrer Macht Stehende zu tun, um zu helfen – und dazu gehört, dass wir sie drängen, ihren Zahlungsverpflichtungen nachzukommen.

Hin und wieder finden sich die Opfer des Hungers auf Titelseiten oder werden in den Nachrichten erwähnt, doch die meisten von ihnen bleiben ungehört. Hunger trifft die Armen, die Machtlosen. Er ist ein komplexes Problem, das ungeheure internationale Anstrengungen erfordert. Wir alle sind verantwortlich, und wir alle können tatsächlich etwas dagegen tun.

28

*Ein in den Vereinigten Staaten geborener
Schwarzer männlichen Geschlechts wird mit einer
Wahrscheinlichkeit von eins zu drei mindestens
einmal im Leben im Gefängnis landen*

Amerika mag das Land der Freien sein, aber einer wachsenden Zahl seiner Einwohner ist diese Freiheit bei der einen oder anderen Gelegenheit genommen worden. Im Juni 2002 überschritt die Zahl der Insassen hinter Gittern die Zwei-Millionen-Grenze, damit überholten die Vereinigten Staaten Russland und wurden zur Heimat der größten Gefängnispopulation der Welt. Jeder siebenunddreißigste Amerikaner hat irgendwann einmal eingesessen – 1974 war es einer von dreiundfünfzig. Hält der gegenwärtige Trend an, wird eines von fünfzehn Kindern aus dem Jahrgang 2001 einmal im Leben ins Gefängnis müssen.[1]

Aber betrachtet man die Statistiken etwas genauer, werden einige noch besorgniserregendere Tendenzen erkennbar. Bei Kindern, die im Jahre 2001 geboren wurden, besteht für einen männlichen Weißen eine Wahrscheinlichkeit von eins zu siebzehn, dass er irgendwann einmal einsitzt. Bei Männern spanischer Abkunft beträgt die Wahrscheinlichkeit eins zu sechs, bei Schwarzen eins zu drei. Wenn Sie sich nun überdies vergegenwärtigen, dass 12,9 Prozent der amerikanischen Bevölkerung Schwarze sind, fangen Sie an, das Ausmaß des Problems zu erahnen. Ein Sechstel aller männlichen

Afroamerikaner sitzen gegenwärtig ein oder sind ehemalige Gefängnisinsassen, bei den Weißen ist es im Vergleich dazu jeder achtunddreißigste.[2]

Hier liegt eindeutig etwas im Argen. Amerikas Gefängnispopulation hat in den vergangenen dreißig Jahren explosionsartig zugenommen: Im Jahre 1970 gab es in den Gefängnissen der Bundesstaaten und den Bundesgefängnissen zusammen insgesamt 200 000 Insassen.[3] Seither haben Strafverfolgungsphilosophien wie »beim dritten Mal für immer« aus dem Jahre 1994 – die eine automatische Freiheitsstrafe zwischen 25 Jahren und lebenslänglich für jeden vorsieht, der sich zum dritten Mal eines Kapitalverbrechens schuldig gemacht hat – zu einer massiven Zunahme der Insassenzahlen geführt. Unter den einer Gewalttat Angeklagten ist ein erheblicher Prozentsatz schwarz (im Jahre 2001 waren es 42,5 Prozent), so dass dieser Personenkreis von den langen Freiheitsstrafen unverhältnismäßig stark betroffen ist.[4]

Auch der so genannte »Krieg gegen Drogen« hat in überaus wirksamer Weise dazu beigetragen, die Gefängnisse zu füllen. Ein Zusammenschluss von Anwälten, das *Sentencing Project*, eine Projektgruppe zur Bewertung von Hafturteilen, berichtet, dass 70 Prozent der im Jahre 1998 zu einer Gefängnisstrafe in einem der Bundesstaaten Verurteilten wegen nicht gewalttätiger Vergehen einsaßen. Unter den Insassen der Bundesgefängnisse waren 57 Prozent wegen eines Drogendelikts verurteilt worden.[5]

In diesen Bereichen wird offenbar, wie sehr das Gesetz ethnisch voreingenommen ist. Offizielle Statistiken der amerikanischen Bundesregierung zeigen, dass 13 Prozent der Personen, die sich dazu bekennen, mindestens einmal im Monat Drogen zu nehmen, schwarz sind. Dennoch liegt bei den wegen Drogenbesitzes verhafteten Personen der Anteil der Schwarzen bei 35 Prozent; wenn es um Haftstrafen wegen Drogendelikten geht, gar bei 74 Prozent.

In einer ungeheuer einflussreichen Rede vor der Bürgerrechtsbewegung *American Civil Liberties Union* aus dem Jahre 1999 bezeichnete Ira Glasser die amerikanische Drogenpolitik als »den neuen Jim Crow«.[6] Er bezog sich damit auf ein besonders finsteres Kapitel in der amerikanischen Geschichte, auf jene Zeit, in der in den Südstaaten die Trennung zwischen Schwarzen und Weißen (Segregation) gesetzlich verankert war. »Jim Crow« hieß eine Bühnengestalt Mitte des 19. Jahrhunderts: Weiße Schauspieler schwärzten sich Gesicht und Hände und gaben rassistisches Liedgut und Tänze zum Besten. Der Name wurde zum Synonym für die Diskriminierung der Schwarzen in Alltag und Kultur jener Zeit, und Ende des Jahrhunderts liefen Gesetze, die Schwarze benachteiligten, unter der Bezeichnung Jim-Crow-Gesetze.[7] Glasser vertrat den Standpunkt, dass Amerikas Drogengesetze inzwischen dieselbe Qualität hätten: Sie hätten zu einer »Epidemie des Freiheitsentzugs« geführt, und das Drogenverbot sei zu einem wirksamen Ersatz für das Segregationsgesetz geworden.

Wie man es auch dreht und wendet: Amerikas Drogengesetze richten sich gegen Minderheiten. Bei den Gefängnisurteilen besteht ein riesiges Ungleichgewicht zwischen dem Besitz/Konsum von Crack (einem Kokain-Derivat, das hauptsächlich von schwarzen und spanischstämmigen Amerikanern genommen wird) und dem von weißem Kokain-Pulver (das vorwiegend von Weißen konsumiert wird). Obwohl es Versuche gegeben hat, dies zu ändern, sieht das Gesetz gegenwärtig noch für den Besitz von 500 Gramm Kokain dieselbe obligatorische Haftstrafe von fünf Jahren vor, wie für den Besitz von fünf Gramm Crack.

Ein anderes Beispiel: Fahren unter Alkoholeinfluss ist in Amerika mit 1,8 Millionen Verhaftungen pro Jahr der häufigste Inhaftierungsgrund. Betrunkene Fahrer kosten jährlich 22 000 Menschen das Leben, die Zahl der Todesfälle durch eine Überdosis an Drogen oder durch Krankheiten und Gewalttaten im Zusammenhang mit Drogen beläuft sich hingegen auf 21 000 pro Jahr. Trotzdem werden fast alle Fälle von Trunkenheit am Steuer als Kavaliersdelikte abgetan oder durch Strafen wie Führerscheinentzug oder gemeinnützige Tätigkeit geahndet. Die typische Strafe für Drogenbesitz – auch für weiche Drogen wie Marihuana – beträgt bis zu fünf Jahren beim ersten Delikt. Betrunkene Fahrer sind in erster Linie männliche Weiße.[8]

Minderheiten in Amerika werden allgemein häufig Opfer von ethnischer Benachteiligung, in welcher Form auch immer. Auf einem Abschnitt der Autobahn I-95 durch Maryland zum Beispiel sind, wie in einer Studie gezeigt wurde, 17 Prozent der Fahrer schwarz, aber unter denen, die an die Seite komplimentiert und durchsucht werden, befinden sich 73 Prozent Schwarze. In der Mehrzahl der Wagen, die bei diesen Aktionen durchsucht wurden, fanden sich keine Drogen, und wenn doch, dann ebenso häufig wie in Autos, die von Weißen gefahren wurden.[9] In New York City landete in den Jahren 1997 und 1998 weniger als ein Viertel der 45 000 gemeldeten angetrunkenen Fahrer hinter Gittern, zwei Drittel der Inhaftierten gehörten einer Minderheit an.[10] Im September 2003 willigte die Stadt New York in einen Vergleich ein, der einen Prozess um eine Sammelklage wegen ethnischer Voreingenommenheit beenden sollte, in dem der New

Yorker Polizei vorgeworfen wurde, bei Polizeikontrollen in unrechtmäßiger Weise rassistisch vorzugehen. Ein Teil des Vergleichs bestand darin, dass sich die New Yorker Polizei verpflichtete, fortan all ihren Beamten zu untersagen, Minderheiten in unbotmäßiger Weise willkürlichen Durchsuchungsaktionen zu unterziehen.[11]

Auch schwarze Frauen landen weitaus leichter im Gefängnis als ihre weißen Geschlechtsgenossinnen. Im Jahre 1980 saßen in Staats- und Bundesgefängnissen 12 300 Frauen ein, im Jahre 2002 waren es 96 000. Dreiundvierzig Prozent darunter waren schwarz. Nur 31 Prozent saßen wegen eines Gewaltverbrechens ein.[12]

Diese Masseneinkerkerung von Frauen schlägt bitter auf deren Kinder zurück. Etwa 65 Prozent aller inhaftierten Frauen haben Familie, und sehr häufig wird den Kindern der Besuch bei der Mutter mit der Begründung verweigert, die Mutter »fühle sich nicht wohl«. Viele amerikanische Bundesstaaten haben inzwischen Gesetze, die sie berechtigen, einer Frau in Haft das Elternrecht zu entziehen.[13] Drei Viertel aller einsitzenden Frauen hat regelmäßig Drogen konsumiert, beinahe 40 Prozent mussten monatlich mit weniger als 600 Dollar auskommen, und über die Hälfte von ihnen wurde körperlich misshandelt oder sexuell missbraucht.[14] Es ist nicht einzusehen, wie einem dieser Probleme durch eine Gefängnisstrafe beizukommen sein sollte.

Für ein Gewaltverbrechen in Amerika einzusitzen, kann unter Umständen zu allem anderen Folgen haben, die noch lange nach dem Abbüßen der Haftstrafe weiterwirken. Sechsundvierzig amerikanische Bundesstaaten verfügen über Gesetze zur Aberkennung der bürgerlichen Ehrenrechte, die jedem, der für ein Gewaltverbrechen einsitzt, das Wahlrecht absprechen. In zehn Staaten ist dieser Schritt unwiderruflich.

Kein Wahlrecht mehr zu haben bedeutet, dass rehabilitierten Strafgefangenen, die ihre Zeit abgesessen haben, das Recht genommen wird, an der bürgerlichen Gesellschaft teilzuhaben. Gesetze zur Aberkennung der Bürgerrechte nehmen die Freiheiten wieder, die der Fünfzehnte Zusatz zur amerikanischen Verfassung, mit dem auch schwarzen Amerikanern das Wahlrecht zugestanden wurde, garantiert hat. Zusätzlich verankert wurden die Rechte dieses Zusatzes durch eine gesetzliche Regelung aus dem Jahre 1965, die sämtliche Voraussetzungen aufhob, die willkürlich an das Recht zu wählen geknüpft worden waren: beispielsweise die Forderung, man müsse des Lesens und Schreibens mächtig sein – eigens dazu erdacht, Schwarze an der Wahl zu hindern. Heutzutage dürfen 1,4 Millionen männliche Schwarze (13 Prozent der männlichen schwarzen Bevölkerung Amerikas) ihr Wahlrecht einer Straftat wegen nicht ausüben. In Alabama und Florida sind gar 31 Prozent der männlichen schwarzen Bevölkerung für immer von Wahlen ausgeschlossen.[15] Dazu Ira Grasser: »Was das Wahlrecht von 1965 eingeführt hat, ist durch die Drogengesetzgebung in beträchtlichem Maße zurückgenommen worden.«[16]

Diese eklatante Missverteilung ist in den Vereinigten Staaten sicher am deutlichsten zu beobachten, beginnt aber auch andernorts sichtbar zu werden. In Großbritannien sitzt gegenwärtig ein Prozent aller schwarzen Erwachsenen ein. Zwei Prozent aller Briten sind afrikanischer und karibischer Abstammung, unter den Gefängnisinsassen sind es 16 Prozent.[17] In den Jahren 1998 und 1999 wurden Schwarze sechsmal so häufig angehalten und durchsucht wie Weiße.

Großbritannien verfügt bereits jetzt über höhere Inhaftierungsquoten als jedes andere Land in Europa, und es werden zunehmend Befürchtungen laut, das Vereinigte Königreich könne auf dem Weg sein, eine amerikanische Liebe zu Gefängnissen zu entwickeln.

Das Problem einer solchen ethnisch bedingten Ungleichbehandlung anzugehen ist ungeheuer wichtig, denn man muss bedenken, dass die Zeit im Gefängnis eine Zeit des sozialen und kulturellen Ausgeschlossenseins ist. Diese Isolation zieht Kreise, bringt unter Umständen wiederum ein Umfeld hervor, in dem die Gefahr, dass auch die Kinder der Probanden straffällig werden und ins Strafvollzugssystem geraten, besonders hoch ist. Schätzungen zufolge hat die Hälfte aller ehemaligen Gefängnisinsassen schwer zu kämpfen, um Arbeit zu bekommen. Diejenigen, die eine Stellung finden, verdienen etwa die Hälfte von dem, was andere Personen mit einem ähnlichen Hintergrund verdienen, die nicht eingesessen haben.[18] Die Tatsache, dass der Strafvollzug in unserem Land weder eine umfassende Berufsausbildung noch hinreichende Rehabilitationsmaßnahmen anzubieten imstande ist, macht die Sache nicht eben besser. Wenn ihnen keine andere Möglichkeit offen steht, sich zu ernähren, finden sich ehemalige Straftäter unter Umständen binnen kurzem im selben Umfeld wieder, durch das sie bereits zuvor mit dem Gesetz in Konflikt geraten waren.

Politiker und Vollzugsstrategen behaupten oftmals, Gefängnis sei eine wirksame Besserungsmaßnahme. Aber es ist schwer einzusehen, wie jemand das Einsperren von Millionen Menschen als so etwas wie einen Sieg über das Verbrechen sehen kann. Wo die Nachfrage nach Drogen relativ gleich bleibend ist, führt das Einsperren von größeren Menschenmengen wegen Drogendelikten lediglich zur Rekrutierung weiterer williger Handlanger. Wenn so viele Leute einsitzen, eignet sich Einsperren kaum als Abschreckung – ja, manch einer sieht es bereits heute als Gelegenheit, mit seinen Freunden »drinnen« wieder zusammenzukommen. Es gibt Kriminologen, die glauben, dass die Vereinigten Staaten einen kritischen Punkt erreichen könnten, an dem das System zu kippen droht: Wenn sich Jahr für Jahr mehr als ein Prozent einer Bevölkerung im Gefängnis befindet, wird das soziale Netz gelähmt, und es wird unmöglich, Verbrechen zu kontrollieren.[19]

Einen Straftäter im Gefängnis zu unterhalten kostet die Vereinigten Staaten jährlich um die 30 000 Dollar. Stellen Sie sich vor, was geschähe, wenn diese Gelder für andere Projekte zur Verfügung stünden: für Programme zur Eindämmung der Straßenkriminalität, für die Entwicklung der Innenstädte, für Programme zur Behandlung von Drogen- und Alkoholabhängigkeit. Wir würden nicht nur dem Steuerzahler Geld sparen, sondern die Kriminalitätsrate womöglich wirklich endlich sinken sehen. Vielleicht könnten wir auch feststellen, dass die Armut abnimmt und dass Kinder, die Minderheiten angehören, auf den Schulen bleiben und einen anderen Weg einschlagen.

Das Thema Politik der Strafverfolgung – insbesondere der Verfolgung von Drogendelikten – ist bereits viel zu sehr mit der Frage von Klasse und Rasse verflochten. Wenn wir das nicht ändern, wird die Art und Weise, wie wir Recht sprechen, weiterhin zu Benachteiligungen führen und mehr Ausgeschlossenheit, mehr Hass provozieren.

29

Ein Drittel der Weltbevölkerung ist gegenwärtig in einen Krieg verwickelt

Noch während die Vereinigten Staaten und ihre Verbündeten über ihren weisen Ratschlüssen zur Frage eines Irakkriegs brüteten, war bereits mehr als ein Drittel der Weltbevölkerung in einen Konflikt verwickelt. Im Jahre 2002 kämpften 30 Länder rund um die Welt in 37 bewaffneten Konflikten gegeneinander – das macht zusammengenommen eine Zahl von 2,29 Milliarden Menschen.

Manche, wie etwa der Nahostkonflikt zwischen Israel und Palästina, sind lang andauernde Dispute, bei denen sich auch nach Jahrzehnten noch keine Lösung abzeichnet. Andere, wie die Konfrontationen zwischen Muslimen und Hindus im indischen Staat Gujarat, sind anhaltende Streitigkeiten, die in offene Gewalt entarten. Aber sie alle fordern ihren Tribut von allen Beteiligten – nicht nur von den Regierungen, nicht nur von den Kämpfenden, sondern von allen Menschen, die an und um den Kriegsschauplatz herum leben.

Das *Projekt Pflugscharen (Project Ploughshares),*[1] ein Friedensprojekt der kanadischen Kirchen, das alljährlich eine Liste der Kriege auf der Welt zusammenstellt, definiert »bewaffneten Konflikt« als einen politischen Konflikt, der eine bewaffnete Auseinandersetzung zwischen den Streitkräften mindestens eines Staates oder einer beziehungsweise mehreren bewaffneten Parteien bewirkt, die die Kontrolle über einen Staat oder Teile davon zu erlangen suchen. Aufgelistet werden alle Konflikte, bei denen mehr als 1000 Menschen durch die Kämpfe ums Leben gekommen sind. Alle 37 Konflikte des Jahres 2002 waren Bürgerkriege.

Bei der Vorstellung des Berichts fasste die ehemalige kanadische Senatorin Lois Wilson die ganze Hässlichkeit des Krieges – und das komplexe Wesen des Friedens – in Worte: »Frieden ist nicht einfach die Abwesenheit von Krieg«, schrieb sie. »Das so überaus plastische Mandarin kennt drei Schriftzeichen für Frieden. Das erste Schriftzeichen bedeutet wörtlich: Reis im Mund oder wirtschaftliche Sicherheit. Das zweite versinnbildlicht eine Frau mit einem Dach über dem Kopf oder soziale Sicherheit. Das dritte schließlich steht für zwei Herzen, die in Freundschaft und Verständnis gleich schlagen – menschliche Sicherheit.«[2]

Menschen, die im Krieg leben, fehlen diese Grundsicherheiten. Für sie ist bewaffneter Konflikt mehr als Fernsehbilder oder Zeitungsspalten. Er ist die tägliche Realität, die sie von ihrem Land vertreibt, sie um Nahrung und Wasser bringt, ihre Familien auslöscht und jede Chance auf Entwicklung zunichte macht. Natürlich machen nicht alle Einwohner unserer Krieg führenden Nationen diese Erfahrungen. Für viele aber ist der Konflikt zu einer Lebensform geworden.

Die vergangenen zwanzig Jahre hindurch hat im Sudan ein erbitterter Bürgerkrieg getobt. Die Regierung in Khartum kämpft gegen Rebellen aus dem Süden des Landes, und die Militärstrategien beider Seiten haben häufig Zivilisten direkt ins Visier genommen. UN-Generalsekretär Kofi Annan beklagte »schändliche Angriffe auf Zivilisten an oder in der Nähe von Orten, an denen Lebensmittel verteilt wurden«.[3]

Heute beherbergt der Sudan die weltweit größte Zahl an Flüchtlingen im eigenen Land: Mehr als vier Millionen Sudanesen mussten kriegs- und dürrebedingt ihre Häuser verlassen, das sind mehr als zehn Prozent der Bevölkerung. Nur eine Minderheit kann in offiziellen Flüchtlingslagern untergebracht werden, die meisten anderen leben in Behelfsunterkünften.[4]

In der Demokratischen Republik Kongo hat ein Konflikt, den man häufig auch als »Afrikas Weltkrieg« bezeichnet hat, zwischen 1998 und 2002 drei Millionen Menschen entweder als direkte Folge von Kämpfen oder durch Krankheit und Unterernährung das Leben gekostet.[5] Mindestens sechs andere Länder wurden in die Auseinandersetzung zwischen Präsident Joseph Kabila und zahlreichen Rebellengruppen hineingezogen. Obwohl im Jahre 2003 nach einem nationalen Friedensabkommen eine Regierung vereidigt und die Gewaltenteilung in der Verfassung verankert worden war, gingen die Kämpfe im Osten weiter, und die Regierung vermochte nur sehr eingeschränkt, den Bedürfnissen ihrer Bevölkerung gerecht zu werden.

Hilfskräfte des *International Rescue Commitee IRC* beschrieben die Situation im Kongo als größte humanitäre Krise auf dem Planeten. Der Leiter der *IRC*-Operationen im Kongo, Werner Vasant, beschreibt seine Eindrücke genauer: »Das ist kein Krieg, in dem die einen Truppen gegen andere Truppen kämpfen, es ist ein Krieg gegen die Zivilgesellschaft, in dem Infrastrukturen zerstört und geplündert werden, sämtliche medizinischen Hilfsmittel aus den Versorgungsposten gestohlen, in den Dörfern Schlüsselpersonen – Krankenschwestern zum Beispiel – getötet und landwirtschaftliche Anbauflächen zerstört werden.«[6] Hunger und Krankheiten breiten sich rasch aus, und ohne medizinische Versorgung fordern sie einen fatalen Tribut.

Der Wiederaufbau von Dorfgemeinschaften nach der Beendigung eines Krieges dauert seine Zeit, den Schaden wieder gutzumachen, der dem Land zugefügt worden ist, noch weit länger. Während des Vietnamkrieges versprühten die Amerikaner über Dschungelgebieten und landwirtschaftlichen Nutzflächen das Entlaubungsmittel Agent Orange. Noch fünfundzwanzig Jahre danach sind jene Flächen kontaminiert und zum Lebensmittelanbau ungeeignet. Zwei Drittel der unterirdischen Wasseradern Kuwaits, eine Hauptquelle der Trinkwassergewinnung, sind noch heute vom Öl des ersten Golfkriegs verschmutzt. Die Bomben der NATO auf den Kosovo zielten auf Chemiefabriken und Ölraffinerien; nach einem Bombenangriff auf die Stadt Pancevo fiel auf die Stadt ein schwarzer Regen, der karzinogene Substanzen wie Dioxin in Konzentrationen freisetzte, die mehrere tausendmal über den amtlich zugelassenen Richtwerten lagen. Der Regen verschmutzte das Erdreich und vergiftete Pflanzen – und diejenigen, die diese aßen.[7]

Genau das ist die Wahrheit moderner Kriege. Vergessen Sie all die Hightech-Ausrüstungen, die computer- und satellitengestützten Bombardierungen, die alberne Maxime »to shock and awe«, den Gegner zu schockieren und einzuschüchtern. Heute haben wir es mit so genannten Kriegen der vierten Generation zu tun – ein unscharf umrissener Konflikttyp mit wenigen klar definierten Schlachtfeldern.

In der ersten Generation von Kriegen war Ordnung oberstes Gebot. Die Auseinandersetzung auf dem Schlachtfeld bestand aus präzise ausgeführten Operationen. Begriffe wie Uniform, Hierarchie der Dienstgrade, Offiziere und Mannschaften, sie alle stammen aus jener Zeit. Mitte des 19. Jahrhunderts aber begann sich ein anderer Kampfstil zu entwickeln. Maschinengewehre und Artillerie ließen die Schlachtfeldordnung in gewisser Weise zerfallen. Angriffe erfolgten jedoch immer noch linear, und Frontlinien beziehungsweise undurchdringliche Verteidigungslinien waren noch immer der Schlüssel zum Erfolg. Siege wurden durch Zermürbung oder überlegenes Feuer errungen. Die dritte Generation, im Ersten Weltkrieg von Deutschland praktiziert, verlegte sich auf größere taktische Operationen und die Verunsicherung des Gegners.

Nun ist die vierte Generation über uns gekommen, und längst hat nicht mehr der Staat das Kriegsmonopol inne. Die Kämpfenden sind in zunehmendem Maße Rebellen, Milizen, lose Gruppierungen mit wenigen äußeren Unterscheidungsmerkmalen. Diese Feinde sind schwer zu identifizieren, noch schwerer zu bekämpfen – es gibt keine Hauptstadt, in die man einmarschieren, keinen Machtsitz, den man bombardieren könnte, und wenn ein Kämpfer getötet wird, stehen Dutzende Rekruten bereit, seinen Platz einzunehmen. Und sie suchen nach neuen Wegen, ihre Anliegen publik zu machen: Ihr Gewicht liegt nicht auf den traditionellen Zielen, sondern auf Schlägen gegen kulturelle oder soziale Symbole als Mittel, um Aufmerksamkeit für ihre Sache zu erringen. Schlachten zu gewinnen ist nicht länger wichtig. Den Propagandakrieg zu gewinnen ist das, was zählt.

Solche nichtstaatlichen Akteure (NSA) sind in manchen Fällen Rebellengruppen, ein anderes Mal abtrünnige Angehörige der Streitkräfte, Guerilleros oder Gegentruppen im Dienste jener Kräfte, die in einem umkämpften Land die eigentliche Herrschaft ausüben. Da viele dieser unorthodoxen

Streitkräfte am Boden kämpfen und ohne Hightech-Ausrüstung auskommen müssen und da überdies die meisten Kämpfer keine besonders gründliche Ausbildung in Kampftechniken erhalten haben, kommt es häufig zu »Kollateralschäden«. Oft werden getarnte Sprengsätze und Minen eingesetzt, um Land zu sichern und die ansässige Bevölkerung zu ängstigen. Die internationale Kampagne gegen Landminen berichtet, dass nichtstaatliche Akteure in jedem bewaffneten Konflikt Antipersonenminen in ihrem Arsenal haben.

Ob diese Truppen nun eine Regierung stürzen wollen, ein Territorium annektieren oder einer Gesellschaft einen kompletten Richtungswechsel aufzwingen wollen, für diejenigen, die sich um den Schutz von Zivilpersonen sorgen, stellt diese Form der Kriegsführung eine Besorgnis erregende Entwicklung dar. Kämpfende Rebellen tragen häufig keine Uniformen, so dass Unbeteiligte sehr viel leichter in den Konflikt mit hineingezogen werden. Auch fällt es den Supermächten immer schwerer zu beurteilen, wann eine Schlacht gewonnen oder verloren ist. Sie mögen eine Region unter Kontrolle gebracht glauben, doch ihre Gegner kämpfen unter Umständen weiter, provozieren langwierige und konfliktreiche Besatzungssituationen mit Angriffen gegen die Besatzungstruppen und anhaltender Unsicherheit für die Zivilbevölkerung.

Die großen Militärmächte haben wenig Vorstellung davon, wie sie diesen neuen Feinden zu begegnen haben. Dem traditionellen militärischen Denken scheint der Kampf dieser zusammengewürfelten Truppen nicht »fair«. Die meisten Militäranalytiker sind sich darin einig, dass Supermächte mit Kriegen der vierten Generation nicht umzugehen wissen. Das mag stimmen. Aber wirklich vordringlich ist, dass sie Mittel und Wege finden, die Zivilbevölkerung bestmöglich zu schützen.

Nach internationalem humanitärem Recht ist der Minimalschutz festgeschrieben, den Zivilisten in einem bewaffneten Konflikt genießen müssen, und nichtstaatliche Akteure sind ebenso an dieses Recht gebunden wie Staaten. Eine der Schlüsselforderungen ist die humanitäre Versorgung Bedürftiger durch Helfer. Das kann schon in guten Zeiten ein Problem sein, wenn die Sicherheitslage prekär ist. Die normalen Methoden, Staaten zur Einhaltung ihrer Verpflichtungen zu bewegen – diplomatischer oder ökonomischer Druck – greifen bei nichtstaatlichen Akteuren nicht. Solange jedoch die humanitären Kräfte »unabhängige und unparteiische« Akteure zum Wohle der Zivilbevölkerung sind, haben sie das Recht zu sicherem und ungehindertem Zugang. Auch ist es entscheidend sicherzustellen, dass beide, Staaten ebenso wie nichtstaatliche Kriegsparteien, sich ihrer Verantwortung bewusst sind. Hier kann es allerdings für humanitäre Hilfskräfte schwierig werden. James Darcy von der *Humanitarian Policy Group* des britischen *Overseas Development Institute* berichtet, es sei oft schwierig, einzuschätzen, mit wem er es zu tun hat, »auf wen man in Sachen der Verantwortung mit dem Finger zu zeigen hat, damit man sich nicht in Strategien hineinziehen lässt, die zum Schaden der Zivilbevölkerung sind«.[8] Manche Rebellengruppen werden versuchen, zivile Gruppen zu infiltrieren, damit wird es umso entscheidender, dass Kämpfer und Unbeteiligte klar voneinander zu trennen sind.

Außer der Hilfe für Bedürftige kann der Zugang von Hilfskräften eine Menge bewirken, um die Situation grundsätzlich zu entspannen. Mit den Worten von Kofi Annan: »Verhandlungen um den ungehinderten humanitären Zugang können überdies in nicht geringem Maße zur Grundlage eines späteren Übergangs zu Frieden und Wiederaufbau werden, nicht zuletzt deshalb, weil sie schlicht eine der wenigen, wenn nicht gar die einzigen Foren sind, bei denen die Konfliktparteien miteinander reden.« Nationale Impftage und »Tage der Waffenruhe«, an denen gezielt bestimmte Dienste angeboten werden, waren in Liberia und Sierra Leone ein großer Erfolg, berichtet er.[9]

Auch besteht die Notwendigkeit, allen kämpfenden Parteien klar zu machen, dass sie für ihr Handeln verantwortlich gemacht werden. Die Einrichtung spezieller Strafgerichtshöfe im ehemaligen Jugoslawien, in Ruanda und Sierra Leone hat es vermocht, dem Eindruck entgegenzuwirken, dass kämpfende Parteien Verbrechen gegen die Zivilbevölkerung begehen können, ohne dafür bestraft zu werden. Sobald ein Konflikt beendet ist, empfehlen die Vereinten Nationen eine möglichst rasche Entwaffnung, gepaart mit einem umfassenden Aussöhnungsprozess. Auf diese Weise kann die geschundene Zivilbevölkerung erkennen, dass versucht wird, Gerechtigkeit walten zu lassen.

Es ist unmöglich zu verhindern, dass ein Konflikt Auswirkungen auf die Normalbevölkerung eines im Krieg befindlichen Landes hat. Hilfsorganisationen und internationale Institutionen halten daran fest, dass alle Seiten ihren Verpflichtungen nach internationalem Recht nachkommen müssen. Krieg ist ein Erzfeind der Entwicklung und eine ungeheure Belastung für ein Volk. Die psychologischen Auswirkungen von Vertreibung und Entwurzelung brauchen Jahre, um zu heilen. Wenn ein Konflikt eine Gesellschaft ganzer Generationen beraubt hat, sind die Narben unabsehbar tief.

US-Präsident Dwight D. Eisenhower hat einmal gesagt: »Jedes Gewehr, das gebaut, jedes Kriegsschiff, das vom Stapel gelassen, jede Rakete, die abgefeuert wird, bedeutet letztlich nichts anderes als Diebstahl an jenen, die hungern und nicht gespeist werden, die frieren und nicht gekleidet werden.«[10] Fünfzig Jahre danach mag sich das Gesicht des Krieges verändert haben, Präsident Eisenhowers Worte aber klingen heute genauso wahr wie ehedem.

30

Die Ölreserven der Welt könnten im Jahre 2040 erschöpft sein

Die größte Abhängigkeit der modernen Welt ist die vom Öl. Seit zu Beginn der Sechzigerjahre des 19. Jahrhunderts in Pennsylvania die ersten Ölfelder entdeckt wurden, haben wir uns mit Haut und Haaren vom Öl abhängig gemacht. Wir brauchen Treibstoff, um Autos, Flugzeuge und Schiffe zu betanken, wir brauchen Rohöl als Energielieferanten für die Elektrizitätsproduktion und als Rohstoff für Plastik, Lösungsmittel, Stoffe und Detergenzien. Es ist keine Übertreibung, wenn man sagt, dass Gesellschaft und Industrie ohne Öl mit einem Ruck zum Stillstand kämen.

Eines schönen Tages werden wir jedoch lernen müssen, ohne Öl zu leben. Zwar gehen die Schätzungen bezüglich der Frage, wann es so weit sein wird, auseinander, doch nahezu alle Quellen sind sich einig, dass die Ölreserven der Welt endlich sind – und dass es eine Zeit geben wird, ab der wir ohne sie werden leben müssen.

Die *Organisation Erdöl exportierender Länder OPEC (Organisation of the Petroleum Exporting Countries),* sieht das Problem eher positiv verbrämt. Die *OPEC* ist ein Kartell, das elf der wichtigsten Ölproduzenten repräsentiert, und hat errechnet, dass die Welt noch über etwas mehr als eine Milliarde Barrel an nachgewiesenen Rohölreserven verfügt. Das Energiemodell der *OPEC* setzt den Ölbedarf der Welt bei 76

Millionen Barrel täglich an, bis zum Jahre 2010 könnte dieser auf 90 Millionen Barrel pro Tag steigen. Die *OPEC* geht davon aus, dass die Ölreserven ihrer Mitgliedsstaaten bei der gegenwärtigen Förderrate noch etwa 40 Jahre reichen werden.[1]

Aber wenn man davon ausgeht, dass die Hauptaufgabe der *OPEC* in der Regulierung der Ölversorgung und der Maximierung der Gewinne ihrer Mitgliedsstaaten bestehen muss, so entspricht diese Darstellung genau dem, was man von ihr erwartet. Manche Wissenschaftler sind der Ansicht, die Ölreserven der Welt könnten bereits in vier Jahrzehnten erschöpft sein, und eine Krise sei noch früher zu erwarten. Nach Auskunft von Colin Campbell, einem Geologen, der für Texaco und Amoco gearbeitet hat, lautet die entscheidende Frage nicht, wann das Öl ausgehen wird, sondern ab wann die Produktion beginnt, unwirtschaftlich zu werden. Seiner Schätzung nach werden die Ölreserven der Erde ab dem Jahre 2010 allmählich abzunehmen beginnen, gleichzeitig werden die Preise anfangen zu steigen.

Warum so bald? Dr. Campbell zufolge stammen 80 Prozent des gegenwärtig geförderten Öls aus Feldern, die vor 1973 entdeckt wurden.[2] Freilich mögen unserer noch ein paar Neuentdeckungen harren, aber mit großer Wahrscheinlichkeit wird es sich um kleinere Felder handeln, die schwerer auszubeuten sind. Man hat extrem gründlich gesucht und nur sehr tiefe Gewässer und einige arktische Regionen noch nicht kartiert, und die Aussichten sind nicht gerade erhebend.

Ein Geologe namens M. King Hubbert (der früher für Shell gearbeitet hat) war der Erste, der in den Fünfzigerjahren eine Theorie der abnehmenden Ölreserven formuliert hat. Die ersten Ölfelder, die entdeckt werden, sind die großen, die sich preisgünstig ausbeuten lassen. Sind diese erschöpft, ist die Industrie gezwungen, sich kleineren Feldern zuzuwenden, bei denen die Förderkosten höher werden. Dr. Hubbert argumentierte, es werde immer Öl im Boden geben, aber wenn immer mehr gefördert würde, müsste ein Punkt kommen, an dem es unökonomisch würde, die verbliebenen Reserven weiter zu fördern. Er prophezeite, die Erdölproduktion der Welt werde zu irgendeinem Zeitpunkt einen Höhepunkt erreichen und von da an über lange Zeit allmählich abnehmen.

Dr. Campbell ist der Ansicht, der Gipfel der Produktion sei bereits im Jahr 2005 erreicht worden, seither begann die Zeit der abnehmenden Produktion. »Ich nehme an, sie wird etwa um drei Prozent jährlich fallen. Die Nachfrage steigt dagegen mit etwa zwei Prozent pro Jahr. Das heißt, es wird zu einer Verknappung kommen, und etwa im Jahre 2020 wird das Deckungsloch bei 40 Prozent liegen.«[3]

Der Welt werden allmählich die billigen und reichhaltigen Ölvorkommen ausgehen, von denen die industrialisierte Welt so vollkommen abhängig ist. Die Ölindustrie verweist auf so genanntes »unkonventionelles Öl«, das heißt, auf Öl, das in anderer Form vorliegt, in Ölsand beispielsweise oder in Bitumenfeldern oder auch in Gegenden, in denen gegenwärtig noch nicht gefördert werden kann. Doch es wird massiver technologischer Fortschritte bedürfen, diese Quellen ökonomisch nutzbar zu machen, und das kann viele Jahre dauern.

Im Jahre 2000 gab die CIA einen Bericht heraus, einen Ausblick bis zum Jahr 2015, in dem versucht wurde, globale Tendenzen und ihre Auswirkungen zu prognostizieren. Der Bericht stellte fest, dass die Weltwirtschaft zwar dahin kommen werde, energiesparender zu arbeiten, dass aber anhaltendes Wirtschaftswachstum (vor allem in China und Indien) einen fast fünfzigprozentigen Anstieg des Energiebedarfs bedeuten würde.[4] Damit ist klar, dass die industrialisierte Welt anfangen muss, über alternative Energiequellen nachzudenken. Doch welche gibt es – und wie rasch können sie konkurrenzfähig gemacht werden?

Eine der essenziellen Rollen des Öls ist die der Energieproduktion. Der größte Teil der in der industrialisierten Welt produzierten Energie wird mit Hilfe von Kohle, Erdgas oder Erdöl produziert, aber das muss sich ändern. Die britische Regierung hatte im März 2003 ein Energiepapier herausgegeben, in dem klare Ziele gesetzt wurden: Bis zum Jahre 2010 sollten zehn Prozent der britischen Elektrizität aus erneuerbaren Quellen stammen, bis 2020 sollte der Anteil sich auf 20 Prozent verdoppeln. Deutschland fördert den Ausbau der Solar- und Windenergie. Das amerikanische Energieministerium zögert noch, dem Problem zuviel Bedeutung beizumessen, und argumentiert, dass »erneuerbare Energien niemals ›die‹ Antwort auf alle Energieprobleme werden geben können«, gesteht aber zu, dass diese erwiesenermaßen unter gewissen Bedingungen »von großem Wert [sind], vor allem in Übersee«.[5]

Wasser, Wind und Sonne, sie alle sind Energiequellen. Wasserkraftwerke kommen zunehmend aus der Mode: Aufgrund der Staudämme, die man dafür benötigt, können die ökologischen Folgen solcher Kraftwerke enorme Ausmaße annehmen. Doch Wasserkraft lässt sich auch auf andere Weise nutzen. An verschiedenen Orten im Vereinigten Königreich wird mit Gezeitenkraftwerken experimentiert: Wie Unterwasserwindmühlen setzen Turbinen die Energie des Tidenhubs um. Die Windtechnologie ist bereits weit entwickelt, obschon Energieunternehmen bei der Aufstellung von Windturbinen häufig gegen die Proteste von Anwohnern ankämpfen müssen, die die Turbinen als unansehnlich empfinden.

Biomasse ist eine andere potenziell erneuerbare Energiequelle. Aus der Verbrennung von Abfallprodukten aus der Lebensmittelproduktion sowie aus Land- und Forstwirtschaft lässt sich Elektrizität gewinnen. Zwar werden bei der Veraschung Treibhausgase frei, doch inzwischen gibt es Filteranlagen, mit deren Hilfe sich Gase und andere Abfallprodukte umwandeln lassen.

Biotreibstoffe könnten nützlich für die Bewältigung eines anderen riesigen Aufgabenfeldes im Bereich Energieverbrauch sein – des Straßenverkehrs. In den Vereinigten Staaten machen Automobiltreibstoffe etwa die Hälfte des Ölverbrauchs aus, im Jahre 1999 fuhren die Amerikaner über vier Milliarden Kilometer[6] – das entspricht zehntausend Mal der Distanz zum Mond.

Das Autofahren einzuschränken – nicht nur in den Vereinigten Staaten, sondern in jedem der Industrieländer – wird ein entscheidender Schritt bei der Abkehr von fossilen Brennstoffen sein. Umweltschützer sind der Ansicht, dass sich nun, da die Technologie vorhanden ist, Menschen von zu Hause aus arbeiten zu lassen, mehr Unternehmen dies zunutze machen und so Fahrzeiten und Treibstoffkosten einsparen sollten. Und es gibt womöglich noch andere nutzbringende Aspekte: Das Pharmaunternehmen Pfizer hat ein Modell eingeführt, bei dem den Arbeitnehmern bares Geld dafür gezahlt wurde, dass diese das Auto stehen ließen. Am Ende hat das Unternehmen festgestellt, dass es trotz und alledem gespart hat, weil es nicht in den Bau neuer Parkplätze investieren musste.[7]

Brasiliens Experiment mit Äthanol (destilliert aus dem dort reichlich vorhandenen Zuckerrohr) als Treibstoff war in den Achtzigerjahren ein Riesenerfolg, 90 Prozent aller Autos liefen mit dem billigen, im eigenen Land hergestellten Alkohol. Aber ein Treibstoffengpass ließ den Markt einbrechen, inzwischen arbeiten die Hersteller an einem flexiblen Fahrzeug, das sowohl mit Benzin als auch mit Äthanol fahren kann. Dieselfahrzeuge können mit Speiseöl fahren – eine britische Firma vermarktet inzwischen »Biodiesel« aus wiederverwertetem Pflanzenöl, und nur der leichte Pommes-frites-Geruch an der Zapfsäule verrät dessen grüne Herkunft.

In den Vereinigten Staaten hat die Bush-Regierung ihr ganzes beträchtliches Gewicht für die Entwicklung von Wasserstoff als hauptsächlichem Treibstoff in die Waagschale geworfen. In seiner Rede zur Lage der Nation aus dem Jahre 2003 kündigte der Präsident Mittel in Höhe von 1,2 Milliarden Dollar für die Entwicklung einer kommerziell verwertbaren Wasserstoff-Brennstoffzelle an. Es verwundert nicht, dass die Amerikaner davon begeistert sind: Wasserstoff ist ein Brennstoff mit extrem hohem Wirkungsgrad und minimalem Schadstoffausstoß. Sobald die Wasserstoffproduktion wirtschaftlich lukrativ ist, könnten die Vereinigten Staaten ihren gesamten eigenen Energiebedarf selbst decken, statt auf Ölimporte angewiesen zu sein.

Die kommerzielle Verwendung von Wasserstoff aber könnte dessen Stolperstein werden. In seiner natürlichen Form ist Wasserstoff schwierig zu lagern, und noch immer ist seine Herstellung extrem teuer. Das versehentliche Austreten von Wasserstoff in die Atmosphäre könnte sich als gefährlicher erweisen als die Treibhausgasemissionen durch die Verbrennung fossiler Brennstoffe. Dann sind da noch Fragen des Transports und der Lagerung. Im Augenblick ist es noch problematisch, Wasserstoff in Zapfsäulen zu füllen, und solange er nicht überall verfügbar ist, werden Autofahrer sich nicht gegen ein benzin- und für ein wasserstoffbetriebenes Auto entscheiden.

Trotz solcher kritischen Überlegungen hat die Hinwendung zu einer Wasserstoffwirtschaft als Alternative zu fossilen Brennstoffen begonnen. Die Elektronikgiganten Sanyo und Samsung arbeiten an Brennstoffzellen für kleine elektronische Geräte wie Telefone und Laptops. Die erste öffentliche Wasserstofftankstelle wurde im März 2003 in Island eröffnet. Bei der Eröffnung stand nur ein einziger Prototyp zum Tanken bereit, aber es sieht so aus, als werde die Nachfrage rasch wachsen. BMW, Honda und Mercedes Benz haben bereits Musterfahrzeuge in geringer Anzahl produziert, und bis zum Jahre 2006 werden zehn europäische Städte wasserstoffbetriebene Busse testen.

General Motors erklärt, man sei zuversichtlich, dass bis zum Jahre 2010 die ersten wasserstoffbetriebenen Fahrzeuge kommerziell produziert werden könnten,[8] und ist eine Partnerschaft mit Shell eingegangen, in deren Rahmen eine Flotte von Lieferwagen in und um Washington getestet werden soll. Die Zusammenarbeit mit der Ölindustrie wird als entscheidend wichtige Voraussetzung für den Erfolg des neuen Brennstoffs erachtet.

Es mag zu früh sein, um zu beurteilen, ob Wasserstoff wirklich eine Lösung für die Energieprobleme der Welt sein wird. Vielleicht ermöglicht er uns, die Liebesbeziehung zum Auto fortzuführen, aber noch ist die Frage offen, ob und wie sich diese Technologie der industriellen Verwertung und der Energieproduktion im großen Maßstab wird anpassen lassen. Doch immerhin scheint es, als würde dem Nachdenken über Energiequellen nunmehr eine gewisse Dringlichkeit beigemessen. Und das ist gut so – wir haben vielleicht nur noch vier Jahrzehnte, um die Sache in den Griff zu bekommen.

31

Zweiundachtzig Prozent aller Raucher leben in Entwicklungsländern

Welche katastrophalen Folgen Tabak auf die Gesundheit der Allgemeinheit hat, lässt sich nicht genug betonen. Jahr für Jahr sterben fast fünf Millionen Menschen an den Folgen des Rauchens.[1] Unter den vermeidbaren Todesursachen steht Rauchen an erster Stelle. Fünfhundert Millionen der heute lebenden Menschen werden durch tabakbedingte Erkrankungen frühzeitig sterben. Gro Harlem Brundtland, einstige Generaldirektorin der *Weltgesundheitsorganisation WHO*, bemerkt dazu: »Es ist schwer, wenn nicht gar unmöglich, in der Geschichte Beispiele zu finden, die dem programmierten Todes- und Zerstörungsweg des Tabaks vergleichbar wären. Ich habe das Wort programmiert mit Bedacht gewählt. Die Zigarette ist das einzige Verbrauchsprodukt, das seinen Konsumenten umbringt, wenn er es wie vorgesehen verwendet.«[2]

Im Verlauf der kommenden Jahre wird es in den Entwicklungsländern mehr und mehr dieser vermeidbaren Todesfälle geben. Weltweit gibt es 1,1 Milliarden Raucher, 82 Prozent davon leben in Ländern mit mittlerem oder geringem Einkommen.[3]

Im industrialisierten Westen hat die Zahl der Raucher stetig abgenommen. Im Jahre 1955 rauchten 56 Prozent aller amerikanischen Männer, im Jahre 2001 waren es nur noch

25,2 Prozent.[4] Die britischen Statistiken zeigen eine vergleichbare Abnahme: von 51 Prozent im Jahre 1974 auf 28 Prozent im Jahre 2001.[5] Fünfzig Prozent der Männer in Ländern mit geringem oder mittlerem Einkommen sind Raucher. Allein in China rauchen mehr als 300 Millionen Männer, was den Vertreter eines Riesen der Tabakindustrie zu der Feststellung veranlasste: »Wenn man an chinesische Raucherstatistiken denkt, so ist das, als versuche man, sich die Grenzen des Universums vorzustellen.«[6]

Die zunehmende Liberalisierung des weltweiten Tabakhandels hat die Entwicklungsländer auf den Geschmack gebracht. Die Vereinigten Staaten haben einer Reihe asiatischer Länder mit Handelssanktionen gedroht, sollten diese sich weigern, den amerikanischen Tabakfabrikanten ihre Märkte zu öffnen. Japan, Südkorea, Thailand und Taiwan haben ihre Importbeschränkungen daraufhin fallen lassen, und der Marktanteil der Tabakriesen schoss in der Region explosionsartig in die Höhe. Um mit den ausgeklügelten Vermarktungsstrategien ihrer neuen Rivalen mithalten zu können, haben die nationalen Tabakunternehmen ihre eigenen Marketingbestrebungen deutlich verstärkt. Vor der Öffnung des taiwanesischen Marktes hatten in Taipeh 26 Prozent der Jungen und 15 Prozent der Mädchen erste Rauchversuche unternommen. Im Jahre 1990, vier Jahre, nachdem die Vereinigten Staaten sich Zutritt verschafft hatten, lagen die Zahlen bei 48 Prozent für Jungen und 20 Prozent für Mädchen.[7] Das Geschäft blüht.

Die *Weltgesundheitsorganisation* berichtet, dass die Tabakwerbung in Kambodscha während der Neunzigerjahre des 20. Jahrhunderts in nur vier Jahren um 400 Prozent zugelegt hatte. In Malaysia macht die Tabakwerbung 20 bis 25 Prozent der gesamten Werbung aus, und das, obwohl es dort nicht gestattet ist, direkt für Zigaretten zu werben. Die Unternehmen haben darauf reagiert, indem sie eine Reihe von Beiprodukten anpriesen: »das Benson-and-Hedges-Bistro, Dunhill-Accessoires, Marlboro-Kleidung, Kent-Horizon-Tours, Peter-Stuyvesant-Reisen und die Tanzwettbewerbe der Plattenkette Salem-Cool-Planet«.[8]

Frauen und junge Leute in den Entwicklungsländern verheißen der Tabakindustrie besonders verführerische Beute. Im Vergleich zu ihren Zeitgenossinnen in den Industrienationen (in denen 20 Prozent der Frauen rauchen), rauchen Frauen in Ländern mit geringem Einkommen sehr viel weniger – nur neun Prozent sind regelmäßige Raucherinnen.[9] Die Taktiken, mit der man in den 1920er Jahren die amerikanischen Frauen geködert hatte – eine Marke ermunterte Frauen, »greifen Sie lieber zu einer Lucky statt zu etwas Süßem«, eine andere ließ junge Frauen ihre »Fackel der Gleichheit«[10] rauchend die Fifth Avenue in New York entlangflanieren –, fallen heutzutage nicht wesentlich subtiler aus. In Japan bildet Zigarettenwerbung europäische Frauen ab, die »mitten im Leben stehen«, selbstsicher Unabhängigkeit demonstrieren, in Indien zeigt sie Frauen in westlicher Kleidung und luxuriöser Umgebung, die sich der materiellen Segnungen finanzieller Autonomie erfreuen.[11]

Die Taktik, mit der junge Leute geködert werden sollen, ist sogar noch hinterhältiger. Fast jedes zehnte von den *Centers for Disease Control* befragte chilenische Kind gab an, von Vertretern der Tabakindustrie bereits einmal unentgeltlich Zigaretten angeboten bekommen zu haben.[12] Die Marken selbst präsentieren sich als begehrenswerte westliche Produktpalette – die Hälfte aller Schüler in Kambodscha besitzt ein Produkt mit dem Logo einer Zigarettenmarke darauf.[13] In

Sri Lanka heuerte ein Tabakhersteller bildhübsche junge Frauen an und ließ sie in Jeeps und Autos mit seinem Logo herumfahren und Zigaretten verschenken.[14] In der Ukraine, dem zweitgrößten Zigarettenmarkt nach China, finanzierte ein Tabakunternehmen Galapartys und drehte Videofilme von wohlhabenden jungen Männern und Frauen, die sich inmitten zahlloser Firmenlogos von Zigarettenherstellern vergnügten. Der staatliche Fernsehkanal – zu mittellos, um eigene Programme produzieren zu können – zeigte diese kaum verhüllten Reklamespots in zahllosen Wiederholungen.[15]

Mit steigenden Raucherzahlen in der Dritten Welt werden auch die Todesfälle zunehmen. Dazu ein Tabakkontrollexperte: »Wenn die Chinesen rauchen wie die Amerikaner, werden sie auch wie die Amerikaner sterben.«[16] Die *WHO* schätzt, dass es bis zum Jahre 2020 jährlich um die 8,4 Millionen Todesfälle durch tabakbedingte Erkrankungen geben wird, bis 2030 werden es zehn Millionen sein. Bis dahin wird Rauchen weltweit zur Todesursache Nummer 1 geworden sein.

Die mit dem Rauchen assoziierten Gesundheitsrisiken werden in den Medien der meisten industrialisierten Länder ausführlich dargestellt: Wir alle wissen (oder sollten wissen), dass Rauchen das Risiko für Herzerkrankungen und verschiedene Arten von Krebs erhöht. Doch in den Entwicklungsländern haben viele Raucher so gut wie keine Vorstellung von den Risiken. Eine Umfrage kam zu dem Schluss, dass 61 Prozent der chinesischen Raucher der Ansicht waren, ihre liebste Gewohnheit füge ihnen kaum oder gar keinen Schaden zu.[17] Vergessen Sie die Angst einflößenden Warnetiketten auf den Zigarettenpackungen im Westen – viele Länder machen es kaum oder gar nicht zur Bedingung, Tabakpäckchen mit Warnungen zu versehen. Im Oktober 2003 entschied ein japanisches Gericht, die Aussage »Achten Sie darauf, nicht zuviel zu rauchen« sei völlig hinreichend.[18]

Zu all den Risiken, die ihre Zeitgenossen in den westlichen Nationen mit dem Rauchen eingehen, sind Raucher in den Entwicklungsländern möglicherweise weit größeren Gefahren ausgesetzt. Eine indische Studie kam zu dem Schluss, dass die Hälfte aller Männer, die an Tuberkulose starben – um die 400 000 pro Jahr – hätten überleben können, wenn sie nicht geraucht hätten. Die Wissenschaftler erläuterten, dass Rauchen das Immunsystem schwäche und die Lunge anfälliger für Infektionen mache.[19] Bei HIV-infizierten Personen und AIDS-Kranken kann Rauchen das Risiko für Emphyseme oder opportunistische Infektionen wie Lungenentzündungen erhöhen.[20]

Die Belastungen für das Gesundheitswesen – das in Entwicklungsländern oftmals ohnehin unter Mittelknappheit leidet und durch zahlreiche andere Probleme der Volksgesundheit bis an die Grenzen ausgelastet ist – sind massiv. Die Weltbank schätzt, dass Gesundheitsprobleme, die mit dem Rauchen in Zusammenhang stehen, in den Industrienationen bis zu 15 Prozent der Etats für das Gesundheitswesen verschlingen.[21]

Wenn es keinen gesetzlichen Antrieb gibt, der die Tabakproduzenten dazu veranlasst, ihren Kunden gegenüber eine verantwortungsvolle Haltung an den Tag zu legen, und wenn einzelne Länder zögern, es mit der Macht der Tabakriesen aufzunehmen, dann ist es vielleicht an der internationalen Staatengemeinschaft, eine härtere Gangart einzuschlagen. Die WHO ist zähneknirschend zu der Erkenntnis gekommen, dass Tabakindustrie und Unternehmensverantwortung ein Widerspruch in sich ist, und hat beschlossen, ihr erstes

Übereinkommen in Sachen Tabak aufzusetzen. Die *Tabakrahmenkonvention FCTC (Framework Convention on Tobacco Control)* hat zum Ziel, alle Aspekte des Problems – von der Werbung bis hin zur Besteuerung – zu regeln. Das Abkommen wurde von der *Weltgesundheitskonferenz* im Mai 2003 angenommen und ist im Februar 2005 in Kraft getreten.

Jeder der Unterzeichnerstaaten ist verpflichtet, ein nationales System zur Tabakkontrolle zu entwickeln und eine ganze Palette von Gesetzen zu erlassen, durch die die Nachfrage nach Tabak eingedämmt werden soll – die Vorschläge reichen von einer höheren Besteuerung von Zigaretten und klaren, eindrücklichen Warnhinweisen auf den Packungen bis zu groß angelegten Aufklärungskampagnen über die Gefahren des Rauchens. Die Staaten haben sich außerdem auf ein umfassendes Verbot von Tabakwerbung, Verkaufsförderung und Sponsoring geeinigt.

Die Tabakindustrie war am Beratungsprozess nicht beteiligt, und die *WHO* hat eigens Untersuchungen zu den Versuchen der Industrie angestellt, die Maßnahmen zur Tabakkontrolle zu unterminieren.[22] Einige Unternehmen (zum Beispiel Philip Morris International) haben die Unterzeichnung der *Tabakrahmenkonvention* in aller Öffentlichkeit mit Beifall begrüßt, andere aber sahen sie mit gemischten Gefühlen. Der Aufsichtsratsvorsitzende von British American Tobacco hat mit seiner Ansicht nicht hinter dem Berg gehalten: »Die Prioritäten [der *WTO*] sind andere als die von Gesundheitsministern der Dritten Welt, für die Themen wie Unterernährung, mangelnde Hygiene, Säuglingssterblichkeit und AIDS einen ganz anderen Stellenwert haben.«[23] Dennoch haben viele Entwicklungsländer ihre Bereitschaft bekundet, den Rahmenvertrag zu unterzeichnen.

Die von der Tabakrahmenkonvention vorgeschlagenen Schritte könnten höchst wirkungsvoll sein. Die Besteuerung ist nach Ansicht der Weltbank »zwar ein stumpfes Werkzeug, aber dennoch die wirkungsvollste und praktikabelste Methode, Kinder und Jugendliche vom Rauchen abzuhalten«. Eine weitere wirkungsvolle Strategie ist die der Gegenwerbung: In Kanada reagierten 90 Prozent der Raucher auf die störenden Aufdrucke auf den Packungen, 40 Prozent zeigten sich daraufhin motivierter, mit dem Rauchen aufzuhören.[24] In der Türkei hat die Einführung der Warnhinweise den Konsum im Laufe von sechs Jahren um acht Prozent sinken lassen. Teileinschränkungen bei der Werbung sind zum großen Teil ineffizient, aber ein umfassendes Werbeverbot stellt sicher, dass Tabakunternehmen sich bei ihren Marketingstrategien nicht einfach auf andere Taktiken verlegen.

Tabak macht süchtig, und Erwachsene geben nur schwer auf, was sie in jungen Jahren gelernt haben. Regierungen können einen Beitrag leisten, indem sie Informationen zur Verfügung stellen, die angehenden, verzichtbereiten Nichtrauchern helfen und Mittel wie Nikotinpflaster und -kaugummis subventionieren, die den Betreffenden ihren Weg erleichtern.

Wenn wir es fertig brächten, Erwachsene dazu zu bringen, mit dem Rauchen aufzuhören, und Kinder davon abzuhalten, überhaupt erst damit anzufangen, könnten wir Millionen Leben retten. Die Welt hat den klaren Auftrag, Tabakproduktion und -konsum einzudämmen. Die fünf Millionen Toten, die das Rauchen jährlich fordert, müsste es nicht geben. Es ist an den Regierungen, den Tabakunternehmen und den Vertretern des Gesundheitswesens, dies zu verhindern.

32

Über 70 Prozent der Erdbevölkerung haben noch nie ein Freizeichen gehört

In der industrialisierten Welt fühlt man sich leicht von Informationen überschwemmt. Von dem Augenblick an, in dem wir aufstehen und das Radio anschalten, über das unablässige Informationsbombardement, das am Arbeitsplatz mit Hochgeschwindigkeit aus dem Internet auf uns einprasselt, bis hin zur Talkshow am späten Abend: Tag für Tag werden wir aus zahllosen Quellen mit Nachrichten, Analysen und Unterhaltung zugeschüttet.

Wissenschaftler schätzen, dass alljährlich für jeden Menschen auf dem Planeten 800 Megabyte an Information produziert werden. Alles in allem wird allein durch die Druck-, Film-, Magnet- und optischen Speichersysteme der Welt jedes Jahr so viel Information produziert, dass sich die Kongressbibliothek in Washington mit ihren 19 Millionen Büchern und 56 Millionen Manuskripten 500 000 Mal damit füllen ließe.[1] Und darin sind nicht einmal ansatzweise die Informationen eingeschlossen, die durch elektronische Medien wie Fernsehen, Radio, Computer und Telefone fließen. Jahr für Jahr wächst die Menge an neu geschaffener Information um ein Drittel.

Die Wissenschaftler haben errechnet, dass der Durchschnittsamerikaner 46 Prozent seiner Zeit damit zubringt, sich Zugang zu Informationen zu verschaffen. Wer einen Internetanschluss hat, bringt jeden Monat zu Hause mehr als 25 Stunden online zu und surft am Arbeitsplatz mehr als 74 Stunden. Im Jahre 2001 bediente sich die Hälfte der amerikanischen Bevölkerung des Internets, noch 1990 waren es nur 0,8 Prozent.[2]

Heutzutage gibt es schätzungsweise 600 Millionen Internetbenutzer. Das ist eine ungeheure Zahl, repräsentiert aber nur zehn Prozent der Weltbevölkerung. Fast 90 Prozent dieser Internetkundigen leben in den Industrienationen, allein um die 27 Prozent davon in den Vereinigten Staaten.[3] In Afrika verfügt weniger als ein Prozent der Gesamtpopulation von 800 Millionen Menschen über einen Computer.[4] Aber sehen wir mal ganz ab von Dingen wie »noch nie eine E-Mail versendet« oder »nie eine Suchmaschine benutzt«: 70 Prozent der Weltbevölkerung haben noch nie ein Freizeichen gehört!

Während diejenigen, die Zugang zum Internet haben, sich der Segnungen einer technischen Revolution erfreuen, bleiben diejenigen, die es nicht haben, auf der Strecke. Die Entstehung einer neuen Zweiklassengesellschaft von Besitzenden und Nichtbesitzenden – die »Informierten« und die »Uninformierten« – hat Demoskopen veranlasst, über eine »digitale Bildungskluft« zwischen Onlinenutzern und Nichtnutzern zu spekulieren.

Auf den ersten Blick sieht das Ganze genauso aus wie ein weiteres Beispiel für die Spaltung in Arm und Reich. Aber so einfach liegen die Dinge nicht. Diese digitale Kluft ist nicht allein eine Frage von einkommensstarken und einkommensschwachen Gesellschaften, es gibt solche Spaltungen innerhalb einer Region, manchmal sogar innerhalb einer Nation. Zwar unterscheidet sie sich in ihrer Beschaffenheit quer durch die Kulturen, doch insgesamt betrachtet gibt es ein paar Trends, die sich grenzübergreifend finden. Wenn Sie ein junger, wohlhabender Mann von hohem Bildungsstand sind und in einer Industrienation in der Stadt wohnen, stehen die Chancen gut, dass sie sich auf der richtigen Seite des digitalen Trenngrabens befinden. Wenn Sie aber älter sind, ärmer, weiblichen Geschlechts und in einem Entwicklungsland leben ... nun, dann stehen Sie vermutlich auf der anderen Seite. In Finnland mit seiner Bevölkerung von fünf Millionen Menschen leben mehr Internetbenutzer als in ganz Lateinamerika.[5]

Wer imstande ist, Technologie für seine eigenen Zwecke auszunutzen, empfängt reichen Lohn. Der Einzelne kann sich Wissen aneignen, Sprachen lernen, die es ihm ermöglichen, sich mit anderen Ländern und Kulturen zu befassen, Fertigkeiten erwerben, bekommt immer neue Chancen. Auf nationaler Ebene bietet das Internet ein Medium, das es erlaubt, Informationen zu teilen, das Niveau der Grunddienstleistungen in einem Land anzuheben, Handel zu fördern und auf Entwicklungsziele hinzuarbeiten. Manche Kommentatoren sind davon überzeugt, dass das Internet dadurch, dass es den Menschen einen besseren Zugang zu Informationen eröffnet, die traditionelle Hierarchie in einer Gesellschaft aufweicht. John Chambers, Geschäftsführer von Cisco Systems, behauptete 1998, das Internet werde »in jeder Hinsicht genauso viel Einfluss auf die Gesellschaft haben wie die Industrielle Revolution«, und der Autor Nicholas Negroponte vertritt die Theorie, es werde »heillos unterschätzt... es wird sich für sämtliche Medien zu einer machtvollen Technologie auswachsen«.[6,7] Die Gelehrten prophezeien, dass sich die Millionen kleiner Internetseiten immer weiter vermehren, so den Menschen Gelegenheit geben werden, ihre eigene Version von Wahrheit darzustellen, und damit die Macht der traditionellen Medien, unser Denken zu beeinflussen, in unabsehbarer Weise beschneiden werden.

Doch es war rasch klar, dass diese Segnungen nicht diejenigen erreichen, die so verzweifelt auf sie angewiesen sind: die Menschen in den Entwicklungsländern in ihrem Kampf gegen Armut und manchmal auch gegen tyrannische Regierungen. Wenn diesen Menschen der Zugang zu elektronischen Technologien verwehrt bleibt, ist die Vorstellung von einer neuen Internet-Demokratie für sie ganz und gar bedeutungslos. Und während der Rest der Welt ungehindert voranschreitet, bleiben die »Uninformierten« auf der Strecke.

Nahezu ein Drittel aller Internetbenutzer lebt in den Vereinigten Staaten, doch sogar da gibt es die digitale Zweiklassengesellschaft. Während sich die Kluft zwischen den beiden Geschlechtern, verschiedenen Altersgruppen und geografischen Voraussetzungen allmählich schließt, gibt es bei Fragen der ethnischen Zugehörigkeit und des Einkommens sehr klare Trennlinien. Weiße Familien und Familien mit asiatischem Hintergrund haben in Amerika doppelt so häufig einen Internetanschluss wie schwarze Familien oder Spanischstämmige. Achtundsechzig Prozent der Familien mit einem Einkommen von über 75 000 Dollar im Jahre verfügen über einen Zugang zum Internet, aber nur zwölf Prozent der Haushalte mit einem Einkommen von unter 15 000 Dollar.[8]

In Großbritannien liegen die Dinge ganz ähnlich. Die Gruppe mit dem geringsten Einkommen hat nur zu zehn Prozent einen Internetanschluss, die mit dem höchsten Einkommen liegt 69 Prozentpunkte darüber.[9] Der Bericht von *UK Online* (einer britischen Initiative, deren erklärtes Ziel es ist, allen Briten einen Online-Anschluss verfügbar zu machen) beobachtete eine »zutiefst negative Einstellung« gegenüber dem Internet bei manchen Leuten und berichtet, dass etwa die Hälfte aller Erwachsenen, die niemals das Internet genutzt hatten, mangelndes Interesse daran bekundeten. Da viele Dienstleitungen der öffentlichen Hand inzwischen online erbracht werden, kommt der Bericht zu dem Schluss, dass diese Gruppen »unter Umständen mit zunehmender gesellschaftlicher Isolation werden rechnen müssen«.[10]

Eines der Resultate mangelnder digitaler Chancengleichheit ist demnach sozialer Ausschluss innerhalb einer wohlhabenden Gesellschaft. Ein weiteres ist die globale Isolation, die viele ärmere Länder empfinden. Senegals Präsident Abdoulaye Wade fürchtet, dass Afrika Gefahr laufe, vom Rest der Welt isoliert zu werden, und erklärte, es sei »paradox und entbehre nicht der Ironie, dass der Kontinent, der die Schrift erfunden habe, vom universellen Wissen ausgeschlossen [ist]«.[11]

In Afrika gibt es weniger Telefonleitungen, Radios, Fernseher, Computer und Internetbenutzer als auf jedem anderen Kontinent. Nur jeder vierte besitzt ein Radio, nur jeder vierzigste ein Telefon. Besonders schlimm ist die Situation in ländlichen Gebieten, in denen es keine Telefonleitungen und Straßen gibt. In den afrikanischen Staaten südlich der Sahara gibt es auf 250 bis 400 Menschen einen Internetanschluss – in Nordamerika hingegen einen für zwei Personen. Millionen Menschen bleibt die Chance auf Entwicklung, Handel und Bildung vorenthalten, die die Technologie bereithielte.

Es ist richtig, dass es einem Land, das unter der Last eines Krieges, unter Hunger oder Krankheiten leidet, sicher alles andere als höchste Priorität bedeutet, seinen Bewohnern Zugang zu Internet oder Handys zu verschaffen. Aber Regierungen und internationale Institutionen realisieren zunehmend, dass dies für Gesundheitssysteme (die Informationen und Patientendaten elektronisch austauschen können) und die Bildung von großem Vorteil sein kann. In Sierra Leone, Ruanda und Angola vermittelt man ehemaligen Kindersoldaten im Rahmen ihrer Rehabilitation Computerkenntnisse, und eine Englischlehrerin in Mauretanien hilft ihren Schülern, Kontakte zu Schülern auf der ganzen Welt zu knüpfen. »Keiner meiner Schüler hat eine Postadresse mit Straße und Hausnummer, aber sie alle sind ungemein stolz, eine E-Mail-Adresse zu besitzen«, berichtet sie. In Gesellschaften, in denen Frauen durch Familie oder Religion stark eingeengt werden, bietet das Internet für Mädchen zudem oft eine entscheidend wichtige Möglichkeit, etwas über den Rest der Welt zu erfahren.[12]

PC-Entwickler in Brasilien haben einen abgespeckten Computer konstruiert, der nur halb so groß ist wie ein normaler PC und um die 300 Dollar kostet: Er hat zwar weder Diskettenlaufwerke noch eine schicke Windows-Software, dafür aber ein eingebautes Modem und alle Software, die man braucht, um im Internet surfen zu können. Indiens Simputer geht sogar noch weiter: Seine Entwickler haben einen tragbaren Computer geschaffen, mit denen sich durch Berührung, akustisch und über intuitiv erfassbare Symbole interagieren lässt, ein großes Plus in Ländern, in denen das Analphabetentum weit verbreitet ist. Die Hersteller schlagen vor, den Simputer in einer Schule oder einem Laden zugänglich zu machen, der einzelne Nutzer kann zu einem erschwinglichen Preis Smartcards erwerben, auf denen er seine Daten speichern und bearbeiten kann.

Außerdem errichtet Indien ein Netz aus kleinen Computerzentren, das Menschen und Kommunen die Möglichkeit gibt, den Umgang mit Computern zu lernen und Dienste gegen ein geringes Entgelt zu nutzen. Die Zentren nutzen einen kostengünstigen drahtlosen Zugang, das heißt, es besteht keine Notwendigkeit, eine Telefonleitung zu legen. Sukanya Sakkarai lebt in einem kleinen Dorf im indischen Bundesstaat Tamil Nadu und wird von der Firma, die das Computer-»Kiosknetzwerk« entwickelt, finanziell unterstützt. Ihren ersten Erfolg konnte sie feiern, als sie einer ansässigen Bauernfamilie herausfinden half, warum ihre Okrapflanzen nicht gediehen: Eine Landwirtschaftsschule aus der Region schickte per E-Mail Behandlungsvorschläge, und der Mann zahlte die Lizenzgebühren nur zu gerne. Die Kunde verbreitete sich rasch, und inzwischen führt sie ein blühendes kleines Unternehmen, gibt Kurse für Dorfbewohner und verschafft ihnen E-Mail-Anschlüsse.[13]

Mangelnde digitale Chancengleichheit ist nicht unüberwindlich, aber ohne klare Initiativen zur Überbrückung der Technologie-Kluft wird das Internet nie zu einer wahrhaft demokratischen weltweiten Einheit werden. Indem sie vorhandene Technologien auf ihre eigenen Bedürfnisse maßschneidern, können die Entwicklungsländer einen Teil der Schwierigkeiten überwinden, die Isolation und mangelnde Infrastruktur ihnen auferlegen. Doch um das bewerkstelligen zu können, müssen Regierungen mit internationalen Organisationen und Firmen aus dem Privatsektor zusammenarbeiten, um Zugang zu der für sie speziell notwendigen Information und Ausstattung zu bekommen. Der von den Vereinten Nationen im Dezember 2003 veranstaltete Weltgipfel über die Informationsgesellschaft hatte es nicht vermocht, die nötigen Fördermittel bereitzustellen, um sein Ziel, bis 2015 die Hälfte der Welt mit einem Internetanschluss zu versorgen, erreichen zu können; einer der Organisatoren schätzte, es werde mehr als sechs Milliarden Dollar kosten, alle Winkel der Erde mit Telefon- und Internetanschluss zu versorgen.[14]

In der industrialisierten Welt sagt uns die digitale Bildungskluft etwas über die größeren Gräben in unseren Gesellschaften. Ohne Eingriffe werden die städtischen Reichen reich bleiben und die Benachteiligten immer weiter zurückfallen. Von Regierungen geförderte Projekte, die Schulen und öffentliche Bibliotheken vernetzen, sind eine Chance für Menschen, die sich keinen Computer leisten können, selbst online zu gehen. Regierungen können zudem eine Menge tun, um Netzwerkbetreiber zu ermutigen. Wir müssen nur nach Südkorea blicken, wo die Regierung eine Rieseninvestition in den Ausbau des Breitbandnetzes getätigt hat, indem sie neue Netzwerke gefördert und Anreize wie Kredite mit niedrigen Zinsen für Unternehmen geschaffen hat, die bereit sind, sich zu engagieren. In nur fünf Jahren hat Südkorea die weltweit höchste Verbreitung von Anschlüssen für das Hochgeschwindigkeitsinternet erreicht – 60 Prozent aller Haushalte verfügt inzwischen über einen Breitbandanschluss.

Es mag lange dauern, bis der ungeheure Berg an Informationen, der Jahr für Jahr zusammengetragen wird, gleichmäßiger verteilt werden kann. Aber wenn wir auf eine Gesellschaft mit mehr Gleichberechtigung hinarbeiten, ist die Abschaffung der Gräben, die die reiche Welt von der armen trennen, vorrangig – unabhängig davon, ob sich dies nun in Geld, Lebensstandard oder dem Zugang zu Informationen niederschlägt.

33

Bei einem Viertel aller bewaffneten Konflikte der Welt
in den letzten Jahren hat der Kampf um natürliche
Ressourcen eine ursächliche Rolle gespielt

Die natürlichen Ressourcen eines Landes können die Chance auf Wohlstand, Beschäftigung und Entwicklung bedeuten. Aber sie können auch Neid provozieren, gewaltsame Auseinandersetzungen auslösen und eine Gesellschaft in Schutt und Asche legen. Reiche natürliche Vorkommen können sich für ein Land als dessen größter Fluch erweisen.

Solcher Reichtum kann sich unter der Erde befinden (Öl, Mineralvorkommen, Metalle oder Edelmetalle) oder deren Oberfläche bedecken (Wasser, Holz, Drogen- und Arzneipflanzen). Bei etwa der Hälfte der etwa 50 Kriege und bewaffneten Konflikte in den letzten Jahren haben natürliche Ressourcen zum Ausbruch einer gewaltsamen Auseinandersetzung beziehungsweise zur Finanzierung ihrer Fortführung beigetragen. In den Neunzigerjahren des vergangenen Jahrhunderts starben mehr als fünf Millionen Menschen infolge solcher Konflikte.[1]

Der Krieg in der Demokratischen Republik Kongo hat seit 1998 schätzungsweise drei Millionen Menschen das Leben gekostet.[2] Die Ressourcen des Landes waren nicht nur der Preis, um den gekämpft wurde, sondern fungierten überdies als Mittel zur Finanzierung militärischer Operationen und als ergiebige Einkommensquelle für skrupellose Regierungen. Die Demokratische Republik Kongo verfügt über beträchtliche Gold- und Diamantenvorkommen sowie über ein mineralhaltiges Erz namens Coltan, ein wichtiger Rohstoff zur Herstellung von Handys und Computern. Im Rohzustand sind die darin enthaltenen Mineralien für die Bewohner des Kongo relativ wertlos. Die massive Nachfrage des Westens aber hat für Millionen von ihnen Tod und Vertreibung bedeutet.

In einem Bericht der Vereinten Nationen vom Oktober 2002 wurde den Armeen von Ruanda, Simbabwe und Uganda vorgeworfen, die Bodenschätze der Demokratischen Republik Kongo illegal geplündert zu haben.[3] Es wurde belegt, dass die Armeen dieser Staaten vorsätzlich ethnische Konflikte geschürt hatten, um ihr Verbleiben in erzreichen Regionen rechtfertigen zu können. Wenn die Truppen die Kontrolle in solchen Gebieten aufrechterhielten, konnten »Arrangements« mit Unternehmen getroffen werden.

Ruanda protestierte, aber die Gegenbeweise fielen nicht sehr überzeugend aus. Ruandas Präsident Paul Kagame tat den berühmten Ausspruch, der Krieg im Kongo »finanziere sich selbst«. In dieselbe Richtung gingen die Äußerungen von Adolphe Onusumba, Präsident der *RCD (Rassemblement Congolais pour la Démocratie)*, einer von Ruanda finanzierten Rebellentruppe im Osten des Kongo. »Wir müssen die Soldaten unterhalten. Wir müssen Dienstleistungen bezahlen ... Aus Diamanten beziehen wir 200 000 Dollar im Monat. Coltan bringt mehr: eine Million im Monat.«[4]

Offiziell beendet wurden die Kämpfe Ende 2002 nach einer Reihe von Friedensabkommen zwischen dem Kongo und seinen Gegnern Ruanda, Uganda und einer Hand voll Rebellentruppen. Im April 2003 wurde eine neue Verfassung unterzeichnet, in der die Gewaltenteilung der Regierung verankert war. Ruanda und Uganda aber werden noch immer beschuldigt, Milizen zu finanzieren, die im Osten des Landes kämpfen. In ihrem vierten Bericht vom November 2003 kam der Expertenausschuss der Vereinten Nationen zu dem Schluss, dass die »illegale Ausbeutung von Bodenschätzen nach wie vor eine der Hauptgeldquellen für die Finanzierung von Gruppierungen darstellt, die den Konflikt weiterführen«.[5]

In Kolumbien ist Kokain die natürliche Ressource, die den Krieg zwischen Regierung und der *Bewaffneten Revolutionsfront Kolumbiens FARC (Fuerzas Armadas Revolucionarias de Colombia)* nährt. Der Bürgerkrieg hat über vierzig Jahre gedauert und ist in den Neunzigerjahren eskaliert, die Mittel dazu stammten aus dem Drogenhandel. Die *FARC* gibt sich als revolutionäre Bauernarmee, für die amerikanischen Behörden sind sie »Drogenterroristen«. Es wird geschätzt, dass die *FARC* aus dem Drogenhandel alljährlich einen Reingewinn von 400 Millionen Dollar zieht.[6] Da Kolumbiens Regierung außerhalb der Städte nur wenig echte Kontrolle ausübt, haben die *FARC* und andere Rebellengruppen eng ineinander verflochtene Handelsnetze einrichten können – sie verkaufen Drogen, Gold und Edelsteine und kaufen Waffen, um den Krieg am Laufen zu halten.

Die Auseinandersetzungen in der Demokratischen Republik Kongo und in Kolumbien sind zwei Beispiele für Kriege, die vor dem Hintergrund reichhaltiger Ressourcen geführt werden. Die Fachleute sind allerdings der Ansicht, dass wir in den kommenden Jahren mehr und mehr Konflikte erleben werden, die in der Verknappung von Ressourcen wurzeln. Um Öl sind bereits Kriege geführt worden – wir müssen nur an die irakische Invasion Kuwaits im Jahre 1991 und die prompte Antwort des Westens darauf denken. Aber es gibt eine lebensnotwendige Ressource, die sich möglicherweise als noch größerer Zankapfel erweisen wird: Wasser.

Im Jahre 1985 warnte der damalige ägyptische Außenminister Boutros Boutros-Ghali, »der nächste Krieg im Nahen Osten wird um Wasser geführt werden, nicht um Politik«.[7] Boutros-Ghali prophezeite eine Zukunft, in der das Bevölkerungswachstum die Anforderungen an unsere Wasservorkommen bis an deren Grenzen steigen lassen wird. Natürlich brauchen Menschen Trinkwasser, aber sie müssen auch imstande sein, genug Nahrungsmittel selbst anzubauen, um sich teure Importe zu ersparen. Der Durchschnittsmensch sollte täglich zwei Liter Wasser zu sich nehmen, doch um seinen täglichen Lebensmittelbedarf zu decken, können mehr als 1000 Liter nötig sein.[8] Entsprechend verbraucht die Landwirtschaft 70 Prozent des Süßwassers weltweit – in den Entwicklungsländern liegt dieser Wert übrigens näher an 90 Prozent. Und wo mehrere Staaten vom selben Wasservorkommen abhängen, sind Spannungen geradezu vorprogrammiert.

Die *Beratungsgruppe für Internationale Agrarforschung CGIAR (Consultative Group on Agricultural Research)* geht davon aus, dass beim Anhalten des gegenwärtigen Trends im Jahre 2025 jeder dritte Mensch unter Wasserknappheit zu leiden haben wird.[9] Afrika wird vermutlich besonders schwer betroffen sein, 500 Millionen Menschen haben dort keinen Zugang zu sauberem Wasser. Die Knappheit wird den Nutzpflanzenanbau in Mitleidenschaft ziehen, die Erträge werden um 23 Prozent hinter den Erwartungen zurückbleiben. Länder werden die benötigten Importe nicht mehr finanzieren können, Hunger und Unterernährung werden die Folgen sein.

An diesem Punkt könnte sich ein Konflikt entzünden. Der Nil und seine Zuflüsse fließen durch zehn Staaten, in denen die Hälfte der Bevölkerung unterhalb der Armutsgrenze lebt. Die Bevölkerung im Nilbecken wird sich, so steht zu erwarten, in den kommenden 25 Jahren verdoppeln, das macht die Situation noch angespannter. Dank zweier Kolonialabkommen aus den Jahren 1929 und 1959 verfügen Ägypten und der Sudan über umfassende Rechte am Nilwasser. Die anderen Länder entlang der Flussufer fordern eine gerechtere Verteilung der Rechte, aber Ägypten und der Sudan haben es nicht eilig, die Abkommen neu zu verhandeln.[10] Die Nilbeckeninitiative hat die Anrainerstaaten des Flusses an einen Tisch geholt und versucht, eine Partnerschaft zu seiner Bewirtschaftung ins Leben zu rufen. Doch damit die Initiative ein Erfolg wird, muss sie Ägypten garantieren, dass dessen einzige Wasserquelle nicht gefährdet wird.

Ein weiterer möglicher Krisenherd könnte der Ganges werden. Indien plant, seinen Wassersorgen dadurch zu begegnen, dass es landauf, landab über dreißig Flüsse vernetzt und auf diese Weise Wasser in dürregefährdete Staaten lenkt. Fachleute fürchten jedoch, dass das zu Wasserknappheit in Bangladesh führen könnte, dessen Regierung Indiens Pläne bereits als »Massenvernichtungswaffe der Zukunft« bezeichnet hat.[11] Indien hat sich bereit erklärt, Bangladesh an zukünftigen Diskussionen über das Projekt zu beteiligen, aber die Regierung dort erklärt, die Existenz von über 100 Millionen Menschen stehe auf dem Spiel.

Doch nach der Prognose von Boutros Boutros-Ghali ist der wahrscheinlichste Brennpunkt der Nahe Osten, wo fünf Prozent der Weltbevölkerung sich ein Prozent des Wasseraufkommens der Welt teilen müssen. Mitte des 20. Jahrhunderts ging Israel mit Panzern und Flugzeugen gegen syrische Bulldozer vor, mit denen versucht wurde, die Nebenflüsse des Jordan umzulenken, und im Jahre 2002 drohte es dem Libanon mit Angriffen, weil dieser begonnen hatte, Wasser aus einem Zufluss des Jordan abzupumpen. Die Palästinenser klagen, Israels Kontrolle über die Wasserzuteilung führe zu unberechenbarer und überteuerter Versorgung, außerdem sei die gemeinsame Wasserader bereits durch übermäßiges Anzapfen geschädigt. Die Israelis in der Westbank verbrauchten viermal so viel Wasser wie ihre palästinensischen Nachbarn.[12]

Wasser ist eine Quelle der Sicherheit und des Wohlstands. Es ist zu einem beinahe genauso wichtigen Thema geworden wie Land. Und in Anbetracht einer sehr hohen Wahrscheinlichkeit für eine weltweite Wasserknappheit könnten einige dieser Spannungen durchaus in einen bewaffneten Konflikt umschlagen. Der ehemalige russische Präsident Michail Gorbatschow, der heute dem Grünen Kreuz vorsteht, warnt, die Welt stehe womöglich vor einer »ernsten Situation ... Eine große Mehrzahl der Länder hat sich bisher nicht zu ihrer Verpflichtung zur Kooperation im Umgang mit Wasserressourcen bekannt. Wir stehen vor ein paar besorgniserregenden Konflikten.«[13]

Krieg ist längst keine Frage des Annektierens anderer Länder mehr – heutzutage geht es um die Schaffung von Wohlstand und die Sicherung von Ressourcen. Wo ein Konflikt mit wertvollen Mineralienlagern zu tun hat, kann man einiges tun, einerseits, indem man die an der unrechtmäßigen Plünderung beteiligten Parteien vermehrt zur Rechenschaft zieht, und andererseits, indem man das Bewusstsein für die blutigen Wurzeln einiger uns so liebgewordener westlicher Luxusgüter schärft. In der Vergangenheit hat es uns nicht gekümmert, was in unseren Laptops steckt oder woher die Edelsteine in unseren Schmuckstücken stammen. Die jüngsten Kampagnen zum Thema »Blutdiamanten« haben eine Menge dazu beigetragen, das zu ändern.

Wo Ressourcen ihrer Knappheit wegen zum Thema werden, ist das Problem unter Umständen komplexer. In den kommenden Jahrzehnten werden unsere Grundrechte auf Nahrung, Brennstoff und sauberes Trinkwasser die Fähigkeit unseres Planeten, uns zu versorgen, auf eine schwere Probe stellen. Internationale Institutionen fordern eine strikte Einhaltung der Wassergesetzgebung und eine Beteiligung aller beteiligten Parteien beim Entwurf von neuen Abkommen zur Wasserversorgung. Da die Erdbevölkerung unvermindert wächst, wird es kaum einfache Antworten geben.

34

In Afrika sind 30 Millionen Menschen HIV-positiv

Es ist die größte Epidemie, mit der die Menschheit je zu tun gehabt hat, und wir bekämpfen sie nicht eben erfolgreich. Alle vierzehn Sekunden infiziert sich ein junger Mensch mit HIV. Zum Zeitpunkt, da ich dies niederschreibe, leben 36 Millionen Menschen mit HIV oder AIDS, und bis zum Jahre 2050 wird die Krankheit womöglich 280 Millionen Menschen das Leben gekostet haben.[1]

Die afrikanischen Staaten südlich der Sahara sind am schwersten betroffen. Mehr als 20 Millionen Menschen sind an AIDS gestorben, zwölf Millionen Kinder sind durch die Krankheit verwaist. Die Lebenserwartung ist rapide gesunken – in manchen Ländern um bis zu 30 Jahre.[2] Wenn die Hauptversorger erkranken und sterben, leiden die Hinterbliebenen häufig Hunger, die Auswirkungen auf die regionale Ökonomie können dramatisch sein. Und damit ist noch nichts gesagt über den persönlichen Tribut, das Leid, die zerstörten Familien. Selbst wenn morgen ein riesiges globales Aktionsprogramm in Kraft träte, das eine wirksame Prävention, Behandlung und Versorgung bewirkte, würden diese Länder noch über viele Generationen hinweg unter den Nachwirkungen von HIV und AIDS zu leiden haben.

Es scheint zutiefst ungerecht, dass Länder, die unter den Folgen von Hunger, repressiven Kolonialregierungen und

Bürgerkriegen zu leiden haben, nun auch noch mit einer solchen Krise geschlagen sind. Epidemiologen und internationale Institutionen haben die Epidemie im Afrika südlich der Sahara genau unter die Lupe genommen und versucht herauszufinden, warum das Virus gerade dort einen so massiven Tribut gefordert hat.

Wie nicht anders zu erwarten, sind die Antworten darauf komplex. Man nimmt an, dass das HIV-Virus seinen Ursprung in afrikanischen Primaten hat und irgendwann zu Beginn des 20. Jahrhunderts auf den Menschen übergegangen ist. Das HIV-Virus hat diesen Sprung vielleicht mehrmals und auf verschiedenen Kontinenten vollführt, aber seine Verbreitung in Afrika hat lange vor der Zeit begonnen, zu der präventive Maßnahmen möglich waren.

Als AIDS zu Beginn der Achtzigerjahre erstmals in den Vereinigten Staaten diagnostiziert wurde, betraf die überwiegende Mehrheit an Infektionen Homosexuelle und Drogenabhängige. In Afrika aber war die Hauptverbreitungsursache heterosexueller Geschlechtsverkehr. Die weit verbreitete Armut hat die Situation verschlimmert: Unterernährung schwächt die Fähigkeit des Körpers zur Infektionsabwehr, das heißt die Menschen werden anfälliger für Infektionen und erkranken rascher, wenn sie infiziert sind. Wo Männer sich gezwungen sehen, die Familien zu verlassen, um Arbeit zu finden, steigen die Risiken zusätzlich: Sie wenden sich leichter an Prostituierte und wechseln häufiger die Geschlechtspartnerinnen. Wenn sie nach Hause zurückkehren, infizieren sie ihre Frauen, die dann unter Umständen HIV-positive Babys zur Welt bringen.

Auch Konflikte erhöhen die Gefahr für HIV-Infektionen. Wo Menschen in großer Zahl gezwungen werden, der Kämpfe wegen ihr Land zu verlassen, ist schwer zu garantieren, dass sie über die Risiken und Möglichkeiten zum Schutz der eigenen Person hinreichend aufgeklärt werden. Eine Mitarbeiterin der Vereinten Nationen in Sierra Leone berichtete, dass während des brutalen Bürgerkriegs Zehntausende Mädchen und Frauen von den Soldaten der Krieg führenden Parteien entführt und vergewaltigt worden seien. Viele von ihnen landeten als Prostituierte in den größeren Städten, und angesichts einer um Wiederaufbau ringenden Infrastruktur gibt es nicht allzu viel, was man tun kann, um sie zu schützen: »In Sierra Leone steht nichts mehr außer der Hoffnung.«[3]

Die Regierungen Afrikas haben nur sehr zögerlich auf die sich ausbreitende AIDS-Epidemie reagiert. Für manche wurde das Thema AIDS zum Politikum. Der südafrikanische Präsident Thabo Mbeki stellte in aller Öffentlichkeit die Verbindung zwischen dem HIV-Virus und AIDS in Frage und versammelte eine Reihe bekannter »AIDS-kritischer« Wissenschaftler um sich, die seinem Standpunkt Rückhalt verleihen sollten. In einem Vortrag aus dem Jahre 2001 bemängelte Präsident Mbeki, dass der Westen Afrika für die Krankheit verantwortlich mache: »Weil wir die Erreger in uns tragen und als Menschen von geringerem Wert gelten, die ihre Leidenschaften nicht kontrollieren können, müssen wir notgedrungen bizarre Ansichten ertragen [wie die, dass HIV AIDS verursacht], um ein lasterhaftes und krankes Volk vor dem Verderben zu retten.«[4]

Im August 2003 verkündete die südafrikanische Regierung, sie werde für eine halbe Million Menschen eine Behandlung mit Medikamenten gegen Retroviren wie HIV – mit antiretroviralen Präparaten – finanzieren. Aktivisten priesen dieses als Ende der Beschönigungen und Beginn wahrer

Hoffnung für die Leidenden Südafrikas. Doch im September 2003 trat Präsident Mbeki eine neue Kontroverse los, als er der *New York Times* erklärte, er kenne niemanden, der an AIDS zugrunde gegangen sei – und das, obwohl jemand aus seinem Team und obendrein einige führende ANC-Mitglieder an der Krankheit verstorben waren. AIDS-Aktivisten sahen dies als Spott zu allem Schaden.

Beschönigungen finden sich nicht nur auf Regierungsebene in Afrika. Es ist auch verbürgt, dass die internationale Staatengemeinschaft die düsteren Prognosen der dramatischen AIDS-bedingten Todesstatistiken geflissentlich übersehen hat. Im Jahre 1990 veröffentlichte die CIA einen Bericht, der bis zum Jahr 2000 etwa 45 Millionen HIV-Infektionen vorhersagte, die überwiegende Mehrzahl davon in Afrika. Sieben Jahre zuvor hatte ein kleines Team ausländischer Wissenschaftler Krankenhausabteilungen voller junger AIDS-kranker Frauen in Kinshasa besichtigt. Dem belgischen Wissenschaftler Peter Piot war sofort klar, dass das Virus auch durch heterosexuellen Sex übertragen wird und so eine ganze Gemeinschaft ins Verderben stürzen kann. Doch Piot und sein Team wurden von anderen Wissenschaftlern als unseriös abgetan, und es dauerte bis zum Ende der Neunzigerjahre, bis internationale Institutionen anfingen, der Krise in Afrika gebührende Beachtung zu schenken.[5]

Piot ist inzwischen Geschäftsführender Direktor des AIDS-Bekämpfungsprogramms der Vereinten Nationen *UNAIDS* und berichtet, dass »Beschönigung auf allen Ebenen für diese Epidemie charakteristisch war«.[6] Es ist keine Frage, dass Leugnen dazu beiträgt, die Ausbreitung in andere Regionen zu fördern, und genau wie in Afrika wird auch dort das verheerende Ausmaß erst jetzt allmählich offenbar. In der chinesischen Provinz Henan sollen im Rahmen einer großen Blutspendeaktion bis zu eine Million Menschen mit HIV infiziert worden sein. Die Organisatoren hatten, nachdem sie das wertvolle Plasma gewonnen hatten, das verbliebene Blut zusammengegeben und den Spendern erneut injiziert. Auf diese Weise konnten diese mehr Blut spenden, ohne eine Anämie zu riskieren. Nebenbei wurde dadurch eine rasche Verbreitung der Infektion auf die ganze Provinz garantiert; *Human Rights Watch* berichtet, dass nicht ein einziger chinesischer Entscheidungsträger für seine Rolle bei dem, was die Organisation als einen der schlimmsten Blutskandale der Welt bezeichnet, zur Verantwortung gezogen wurde, sondern dass vielmehr ein Vertreter des Gesundheitswesens dafür ins Gefängnis geworfen wurde, dass er einer Gruppe von Aktivisten einen offiziellen Regierungsbericht über HIV/AIDS hatte zukommen lassen.[7] China weigerte sich bis zum Jahre 2002, das AIDS-Problem des Landes anzuerkennen, dann allerdings überarbeitete es seine HIV-Statistik binnen eines einzigen Tages. An einem Tag waren 30 000 Personen mit HIV infiziert gewesen, am nächsten Tag betrug die Zahl mehr als eine Million.[8]

Die indische Regierung hingegen behauptet hartnäckig, HIV-Infektionen seien auf Hochrisikogruppen wie Prostituierte, Drogenabhängige und Homosexuelle beschränkt. Es gibt Berichte über Angriffe auf AIDS-Aktivisten und Demütigungen sowie über Gewalt gegen Prostituierte. Regierungsprogramme sehen keinerlei Informationen oder Vorsorgemaßnahmen für verheiratete Frauen in Gegenden vor, in denen HIV sich bereits in der Gesamtbevölkerung ausgebreitet hat, obwohl für sie die Gefahr einer Neuinfektion am höchsten ist.[9]

In vielen Ländern bremst HIV/AIDS die Entwicklung nicht

nur, sondern dreht die Uhr rückwärts. Die Lebenserwartung nimmt dramatisch ab, die Kindersterblichkeit steigt, und es steht zu erwarten, dass die Zahl derer, die in extremer Armut leben, ansteigen wird.[10] Im westafrikanischen Burkina Faso haben schätzungsweise 20 Prozent aller Familien auf dem Lande ihre landwirtschaftliche Tätigkeit wegen AIDS eingeschränkt oder ganz aufgegeben.[11] Angesichts sinkender Einkünfte fällt es den Betroffenen zunehmend schwerer, Beerdigungskosten und die medizinische Versorgung zu bezahlen, und viele Familien sind gezwungen, ihr Vieh zu veräußern. Ist dieses kostbare Gut erst einmal verkauft, ist der Verlust in der Regel nicht mehr rückgängig zu machen, und der Lebensunterhalt der Familie wird noch magerer.

Aus diesem Grund ist die Verfügbarkeit preiswerter antiretroviraler Medikamente für die Staaten südlich der Sahara so ungeheuer wichtig geworden. Als sich eine Gruppe internationaler Pharmaunternehmen im Jahre 2001 gegen die Pläne der südafrikanischen Regierung zum Import billiger AIDS-Medikamente wandte, brachte der allgemeine Aufschrei der Empörung die gesamte Industrie in Verlegenheit. Die Position der Arzneimittelhersteller, die um ihre Patente fürchteten, wurde von Aktivisten lautstark niedergemacht, und die Unternehmen ließen die Sache schließlich fallen.

Diesem Druck ist es zu verdanken, dass eine Reihe von Pharmafirmen verkündet hat, man werde den Preis für antiretrovirale Medikamente in armen Ländern niedriger ansetzen. Manche Kritiker bemängeln allerdings, dass das nicht ausreichen werde. Von den 70 Milliarden, die alljährlich zur Erforschung neuer Medikamente ausgegeben werden, gehen weniger als zehn Prozent in die Suche nach Lösungen für 90 Prozent der großen Gesundheitsprobleme der Welt.[12]

Es gibt inzwischen allerdings auch ein paar Erfolgsgeschichten aus Afrika zu vermelden. Im Osten nimmt die Zahl der HIV-Infektionen in manchen Ländern ab – am deutlichsten in Uganda, wo die Infektionsraten bei Schwangeren in den letzten acht Jahren stetig abgenommen haben.[13] Groß angelegte Informationskampagnen scheinen Wirkung zu zeigen, und Programme zur kostenlosen Verteilung von Kondomen haben dazu geführt, dass mehr und mehr junge Leute sich beim Geschlechtsverkehr schützen.

Doch alle HIV/AIDS-Programme sind auf Mittel angewiesen, und die Einhaltung der finanziellen Verpflichtungen reicher Länder durchzusetzen scheint problematisch. Der Generalsekretär der Vereinten Nationen Kofi Annan erklärte auf einer größeren internationalen Konferenz, dass die Welt mit ihren Maßnahmen, Größenordnung und Auswirkungen der Epidemie bis zum Jahr 2005 einzudämmen, hinterherhinke und die von den Vereinten Nationen im Jahre 2000 gesetzten Ziele nicht erreicht habe. Der AIDS-Beauftragte Stephen Lewis übte scharfe Kritik. Es sagte, der Mangel an preiswerten AIDS-Medikamenten sei eine »groteske Unanständigkeit… Wir können mehr als 200 Milliarden Dollar auftreiben, um einen Krieg gegen den Terrorismus anzuzetteln, aber wir sind nicht imstande, die Mittel beizubringen, um antiretrovirale Präparate für alle Menschen in Afrika zu beschaffen, die in einer solchen Behandlung bedürfen!«[14]

Der *Global Fund to Fight AIDS, Tuberculosis and Malaria* hätte 2,3 Milliarden Dollar benötigt, um seine geplanten Aktivitäten bis zum Ende des Jahre 2005 durchzuführen. Generalsekretär Annan schätzt, dass jährlich sieben bis zehn Milliarden Dollar benötigt werden, um der Epidemie in Ländern mit geringem bis mittlerem Einkommen einigermaßen wirksam begegnen zu können. Immerhin gibt die Welt tagtäglich zwei Milliarden Dollar aus, um ihre militärischen Bestrebungen zu finanzieren.[15] Man könnte den Standpunkt vertreten, dass dies eine Frage der Prioritäten sei. Und dass, wenn die reiche Welt nicht alles tut, was in ihrer Macht steht, um Entwicklungsländern bei ihrem Kampf gegen HIV und AIDS beizustehen, diese Prioritäten in schändlicher Weise verschoben worden sind.

35

Jedes Jahr sterben zehn Sprachen aus

Stellen Sie sich einen Augenblick vor, Sie seien der letzte englische oder deutsche oder spanische Muttersprachler. Niemand sonst, keiner von all den Menschen, die Sie kennen, spricht Ihre Sprache. Sie sehen keinen Sinn darin, sie Ihren Kindern beizubringen, denn mit wem sollen sie schon sprechen. Stellen Sie sich vor, was für ein Verlustgefühl das für Sie wäre. All die unübersetzbaren Redewendungen und Floskeln wären ein für allemal verklungen. Nie mehr würde jemand die Lieder Ihrer Kindheit singen oder Sie an die alten Reime erinnern. All die unausgesprochenen Bezüge zu Geschichte, Kultur, zum kollektiven Gedächtnis Ihres Volkes – alle dahin.

Es gibt gegenwärtig auf der Welt etwa 6000 lebende Sprachen – und mindestens die Hälfte davon ist ernsthaft bedroht. In allen Teilen der Welt verschwinden Sprachen. Ja, ein Wissenschafter hat sogar behauptet, bei Sprachen sei das Risiko, dass sie aussterben, größer als bei Vögeln und Säugetieren. Professor Steve Sutherland von der University of East Anglia hat errechnet, dass in den vergangenen 500 Jahren 4,5 Prozent der Sprachen ausgestorben sind; bei den Vögeln waren es im Vergleich dazu 1,3 Prozent, bei den Säugetieren 1,9 Prozent.[1]

Etwa 300 Sprachen werden von mehr als einer Milliarde Menschen gesprochen, das sind die gesunden. Am weitesten verbreitet sind Chinesisch, Englisch und Spanisch. Zehn große Sprachen bilden die Muttersprachen der halben Weltbevölkerung. Die mittlere Größe einer Sprachpopulation aber liegt bei 6000 Sprechern – die Hälfte aller Sprachen in der Welt werden von maximal so vielen Menschen oder weniger gesprochen.[2]

Sprachen kommen und gehen, genau wie viele andere Formen des menschlichen Ausdrucks, und Tausende haben genau das getan, ohne irgendwelche Spuren ihrer Existenz hinterlassen zu haben. Nur einige wenige – unter anderem das Baskische, Griechisch, Hebräisch und Latein – haben mehr als 2000 Jahre überdauert. Aber es hat den Anschein, als verschwänden sie immer rascher von der Bildfläche. Die UNESCO berichtet, dass die Aussterbensrate inzwischen bei zehn Sprachen pro Jahr angelangt ist.

Dem »Ethnologue« zufolge, einer Datenbank aller gesprochenen Sprachen der Welt, werden 417 Sprachen von so wenigen Menschen gesprochen, dass sie sich im letzten Stadium vor dem Aussterben befinden.[3] Halten Sie einen Augenblick inne, und denken Sie an den einzigen noch lebenden Luo sprechenden Menschen in Kamerun, den einzigen übrig gebliebenen Bewohner von Oregon, der noch des Klamath mächtig ist, die Hand voll Menschen in Schweden und Norwegen, die noch Saami Pite sprechen.

Einst konnten sich Sprachen in entlegenen isolierten Gegenden zu voller Blüte entfalten, doch heute gibt es nur wenige, die nicht in regelmäßigem Austausch mit dem Rest der Welt stehen. Eine international anerkannte Sprache zu beherrschen ist von klarem Vorteil für jemanden, der das Beste machen will aus den Chancen, die ihm aus Kontakten zu anderen erwachsen. Am Ende realisieren die Menschen oft nicht einmal, dass ihre Kinder nicht mehr die eigene Muttersprache lernen.

Immer wieder gehen Sprachen auch durch Migration verloren, wenn Leute aus kleinen ländlichen Gemeinden in städtische Zentren abwandern oder wenn auf der Suche nach Holz oder Öl ganze Landstriche verwüstet werden. Auch Naturkatastrophen können eine Population vernichten und mit ihr deren Sprache – ein Beispiel sind die Paulohi sprechenden Einwohner von Maluku, Indonesien, die bei einem Erdbeben und einer Flutwelle bis auf 50 Überlebende ums Leben kamen.[4]

Regierungen spielen beim Aussterben von Sprachen häufig eine unrühmliche Rolle. Die vermeintliche Notwendigkeit, eine »Amtssprache« einzuführen, in der ein Land seine Kinder unterrichtet, seine politischen Angelegenheiten regelt und Geschäfte abwickelt, hat für viele kleine Sprachen verheerende Folgen gehabt. Bis in die Siebzigerjahre des 20. Jahrhunderts war es den australischen Aborigines verboten, ihre eigenen Sprachen – von denen es einstmals mehr als 400 gab – zu sprechen. Heute sind dem Weltatlas vom Aussterben bedrohter Sprachen zufolge nur noch 25 Aborigine-Sprachen einigermaßen weit verbreitet.

Was geht verloren, wenn eine Sprache verloren geht? Es gibt Leute, die auf dem Standpunkt stehen, dass der Verlust von Sprachen nichts weiter sei als ein Symptom der allmählichen Evolution unserer Art, in der universelle Kommunikationsfähigkeiten belohnt werden, und zunehmende Homogenität lediglich ein evolutionärer Nebeneffekt ist. Natürlich hätte es womöglich riesige Vorteile, wenn jeder auf der Welt dieselbe Sprache spräche – manche Bereiche zeigen das bereits: Alle Piloten und Fluglotsen müssen Englisch sprechen können. Aber es ist auch klar, dass es um weit mehr geht als um reine Bequemlichkeit. Denn wenn eine Sprache verloren geht, geht mit ihr unter Umständen eine bestimmte Art zu leben, ein ganzer Wissensschatz unter. Komplexe religiöse und soziale Rituale verschwinden, mündliche Überlieferung findet nicht mehr statt, weil nicht mehr erzählt wird. Über Generationen angesammeltes Wissen über Pflanzen, Tiere und Umwelt wird nicht mehr weitergegeben. Und der Reichtum menschlicher Phantasie, unsere einzigartige Gabe, über das zu sprechen, was wir um uns herum sehen, wäre auf einmal keineswegs mehr so reich.

Einfacher ausgedrückt: Sprache drückt etwas über Identität aus, über unseren Platz in der Welt. Dazu Ani Rauhihi, eine Maori-Lehrerin in Neuseeland: »Wenn du nicht in deiner Sprache aufwächst, weißt du nicht, wer du bist.«[5]

Das Bedürfnis, die eigene Identität zu finden und die Verbundenheit mit der eigenen Vergangenheit zu spüren, hat eine große Rolle bei der Wiederbelebung des Maori gespielt. Maori ist die Sprache der neuseeländischen Ureinwohner und war vor der Ankunft der europäischen Siedler die Hauptsprache des Kontinents. Anfang des 20. Jahrhunderts aber wurden Schulkinder bestraft, wenn sie Maori sprachen, und nur noch wenige Schulen lehrten die Sprache. Im Jahre 1980 verfügten weniger als 20 Prozent der Maori über genügend Sprachkenntnisse, um als Muttersprachler gelten zu können, und viele in der Stadt lebende Maori hatten überhaupt keinen Kontakt mehr zur eigenen Sprache und Kultur.[6] Heute spricht jeder vierte Maori in Neuseeland seine Sprache, und etwa 40 Prozent der Maori sprechenden Vorschüler schreiben sich in Maori-Schulen ein.[7] Außerdem wurde Maori zu einer der Amtssprachen erklärt.

Sogar eine totgeglaubte Sprache lässt sich wieder zu blühendem Leben erwecken. Hebräisch wurde seit dem dritten Jahrhundert nicht mehr gesprochen, überlebte aber als »heilige Sprache« der jüdischen Religion. Ende des 19. Jahrhunderts zielte eine Wiederbelebungsinitiative unter der Führung von Eliezer Ben-Jehuda auf die Wiedereinführung des Hebräischen als gemeinsame Sprache der Juden. Die neue Sprache wurde zum Schlüsselelement der zionistischen Bewegung, damit die Juden bei ihrer Rückkehr in ihr Heimatland über eine gemeinsame Sprache verfügten. Ben-Jehuda prägte Tausende neuer Wörter und war Vorreiter des gesprochenen Hebräisch zu Hause und in der Schule. Heute wird Hebräisch von mehr als fünf Millionen Menschen – das sind 81 Prozent der israelischen Bevölkerung – gesprochen.

Es sieht so aus, als beginne die Welt zu realisieren, was zu verlieren sie im Begriff ist. Die UNESCO propagiert und fördert Mehrsprachigkeit und die Notwendigkeit, die weniger greifbaren, immateriellen Aspekte von Kultur ebenso zu erhalten wie Baudenkmäler und Nationalparks. Joseph Poth, Leiter der Sprachenabteilung, sprach von der Notwendigkeit zur »Dreisprachigkeit« [8] – wir alle sollten unsere Muttersprache beherrschen, eine »Nachbarsprache« und eine internationale Sprache. Allein eine gefährdete Sprache an Schulen zu lehren kann zu ihrem Rettungsanker werden, sagt er.

Für Sprachen, die nur noch von einigen wenigen gesprochen werden, mag es zu spät sein. Oft sind die Sprecher betagt, sprechen ihre Muttersprache nur noch selten und haben viele Wörter vergessen, die ihnen einst geläufig waren. Aber es sieht so aus, als würde inzwischen wenigstens der Wert solcher Sprachen gewürdigt, und das ist ein erster Schritt, sich den Gezeiten des Verlustes entgegenzustemmen.

36

Jahr für Jahr kommen mehr Menschen durch Selbstmord ums Leben als in sämtlichen bewaffneten Konflikten der Welt

Es gibt vermutlich wenige Menschen, die sich in Zeiten großer Belastung nicht sehnlichst gewünscht haben, irgendwo anders zu sein. Der Drang, vor den eigenen Problemen fliehen zu wollen, ist ein menschlicher Instinkt: Die Reaktionsalternative »Kampf oder Flucht« ist in jedem von uns tief verwurzelt, und in manchen Situationen scheint Kampf die bei weitem härtere Option. Aber es besteht ein großer Unterschied zwischen dem Wunsch, vor den eigenen Problemen fortzulaufen – in ein anderes Leben zu entschwinden, mit den Schuhen eines anderen weiterzumarschieren – und dem Wunsch zu sterben. Und es besteht ein nicht minder großer Unterschied zwischen dem Wunsch zu sterben und dem Entschluss etwas zu tun, um diesen umzusetzen.

In den Vereinigten Staaten sterben mehr Menschen durch eigene Hand als durch die eines anderen – im Jahre 2000 gab es 1,7mal so viele Selbstmorde wie Morde.[1] In Deutschland etwa starben 2003 über 11 000 Menschen durch Suizid. Im selben Jahr wurden dort rund 920 Morde begangen. Eine britische Studie aus dem Jahr 2002 zeigt, dass nahezu jeder sechste Erwachsene an irgendeinem Punkt seines Lebens daran gedacht hat, Selbstmord zu begehen. Das britische Pendant des Statistischen Bundesamtes, das *Office of National*

Statistics ONS, berichtet, dass etwas mehr als vier Prozent aller Personen zwischen 16 und 74 Jahren schon einmal versucht haben, Selbstmord zu begehen.[2]

In den vergangenen 45 Jahren sind die Selbstmordquoten weltweit um 60 Prozent gestiegen. Die *Weltgesundheitsorganisation* schätzt, dass im Jahre 2000 eine Million Menschen durch Selbstmord aus dem Leben geschieden sind und zehn- bis zwanzigmal so viele einen Selbstmordversuch unternommen haben.[3] Weltweit rangiert der Suizid auf Rang drei der häufigsten Todesursachen bei jungen Menschen im Alter zwischen 15 und 34 Jahren und kostet insgesamt mehr Menschen das Leben als alle bewaffneten Konflikte zusammen. Es handelt sich dabei keineswegs um ein Problem der reichen westlichen Industrienationen; die Suizidraten in ehemaligen Staaten der Sowjetunion, Weißrussland, Kasachstan, Litauen und Lettland, sind alarmierend hoch.

Warum beschließen so viele Menschen, sich das Leben zu nehmen? Was veranlasst jemanden zu dem Schluss, dass die eigene Existenz untragbar geworden ist?

Selbstmord ist gewiss ein komplexes Thema, bei dem viele soziale und kulturelle Faktoren eine Rolle spielen, aber viele Studien zeigen eine Korrelation zu schwerer Depression. Und zwei Drittel aller Menschen, die sich umbringen, sind zum Zeitpunkt der Tat schwer depressiv, und wenn auch die meisten Studien nicht die Aussage wagen würden, dass Depressionen tatsächlich zum Selbstmord führen, so sind doch beide eng miteinander verflochten.[4]

Eine Depression ist mehr als das Gefühl, eine antriebslose Phase durchzumachen oder überfordert zu sein, im schlimmsten Falle ist sie eine zehrende Krankheit, die denjenigen, der an ihr leidet, nicht mehr schlafen und essen lässt, ihm unbeschreibliche Trauer und schwere Schuldgefühle eingibt. Manchmal wird sie als eine Art moderne Plage betrachtet, als Folge der müßigen Beschäftigung mit sich selbst in einer Welt des Überflusses, aber nichts trifft die Wahrheit weniger. Einst hat man Depression als »Melancholie« bezeichnet, eine Diagnose, die nachweislich bereits etwa im fünften Jahrhundert vor Christus von einem Philosophen wie Hippokrates gestellt wurde. Arateus beschreibt Symptome, die dem modernen Kliniker nur allzu vertraut klingen: »Die Patienten werden lustlos oder ernst, niedergeschlagen oder ungewöhnlich apathisch ... Auch sind sie oft reizbar, mutlos und leiden unter Schlafstörungen.«[5] Auch in den Entwicklungsländern sind Depressionen für viele Menschen Realität: Eine Studie in von AIDS stark heimgesuchten Regionen Ugandas ergab, dass 21 Prozent der Einwohner unter klinisch manifesten Depressionen litten, Studien in einem pakistanischen Dorf zeigten, dass 44 Prozent der Bevölkerung von irgendeiner Form von depressiver Störung heimgesucht waren.[6,7]

Forschungen legen die Vermutung nahe, dass Depressionen durch belastende Ereignisse im Leben eines Menschen ausgelöst werden: medizinische Ausnahmezustände wie ein Schlaganfall, ein Herzinfarkt oder Krebs können zu depressiven Episoden führen.[8] Dasselbe gilt für persönliche Tragödien oder Umbrüche: Verluste vielleicht, das Ende einer Beziehung oder finanzielle Probleme. Ob vor dem Hintergrund einer Depression oder nicht: Selbstmord ereignet sich häufiger in Krisenzeiten.

Eine Gruppe, die am Druck modernen Lebens in besonderem Maße zu kranken scheint, sind junge Männer. Seit 1950 hat sich die Selbstmordhäufigkeit bei englischen und walisischen Männern unter 45 Jahren verdoppelt. In einem von Forschern der Bristol University verfassten Bericht wird die Vermutung geäußert, dass »die Gesellschaft, in der junge Menschen leben, sich dergestalt verändert hat, dass Dinge, die junge Männer vor Selbstmord bewahren würden, heute weit weniger häufig anzutreffen sind als früher: eine feste Arbeitsstelle zum Beispiel oder eine intakte Ehe«.[9] Die Forschung mutmaßt, dass der Anstieg des Drogen- und Alkoholkonsums, dramatische Scheidungsraten und weit verbreitete Arbeitslosigkeit ihren Tribut von jungen Männern fordern. Menschen in den halbverlassenen Industriegebieten von England und Wales mussten am häufigsten wegen einer Depression behandelt werden – am seltensten die Bewohner heimeliger Mittelklasse-Vorstädte.[10]

Frauen begehen häufiger Selbstmordversuche, Männer aber sterben viermal so häufig.[11] Man nimmt an, dass Männer Depressionen und Stress weniger leicht zugeben, und die Diagnose kann schwierig sein. Das *US National Institute for Mental Health* mutmaßt, dass Männer weniger leicht Hilfe suchen als Frauen und ihre Depressionen häufig mit Alkohol, Drogen oder extrem langen Arbeitszeiten kaschieren.[12]

Eine zweite Gruppe, bei der die Gefahr der Fehldiagnose besonders hoch ist, sind die Senioren – auch hier besteht ein besonderes Risiko für Männer. In den Vereinigten Staaten ist die Gefahr am höchsten bei weißen Männern über 85 Jahren, hier liegt die Selbstmordrate sechsmal so hoch wie in der Normalbevölkerung.[13] Bei den Senioren ist jeder vierte Selbstmordversuch »erfolgreich« (insgesamt liegt die Quote bei eins zu zwanzig). Im Gegensatz zur landläufigen Vermutung wurde aber nur bei einem winzigen Bruchteil darunter (zwei bis vier Prozent) eine tödliche Erkrankung festgestellt.[14] Das Problem ist, dass Depressionen bei alten Menschen oft als ganz normaler Teil des Alterns abgetan werden, und drei Viertel aller depressiven älteren Amerikaner werden nicht in angemessener Weise behandelt.[15]

Nach Angaben der *WHO* werden Depressionen bis zum Jahr 2020 weltweit zum zweitgrößten Krankheitsfaktor avanciert sein. Bis dahin wird erwartet, dass sich die Zahl der Selbstmorde auf 1,5 Millionen jährlich erhöht.[16] Dies gilt als ernstes Problem für das öffentliche Gesundheitswesen und wird mit beträchtlichen Kosten für die Gesellschaft verbunden sein – nicht nur in Gestalt der verlorenen Lebensjahre der Betroffenen, sondern auch als Trauer und Leiden auf Seiten der Freunde und der Familie.

Glücklicherweise lassen Depressionen sich behandeln. Etwa 60 bis 80 Prozent der Betroffenen kann geholfen werden, wenn eine Diagnose gestellt wird und ihnen Antidepressiva und eine entsprechende Therapie verordnet werden.[17] Doch das Problem Selbstmord in den Griff zu bekommen, ist komplexer als das. Viele Länder betrachten das Thema noch immer als Tabu: Die ehemalige UdSSR zum Beispiel hielt ihre Selbstmordstatistiken stets streng geheim und veröffentlichte sie erst nach der Perestroika.[18] Je spärlicher aber die Informationen, um so schwerer lassen sich Risikofaktoren für die jeweilige Gesellschaft ausmachen.

Darüber hinaus stellt sich auch die Frage, inwieweit sich die Organe des öffentlichen Gesundheitswesens in Fragen der individuellen Entscheidung einmischen sollen. Albert Camus prägte den berühmten Ausspruch: »Es gibt nur ein wirklich ernstes philosophisches Problem: den Selbstmord.«[19] Wenn ein Mensch nach einer ausgedehnten Phase des rationalen Abwägens beschließt, seinem Leben ein Ende zu bereiten, dann ist schwer zu begründen, wie eine Gesellschaft ihr Einschreiten rechtfertigen könnte. Im Falle einer ausweglosen Krankheit lässt sich zumindest darüber streiten, ob dem Betreffenden nicht das Recht zugestanden werden sollte, selbst darüber zu entscheiden, wann und wie er sterben will. Die meisten Menschen, die Selbstmord begehen, sind aber nicht in einer solchen Situation, und bei ihnen machen die Umstände rationale Erwägungen unmöglich. Aufgabe der Gesellschaft ist es, Menschen, die mit dem Gedanken an Selbstmord ringen, mehr Hilfe und Unterstützung zukommen zu lassen – ihnen klar zu machen, dass es Alternativen gibt, dass Menschen da sind, die ihnen helfen können.

Einer der ersten Schritte muss darin bestehen, Risikogruppen auszumachen: Menschen, die von Drogen und Alkohol abhängig sind, unter Depressionen leiden oder schon einmal einen Selbstmordversuch unternommen haben. Die Selbstmordpräventionsstrategie der britischen Regierung sieht außerdem vor, einige der Mittel aus der Welt zu schaffen, derer sich Menschen bei ihren Selbstmordversuchen bedienen: die Sicherheit an »Brennpunkten« wie Brücken und Steilklippen zu erhöhen, die Verschreibung bestimmter Arten von Medikamenten stark einzuschränken. Als Großbritannien seine private Gasversorgung von tödlichem Koksgas auf eine weniger giftige Gasart umstellte, sank die Selbstmordrate um ein Drittel, und neue Verordnungen, die es schwerer machen, größere Mengen an Tabletten zu horten, ließen die Zahl der Paracetamolvergiftungen mit tödlichem Ausgang um 34 Prozent sinken. Infolgedessen war die britische Selbstmordrate im Jahre 2003 die geringste seit dem Zweiten Weltkrieg und gehörte zu den niedrigsten in ganz Europa.[20] Die Vereinigten Staaten mit ihren schätzungsweise 200 Millionen

Schusswaffen in Privathand sind inzwischen das einzige Land der Welt, in dem die am häufigsten angewandte Methode, Selbstmord zu begehen, darin besteht, sich zu erschießen.[21] Wenn man dieses Mittel zur spontanen Umsetzung impulsiver Entscheidungen beseitigen würde, ließe sich die Selbstmordrate drastisch reduzieren.

Die Risikofaktoren unterscheiden sich von Land zu Land: In vielen Ländern Osteuropas haben zum Beispiel die wirtschaftlichen Einbrüche der postkommunistischen Ära zu weit verbreiteter Arbeitslosigkeit und explodierenden Alkoholismusquoten geführt. Jeder Staat muss die landestypischen Ursachen von Depressionen und Selbstmord für sich analysieren und tun, was in seiner Macht steht, um deren fatale Folgen zu verhindern.

Nicht zuletzt ist da noch das sensible Thema, wie sich dem Stigma begegnen lässt, das mit psychischen Erkrankungen allgemein assoziiert wird. In Gesellschaften, in denen erfolgreicher Wettstreit ebenso gefeiert wird wie die Fähigkeit, unter Druck Leistung zu bringen, zudem psychische Belastbarkeit und das Durchhaltevermögen, auch im Angesicht großer Widrigkeiten zu bestehen, verwundert es nicht, dass so viele Menschen Probleme haben, um Hilfe zu bitten. Jedes Jahr bringen sich in England 5000 und in Deutschland 11 000 Menschen um, aber allenfalls 25 Prozent haben sich zuvor an jemanden gewandt, der sich mit psychischen Problemen befasst.[22]

Aufklärungskampagnen können einen großen Beitrag leisten, um die öffentliche Aufmerksamkeit auf Fragen der psychischen Gesundheit zu lenken – etwa Leute darin bestärken, dass es in Ordnung ist, um Hilfe zu bitten, bevor die Probleme unüberwindlich werden. Die *WHO* plädiert überdies vehement für die Fortbildung von Gesundheitsexperten in Fragen der Früherkennung von Warnzeichen und die Verfügbarkeit von Behandlungsmöglichkeiten für jeden, der ihrer bedarf.

Der Dichter und Philosoph George Santanyana schrieb einmal: »Die notwendigste aller Annahmen lautet, dass das Leben lebenswert sei, und ohne sie ergäbe sich die unmöglichste Schlussfolgerung.«[23] Wenn es uns mit der Selbstmordprävention ernst ist, dann besteht unsere Aufgabe in der Bekräftigung dieser »Annahme« – und nicht in der Verurteilung jener, die unter welchen Umständen auch immer angefangen haben, sie in Zweifel zu ziehen.

37

*Jede Woche werden in Amerika im Durchschnitt
88 Kinder der Schule verwiesen, weil sie eine Schusswaffe mit in den Unterricht gebracht haben*

Am 24. April 2003 betrat der vierzehnjährige James
Sheets die Schulkantine der Red Lion Area Junior High
School in Pennsylvania. Es war ein Donnerstagmorgen, und
alles schien wie immer. James setzte sich auf einen Platz im
vorderen Teil der Cafeteria, öffnete seinen Rucksack und zog
einen großen Revolver heraus. Er zielte auf den Schulleiter
Gene Segro und betätigte den Abzug. Dann richtete er die
Waffe gegen sich selbst.[1]

Vier Monate später soll John Jason McLaughlin, fünfzehn,
angeblich auf zwei Schulkameraden geschossen und beide
getötet haben. McLaughlin, der von anderen Kindern seiner
geringen Körpergröße und seiner schweren Akne wegen ge-
hänselt worden war, schoss vor dem Kraftraum auf Aaron
Rollins und Seth Bartell. Rollins starb sofort, Bartell zwei
Wochen später. Gegenwärtig erwartet McLaughlin eine Anklage wegen zweifachen Mordes.[2]

Der Gedanke an die sinnlose Zerstörung junger Leben, den
tiefgreifenden Einfluss, den solche Ereignisse auf Kinder haben, die Zeugen der Schießerei waren, den furchtbaren Verlust, den eine Gemeinschaft empfinden muss, ist erschreckend. Die Schüsse, die im April 1999 an der Columbine
Highschool fielen und mit denen zwei ehemalige Schüler

zwölf Schüler und einen Lehrer umbrachten, bevor sie sich selbst das Leben nahmen, – lösten rund um die Welt einen Aufschrei des Entsetzens aus und führten in Amerika zu einer Phase intensiver Ursachenforschung. Allüberall war der Ruf nach strengeren Schusswaffenkontrollen an den Schulen zu vernehmen. Und dennoch hat sich anscheinend nicht viel verändert.

Eine Umfrage des *US National Institute of Child Health and Human Development* kam zu dem Ergebnis, dass nahezu ein Viertel aller Jungen im zurückliegenden Monat eine Waffe (Schusswaffe, Messer oder Schläger) bei sich getragen hatte und um die 15 Prozent – fast zwei Millionen Schüler – diese auch mit in die Schule genommen hatten.[3] Einer anderen Studie des gemeinnützigen *Josephson Institute of Ethics* zufolge gab nahezu die Hälfte aller Highschool-Schüler an, sich ohne weiteres eine Waffe beschaffen zu können, wenn sie es wollten.[4] Viele dieser Kinder mussten sich dazu nur im eigenen Haus umsehen: Fast jeder dritte amerikanische Haushalt mit Kindern verfügt über eine Schusswaffe.[5] In einer Umfrage aus dem Jahre 1994 stellte das *National Institute of Justice* fest, dass mehr als die Hälfte aller Schusswaffen in Privatbesitz nicht unter Verschluss aufbewahrt wird und dass 30 Prozent aller Haushalte mit Handfeuerwaffen eine geladene Waffe unverschlossen aufbewahren.[6]

Schusswaffen in Reichweite von Kindern aufzubewahren kann verheerende Folgen haben. In einer Studie, in der 37 Schießereien an Schulen aus den Jahren zwischen 1974 und 2000 untersucht wurden, wurde festgestellt, dass zwei Drittel der Schüler die Waffen im eigenen Zuhause oder bei einem Verwandten gefunden hatten.[7] Berücksichtigt man Mord, Selbstmord und Unfälle beim Umgang mit Schusswaffen, so liegen die Vereinigten Staaten, was die Zahl der Todesfälle durch Schusswaffen angeht, unter den Industrienationen bei weitem an der Spitze. Einer Studie zufolge beträgt die Zahl der schusswaffenbedingten Todesfälle bei Kindern unter fünfzehn Jahren in Amerika das Zwölffache des in über 25 anderen Staaten ermittelten Durchschnittswerts.[8]

Wir können den Bildern in Film und Fernsehen dafür die Schuld geben, extrem gewalttätigen Videospielen oder der Schwärmerei mancher Teenager für bestimmte Stars der Musikszene. Wir können auf die Assoziation zwischen Schusswaffen und Macht, Wohlstand und Status verweisen. Wir können den Kopf über laxe Waffengesetze schütteln und ungläubig auf Eltern starren, die in ihren Häusern Schusswaffen aufbewahren, ohne die geringsten Sicherheitsvorkehrungen zu treffen. Die Waffenlobby behauptet, sie bringe Kindern bei, dass sie die Waffen nicht anzurühren hätten. Die Waffengegner halten dagegen, dass Waffenbesitzer vorsätzlich gesetzliche Regelungen zum Schutze von Kindern boykottierten. Alle sind sich einig, dass wir Kinder dazu anhalten müssen, ihre Konflikte gewaltfrei zu lösen – aber ob Appelle an die Verantwortlichkeit, Schusswaffen aus der Reichweite von Kindern zu halten, ausreichen?

Weltweit nimmt die Gewalt durch Handfeuerwaffen und andere kleine Waffen alarmierende Ausmaße an. Hilfsorganisationen verweisen auf die eklatante Zunahme an Waffenverkäufen im Rahmen des so genannten »Kriegs gegen den Terror«, der viele Länder (darunter auch Großbritannien und die Vereinigten Staaten) dazu veranlasst hat, die Kontrolle über Waffenverkäufe an Regierungen zu lockern, die in Bezug auf ihren Umgang mit den Menschenrechten keinen guten Ruf genießen. Sie behaupten, dass die 639 Millionen Kleinwaf fen die eigentlichen Instrumente der Massenvernichtung seien.[9] Etwas weniger als ein Drittel von diesen – fast 200 Millionen – befinden sich in Amerika, in Privathand.[10]

Diese ungeheure Verbreitung des Kaufs und Gebrauchs von Waffen lässt uns diese als normalen, notwendigen Teil unseres Lebens sehen. Entwicklungsländer geben im Durchschnitt 22 Milliarden Dollar jährlich für Waffen aus – eine Summe, die diese Länder in die Lage versetzen könnte, Millenniumsziele wie die allgemeine Primärschulbildung und die Verringerung der Säuglings- und Müttersterblichkeit zu erreichen.[11] Es geht nicht einfach nur um ein paar Waffen in den Händen einiger weniger – wir müssen anfangen, sie als Priorität zu sehen, als integralen Bestandteil unseres Lebens.

In Amerika rührt die Frage nach der Legitimität des Waffenbesitzes an den Kern nationaler Werte. Der zweite Zusatz zur amerikanischen Verfassung garantiert im amerikanischem Bewusstsein jedem Bürger das Recht, Waffen zu besitzen und zu tragen. Für Waffenbesitzer kommt das einem unveräußerlichen Menschenrecht gleich. Denjenigen aber, die für einen restriktiveren Ansatz bei der Kontrolle des Waffenbesitzes plädieren, scheint der zweite Zusatz längst nicht so unumstritten, bezog er sich doch seinerzeit speziell auf staatliche Milizen, eine Bedarfstruppe von Söldnern, die in den Tagen der Gründerväter operiert haben mag, in der heutigen Welt jedoch über keinerlei Äquivalent verfügt. Im Jahre 1991 nannte Richter Warren, ehemals Richter am Obersten Bundesgericht, den zweiten Zusatz »Gegenstand eines der größten Betrugsmanöver, ich wiederhole das Wort ›Betrug‹, das zu meinen Lebzeiten an der amerikanischen Allgemeinheit von gewissen Interessengruppen vorgenommen worden ist … [Die *National Rifle Association NRA* hat] das amerikanische Volk vorsätzlich irregeführt, und, ich bedaure, das sagen zu müssen, sie hat viel mehr Einfluss auf den Kongress der Vereinigten Staaten, als es mir als Bürger lieb sein kann – und ich besitze selbst Schusswaffen.«[12]

Die *NRA* ist eine ungemein mächtige Organisation: Mit drei Millionen Mitgliedern ist sie die größte Interessenvertretung der Waffenbefürworter, und die Zeitschrift *Fortune* kürte sie 2001 zur einflussreichsten Lobby der gesamten Vereinigten Staaten.[13] Und ihr Einfluss reicht bis ganz oben: Im April 2003 erklärte der Gouverneur von Florida, Jeb Bush, vor der jährlichen *NRA*-Tagung: »Wenn Sie sich nicht so aktiv dafür eingesetzt hätten, das kann man mit Fug und Recht sagen, wäre mein Bruder nicht zum Präsidenten der Vereinigten Staaten gewählt worden.«[14]

Die Macht der Waffenbefürworter zeigte sich erneut, als der US-Senat über eine Gesetzesvorlage beriet, die Waffenhändlern und -herstellern gesetzliche Immunität in Zivilprozessen garantieren sollte. Die *NRA* hatte massive Lobbyarbeit für das Gesetz betrieben, und im April 2003 wurde es vom Repräsentantenhaus verabschiedet.

Im Senat war die Sache allerdings nicht ganz so einfach: Im März 2004 bewirkten demokratische Senatoren die Aufnahme zweier Zusätze zu dieser Vorlage, die ein seit zehn Jahren bestehendes Verbot von Verkauf und Herstellung halbautomatischer Maschinengewehre und von Gewehren mit mehr als zehn Schuss Munition verlängern sollten, sowie Leumundsnachweise von allen Besuchern von Waffenschauen verlangten. Unter diesen Umständen sah sich die *NRA* bemüßigt, Senatoren aufzufordern, gegen den veränderten Gesetzesvorschlag zu stimmen, und das mit Erfolg: Die Vorlage wurde mit 90 gegen acht Stimmen zurückgewiesen. Die demokratische Senatorin Dianne Feinstein äußerte ihre Verwunderung darüber, dass die *NRA* »die Macht hat, mindestens 60 Personen im Senat umzustimmen. Das erstaunt mich nicht wenig.«[15]

Im September 2004 lief das Verbot für halbautomatische Feuerwaffen aus – weil der republikanische Gesetzgeber es verabsäumt hatte, rechtzeitig für eine weitere Vorlage zu stimmen, mit der das Verbot hätte verlängert werden können. Und das trotz des ausdrücklichen Versprechens von Präsident George Bush während des Wahlkampfes 2004: In seiner dritten Fernsehdebatte hatte er noch vor Millionen von Zuschauern erklärt, er sei dafür, das Verbot aufrechtzuerhalten.[16] Waffengegner kämpfen nun dafür, dass das Verbot erneuert wird, im Augenblick aber können Maschinengewehre wie Kalaschnikows und Uzis in den Vereinigten Staaten ganz legal hergestellt und verkauft werden.

Das Verrückte daran ist: Die meisten Amerikaner sind für striktere Kontrollen. Fast 80 Prozent der Leute fänden es wichtig, Kindern den Zugang zu Waffen zu erschweren, und 70 Prozent glauben, dass mehr getan werden müsste, um Eltern beizubringen, dass sie ihre Kinder vor Waffen schützen müssen.[17] Verschiedene politische Bestrebungen, den illegalen Schusswaffenverkauf einzudämmen, werden von einem Großteil der Bevölkerung befürwortet: 81 Prozent aller Befragten sprachen sich für eine Verkaufsbeschränkung von einer Waffe pro Person und Monat aus, 82 Prozent für die obligatorische Registrierung von Handfeuerwaffen, 77 Prozent hatten nichts gegen die Durchleuchtung des persönlichen Hintergrunds beim privaten Erwerb von Handfeuerwaffen.[18]

Auch gibt es Belege dafür, dass striktere Waffengesetze funktionieren. Ein Gesetz aus dem Jahre 1976, das den Verkauf oder Besitz von Handfeuerwaffen untersagte, führte im darauf folgenden Jahrzehnt zu einer Abnahme an Morden und Selbstmorden durch Schusswaffen. Auch der Rechtsstreit – insbesondere wenn er im Namen der Opfer von Schusswaffenopfern geführt wird – gilt als wirksames Instrument.[19] Die *Brady Campaign*, eine Initiative zur Verhinderung von Gewalt durch Schusswaffen, verweist auf die Selbstverständlichkeit, mit der an Schulen »erdnussfreie Zonen« für Kinder mit entsprechenden Allergien eingerichtet werden, und die Bereitschaft der Automobilindustrie, Kofferräume mit Schnappschlössern von innen auszurüsten, damit Kinder sich darin nicht mehr versehentlich einschließen können. Warum sollte die Schusswaffenindustrie immun sein?

Beide Seiten des Schusswaffenabkommens sind sich darin einig, dass Kinder keinen Zugriff auf Schusswaffen haben dürfen. Die *NRA* verweist auf ihr »Eddie Eagle«-Programm zum Thema Kinder, Waffen und Sicherheit und steht im Übrigen auf dem Standpunkt, dass Eltern selbst dafür verantwortlich sind, dass ihre Kinder sicher aufwachsen. Striktere Regelungen, sind, so scheint es, keine Antwort. Im Nachhall der Schießerei an der Columbine-Highschool schrieb der damalige Präsident der *NRA*, Charlton Heston, an seine Mitglieder und bat um »Geduld, Gebete und Geschlossenheit ... Unsere Seelen müssen dieses schreckliche Leid gemeinsam erdulden, ebenso wie die Freiheit, die uns eint«.[20]

Die andere Seite argumentiert, dass Waffen nicht in die Hände von Kindern gehören, und dass, um dies zu erreichen, die Gesetze wasserdicht gemacht werden müssen: Personen unter 21 Jahren sollte grundsätzlich nicht erlaubt sein, eine Waffe zu erwerben, gleichgültig, aus welcher Quelle sie stammt, außerdem sollten Waffenhersteller dazu verpflichtet werden, ihre Produkte so zu gestalten, dass Kinder sie nicht ohne weiteres bedienen können. Die *Brady Campaign* führt das Argument ins Feld, dass die tödlichen Schusswaffenunfälle bei Kindern in den achtzehn amerikanischen Bundesstaaten, deren Gesetze den Waffenbesitzer zur Verantwortung ziehen, wenn es einem Kind gelingt, sich seiner ungesicherten Waffe zu bemächtigen, um 23 Prozent abgenommen haben.[21]

Was Kinder dazu bringt zu töten, ist eine komplexe Frage, die Antworten sind bis heute nicht gefunden. Warum haben so viele Kinder das Bedürfnis, Waffen mit zur Schule zu nehmen – und was bringt einige wenige, in den meisten anderen Dingen des Lebens unauffällige Kinder wie James Sheets und John Jason McLaughlin dazu, diese Waffen zu ziehen und abzufeuern? Solange wir diese Dinge nicht verstehen, scheint das Mindeste, was wir tun können, Waffen aus Kinderhand fern zu halten. Vielleicht ist das gar keine Entscheidung zwischen Rechtsprechung und persönlicher Verantwortung. Vielleicht müssen alle Seiten einfach ein paar Freiheiten aufgeben, um weitere Schultragödien zu verhindern. Es sieht so aus, als seien die meisten Amerikaner bereit dazu – und dieser Preis scheint wirklich nicht allzu hoch.

38

Es gibt auf der Welt mindestens 300 000 Gesinnungsgefangene

Wo immer Sie auf der Welt leben, es kann unter Umständen eine Menge Mut kosten, für die eigenen Überzeugungen einzustehen. Aber in manchen Ländern kommt es vor, dass Ihnen das schlichte Bekenntnis zu Ihren Werten, die Ausübung Ihrer Religion oder der zum Ausdruck gebrachte Stolz auf Ihre Vorfahren als subversives und gefährliches Verhalten ausgelegt wird, und die Strafe dafür kann extrem ausfallen. Im Jahre 2002 gab es in den Gefängnissen von etwa 35 Ländern echte oder mutmaßliche politische Gesinnungsgefangene.[1] Diese Menschen werden oft unter entsetzlichen Bedingungen gehalten, in vielen Fällen gefoltert und haben dabei gar kein Verbrechen begangen. Sie haben nicht mehr verbrochen, als friedlich ihre Meinung zu äußern. In manchen Ländern aber gilt das als schlimmstes Verbrechen von allen.

Man schätzt, dass auf der Erde gegenwärtig etwa 300 000 Gefangene einzig und allein ihrer Überzeugung wegen einsitzen. Viele davon werden – häufig ohne Anklage oder Prozess – aus politischen Gründen festgehalten oder sitzen in Vorbeugehaft. Ihre Regierungen verstoßen damit unmittelbar gegen geltendes Menschenrecht. Natürlich ist jede Leidensgeschichte anders, aber sie alle künden von furchtbarer Unterdrückung und dem Versuch, Menschen das Recht auf Anhörung zu verweigern.

Leyla Zana war im Jahre 1991 die erste Frau, die in das türkische Parlament gewählt wurde. Wie nach türkischem Gesetz verlangt, leistete auch sie den Eid auf die Verfassung und fügte dann auf Kurdisch hinzu, sie wolle sich dafür einsetzen, dass das kurdische und das türkische Volk in einem demokratischen Staat zusammenleben könnten. In den Augen der Medien machten sie diese Worte auf der Stelle zu einer »Hexe des Separatismus«. Dass sie in ihrer Muttersprache geredet hatte, galt als Ruf zu den Waffen, und dass sie die traditionellen Farben der Kurden trug, wurde als Bestätigung ihrer Verbindungen zu der verbotenen kurdischen Arbeiterpartei PKK gesehen.[2] Im Jahre 1994 verurteilte das Staatssicherheitsgericht in Ankara Zana zu fünfzehn Jahren Gefängnis, der Europäische Gerichtshof für Menschenrechte bezeichnete die Entscheidung als Unrecht. Kürzlich wurde sie zu weiteren zwei Jahren Gefängnis verurteilt, weil sie ihrem Volk einen Brief geschrieben hatte, in dem sie die Menschen dazu aufforderte, in ihrem Kampf um Anerkennung nicht nachzulassen.[3] Im Juni 2004 wurde sie zusammen mit drei anderen Parlamentariern aus dem Gefängnis entlassen, aber diese Entlassung erfolgte aufgrund von Verfahrensfehlern und nur unter Vorbehalt. Ankara wird den Prozess gegen Zana und drei ihrer Kollegen erneut aufrollen. In Bezug auf die Fairness dieser Anhörungen sind mancherlei Befürchtungen laut geworden, und ein Mitglied des italienischen Parlaments bezeichnete den Prozess als »Farce«.[4]

In etlichen Ländern gibt es Aktivisten oder Bürgerrechtler, die den größten Teil ihres Lebens in irgendeiner Form von Haft zugebracht haben. *Reporter ohne Grenzen* verweist auf den erschütternden Fall des vietnamesischen Journalisten und demokratischen Bürgerrechtlers Nguyen Dinh Huy, der seit dem Fall Saigons im Jahre 1975 nur 21 Monate außerhalb eines Gefängnisses zugebracht hatte. Seine letzte Verhaftung erfolgte im November 1993, nachdem er um die Erlaubnis nachgesucht hatte, in Ho-Chi-Minh-Stadt eine Tagung zum Thema Demokratie abzuhalten. Er ist inzwischen 72 Jahre alt und wird noch immer in einem Gefangenenlager festgehalten.[5]

Der ehemalige Erste Sekretär des Politbüros der syrischen kommunistischen Partei, Riad al-Turk, wurde im Juni 1998 nach achtzehn Jahren Isolationshaft freigelassen. Während dreizehn dieser achtzehn Jahre hatte seine Frau nicht genau gewusst, wo er war, und hatte ihn nicht besuchen dürfen. Er berichtete *Amnesty International*, er habe überlebt, indem er die Außenwelt vergessen habe. Er suchte winzige Steinchen aus der Linsensuppe, die ihm tagtäglich vorgesetzt wurde, und legte damit komplizierte Muster auf dem Boden seiner Gefängniszelle. »[Man muss] einen Weg finden, die Zeit totzuschlagen, sonst schlägt einen die Zeit tot.« Im Jahre 2001 wurde er erneut verhaftet. Eine Zeit lang hatte Präsident Bashar Al-Assad den politischen Diskurs gestattet, aber schon bald kam es wieder zu Verhaftungen, und al-Turk saß weitere 15 Monate im Gefängnis ab. Mit seinen 76 Jahren ist er nach wie vor entschlossen, weiter für Freiheit und Demokratie zu kämpfen.[6]

Wenn Sie nun denken, in Westeuropa könne es nicht zu Verhaftungen aus Gründen politischer oder ideologischer Überzeugung kommen, irren Sie sich. Im Jahre 2002 haben, so wird berichtet, sowohl in Finnland als auch in Schweden Personen eingesessen, die sich geweigert hatten, ihrer Pflicht zur Ableistung eines Grundwehrdienstes nachzukommen. Finnen müssen laut Gesetz sechs Monate bei einer bewaffneten Einheit dienen. Es gibt die Möglichkeit, einen »Ersatzdienst« zu leisten, aber der dauert mehr als doppelt so lange wie das militärische Pendant – kaum eine faire Alternative. Junge Männer, die sich weigern, eine der beiden Dienstarten zu absolvieren, müssen oftmals ins Gefängnis und können dort bis zu 197 Tage festgehalten werden.[7] Der Schweizer Marino Keckeis saß in seinem Heimatland eine fünfmonatige Gefängnisstrafe ab, nachdem sein Antrag auf Verweigerung aus Gewissensgründen abgelehnt worden war.[8]

Viele von den 35 Ländern, in denen im Jahre 2002 Gefangene aus politischen oder ideologischen Gründen einsaßen, gehören zu den Unterzeichnerstaaten des *Internationalen Paktes über bürgerliche und politische Rechte CCPR (International Covenant on Civil and Political Rights)*. Staaten, die den *CCPR* unterschrieben haben, verpflichten sich, die Rechte ihrer Völker auf Gedankenfreiheit, Religionsfreiheit und Freiheit der Überzeugung zu achten sowie diesen das Recht zuzugestehen, ohne Einflussnahme seitens des Staates einer Meinung anhängen und diese durch ein Medium ihrer Wahl frei äußern zu können. Doch selbst wenn eine Regierung den *CCPR* oder ein anderes Menschenrechtsdokument nicht unterzeichnet haben sollte, so tritt die *Allgemeine Erklärung der Menschenrechte* vehement für diese Freiheiten ein. Die *Allgemeine Erklärung* ist kein rechtlich bindendes Dokument, definiert sich jedoch in ihrer Präambel als »das von allen Völkern und Nationen zu erreichende gemeinsame Ideal«.[9] Alle Mitgliedsstaaten der Vereinten Nationen sind gehalten zu tun, was in ihrer Macht steht, um die Erklärung umzusetzen, doch einige von ihnen scheinen ihren Verpflichtungen nicht nachkommen zu wollen.

Die internationale Staatengemeinschaft hat die Möglichkeit, Druck auf Staaten auszuüben, die diese grundlegendsten aller Freiheiten nicht achten. Abgesehen von den normalen Androhungen von Sanktionen und anderen diplomatischen Prozessen hat die *Menschenrechtskommission der Vereinten Nationen* die Möglichkeit, Resolutionen zu Schlüsselthemen herauszugeben. Das Gremium trifft sich einmal im Jahr in Genf und bringt sechs Wochen damit zu, den Status der Menschenrechte in verschiedenen Staaten zu diskutieren. Es gibt allerdings Befürchtungen, die Menschenrechtskommission könne womöglich durch die Einmischung gewisser Regierungen, deren Leumund in Bezug auf die Umsetzung der Menschenrechte nicht der Beste ist, missbraucht und an ihrer Arbeit gehindert werden. *Human Rights Watch* nennt diese Regierungen den »abusers club«: Algerien, Libyen, der Sudan, Syrien und Simbabwe haben ihre Kräfte mit denen Chinas, Kubas und Russlands gebündelt, um verschiedenen wichtigen Länderinitiativen entgegenzutreten. Afrikanische Regierungen haben sich zusammengetan, um die Verurteilung von Zuwiderhandlungen in Simbabwe und im Sudan abzumildern, und bei der Kritik an den schlimmsten Menschenrechtsbeugern zeigten sich die Regierungen sogar noch sanftmütiger.[10] Im Januar 2003 übertrug die Kommission Libyen den Vorsitz, obwohl dessen Menschenrechtssituation als »erschreckend« bezeichnet wird.[11] Und mag die Kommission auch auf ihrer Tagung im Jahre 2003 Resolutionen herausgegeben haben, in denen Verstöße gegen die Allgemeine Erklärung der Menschenrechte von Seiten Nordkoreas und Turkmenistans erstmals angeprangert wurden, so sind die Sorgen um die Glaubwürdigkeit des Gremiums und seinen Handlungsspielraum, die ernsthaftesten Menschenrechtsprobleme der Welt in angemessener Weise anzusprechen, nicht ausgeräumt.

Nichtstaatliche Organisationen erhalten unterdessen den Druck auf Regierungen, politische Gefangene freizulassen und ihre Umsetzung der Menschenrechte zu überarbeiten, unvermindert aufrecht, wobei *Amnesty International* sicher die bekannteste unter diesen Gruppen ist. Gegründet wurde sie 1961, nachdem der britische Bürgerrechtsanwalt Peter Benenson im *Observer* einen Artikel über Menschen publiziert hatte, die wegen ihrer politischen Überzeugung inhaftiert worden waren. *Amnesty* hat sich seither enorm weiterentwickelt und deckt inzwischen ein breites Spektrum an Menschenrechtsfragen ab, legt aber noch immer großen Wert auf die Feststellung, dass durch Einzelaktionen ungeheure Fortschritte erreicht werden können. Briefe an Gefangene, die diese spüren lassen, dass sie nicht vergessen sind, Briefe an Regierungen, in denen mit Nachdruck gefordert wird, Menschen auf freien Fuß zu setzen – ein einzelner Brief allein mag nicht allzu viel erreichen können, aber wenn sie zu Tausenden eintreffen, geraten Dinge in Bewegung. Christine Anyanwu, eine nigerianische Journalistin, die nach einer ganz und gar unfairen Gerichtsverhandlung wegen Hochverrats verurteilt wurde, berichtet: »Es ist unmöglich, ein anschauliches Bild von meinem Denken und Tun zu zeichnen, als ich da in meiner winzigen Zelle saß, der ganze Fußboden mit Karten und Umschlägen bedeckt. Es war zutiefst anrührend, ungeheuer ermutigend und aufbauend. In diesem Augenblick wusste ich, dass ich nicht allein war.«[12]

Im Unterschied zum Ansatz von *Amnesty* ist *Human Rights Watch* daran gelegen, Unrecht beim Namen zu nennen und anzuprangern, Unterdrückerregimes durch Presseberichte ins Licht der Öffentlichkeit zu zerren und Regierungen dazu zu bewegen, diplomatischen und wirtschaftlichen Druck auszuüben. Es gibt eine Vielfalt an anderen Menschenrechtsgruppen, die in einzelnen Ländern arbeiten, sich in manchen Fällen sogar auf ganz bestimmte politische Gefangene konzentrieren. Ein in London ansässiger Hilfsfond für politische Gefangene, der *Prisoners of Conscience Appeal Fund*, stellt politischen Gefangenen und ihren Familien Mittel zur Verfügung und hilft ihnen, ihr Leben nach der Freilassung neu zu organisieren.[13]

Wir, die wir die Tapferkeit derjenigen bewundern, die ihren Kampf gegen repressive Regimes unermüdlich weiterführen, sollten gleichzeitig unserer Verachtung für feige Regierungen Ausdruck geben, die es für legitim erachten, diejenigen einzusperren, die sich ihrem Diktat nicht fügen. Eine starke und selbstbewusste Regierung mag ihre Kritiker nicht gerade lieben, aber sie sollte imstande sein, eine engagierte öffentliche Auseinandersetzung zu überstehen. Das Recht zu sein, wer man ist, und auszudrücken, was man denkt, ist eines der grundlegendsten Rechte menschlichen Seins, und Regierungen, die Andersdenkende einsperren, zeigen Verachtung für all ihre Bürger.

Beteiligen Sie sich, indem Sie einen Brief schreiben, Geld für Menschenrechtsgruppen sammeln, für eine Regierung stimmen, der es mit den Menschenrechten ernst ist. Glaubens- und Meinungsfreiheit sind alles andere als universell verbreitet. Aber, so die Worte der Allgemeinen Erklärung der Menschenrechte, ihnen muss »das höchste Streben des Menschen« gelten.

39

In jedem Jahr werden zwei Millionen Mädchen und Frauen Opfer von Genitalverstümmelungen

Unsere Eltern haben uns gesagt, wir müssten es tun, also sind wir gegangen. Wir haben uns gewehrt. Wir haben wirklich gedacht, wir müssten vor Schmerzen sterben. Eine Frau hält dir den Mund zu, damit du nicht schreien kannst, zwei halten dir den Brustkorb fest, zwei weitere die Beine. Nachdem sie uns beschnitten hatten, haben sie uns Seile um die Beine gebunden, es war, als müssten wir neu laufen lernen … Die Erinnerung und die Schmerzen gehen nie ganz weg.«[1]

Mit diesen Worten beschreibt die zweiundzwanzigjährige Zainab die Erinnerung an den Tag ihrer Beschneidung. Diese ist ein extrem schmerzhafter Eingriff, der bei den Opfern irreparablen physischen und psychischen Schaden anrichtet. Er stellt eine fundamentale Verletzung der Menschenrechte dar, und dennoch schätzt die *Weltgesundheitsorganisation*, dass jedes Jahr etwa zwei Millionen Mädchen und Frauen diese Prozedur erleiden müssen.

Es gibt viele Formen der Genitalverstümmelung bei Frauen, bei allen wird den Mädchen ein Teil ihrer Genitalien entfernt. Die schlimmste Form ist die so genannte Infibulation – dabei werden dem Mädchen Klitoris und Schamlippen ganz oder teilweise entfernt, das Präputium wird bis auf eine kleine Öffnung, die Urin und Menstruationsblut durchlässt, geklammert oder zugenäht. Fünfzehn Prozent der weiblichen Genitalverstümmelungen folgen dieser Prozedur. Bei der häufigsten Form, das heißt in etwa 80 Prozent der Fälle, werden die Klitoris und die kleinen Schamlippen entfernt.[2]

Angehörige aller Glaubensrichtungen praktizieren Genitalverstümmelungen bei Frauen. Am geläufigsten sind sie in Afrika – aus 28 Ländern wird darüber berichtet –, aber auch in Asien, im Nahen Osten und bei Einwanderergruppen in Europa, Australien, Kanada und den Vereinigten Staaten ist sie gebräuchlich.[3] In der Regel wird sie ohne Narkose und unter Verwendung grober Instrumente von einer per Tradition autorisierten Person durchgeführt. Manchmal wird sie zum Initiationsritus erhoben: Die Mädchen bekommen danach Geschenke und man erklärt ihnen, dass sie nach Abschluss der Prozedur zur Frau geworden seien.

Familien, die ihre Töchter haben beschneiden lassen, führen eine Vielzahl von Gründen für ihre Entscheidung an. Manche Gesellschaften glauben, das sexuelle Verlangen von Frauen einschränken zu müssen, damit diese keusch in die Ehe gehen und ihrem Mann treu bleiben. Man kann die Beschneidung als Teil des kulturellen Erbes einer Gruppe, als ein Ritual oder eine Zeremonie verstehen. Manche glauben, sie erhöhe die Fruchtbarkeit, andere führen hygienische und ästhetische Gründe an – nicht beschnittene Genitalien gelten als »unrein« oder »hässlich«, und ein Mädchen, das nicht beschnitten wurde, gilt als eheuntauglich. Unter Umständen wird es von der Gesellschaft ausgeschlossen, in den Augen mancher nicht als Frau betrachtet, womöglich wird ihm sogar die Berührung von Lebensmitteln und Nutzpflanzen untersagt. Dann gibt es noch religiöse Gründe. Eine Minderheit unter den Muslimen ist der Ansicht, ihr Glaube verlange es, dass ein Mädchen beschnitten sein muss – wenngleich die Prozedur lange vor der Entstehung des Islam eingeführt wurde und keineswegs Teil des Glaubens ist.[4]

Aufgrund der Geheimniskrämerei, die diesen Eingriff in vielen Ländern umgibt, und der Weigerung vieler Frauen, darüber zu sprechen, ist schwer zu sagen, wie viele Frauen bei der Beschneidung sterben. Es ist sogar schwer, genaue Zahlen darüber zu bekommen, wie viele Frauen die Prozedur über sich haben ergehen lassen. Die *Weltgesundheitsorganisation* schätzt, dass zwischen 100 und 140 Millionen Frauen Opfer der einen oder anderen Form von Genitalverstümmelung sind.[5] Unbestritten aber ist, dass jede Einzelne von ihnen durch den Eingriff einem massiven Gesundheitsrisiko ausgesetzt war und dass die langfristigen Folgen beträchtlich sind.

Das Mädchen erleidet bei der Prozedur starke Schmerzen und läuft Gefahr, einen Schock, innere Blutungen oder eine Blutvergiftung zu erleiden. Die Beschneidung findet häufig in unsauberer Umgebung statt, meist wurden die Instrumente bereits bei anderen Mädchen verwendet, das heißt, die Infektionsgefahr und das Risiko der Übertragung von HIV sind beträchtlich. Im späteren Leben ist der Geschlechtsverkehr für viele Frauen schmerzhaft und unangenehm. Oftmals bleiben Narben, oder es kommt zu Unterleibsentzündungen. Bei Frauen, an denen eine Infibulation vorgenommen wurde, kann es durch den Rückstau von Urin und Menstruationsblut zu chronischen Infektionen kommen. Beim ersten Verkehr mit ihrem Mann muss sie unter Umständen »geschnitten werden«, nicht selten sind weitere Operationen nötig, damit sie gebären kann.[6] Und damit ist noch nichts über die psychischen Narben gesagt, die eine Genitalverstümmelung hinterlässt.

Über eines kann es keinen Zweifel geben: Mädchen und Frauen die Genitalien zu beschneiden ist eine barbarische Praxis, die es abzuschaffen gilt. Die Komplexität des Problems aber und die Geheimniskrämerei, die es umgibt, verlangen ein überlegtes Vorgehen. Es ist leicht, Völker und Gesellschaften zu verteufeln, in denen die Beschneidung praktiziert wird, viel schwerer ist es, jene Art von veränderter Geisteshaltung zu bewirken, die letztlich dazu führt, dass solche Gesellschaften diese Praxis für sich selbst ablehnen. Aber wenn uns daran liegt, der Genitalverstümmelung ein Ende zu bereiten, müssen wir genau das tun.

Eine Reihe mutiger Frauen hat es gewagt, sich in bisher nicht gekannter und ungewöhnlicher Form gegen die Beschneidung auszusprechen. Als Genet Girma im Januar 2003 in ihrer äthiopischen Heimat Kembatta Addisie Abosie heiratete, machte sie ihre Meinung zum Thema Beschneidung deutlich, und das in aller Öffentlichkeit. Braut und Bräutigam trugen über ihrer Hochzeitskleidung Plakate um den Hals: auf dem von Genet stand: »Ich bin nicht beschnitten, lernt von mir«, und auf dem von Addisie: »Ich bin sehr froh, eine unbeschnittene Frau heiraten zu können.« Die Hochzeit wurde im äthiopischen Fernsehen ausgestrahlt, und wenn auch die Familien nicht daran teilnahmen, weil sie mit der Tatsache nicht einverstanden waren, dass Genet unbeschnitten war, so demonstrierten doch um die 2000 Freunde ihre Unterstützung. Genet war das erste unbeschnittene Mädchen aus der Region, das heiraten durfte. Bogaletch Gebre vom Selbsthilfezentrum Kembatta berichtet, dass dieses Ereignis in der Region große Diskussionen ausgelöst habe. »In der Ge-

gend, aus der [Genet und Addisie] stammen, nehmen die jungen Mädchen den Begriff Beschneidung nicht einmal in den Mund, dort heiß sie einfach ›das Unreine entfernen‹ ... Jetzt hören junge Männer und Frauen wirklich zu. Das Ganze hat eine erstaunliche Breitenwirkung ... Es hat dem Mut Türen geöffnet.«[7]

Für Beatrice und Edna Kandie hat sich das Gesetz als Schutzinstrument erwiesen. Mit Hilfe des Menschenrechtsaktivisten Ken Wafula konnten die Schwestern gegen ihren Vater Pius Kandie eine zeitlich unbegrenzte Verfügung erwirken, die es ihm untersagt, seine Töchter beschneiden zu lassen. Kenias Präsident Daniel Arap Moi hatte die Durchführung von Beschneidungen im Jahre 2001 für illegal erklärt, dabei allerdings gleichzeitig verkündet, Mädchen über sechzehn könnten diesbezüglich »frei entscheiden«. Trotzdem ist die Praxis noch immer weit verbreitet, und im Januar 2003 berichtete Wafula, dass er weiteren siebzehn Mädchen geholfen habe, eine Verfügung gegen die eigenen Eltern zu erwirken. Die Schwestern Kandie gehen heute in die Schulen, erzählen den Mädchen von ihrem Schicksal und klären sie über Genitalverstümmelungen auf.

Gruppen wie die Frauenrechtsgruppe *Equality Now* sind der Ansicht, dass man das Thema Beschneidung als Frage der Menschenrechte behandeln sollte. Sie sei wie jede andere Form von Gewalt gegen Frauen einzuordnen: als fundamentale Verletzung der persönlichen Würde und als Versuch, Frauen Macht und Stimme abzusprechen.[8] Die Vorstellung von Gleichheit, Integrität und Selbstbestimmung der Frau ist kein Konstrukt des Westens, und unter diesem Gesichtspunkt wird es leichter, sich gegen das Argument zu wehren, der Westen stülpe anderen Kulturen seine Sichtweise über. Eine gemeinsame Stellungnahme von *WHO* und *Vereinten Nationen* drückt es folgendermaßen aus: »Kultur ist nichts Statisches, sondern befindet sich unablässig im Fluss, passt sich an, erneuert sich. Menschen ändern ihr Verhalten, wenn sie die Risiken und Erniedrigung verstehen, die gefährlichen Praktiken innewohnen, und erkennen, dass es möglich ist, solche Praktiken aufzugeben, ohne dabei wichtige Aspekte ihrer Kultur preiszugeben.«[9]

Gesetze gegen die Beschneidung zu erlassen ist von entscheidender Bedeutung, aber Staaten müssen auch sicherstellen, dass ihre Gesetze umgesetzt werden. In Tansania werden trotz des gesetzlichen Verbots noch immer massenhaft Beschneidungen vorgenommen, und es gibt Berichte, denen zufolge die Regierung es sogar ablehnt, auf eine Anklage zu drängen, wenn Mädchen bei der Beschneidung verblutet sind.[10] Man fürchtet zudem, dass eine Kriminalisierung das Geschehen in den Untergrund abdrängt, insbesondere in Ländern, in denen die Genitalverstümmelung in Einwandererkreisen gepflegt wird. Die Gesetzgebung muss mit einem auf die jeweilige Gemeinschaft zugeschnittenen Aufklärungsprogramm Hand in Hand gehen, das zum Ziel hat, die Aufmerksamkeit für die Praxis und die Gegenargumente zu schärfen.

Aktivisten vor Ort sind am ehesten in der Lage, zu beurteilen, wie sich ein derart schwieriges Thema am besten aufs Tapet bringen und die Diskussion darüber anregen lässt. Sogar in westlichen Gesellschaften mit einem relativ hohen Bildungsstand kann es schwierig und peinlich sein, über Sexualität zu reden, man stelle sich daher die Probleme in Gesellschaften vor, in denen sexuelle Tabus übermächtig sind und Frauen womöglich nicht wissen, wie (und mit wem) sie über ihren Körper reden sollten. In Mali hat man Popstars ermutigt, Songs über das Thema Genitalverstümmelung zu schreiben, in Tansania sind Kinder auf die Straße gegangen, um dagegen zu demonstrieren. Nichtstaatliche Organisationen haben Leute aus dem Gesundheitswesen und religiöse Führer an der Diskussion beteiligt und dafür gesorgt, dass Personen, die die Genitalverstümmelung vornehmen, in anderen Fertigkeiten unterrichtet werden, damit sie weiterhin ihren Lebensunterhalt verdienen können. [11]

Es gibt erste Anzeichen dafür, dass diese Kampagnen anfangen, Wirkung zu zeigen. Aktivisten aus Eritrea verweisen auf Umfragen des nationalen Gesundheitsdienstes, denenzufolge die Häufigkeit, mit der Genitalverstümmelungen vorgenommen werden, von 95 Prozent im Jahre 1995 auf 89 Prozent im Jahre 2002 gefallen sein soll. In der jüngsten befragten Gruppe, den Fünfzehn- bis Neunzehnjährigen, – waren 78 Prozent der Mädchen beschnitten, 60 Prozent äußerten die Ansicht, dass die Praxis abgeschafft werden müsse.[12] In Togo wird von offizieller Stelle behauptet, die Häufigkeit des Eingriffs habe abgenommen, seit die Regierung im Jahre 1998 ein Gesetz dagegen verabschiedet habe,[13] und in verschiedenen Ländern plädieren Frauengruppen für neue Arten von »Initiationsriten«, bei denen keine Beschneidung nötig ist.

Im Jahre 1997 veröffentlichte die *Weltgesundheitsorganisation* in Zusammenarbeit mit *UNICEF* und dem *Bevölkerungsfond der Vereinten Nationen* einen Plan zur vollständigen Abschaffung der Genitalverstümmelung binnen dreier Generationen. Beschneidungsgegner sind zuversichtlich, dass dieses Ziel erreicht werden kann. Die wichtigste Aufgabe wird es sein, Einstellungen zu verändern und die Menschen davon zu überzeugen, dass sie auf diesen Eingriff verzichten können, ohne dadurch ihre Kultur zu gefährden. Bogaletch Gebre fasst zusammen: »Wir sind einander Hüter. Wir müssen uns gegenseitig stützen, denn wenn einem von uns Gewalt angetan wird, wird uns allen Gewalt angetan.«[14]

40

In den bewaffneten Konflikten der Welt kämpfen gegenwärtig 300 000 Kindersoldaten

K urz nachdem man meine Brüder und mich gefangen genommen hatte, erklärte uns die ›Widerstandsarmee des Herrn‹ LRA *(Lord's Resistance Army)*, dass wir nicht alle fünf in der Armee würden dienen können, weil wir uns nicht geschickt genug anstellen würden. Also fesselten sie meine beiden jüngeren Brüder und hießen uns zusehen. Dann schlugen sie so lange mit Stöcken auf die beiden ein, bis sie tot waren. Sie erklärten uns, das würde uns die Stärke geben, kämpfen zu können. Mein jüngster Bruder war neun Jahre alt.«[1]

Vergegenwärtigen Sie sich einen Augenblick lang das Leben eines Achtjährigen in einem wohlhabenden Land des Westens: Er geht zur Schule, trifft sich mit Freunden, spielt in einer Sportmannschaft, lernt ein Musikinstrument. Und dann stellen Sie sich das Leben eines achtjährigen Kindersoldaten vor: entführt, ohne die Möglichkeit, Familie und Freunde sehen zu können, brutalisiert und zu einem Leben im aktiven Kampf gezwungen: Für über 300 000 Kindersoldaten in Rebellen- oder Regierungsarmeen ist das die Wirklichkeit.

In fast jeder Region der Erde kämpfen Kinder unter achtzehn, in etwa 33 Ländern haben sie in noch immer anhaltenden oder kürzlich beendeten Konflikten gekämpft, und man schätzt, dass an drei Vierteln aller Kriege auf der Welt Kindersoldaten beteiligt gewesen sind.[2]

Für skrupellose Streitkräfte sind Kindersoldaten ein ergiebiges Reservoir. Häufig arm, entwurzelt, auf der Flucht und von ihren Familien getrennt, sind Kinder in Regionen, in denen ein bewaffneter Konflikt tobt, leichte Beute für Soldatenwerber. Die Streitkräfte versuchen, die Kinder zu ködern, versprechen ihnen genug zu essen, eine Unterkunft oder Ansehen und ziehen sie in Konflikte mit hinein, die zu verstehen sie noch viel zu jung sind.

Ein kleines Kind beginnt vielleicht als Träger oder Spion. Sobald es alt genug ist, um eine Waffe tragen zu können, wird es an dem Konflikt beteiligt. Die massive Zunahme an Kleinfeuerwaffen bedeutet, dass Kinder in eine tödliche Streitmacht verwandelt werden können. *Human Rights Watch* berichtet, dass viele Kindersoldaten gezwungen werden, an vorderster Front zu kämpfen, oder als Vorhut in Minenfelder geschickt werden. Oft werden sie gezwungen, Grausamkeiten gegen die eigene Familie oder das eigene Dorf zu begehen, so wird dafür gesorgt, dass sie nie wieder zurückkehren können – eine schändliche Methode, sich ihre Loyalität zu erzwingen.[3]

Es werden sowohl Jungen als auch Mädchen rekrutiert. Die Zahl an jungen Soldatinnen genau einzuschätzen ist nicht leicht, aber man geht davon aus, dass viele bewaffnete Gruppen inzwischen vermehrt die Rekrutierung von Mädchen betreiben. Die *Koalition gegen den Einsatz von Kindersoldaten (Coalition to Stop the Use of Child Soldiers)* berichtet, dass die oppositionelle Guerillaarmee *Liberation Tigers of Tamil Eelam (LTTE)* systematisch junge tamilische Mädchen – vor allem Waisen – rekrutiert und im Bürgerkrieg gegen die Regierungsstreitkräfte antreten lässt. Ihre Mitstreiter nennen die Mädchen auch »Vögel der Freiheit«, und nach

Auskunft von Regierungsseite werden die Mädchen zu bombenbewehrten Selbstmordkommandos trainiert, weil sie nicht so leicht Sicherheitskräften in die Hände fallen.[4] Manchmal werden die Mädchen auch militärischen Vorgesetzten als »Ehefrauen« vermittelt.

Burma hat, so nimmt man an, mehr Kindersoldaten als jedes andere Land der Welt.[5] Mehr als ein Fünftel seiner 350 000 Mann starken Nationalarmee soll unter achtzehn Jahren alt sein, und Kinder nicht älter als elf Jahre wurden zwangsrekrutiert. Jungen werden häufig an Bus- und Bahnstationen, auf Märkten und bei Fahrzeugkontrollen aufgegriffen und vor die bittere Wahl gestellt: Armee oder Gefängnis. Soldaten, die neue Rekruten anschleppen, werden mit Geld und Reis belohnt, so dass sich mehr und mehr von ihnen dem einträglichen Geschäft zuwenden, neues Blut aufzutun. Von jeglichem Kontakt zu ihren Familien abgeschnitten, werden diese Kinder einem entwürdigenden und brutalisierenden Trainingsprogramm unterworfen, an dessen Ende sie bereit sind, in den Kampf zu ziehen. Jungen, die versuchen zu entkommen, werden nicht selten zu Tode geprügelt.[6]

Was diese Kinder zu sehen bekommen, ist furchtbar, scheint absolut unvorstellbar. Ein Junge berichtete *Human Rights Watch* von einem Massaker, bei dem er Zeuge war: »Wir hatten fünfzehn Frauen und Kinder gefangen... darunter drei Babys und vier Kinder unter achtzehn. Sie haben den Müttern die Babys weggenommen. Wir trieben sie auf einem Platz zusammen und schickten per Funk eine Meldung an das Hauptquartier... Der Befehl, der über Funk an uns erging, lautete, sie alle umzubringen. Dann haben sechs Unteroffiziere ihre Gewehre geladen und sie erschossen ... Die Soldaten hielten die Babys fest, und die Babys weinten. Zwei davon waren noch kein Jahr alt, vielleicht neun oder zehn Monate … Als die Mütter tot waren, brachten sie die Babys um. Drei von den Rekruten haben sie umgebracht. Sie nahmen sie bei den Beinen und schlugen sie mit voller Wucht gegen einen Felsen. Ich habe es gesehen.« Khin Maung war damals dreizehn.[7]

Kinder werden als entbehrliche Ressource angesehen, gelten wohl als weniger wertvoll als ein gut ausgebildeter Erwachsener, als bereiter, sich Hals über Kopf in gefährliche Situationen zu begeben, weil sie einfach zu jung sind, um die Risiken zu verstehen. Ein bewaffneter Gruppenführer in der Demokratischen Republik Kongo erklärt, Kinder gäben gute Kämpfer ab, »weil sie jung sind und angeben wollen. Sie halten das alles für ein Spiel, deshalb haben sie keine Angst.«[8]

Im Kongo haben zehntausende Kindersoldaten in einem blutigen Konflikt gekämpft, der seit 1998 mehr als drei Millionen Menschenleben gefordert hat. Trotz des Einsatzes einer neuen Regierung im Juli 2003, einer verfassungsmäßig etablierten Gewaltenteilung und dem Vorsatz, den Frieden wahr zu machen, berichtet *Amnesty International*, dass die Rekrutierung von Kindern in manchen Gebieten im Osten des Landes sogar zugenommen hat.[9] Die internationale Staatengemeinschaft und verschiedene nichtstaatliche Organisationen haben Anstrengungen unternommen, um Kindersoldaten freizubekommen, doch die Aufgabe ist alles andere als einfach, und die massive Zerstörung der Infrastruktur eines Landes bringt es mit sich, dass Schulen fehlen und Arbeit schwer zu finden ist. Durch den Krieg brutalisierte Dorfgemeinschaften sehen sich häufig nicht in der Lage, zurückkehrende Kämpfer aufzunehmen, und viele von ihnen werden erneut in den Konflikt hineingezogen.

Und selbst wenn geeignete Möglichkeiten zur Verfügung stehen, kann es Jahre dauern, bis die psychischen Narben verheilen. Im Alter von fünfzehn Jahren hatte Kalami bereits sechs Jahre seines Lebens damit zugebracht, in verschiedenen bewaffneten Gruppen zu kämpfen. Nach einem besonders grausamen Einsatz, bei dem er und seine Mitstreiter Menschen bei lebendigem Leib in ihren Häusern verbrannt hatten und gezwungen worden waren, eine Familie zu töten und zu essen, beschloss er zu fliehen und wurde schließlich aus dem Dienst entlassen. »Ich habe nur noch Angst. Ich kann nicht lesen, weiß nicht, wo meine Familie ist, ich habe keine Zukunft. Am schlimmsten ist es am Tag, wenn ich über meine Zukunft nachdenke. Mein Leben ist verloren. Ich habe nichts, für das ich lebe. Nachts kann ich nicht mehr schlafen – ich denke an die schrecklichen Dinge, die ich gesehen und getan habe, als ich Soldat war.«[10]

Die moderne Kriegsführung hat ihr Gesicht verändert: Heute sieht sich eine große Militärmacht häufig mit zahllosen kleinen Milizengruppen konfrontiert, die eine angespannte Situation weiter zu verschärfen suchen. Unter diesen Umständen nimmt die Wahrscheinlichkeit zu, dass Kinder gegen die hervorragend ausgerüsteten Soldaten des Westens aufgeboten werden. Es wird berichtet, dass der erste amerikanische Soldat, der während der Operation »Enduring Freedom« im Einsatz ums Leben kam, von einem vierzehnjährigen Jungen getötet worden sei, und ein altgedienter amerikanischer General bezeichnete die Konfrontation mit Kindersoldaten als »so ziemlich das Härteste, mit dem wir es je zu tun hatten«.[11,12]

Das Thema Kindersoldaten ist eindeutig eines, das die internationale Staatengemeinschaft wird lösen müssen, und zwar bald. Gruppen, die mit Kindersoldaten arbeiten, betonen, wie wichtig internationales Recht ist, wenn es darum geht, staatliche und nichtstaatliche bewaffnete Gruppen davon abzuhalten, Kinder zu rekrutieren. Frühere Statuten wie die Zusatzprotokolle zu den Genfer Konventionen hatten eine untere Altersgrenze von fünfzehn Jahren angesetzt, aber das jüngste Instrument, das Fakultativprotokoll zum Übereinkommen über die Rechte des Kindes, betreffend die Beteiligung von Kindern an bewaffneten Konflikten (im weiteren der Übersichtlichkeit halber als Fakultativprotokoll bezeichnet), setzt das Mindestalter für die Einziehung zu den Streitkräften eines Landes auf achtzehn Jahre fest und verpflichtet alle Unterzeichnerstaaten des Abkommens, dafür Sorge zu tragen, dass Kinder unter achtzehn Jahren nicht unmittelbar an Feindseligkeiten beteiligt werden. Außerdem verbietet es die Einziehung – auf freiwilliger Basis oder zwangsweise – von Kindern unter achtzehn Jahren durch andere bewaffnete Gruppen.

Zum Zeitpunkt der Abfassung dieses Manuskripts hatten 115 Staaten das Fakultativprotokoll unterzeichnet, 66 hatten es ratifiziert. Gruppen, die gegen den Einsatz von Kindersoldaten kämpfen, fordern, die Regierungen mögen einen Schritt weiter gehen und für jede Form von Rekrutierung ein Mindestalter von 15 Jahren festsetzen.

Nichtstaatliche Akteure dazu zu bekommen, sich an internationales Recht zu halten, kann schwierig sein, doch da viele dieser Gruppen um internationale Anerkennung für ihre Sache werben, könnten sie unter Umständen eher für die Aufforderung zur Einhaltung solcher Abkommen offen sein. Jo Becker von *Human Rights Watch* stellt fest, dass ein Großteil der Verpflichtungen zur Beendigung der Einziehung von

Kindern zum Dienst an der Waffe nicht umgesetzt worden sind: »Manchmal ist das ein Problem des mangelnden politischen Willens, manchmal hat es praktische Gründe. Einige Gruppen – wie die kolumbianische *FARC* (Fuerzas Armadas Revolucionarias de Colombia) und die *Tamil Tigers* in Sri Lanka – verhalten sich auch schlicht unlauter, glauben, die Annahme der Verpflichtung werde ihnen eine gute Presse verschaffen, und sind nicht im Geringsten bereit, sie tatsächlich umzusetzen. Andere Gruppen wollen diese Verpflichtung eingehen, aber ihnen fehlen die Mittel dazu. Wir haben mit einem General in der Karenni-Armee von Burma gesprochen, und er hat erklärt, seine Truppe würde sich an das Fakultativprotokoll halten, doch es sei schwer, dafür Unterstützung zu bekommen, weil niemand sie als legale Organisation anerkenne.«[13]

Den *Vereinten Nationen* ist klar, dass alle Konfliktparteien an dem Dialog beteiligt werden müssen: Im Januar 2003 verabschiedeten die *Vereinten Nationen* eine weitere Resolution zur Situation von Kindern in bewaffneten Konflikten, in denen 23 Gruppen in fünf Konfliktherden explizit aufgeführt wurden, an die das Abkommen sich wendet. Außer von den in dieser Auflistung genannten fünf Konfliktherden – Afghanistan, Burundi, dem Kongo, Liberia und Somalia – verlangte die Resolution Fortschrittsberichte aus einer Reihe weiterer bewaffneter Konflikte. *Human Rights Watch* begrüßte den Schritt, erklärte aber, der Dialog müsse systematisch geführt werden und die *Vereinten Nationen* müssten klare Aussagen über die Folgen für Gruppen treffen, die keine Fortschritte machten.[14]

UN-Generalsekretär Kofi Annan wies darauf hin, dass Kinder in Konfliktregionen ohnehin bereits Gefahren ausgesetzt seien – durch Vertreibung, Landminen, mangelnde Bildungs-möglichkeiten, eine unzureichende medizinische Grundversorgung, Zwangsarbeit und sexuelle Ausbeutung. »Diese unhaltbaren Zustände werden ungeachtet der internationalen Staatengemeinschaft Kindern an viel zu vielen Orten zugemutet«, erklärte er vor dem Sicherheitsrat. »Es ist an der Zeit, dafür Sorge zu tragen, dass die hart erkämpften Fortschritte bei der Schaffung eines Regelwerks zum Schutz von Kindern umgesetzt und praktisch verwertet werden.«[15]

Jedem der 300 000 Kindersoldaten, die zurzeit an irgendeiner Front kämpfen, ist eine Kindheit genommen worden. Diejenigen, die Glück haben, werden mit dem Leben davonkommen, belastet mit einem schweren Erbe aus Schuldgefühlen und Scham, konfrontiert mit der kaum zu bewältigenden Aufgabe, ihr Leben neu zu ordnen und die verlorenen Jahre aufzuholen.

Wir dürfen nicht aufhören, Regierungen und bewaffnete Gruppen, die Kinder zum Dienst an der Waffe einziehen, anzuprangern und Druck auf unsere Regierungen auszuüben, das Fakultativprotokoll zu unterzeichnen und zu ratifizieren. Unterstützen Sie nichtstaatliche Organisationen, die sich dafür einsetzen, die Beteiligung von Kindern an bewaffneten Auseinandersetzungen zu beenden, und schreiben Sie an Regierungen, drängen Sie sie, in dieser Frage alles zu tun, was in ihrer Macht steht.

Ein fünfzehnjähriges Mädchen, das aus der ugandischen *LRA* hatte fliehen können, gab Wissenschaftlern einen eindringlichen Appell mit auf den Weg: »Bitte tun Sie Ihr Bestes, der Welt zu berichten, was mit uns, den Kindern, geschieht, damit andere Kinder diese Gewalt nicht durchmachen müssen.«[16] Wir dürfen sie nicht enttäuschen.

41

*An den allgemeinen Wahlen des Jahres 2001
beteiligten sich in Großbritannien knapp
26 Millionen Wähler. Bei der ersten Staffel
der Reality-TV-Show* Pop Idol *wurden über
32 Millionen Stimmen abgegeben.*

In der letzten Woche der ersten Staffel der britischen Cas-
tingshow *Pop Idol*, dem britischen Pendant zu *Deutschland sucht den Superstar*, war das Feld der jungen Hoff-
nungsträger erbarmungslos auf zwei Anwärter auf den Thron
der Popmusik beschnitten worden. Will Young, ein smarter
Politikabsolvent, trat gegen den ehemaligen Chorknaben Gareth Gates an, und die Frage, wer von den beiden gewinnen
würde, bescherte den Briten tagelang Stoff für angelegent-
liche Plaudereien am Kaffeeautomaten. Zur Mobilisierung
ihrer jeweiligen Anhänger begaben sich die beiden jungen
Männer auf die Straßen des Landes und verteilten Wahlroset-
ten mit der Aufschrift »Wählt Will« oder »Wählt Gareth«.
Young machte schließlich das Rennen, am Abend seiner
Wahl gaben in nur drei Stunden fast neun Millionen Menschen ihre Stimmen ab und hätten damit beinahe das britische Telefonnetz zusammenbrechen lassen. Hätte er den
Wettbewerb nicht gewonnen, so Young, wäre er gerne in die
Politik gegangen.

Diese Spaßwahl stieß besonders denjenigen bitter auf, die
es gerne sähen, wenn Großbritanniens junge Bürger der Poli-

tik ein vergleichbares Maß an Leidenschaft entgegenbringen würden. Im Laufe der zwanzigwöchigen Laufzeit von *Pop Idol* wurden mehr als 32 Millionen Stimmen abgegeben.[1] Nach Auskunft des britischen Wahlausschusses hatten bei der Wahl zum britischen Parlament im Jahre 2001 nur 25,9 Millionen Menschen ihre Stimme abgegeben – die Beteiligung von weniger als 60 Prozent war übrigens die geringste seit 1918.[2] Allerdings darf man nicht vergessen, dass bei einer allgemeinen Wahl jeder Wahlberechtigte nur eine Stimme abgeben darf, wohingegen man bei *Pop Idol* so viele Stimmen abgeben kann, wie man möchte (beziehungsweise die eigene Telefonrechnung es verkraftet). Aber das Ganze illustriert eine sehr wichtige Tatsache: Wenn Leuten am Ausgang einer Wahl etwas liegt, werden sie alles dafür tun, dass ihr Votum zählt.

Im Jahre 1950 hatten noch 84 Prozent aller Briten gewählt. Seither aber hat die Zahl derjenigen, die sich dafür entschieden haben, von ihrer Wahlberechtigung Gebrauch zu machen, stetig abgenommen, und junge Leute machen sich am Wahltag am zögerlichsten auf den Weg zur Urne. Das Meinungsforschungsinstitut MORI schätzt, dass bei der Wahl im Jahre 2001 nur 39 Prozent der Achtzehn- bis Vierundzwanzigjährigen gewählt haben, bei den Fünfundsechzigjährigen waren es 70 Prozent.[3]

Es ist ein Trend, der auf der ganzen Welt zu beobachten ist: Junge Leute gehen nicht zur Wahl. Bei der amerikanischen Präsidentenwahl im Jahre 2000 – einem der knappsten Kopf-an-Kopf-Rennen der Geschichte – gaben nur 29 Prozent der Wahlberechtigten zwischen achtzehn und vierundzwanzig Jahren ihre Stimme ab, die Wahlbeteiligung insgesamt lag bei 55 Prozent.[4] Japans Parlamentswahl hatte das niedrigste Ergebnis aller Zeiten zu verzeichnen, und nur die Hälfte aller Wähler unter Dreißig geht dort regelmäßig zur Wahl. Mit den Worten eines Neunundzwanzigjährigen: »Wählen ist Zeitverschwendung. Ich habe die Nase voll von Politikern, die in Japan noch nie etwas zum Guten verändert haben.«[5]

An den Wahlen zum Europäischen Parlament im Juni 2004 beteiligten sich weniger als ein Drittel der Wahlberechtigten zwischen achtzehn und vierundzwanzig[6] – wobei aber gleichzeitig zu sagen ist, dass quer durch die EU die Wahlbeteiligung in allen Altersgruppen so gering war, dass die politischen Vertreter Europas sie als »erschütternd« und »Katastrophe« bezeichneten.[7] Nur acht Prozent der Jungwähler gaben an, einer politischen Gruppierung »nahe zu stehen« und erschreckende 30 Prozent erklärten, sie hätten noch nie gewählt.[8] Und das trotz eines höchst bizarren Sammelsuriums an Aktionen, die von politischen Parteien quer durch die EU veranstaltet worden waren. In Estland schenkte eine Partei an Bushaltestellen Kaffee aus, Großbritanniens Parteien druckten ihre Slogans auf Bierdeckel (»Ich trinke, also wähle ich«), und eine Brüsseler Tageszeitung versuchte gar, die Abläufe im Parlament in Form eines Comics zu erklären.[9]

Bei der Bundestagswahl in Deutschland im Jahr 2005 wurde festgestellt, dass die Wahlbeteiligung bei den unter 30-Jährigen im Vergleich zur Bundestagswahl 2002 um 1,5 Prozent auf 68,8 Prozent gesunken ist. Auch in Deutschland setzt sich bei den Jungen der Trend zur Wahlenthaltung fort.

Sogar in Südafrika, wo viele noch vor etwas mehr als einem Jahrzehnt für das Recht zu wählen gekämpft und ihr Leben gelassen hatten, haben junge Menschen nicht das Gefühl, dass die politischen Abläufe es wert sind, dass man ihnen seine Zeit widmet. Die geringen Registrierungszahlen mögen die unabhängige Wahlkommission Südafrikas schockiert haben, aber auf den Straßen von Soweto wunderte sich niemand darüber. Der zwanzigjährige Tumi Phana traut Politikern nicht: Er sagt, sie vergäßen grundsätzlich alle Versprechen, die sie gemacht hätten – vor allem, wenn es um die Schaffung von Arbeitsplätzen und die medizinische Versorgung gehe, und sobald sie an der Macht seien, ließen sie die Menschen umsonst für sich arbeiten. »Ehrlichkeit gibt es nicht. Wer stimmt schon freiwillig für einen leeren Magen? Ich werde nicht wählen. Ich falle auf ihre Schwindeleien nicht herein.«[10]

In Großbritannien hat die geringe Beteiligung der Jungwähler das politische Establishment aufgerüttelt. In der MORI-Umfrage für die Wahlkommission hat ein großer Teil der jungen Leute sich freimütig dazu bekannt, für Politik nicht das geringste Interesse zu hegen, in einer BBC-Umfrage unter Nichtwählern aus dem Jahre 2001 erklärten 77 Prozent, es sei sinnlos zu wählen, weil »das ja doch nichts ändert«.[11] Die Wahlkommission zitiert Argumente, die bemängeln, Politik habe nichts mehr mit grundlegenden ideologischen Unterschieden zu tun, sondern allein mit technischen Fragen wie dem Beitritt zur Europäischen Währungsunion oder in wessen Besitz der öffentliche Personenverkehr sein sollte und wie er gefördert wird. Manche Leute sagen, das Misstrauen junger Menschen gegenüber Politikern habe mehr damit zu tun, wie die Parteipolitik sich gibt, als mit den Themen, um die es geht, andere sind der Ansicht, dass Wählen und die Teilnahme am politischen Prozess nicht mehr als Bürgerpflicht gesehen werden.[12]

Im Vorfeld der amerikanischen Präsidentenwahl 2004 versuchten Politiker beider Lager mit großem Einsatz, junge

Wähler zu umwerben. Der Musikkanal MTV unterstützte Jungwählerinitiativen wie *Rock the Vote* oder *Choose or Lose*, mit denen die Jugend dazu gebracht werden sollte, sich für die Wahl registrieren zu lassen. Musiker wie P. Diddy wandten sich an die Hip-Hop-Generation, und die Schauspielerin Cameron Diaz trat in Werbespots auf, die Amerikas Latino-Bevölkerung ansprechen sollten.

Es war keine leichte Aufgabe – denn man musste die jungen Leute nicht nur dazu bringen, sich für die Wahl einzuschreiben, sondern obendrein dazu, in den Wahllokalen zu erscheinen und anzustehen, um ihre Stimmen abgeben zu können. Mit Ausnahme eines kurzen Zwischenhochs im Jahre 1992 war die Wahlbeteiligung unter den amerikanischen Jungwählern seit 1972, dem Jahr, in dem Achtzehnjährige erstmals wählen durften, stetig gesunken. Larry Sabato, Professor für Politische Wissenschaften an der University of Virginia, zeigte sich skeptisch: »Nur weil Kandidaten im schwarzen Anzug bei CNN auftreten, gehen die Leute doch nicht raus und wählen.«[13]

Am Wahltag aber gaben Millionen Jungwähler ihre Stimmen ab. Mehr als 20 Millionen beteiligten sich an der Präsidentenwahl, das entsprach einem Zuwachs von 4,6 Millionen gegenüber der Wahl aus dem Jahre 2000. Ja, die Beteiligung war sogar durch die Bank erhöht: Im Jahre 2004 wählten mehr als 120 Millionen, im Jahre 2000 waren es im Vergleich dazu nur 105 Millionen gewesen. MTV berichtete, dass Jungwähler – auch diejenigen, die für den demokratischen Kandidaten John Kerry gestimmt hatten – glaubten, 2004 werde sich als Wendepunkt erweisen. Sie glaubten, dass es auf ihre Stimme ankomme.[14]

Das Gefühl, dass eine einzelne Stimme tatsächlich ausschlaggebend für einen Wechsel sein kann, könnte das Gegenmittel für die Apathie der Jungwähler sein. Vor der Wahl von 2004 hatte das in den Vereinigten Staaten ansässige *Center for Information and Research on Civic Learning and Engagement CIRCLE* Studien darüber veröffentlicht, wie junge Menschen sich am großen politischen Ganzen beteiligten. Im Juli 2003 stellten Umfragen fest, dass die meisten jungen Amerikaner noch nie einen Vertreter des öffentlichen Lebens kontaktiert (80,9 Prozent), an eine Zeitung oder Zeitschrift geschrieben (82 Prozent) oder an einer Protestaktion oder Demonstration teilgenommen (84,4 Prozent) hatten. Doch etwas mehr als die Hälfte der Befragten im Alter zwischen fünfzehn und fünfundzwanzig Jahren gab an, schon einmal ein Produkt oder eine Marke »wegen den Bedingungen, unter denen das Produkt hergestellt wird« boykottiert zu haben, und 40 Prozent berichteten, schon an Aktionen teilgenommen zu haben, mit denen Geld für wohltätige Zwecke beschafft werden sollte.[15]

Die *CIRCLE*-Forscher stellten fest, dass junge Menschen bewusst dazu tendieren, ihren Ansichten auf eine Weise Ausdruck zu verleihen, bei der sie glauben, wirklich etwas bewirken zu können: »Massenveranstaltungen wie *Race For The Cure* oder die Fahrradaktion *AIDS Ride* vereinen die Teilnehmer zu großen Gruppen Gleichgesinnter, in denen die einzelnen Akteure ›sehen‹, dass ihre Beteiligung etwas zählt.«[16] Und vielleicht haben die Jungwähler 2004 zum ersten Mal das Gefühl gehabt, dass ihre Stimme zählt.

Was also kann der Rest der Welt aus dem amerikanischen Experiment lernen? Wenn junge Menschen das Gefühl haben, sie haben Einfluss auf den Ausgang einer Wahl – unabhängig davon, ob diese nun entscheidet, wer das Land regieren soll oder wer einen praktisch nicht mehr aufzuhaltenden Hitlistenerfolg erzielen wird – werden sie ihre Stimme abgeben. Die Herausforderung besteht darin, Politik prickelnd und lohnend erscheinen zu lassen.

Eine der von der britischen Regierung erwogenen Reformen sieht die Absenkung des Wahlalters auf sechzehn vor. Regierungsquellen sind der Ansicht, dass ein jüngeres Wahlalter dazu beitragen könnte, Bürgerkunde und den Politikunterricht an den Schulen zu beleben[17]. Eine Familienumfrage der Firma Nestlé zeigte, dass mehr als die Hälfte aller jungen Leute das Wahlalter gerne herabgesetzt sähen, doch in derselben Umfrage erklärten auch 45 Prozent, es interessiere sie nicht, wie das politische System organisiert sei.[18]

Deutschland hatte erwogen, noch einen Schritt weiter zu gehen: Ende 2003 diskutierte die Regierung über einen Vorschlag, Kinder an den Bundestagswahlen zu beteiligen. Bis zum Alter von zwölf Jahren hätten die Eltern das Recht, stellvertretend für ihre Kinder abzustimmen, danach aber hätten die Kinder die Möglichkeit, darauf zu bestehen, ihre Stimme selbst abgeben zu dürfen. Eine Sprecherin der damaligen stellvertretenden Bundestagspräsidentin Antje Vollmer erklärte, Grundidee sei es, in den Familien die Diskussion über Themen zu fördern, die Kinder betreffen. Themen wie Umwelt und Krieg seien bereits bei Kindern im Alter von sechs Jahren fest im Bewusstsein verankert. In den Familien solle darüber diskutiert werden, und die Eltern könnten dann für die Partei stimmen, die den Ansichten des Kindes am nächsten kommt.[19] Politische Themen in der Familie zu diskutieren kann in hohem Maße dazu beitragen, das Interesse für den politischen Prozess bei Kindern zu wecken – und weil man damit eine völlig neue Wählerschaft anspräche, würde sich der Wählerstamm auf einen Schlag um 14 Millionen erhöhen.

Manche Länder probieren überdies neue Mittel der Stimmabgabe aus: Textnachrichten per Mobiltelefon verschicken zu lassen, telefonische Abstimmungen, Stimmabgabe über digitales Fernsehen oder online. Die Wahlkommission zitiert Forschungen, denenzufolge junge Leute vermutlich vor allem Veränderungen begrüßen würden, die die Stimmabgabe bequemer gestalteten.[20] Das erste Internetwahlsystem wurde bei den demokratischen Vorwahlen in Arizona eingesetzt – und die Beteiligung schnellte um mehr als 600 Prozent in die Höhe –, obwohl nur 41 Prozent der Wähler tatsächlich über das Internet abgestimmt hatten.[21] Mehrere Wahlbezirke im Vereinigten Königreich haben bei den Kommunalwahlen vom Mai 2003 mit verschiedenen alternativen Methoden der Stimmabgabe experimentiert, und die Regierung hat sich das Ziel gesetzt, irgendwann nach 2006 eine »e-taugliche« Parlamentswahl zu organisieren.

Das Misstrauen junger Leute, die Politiker nicht vertrauenswürdig finden oder sich von ihnen als ihre Generation nicht angesprochen fühlen, ist womöglich schwieriger aus der Welt zu schaffen. Die politischen Parteien müssen sich mehr darum bemühen, junge Wähler anzusprechen – nicht notwendigerweise dadurch, dass sie Wahlwerbespots im Stil von Musikvideos senden, sondern indem sie dafür sorgen, dass junge Wähler alle Informationen bekommen, die sie brauchen, um relevante Themen zu verstehen, vielleicht auch, indem sie ein paar jüngere Kandidaten aufstellen, darüber nachdenken, wie sich eine Politik alten Stils dem neuen Stil einer jungen Generation anpassen kann, statt das Gegenteil zu fordern.

Jungen Menschen Predigten darüber zu halten, wie wichtig es ist, hart erkämpfte Freiheiten in Ehren zu halten, wird nicht viel helfen, auch nicht, ihnen ein schlechtes Gewissen einzureden, weil sie ihre Rolle in der Gesellschaft nicht adäquat wahrnehmen. Statt zu versuchen, sie an die Wahlurnen zu drängen, sollten die Wahlurnen zu ihnen kommen – ihnen Gelegenheit geben, auf für sie annehmbare Art ihre Meinung zu den wirklich wichtigen Themen zu äußern. Politik ist nicht langweilig; es ist an den Politikern, die Lesung des Haushalts in einer Art und Weise zu gestalten, dass sie für unser tägliches Leben nicht minder bedeutsam erscheint als die Frage, wer in Großbritannien das legendäre Rennen um den ersten Platz in den Weihnachtscharts macht und »Christmas Number One« wird.

42

Amerika gibt jährlich 10 Milliarden Dollar für Pornographie aus – denselben Betrag, den es auch in die Auslandshilfe steckt

Für ein Land, das gegenwärtig von einem Präsidenten geführt wird, der ein vehementer Pornographiegegner ist, gibt Amerika eine ganze Menge Geld für diesen Erwerbszweig aus. Die Untergrundexistenz eines Großteils des Marktes und die Heimlichtuerei im Zusammenhang damit machen es schwer, die genaue Summe zu ermitteln, die für Pornographisches ausgegeben wird. Aber wenn der so oft zitierte Betrag von zehn Milliarden stimmt, dann ist das mehr, als die Amerikaner für das Anschauen von Hollywoodfilmen ausgeben.[1]

Ja, es ist wirklich ein dickes Geschäft, und es wächst ständig. Jede Woche werden über 200 neue Filme gedreht, die »für Minderjährige nicht geeignet« sind, und mehr als 300 000 Internetseiten widmen sich den nackten Tatsachen.[2] Künstlich stimuliert und aufgeblasen wie so manches, das sich dort tummelt, steht die Branche in voller Blüte.

Pornographie ist aus vielen Gründen ein heikles Thema, nicht nur, weil sie so schwer zu fassen ist. Nur der griesgrämigste Erotikmuffel würde Rubens' Gemälde von nackten Frauen als Pornographie bezeichnen, aber es mehren sich Berichte, wonach eine wachsende Zahl von Abonnenten auf ihren Internetseiten erotische Bilder von nackten Kindern veröffentlicht und den Zensoren mit der Behauptung trotzt, es handle sich um »Kunst«.[3] In einer Kultur, in der Bilder von spärlich bekleideten Männern und Frauen auf jeder Plakatwand prangen und Fernsehserien wie *Sex and the City* das Thema Sex mit manchmal erstaunlicher Offenheit behandeln, kann es schwer sein, die Grenze zu ziehen. Vielleicht läuft alles auf jene berühmten Worte des verstorbenen Richters am Obersten Gerichtshof, Peter Stewart, hinaus: »Ich erkenne sie, wenn ich sie vor mir habe!«

In den Siebzigerjahren des 20. Jahrhunderts führte die Pornoindustrie ein Schattendasein – Filme und Zeitschriften wurden im Geheimen hergestellt, und man konnte sie nur erstehen, wenn man in speziellen Buchläden oder Kinos danach suchte. Die erste große Revolution kam mit dem Einzug von Videorekorder und Kassette – und dem anschließenden Boom des Videoverleihs. Ich bin als Teenager in einer neuseeländischen Kleinstadt aufgewachsen und kann mich noch lebhaft an die erste Videothek in meiner Hauptstraße erinnern – und an die kleine, aber gut ausgestattete Abteilung »nur für Erwachsene«. In einer Stadt, in der es nicht einmal ein Kino gab, hatte sich die Pornographie Terrain erobert. Und wenn Sie bereit waren, den hochgezogenen Augenbrauen am Verleihtresen zu trotzen, konnten Sie sie mit nach Haus nehmen.

So wie Pornos den Heimvideomarkt angekurbelt haben, haben sie auch die Entwicklung des Kabelfernsehens und den Markt für Video on Demand (VOD) maßgeblich in Gang gebracht, vom Internet gar nicht zu reden. Heute muss man sich nicht mehr die Peinlichkeit antun, einen Pornofilm auszuleihen – das Zeug kommt frei Haus. Das Geschäft blüht, ebenso die neuen Technologien, und in manchen Fällen sorgt es sogar seinerseits für Innovationen.

Eine Pornoseite im Internet bietet im Regelfall eine bestimmte Menge an Inhalt umsonst an, um aber an die härteren Inhalte zu kommen, müssen Sie Kreditkartendaten eingeben. Um Material anbieten zu können, das mit dem Kabelfernsehen konkurrieren kann, bieten die Seiten Filme, interaktive Aktionen, vielleicht sogar einen »Live chat« mit den Models. Die Pornohersteller sahen sich gezwungen, Methoden zu entwickeln, mit denen sich Altersangaben überprüfen lassen, und das ewige Problem der Verschleierung von Kreditkartentransaktionen zu lösen, damit es nicht zu peinlichen Szenen kommt, wenn Ihnen die Visakarten-Abrechnung ins Haus flattert.

Danni Ashe von Danni's Hard Drive, einer der populärsten Softpornoseiten im Internet, ist stolz auf die Technologien, die ihr Geschäft entwickelt hat. Sie zählt Leistungen auf, die ihr Unternehmen erfunden hat, um den Bedürfnissen der Kunden gerecht zu werden: »Streaming-Video (Liveübertragungen von Videoereignissen), Hosting, Kreditkartenmanipulationen, Bildbearbeitung, Kundendienste, wir fangen an, all das an andere Unternehmen zu verkaufen. Genau genommen ist das im Moment der eigentliche Wachstumszweig unseres Gewerbes.«[4]

Bill Asher, Präsident der Vivid Entertainment Group, prophezeit, dass die Branche mit der Verbesserung von Videos aus dem Internet einen Schwindel erregenden Zuwachs von 500 Prozent jährlich verzeichnen wird.[5] Solche Gewinne haben der Pornoindustrie ein paar der größten Geschäfte eingebracht. Im Jahre 2001 hat Vivid – einer der größten Hersteller von Pornovideos in den Vereinigten Staaten – seine Kabelfernsehsender für 92 Millionen Dollar an Playboy Enterprises verkauft. Für Playboy, dessen Kanäle bis dahin eher Softpornos gezeigt hatten, war dies ein kalkulierter Schritt hin zu einem härteren Markt. Aber es war auch ein Schritt, der einem ungeheuren Zuwachs bei der Nachfrage nach Video on Demand zuvorkam – und den fetteren Profiten, die sich durch das Ausschalten der Kabelbetreiber erreichen lassen.

In den Vereinigten Staaten befassen sich ein paar sehr große Unternehmen mit der Verbreitung von Pornos über das firmeneigene Kabelnetzwerk – AT&T und der General-Motors-Ableger DirecTV sind nur zwei Beispiele. Wenn Abonnenten für »premium content« bezahlen, holt sich der Kabelbetreiber seinen Anteil – manchmal bis zu neunzig Prozent.[6] Auch Hoteliers leben nicht schlecht von Pornos: In 1,5 Millionen amerikanischen Hotelzimmern sind heutzutage Pornofilme zu beziehen, darunter in fast allen Hotelketten, die von Geschäftsreisenden bevorzugt angesteuert werden. Es wird geschätzt, dass Pornofilme etwa 80 Prozent des Profits auf dem Sektor »Unterhaltung/Zimmerservice« ausmachen.[7]

Nach den Worten eines Industrieanalysten »kommt jeder auf seine Kosten«. Die Darsteller in Pornofilmen verdienen zwischen 500 und 1000 Dollar pro Tag, und der ganze Film kommt unter Umständen mit einem Budget von 5000 Dollar aus. Wenn ein Pornosender ihn für 10 000 Dollar kauft, macht er damit auch dann noch Riesengewinne, wenn er nur zehn Prozent der Gebühren einstreicht. Kabelbetreiber machen ihr Geld, weil der Film sie so gut wie nichts kostet. Es ist nicht schwer zu verstehen, warum das Geschäft boomt.

Es boomt so sehr, dass manch einer bereits davon spricht, Pornographie sei dabei, »Mode« zu werden. Die Industrie hält ihre eigenen Tagungen und Preisverleihungen ab, hat ihre eigenen Fachzeitungen. Pornodarstellerinnen sind gefeierte Berühmtheiten. Filme wie *Boogie Nights*, in dem Aufstieg und Fall eines männlichen Pornostars porträtiert wurden, brachten einem breiten Publikum die Geheimnisse der Branche nahe, inzwischen hat sie auf Channel 4 ihre eigene Reality-TV-Sendung: *Porn: a family business*. Siebzig Prozent aller Pornofilme werden in Los Angeles gedreht, gleich neben der großen Hollywood-Maschinerie. Noch hat man keine Pornofilmfirma an der New Yorker Börse gesichtet (man mag sich fragen, wie sie mit dem feierlichen Klang der Eröffnungsglocke klarkäme), aber Abschlüsse wie der Playboy-Vivid-Handel wurden in jeder großen Finanzzeitung kommentiert. Und die Filmemacher und Internetbetreiber hätten es auch lieber, wir würden Pornos nicht Pornos nennen, heutzutage heißt so etwas Erwachsenenunterhaltung.

Es steht außer Frage, dass all das durchaus einer offeneren, ehrlicheren Diskussion von Sex und Sexualität in unserer Gesellschaft zuträglich sein könnte. Aber der Siegeszug der Pornographie wirft auch ein paar sehr wichtige Fragen zum Thema Kinderschutz auf, darüber, wie das, was wir im Fernsehen anschauen oder über das wir im Internet stolpern, unser Verhalten beeinflusst und nicht zuletzt zur Frage der Redefreiheit.

Der Widerstand gegen die Pornographie entzündet sich manchmal an der Vorstellung, beeinflussbare Zuschauer seien geneigt, das, was sie auf dem Bildschirm sehen, zu wiederholen. Die Forschungen zu diesem Thema sind widersprüchlich, und manche Feministinnen stehen auf dem Standpunkt, dass Gewalt gegen Frauen nicht erst existiert, seit es schmutzige Filme gibt, ja, Länder wie Saudi-Arabien und der Iran, in denen Pornographie ganz und gar verboten ist, stehen, was Frauenrechte angeht, nicht allzu rühmlich da.[8] Die Notwendigkeit, dafür zu sorgen, dass Kinder auf keinen Fall harte Pornos zu Gesicht bekommen, würde wohl niemand bestreiten, das aber ist genauso sehr auch eine Frage der elterlichen Aufsicht.

Die Frage der freien Rede allerdings ist ein wichtiger Punkt. Die Clinton-Regierung ging gegen Kinderpornographie vor, ließ aber die Erwachsenenproduktionen mehr oder minder unbehelligt. Das Ergebnis: ein ungeheurer Boom bei der Zahl der produzierten Filme und, wie ein Insider sich ausdrückte: »Man hat Larry (Flynt, Herausgeber des *Hustler*) und (den Penthouse-Herausgeber Bob) Guccione Dinge tun sehen, für die sie zehn Jahre früher im Knast gelandet wären.«[9] Es hat den Anschein, als suchten viele Kunden, angeödet vom bloßen Geschlechtsakt, nach extremeren Vergnügungen. Und Videoproduzenten und Internetfirmen versorgen sie nur allzu gerne damit.

Als Präsident Bush sein Amt übernahm, erwarteten viele einen Einbruch bei der Pornoindustrie. Und sie hatten Recht. Im August 2003 strengte die Regierung ihren ersten Pornographieprozess in mehr als zehn Jahren an. Rob Zicari und seine Verlobte Janet Romano von Extreme Associates plädierten in den jeweils zehn Anklagepunkten zum Vorwurf der Obszönität auf nicht schuldig.

Es gibt nicht viel, was für das fragliche Produkt von Extreme Associates sprechen würde. Es strotzt vor Gewalt, ist anstößig, und während einer PBS-Dokumentation – *American Porn* – wurde Angehörigen des Produktionsteams bei einem Film derart übel, dass sie den Raum verlassen mussten. Aber für eine erfolgreiche Anklage gegen Extreme müssten die Staatsanwälte nachweisen, dass das Material tatsächlich »obszön ist« und somit nicht unter den ersten Zusatzartikel zur amerikanischen Verfassung fällt, der die Redefreiheit garantiert. Es besteht wenig Zweifel, dass sich die Moralbegriffe der Gesellschaft in den zehn Jahren seit dem letzten Prozess geändert haben und dass, sollte die Jury Filme nicht anstößig finden, Zicari und Romano auf freiem Fuß bleiben. Andernfalls allerdings könnten ihnen bis zu 50 Jahre Gefängnis bevorstehen.

Justizminister John Ashcroft ist ein zutiefst konservativer Mann – schließlich war er es, der dafür gesorgt hat, dass der nackte Busen einer Statue im Justizministerium bedeckt wurde – und man darf annehmen, er würde an Extreme Associates nur zu gerne ein Exempel statuieren. Die Kreuzritter, die gegen die Pornographie zu Felde ziehen, haben eine leichte Beute gefunden, und wenn dieser Anklage stattgegeben wird, wird es sie womöglich nach mehr verlangen. Wird die US-Regierung bei ihrem Streben, die Pornographieflut abzuwenden, die über ihrer Nation zusammenzuschlagen droht, auch versuchen, zu diktieren, was Erwachsene privat bei sich zu Hause tun? Dazu ein Journalist: »Wir können uns unsere Helden des ersten Zusatzartikels nicht immer aussuchen. In diesem Falle haben John Ashcroft und seine heiligen Krieger das für uns getan.«[10]

Der amerikanische Appetit auf Pornographisches allerdings scheint nicht minder unersättlich als die Akteure, die dieses feilbieten. Welche Mengen an Geld dafür ausgegeben werden, ist erschreckend, und nach allem, was man weiß, wird diese Zahl nur weiter ansteigen. Aber wenn Pornographie in ihre Schranken weisen bedeutet, Grundfreiheiten einzuschränken, ist der Preis dafür zu hoch.

43

Im Jahre 2003 gaben die Vereinigten Staaten 396 Milliarden Dollar für die Rüstung aus. Das entspricht dem Dreiunddreißigfachen dessen, was alle sieben »Schurkenstaaten« zusammen investieren

Vergessen Sie Hunger, vergessen Sie Armut, vergessen Sie Krankheit. Wenn wir die wahren Werte der Menschheit allein an dem finanziellen Aufwand ablesen könnten, den man dafür betreibt, dann müsste das wichtigste Thema der modernen Welt die Verteidigung sein. Die Welt gibt unfassbare Summen für ihre Armeen, Flotten und Luftwaffen aus. Das *Stockholmer Institut für Friedensforschung SIPRI (Stockholm International Peace Research Institute)* schätzt, dass im Jahre 2002 die Ausgaben für militärische Zwecke weltweit 794 Milliarden Dollar betragen haben – sechs Prozent mehr als 2001.[1] Das entsprach 128 Dollar für jeden Menschen auf der Erde. Oder, anders betrachtet: In jeder Stunde an jedem Tag gibt die Welt mehr als 90 Millionen Dollar für ihr Militär aus.

Die bei weitem höchsten Militärausgaben haben die Vereinigten Staaten. Im Haushaltsjahr 2003 lagen die Budgetforderungen für das Militär bei 396,1 Milliarden. Für 2004 waren zunächst 399,1 Milliarden beantragt – doch am 24. November 2003 zeichnete Präsident Bush einen Verteidigungshaushalt ab, der sogar höher lag als der geforderte, nämlich bei 401 Milliarden Dollar.[2] Der deutsche Rüstungsetat belief sich im Jahr 2003 auf etwa 25 Milliarden Euro.

Wie können wir solche ungeheuren Zahlen begreifen? Lassen Sie es uns mit ein paar Vergleichen probieren. Die sicherheitspolitische Denkfabrik *Center for Defense Information CDI* geht Militärausgaben auf der ganzen Welt nach. Ihren Schätzungen zufolge geben die Vereinigten Staaten sechsmal so viel aus wie Russland, die Nummer zwei auf der Militärausgabenliste. Ja, die USA investieren mehr als die nächsten zwanzig Länder zusammen. Addiert man ihre Ausgaben mit denen ihrer NATO-Partner Australien, Japan und Südkorea, so geben die Vereinigten Staaten und ihre engsten Verbündeten mehr aus als der Rest der Welt zusammengenommen – etwa zwei Drittel aller Militärausgaben. Und verglichen mit den sieben »Schurkenstaaten«, ist die Übermacht der Vereinigten Staaten Schwindel erregend. Amerikas Militärausgaben betragen mehr als das Dreiunddreißigfache der Budgets von Kuba, Libyen, Nordkorea, Syrien, Iran, Irak und Sudan zusammen.[3]

Allein aus diesen Zahlen lässt sich leicht ersehen, warum so viele heutzutage der Ansicht sind, es gäbe auf der Welt nur noch eine einzige globale Supermacht. Das US-Militär ist üppig ausgestattet und bestens trainiert.

Im Jahre 1985, auf der Höhe des Kalten Krieges, gab die Welt 1,2 Billionen Dollar für die Rüstung aus.[4] Ende der Achtziger- und die ganzen Neunzigerjahre des 20. Jahrhunderts hindurch nahmen die Rüstungsausgaben allmählich ab – seit dem 11. September 2001 aber hat sich dieser Trend umgekehrt. Und da der globale »Krieg gegen den Terrorismus« keinerlei Vorboten eines nahen Sieges erkennen lässt, ist es hochwahrscheinlich, dass die Ausgaben weiter steigen werden.[5] Die US-Regierung plant in den nächsten sechs Jahren Militärausgaben in Höhe von 2,7 Billionen Dollar.[6]

Wohin fließen diese riesigen Geldmengen? Das *Center for Arms Control and Non-Proliferation* schlüsselt sie auf: 98,6 Milliarden werden für Personal ausgegeben (darunter fallen auch Solderhöhungen), 117 Milliarden für militärische Operationen und Instandhaltung und satte 135 Milliarden für Forschung und Anschaffungen – das heißt für Entwicklung und Erwerb neuer Waffen. Christopher Hellman vom *CDI* weist darauf hin, dass die Kosten für Militäroperationen in Afghanistan und im Irak im Verteidigungshaushalt nicht enthalten sind und auch nicht der größte Teil der Unkosten für den Heimatschutz.[7]

Zu einem Zeitpunkt, an dem die amerikanische Wirtschaft vor massiven Haushaltsdefiziten steht, vertreten viele den Standpunkt, dass es bessere Verwendungsmöglichkeiten für das US-Budget gebe. Als Präsident Bush den Entwurf für den Verteidigungshaushalt (National Defense Authorization Act) für das Haushaltsjahr 2004 durch seine Unterschrift zum Gesetz erhob, erklärte er: »Die Vorlage, die ich heute unterschreibe ... [wird] unser Militär für alles rüsten, was vor ihm liegt. Wir werden alles tun, was nötig ist, um die Stärke unserer Nation zu erhalten, Frieden zu bewahren und dem amerikanischen Volk seine Sicherheit zu garantieren.«[8] Zur selben Zeit erklärte Senator John McCain vor Reportern, das Militär versuche unvermindert, den »Steuerzahler zu plündern«, und dass »die inzestuöse Beziehung zwischen den Vertragspartnern, dem Pentagon und dem Gesetzgeber schlimmer nicht sein könnte«. Senator McCain fuhr fort mit der Erklärung, dass 9,1 Milliarden Dollar in Raketenabwehrprogramme gesteckt würden, die noch immer nicht einsatzfähig seien.[9] Ein Analyst erklärte, das Militär denke noch immer in den Denkmustern des Kalten Krieges: »Die überwiegende Mehrheit der Mittel fließt in überkommene konventionelle Programme statt in solche, die etwas verändern.«[10]

Beim *CDI* ist man der Ansicht, dass für die Vereinigten Staaten wirklich keinerlei Grund besteht, solche hochgezüchteten neuen Waffensysteme zu entwickeln, weil schließlich keine andere Nation gegenwärtig an derart ausgeklügelten Waffen brütet.[11] Ja, das Pentagon hat seinen Waffenentwicklern gar die Erlaubnis erteilt, ihre neuesten Errungenschaften quasi vom Fließband weg nach Übersee zu verkaufen. Dieser Export hoch entwickelter Waffentechnologie treibt die USA buchstäblich in ein Wettrüsten mit sich selbst. Der *Council for a Livable World (Rat für eine lebenswerte Welt)* rügt, dass der Export hochkarätiger Kampfausrüstung die relative militärische Stärke der Vereinigten Staaten schwäche, und dies wiederum »Politiker, das Militär und die Verteidigungsindustrie veranlasst, erneut auf höhere Militärausgaben zu drängen, um ein immer höher entwickeltes Arsenal anzulegen, das den nach Übersee verschifften Waffen überlegen ist. Auch diese neueste Technologie wird dann der Kundschaft im Ausland angeboten, und so beginnt der Zyklus von neuem.«[12]

Dieses künstliche Wettrüsten bringt kleinere Nationen dazu, in hoch entwickelte Militärausrüstungen zu investieren, die sie sich kaum leisten können. Ein gemeinsamer Bericht von *Amnesty International* und *Oxfam International* trägt den Titel »Shattered Lives« (zu Deutsch: zerstörte Leben) und illustriert eindrücklich, dass in fast der Hälfte aller Länder mit besonders hoher Rüstungslast die Entwicklungsdaten mehr als beschämend ausfallen: Angola und Eritrea geben mehr als 20 Prozent ihres Bruttoinlandsprodukts für das Militär aus. Und manches Mal erweist sich diese Investition als reine Geldverschwendung. Tansania hat in den Jahren 2001 und 2002 sage und schreibe 40 Millionen Dollar in ein sowohl zivil als auch militärisch nutzbares Luftverkehrskontrollsystem investiert, das Berichten zufolge hoffnungslos überteuert und für den beabsichtigen Gebrauch ungeeignet war.[13]

Da die Militärausgaben, so wie es aussieht, mit Sicherheit steigen werden, tun wir gut daran, einmal darüber nachzudenken, wie die massive Übermacht der Amerikaner sich auf das globale Machtgleichgewicht auswirkt. Ende 2003 war die Situation im Irak durch und durch instabil, bewaffnete Rebellengruppen verübten Terrorattentate auf die alliierten Truppen und internationale Institutionen. Diese Taktik steht für eine neue Art von Krieg – die Experten nennen so etwas »asymmetrische Bedrohung«. Statt zweier im Großen und Ganzen gleichwertiger Kampftruppen, die sich an einer Frontlinie Auge in Auge gegenüber stehen, werden in den Kriegen der Zukunft höchstwahrscheinlich kleine, schlagkräftige Gruppen gegen große Nationen aufgeboten werden. Diese Gruppen werden die Schwächen der konventionellen Armeen aufdecken und gnadenlos ausnutzen.

Es bleibt abzuwarten, ob die neuen Technologien, die das amerikanische Militär zu entwickeln versucht, gegen mögliche Angreifer in einem asymmetrischen Krieg von irgendwelchem Nutzen sein werden. Das *Internationale Institut für Strategische Studien IISS* in London gibt zu bedenken, dass der militärische Aspekt bei antiterroristischen Operationen stark an Bedeutung verloren hat, seit die USA El Kaida ihrer Stützpunkte in Afghanistan mehr oder minder beraubt hat. Jetzt ist es viel wahrscheinlicher geworden, dass sich Terroristengruppen über alle möglichen Länder verteilen, so dass für das Militär kaum noch Ansatzpunkte für einen Angriff bleiben. Das *IISS* prophezeit, dass »die wahre Umstrukturierung des amerikanischen Militärs keineswegs nur eine Frage der Anschaffung höher entwickelter Waffensysteme ist, sondern in einer Veränderung der Kultur der bewaffneten Streitmächte, ihrer Art und Weise zu denken und ihrer Operationen auf dem Schlachtfeld bestehen muss«.[14]

Manche Leute stehen auf dem Standpunkt, dass die Vereinigten Staaten, wenn sie mehr Geld benötigten, um es in die Erforschung und den Bau neuer Waffen zu stecken, nicht den amerikanischen Steuerzahler belasten müssten: Sie könnten viel Geld sparen, wenn sie ihre Standorte in Übersee abbauen und sich nicht bemüßigt fühlen würden, in so vielen Ländern militärisch einzuschreiten.[15] Die Aussicht auf eine bis an die Zähne bewaffnete Supermacht kann schwere Konsequenzen für die Rüstungskontrolle haben. Nationen werden versuchen, ihre militärische Macht hochzurüsten, um von den Vereinigten Staaten nicht mehr in so hohem Maße abhängig zu sein und mit regionalen Instabilitäten besser fertig werden zu können.[16] Es war schon immer so: Je größer das Gewehr, um so lauter die Stimme. Und die Gewehre, die sich mit Präsident Bushs 401 Milliarden Dollar anschaffen lassen, sind wirklich groß.

Wenn die Welt Militärausgaben weiterhin zur höchsten Priorität macht, muss das Geld von irgendwo kommen. Viele Organisationen sind in Sorge, dass Gesundheit, Bildung und Umwelt darunter leiden werden, und viele ärmere Nationen werden weiterhin dem Wohlergehen ihrer Streitkräfte höhere Priorität einräumen als der Entwicklung ihres Landes. Es ist fast unmöglich, der Versuchung zu widerstehen, sich im Detail auszumalen, was wir mit den 794 Milliarden

Dollar alles anfangen könnten. Es würde 15 Milliarden Dollar im Jahr kosten, allen Menschen auf der Welt eine angemessene medizinische Grundversorgung angedeihen zu lassen, zwei Milliarden, dem Hunger abzuhelfen und nachhaltige Landwirtschaftsprogramme zu fördern, und weitere fünf Milliarden, allen Menschen Primärschulbildung zukommen zu lassen.[17]

Wie leicht lässt sich eine Welt vorstellen, in der Entwicklung und Wohlergehen eine höhere Priorität genießen als die Entwicklung neuer Waffen, deren einziger Zweck es ist zu erniedrigen, zu verstümmeln und zu töten. Nur eines wäre vonnöten: eine andere Art zu denken. Vorgefasste Meinungen sind kritisch zu beleuchten: Welche Waffen sind nötig, um Sicherheit zu garantieren, und wie geht man gegen potenzielle Gegner im Falle eines Angriffs am besten vor? Mehr und mehr sieht sich das Militär mit Gegnern konfrontiert, die sich von ihren riesigen Arsenalen nicht einschüchtern lassen, sie vielmehr als Affront und Herausforderung betrachten. Indem wir einige Wurzeln ihres Zorns aus der Welt schaffen – die Zurschaustellung westlicher Überlegenheit im Angesicht ihrer eigenen Armut zum Beispiel –, können wir womöglich die wirksamste Friedenswaffe schaffen.

44

Gegenwärtig gibt es auf der Welt 27 Millionen Sklaven

Ein Mann kam ins [Flüchtlingslager] und hat uns ausgesucht. Ich wurde zusammen mit fünf anderen Mädchen in ein Haus in einem Ort namens Khartum gebracht. Er ließ uns nicht hinaus. Wir mussten den ganzen Tag arbeiten. Ein Mädchen nach dem anderen wurde abgeholt ... Eines Tages ist eine Frau gekommen und hat mich mitgenommen. Ich musste sehr hart arbeiten. Ich hatte alles zu machen: das Haus putzen, den großen Hof sauber halten, Kleider mit der Hand waschen und auf ihre Kinder [mit der Zeit wurden es fünf] aufpassen ... Ich fing an, mit den Kindern zu spielen .... Mir hat Spielen Spaß gemacht, ich war selbst noch ein Kind, sie haben mir meine Kindheit genommen. Früher ging ich zur Schule, jetzt nicht mehr ... Für alles und jedes wurde ich geschlagen.«[1]

Mende war zwölf, als sie vor dem Bürgerkrieg aus ihrem Dorf im Sudan fliehen musste. Sie wurde aus einem Flüchtlingslager verschleppt und verbrachte die folgenden sechs oder sieben Jahre als Sklavin. Als ihre Herrin sie schließlich nach London bringen ließ, damit sie dort für sie arbeitete, gelang es ihr zu fliehen. Das klingt wie eine Geschichte vom Ende des 19. Jahrhunderts, ist es aber leider nicht. Hier und heute gibt es im Sudan Sklavenhandel. In diesem vom Bürgerkrieg verwüsteten Land sind verletzte und entwurzelte

Menschen leichte Beute für Sklavenhändler. Mende ist eine von schätzungsweise 14 000 Personen, die im Sudan seit 1986 zur Sklaverei gezwungen wurden.[2]

Das Wort Sklave kündet von etwas Barbarischem, einem zutiefst beschämenden Kapitel der Menschheitsgeschichte. Es scheint so alt wie die Gesellschaft. In den alten Kulturen waren Sklaven häufig Kriegsgefangene. Ein Großteil des Reichtums im antiken Athen war in den Silberminen erworben, die von Sklaven abgebaut wurden. Im vorislamischen Arabien wurden Sklaven spezieller Fertigkeiten wegen gehalten: als Eunuchen, Konkubinen und Künstler. Im mittelalterlichen Europa beackerten Leibeigene die Felder ihrer Herren.

In Afrika war die Sklaverei weit verbreitet, und die Verschleppung afrikanischer Sklaven in andere Länder nahm schon vor dem Mittelalter ihren Anfang. Ihren Höhepunkt erreichte sie Ende des 18. Jahrhunderts, als man Sklaven aus Westafrika zu Abertausenden in die Kolonien der Neuen Welt brachte. Man nimmt an, dass um die 13 Millionen Menschen als Sklaven aus Afrika verschifft wurden.[3]

In Großbritannien wurde die Sklaverei im Jahre 1838 schließlich abgeschafft, in den Vereinigten Staaten 1865 (durch den dreizehnten Zusatzartikel zur amerikanischen Verfassung). Das Sklavereiabkommen von 1926 erklärte Sklaverei auf der ganzen Welt für ungesetzlich. Artikel 2 macht die Position der Unterzeichner sehr deutlich: Alle beteiligten Parteien machen es sich zur Aufgabe, »den Sklavenhandel zu verhindern und zu unterdrücken« ... und » in zunehmendem Maße und sobald als möglich auf die vollständige Abschaffung der Sklaverei in allen ihren Formen hinzuarbeiten«. Im Jahre 1956 schließlich verabschiedeten die *Verein-*

ten Nationen das Zusatzübereinkommen über die Abschaffung der Sklaverei, des Sklavenhandels und sklavereiähnlicher Einrichtungen und Praktiken, in dem alle Staaten aufgefordert wurden, Schuldknechtschaft, Leibeigenschaft, dem Verkauf von Frauen in eine Ehe und der Kindersklaverei ein Ende zu machen.

Sie sind vielleicht versucht zu glauben, dass all diese Gesetze, diese ganze beschämende Historie, dafür gesorgt haben sollte, dass die Sklaverei in der modernen Welt ein für alle Mal abgeschafft ist. Ist sie nicht. Heute gibt es mehr Sklaven auf der Welt als zu irgendeinem anderen Zeitpunkt der Geschichte. Sklavereigegner schätzen, dass es auf der Welt über alle Kontinente mit Ausnahme der Antarktis gegenwärtig um die 27 Millionen Sklaven gibt, die Waren produzieren, von denen wir in der westlichen Welt tagtäglich Gebrauch machen.[4]

Das Abkommen von 1926 definiert Sklaverei als »Zustand oder ... Stellung einer Person, an der die mit dem Eigentumsrecht verbundenen Befugnisse oder einzelne davon ausgeübt werden«. Die moderne Definition der Internationalen Bewegung gegen die Sklaverei nennt ein paar Merkmale, die die Sklaverei von anderen Menschenrechtsverletzungen abgrenzen. Ein Sklave wird durch Drohungen zur Arbeit gezwungen und ist Eigentum oder steht unter der Kontrolle eines Besitzers. Sklaven sind ihrer menschlichen Würde beraubt, werden als Ware behandelt, wie anderes Eigentum gekauft und wieder veräußert. Und sie werden in ihrer Bewegungsfreiheit eingeschränkt, können nicht frei kommen und gehen.

Wie kann es sein, dass so vielen Menschen in unserer Welt diese fundamentalen Rechte vorenthalten werden? Und wie kann etwas, das wir den dunkleren Abschnitten der Menschheitsgeschichte vorbehalten glaubten, noch immer so lebendig sein – und so unsichtbar?

Die herkömmliche Form der Sklaverei, der Handel, bei dem Menschen wie ein Stück Mobiliar ge- und verkauft werden, gibt es auch heute noch. Im Sudan verdienen sich bewaffnete Rebellengruppen ihr Geld mit der Sklaverei – sie entführen Frauen und Kinder und verkaufen sie. In Mauretanien wurde die Sklaverei erst vor 20 Jahren verboten, und die Regierung hat bislang wenig unternommen, um die Praxis im allgemeinen Bewusstsein als Straftat zu verankern und gegen die Händler vorzugehen.[5]

Heute ist die Schuldknechtschaft die häufigste Form von Sklaverei, sie betrifft fast 20 Millionen Menschen auf der Welt.[6] Häufig werden die Betroffenen in ein Kreditverhältnis gezwungen oder gelockt. Ihre eigene Arbeitskraft ist die einzige Sicherheit, die sie bieten können. Um also ihre Schulden zurückzahlen zu können, müssen sie arbeiten. Die Zahlungsbedingungen sind in der Regel so hart, und der Wert, der ihrer Arbeit zugemessen wird, ist so gering, dass sie es unter Umständen nie schaffen werden, die geliehene Summe abzubezahlen. Kredite und Schuldscheine werden oft über Generationen weitervererbt, verdammen kommende Generationen ebenfalls zu einem Leben in Sklaverei.

Im typischen Falle lebt ein Schuldknecht in Südasien und arbeitet in einem Industriezweig von lokaler Bedeutung: in der Landwirtschaft oder in einer Ziegelei zum Beispiel. Einer dieser Arbeiter ist Kesro, ein Junge, der in dem pakistanischen Dorf Sanghar für einen seiner Härte wegen berüchtigten Grundbesitzer arbeitet. Als er mit den Leuten der Sklavengegnerorganisation *Anti-Slavery International* sprach, war er zwölf Jahre alt. Kesros Herr hält Hunderte Männer, Frauen und Kinder rund um die Uhr in Ketten und schlägt sie, wenn sie nicht hart genug arbeiten. Kesros Bruder und seine Schwester starben, weil sie krank wurden und nicht medizinisch versorgt wurden. »Ich sehe die Gesichter meines sterbenden Bruders und meiner Schwester noch immer vor mir. Sie mussten sterben, weil mein Vater nicht das Geld hatte, Arznei zu kaufen, und nicht mit ihnen zum Arzt gehen durfte.« Kesros Familie war von ihrem derzeitigen Herrn einem anderen abgekauft worden – auch der hatte seine Arbeiter geschlagen, die Frauen sexuell missbraucht und vergewaltigt. Als man ihn fragte, ob er gerne zur Schule gehen würde, antwortete Kesro: »Ja, aber wer würde mir das erlauben? Wer soll dann meine Arbeit machen?«[7]

Eine andere Form der Sklaverei ist die Zwangsarbeit: Menschen werden mit Versprechungen in große Städte oder andere Länder gelockt, man verheißt ihnen anständige, gut bezahlte Arbeit, stattdessen werden sie versklavt. Diese Form des Menschenhandels ist ein blühendes und lukratives Geschäft für organisierte Banden, die einen steten Menschenzustrom in den Westen aufrechterhalten. Das amerikanische Außenministerium schätzt, dass jährlich etwa eine Million Menschen über die Grenzen geschmuggelt werden.[8]

Irshad wurde von einem Freund seines Vaters aus Bangladesh in die Vereinigten Arabischen Emirate verschleppt. Damals war er vier Jahre alt. Er wurde einem Herrn verkauft, der ihm zum Kameljockey ausbilden ließ. Kamelrennen sind ungeheuer gefährlich: Die Jungen werden auf mehr als zwei Meter hohen Kamelen festgebunden, die eine Geschwindigkeit von 60 Stundenkilometern erreichen können. Damit sie ihr Gewicht behalten, bekommen die Kinder wenig zu essen oder nur Wasser. Irshads Familie konnte ihn schließlich in Dubai ausfindig machen, aber der Mann, der Irshad entführt hatte, erzählte der Polizei, er sei der Vater des Jungen, worauf alle drei der Polizei übergeben wurden, Irshads Vater wurde deportiert. Erst geraume Zeit später erkannte ein offizieller Vertreter der Regierung von Bangladesh Irshad bei einem Besuch und sorgte dafür, dass er freigelassen und mit seiner Familie wieder vereint wurde.[9] Zig Millionen Kinder arbeiten rund um die Welt unter gesundheitsschädlichen oder gefährlichen Bedingungen, andere werden Opfer sexueller Ausbeutung, zu Prostitution oder Pornographie gezwungen.

Diese neue Form der Sklaverei ist menschlich beinahe noch entwürdigender als die alte, und der oder die Versklavte selbst befindet sich womöglich in einer noch schlimmeren Position. In der Vergangenheit war das Verhältnis zwischen Sklave und Besitzer häufiger eine langfristige Beziehung. Der Status des Sklaven entsprach natürlich einer eklatanten Verletzung der Menschenrechte, aber es bestand doch immerhin die Chance, dass er von seinem Besitzer einigermaßen menschlich behandelt werden würde – schließlich wollte dieser sich die Arbeitskraft erhalten. Der moderne Sklave aber wird als »Wegwerfartikel« betrachtet, jederzeit austauschbar, billig anzuschaffen und wieder zu verkaufen.[10] Nach heutiger Währung kostete ein Sklave in den amerikanischen Südstaaten einst 40 000 Dollar. Heute wird er im Durchschnitt für nur 90 Dollar gehandelt.[11]

Es ist diese Austauschbarkeit, die das Vorgehen gegen die Sklaverei so schwierig macht. Boykotte mögen eine leichte Antwort scheinen, aber sie helfen den Sklaven nicht. In den Kakaoplantagen Westafrikas sind es zum Beispiel die geringen Lebensmittelpreise gewesen, die das Problem Zwangsarbeit überhaupt erst entstehen ließen. Die einzige Art und Weise, wie Arbeitgeber Gewinne machen konnten, bestand darin, die Leute umsonst für sich arbeiten zu lassen. Boykotte sorgen dafür, dass die Preise noch weiter fallen, und das macht die Lage nicht eben besser.

Der Sklavereigegner und Aktivist Kevin Bales merkt dazu an, dass immerhin die juristische Schlacht gegen die Sklaverei längst gewonnen sei.[12] Im Falle vieler anderer Menschenrechte ist der erste Schritt – die internationale Gemeinschaft überhaupt erst einmal zu der Feststellung zu bewegen, dass eine bestimmte Praxis, etwa die Genitalverstümmelung bei Frauen, falsch ist und abgeschafft werden muss – erst noch zu tun. Im Falle der Sklaverei ist dieser schwere Teil der Arbeit bereits erledigt, und zwar von denen, die im 19. und 20. Jahrhundert das Ende der Sklaverei erkämpft haben. In jedem Land gibt es inzwischen Gesetze gegen die Sklaverei.

Bales nennt drei Dinge, die noch zu geschehen haben: Erstens muss in der breiten Öffentlichkeit Einigkeit darüber herrschen, dass es an der Zeit ist, die Sklaverei ein für alle Mal zu beenden, und das müssen wir unseren Politikern mitteilen. Zweitens müssen wir Geld dafür ausgeben, aber, wie Bales betont, »längst nicht so viel, wie Sie vielleicht denken«. Und drittens müssen Regierungen ihre eigenen Anti-Sklaverei-Gesetze umsetzen und sich darüber im Klaren sein, dass ihnen, wenn sie das nicht tun, gehöriger Druck seitens der internationalen Staatengemeinschaft droht.[13]

Aktivistengruppen auf der ganzen Welt arbeiten daran, die Dinge zu ändern. Sie haben gewisse Erfolge vorzuweisen – sowohl was die Befreiung einzelner Personen und den Aufbau neuer Lebensstrukturen für die Betroffenen angeht, als auch in Bezug darauf, Regierungen dazu zu bringen, sich ihrer Verantwortung zu stellen. Wir alle können etwas dazu tun. Beteiligen Sie sich an Aktionen, spenden Sie an Gruppen, die gegen die Sklaverei kämpfen, schreiben Sie an Ihre Regierung, und fordern Sie sie auf, gegen Sklaverei, Menschenhandel und Kinderarbeit vorzugehen sowie Druck auf Länder auszuüben, die das nicht tun. Denn, wie es ein Mitglied einer indischen Anti-Sklaverei-Initiative ausdrückt: Wenn nicht alle frei sind, ist niemand frei.

45

In Amerika werden pro Stunde 2,5 Millionen Plastikflaschen weggeworfen. Das würde ausreichen, um alle drei Monate den Weg zum Mond damit zu pflastern

Wenn Sie Ihr Mittagessen heute in irgendeinem Imbisslädchen erstanden haben, ist anzunehmen, dass sie außer Ihrem Sandwich eine ganze Menge Plastik mitgekauft haben. Da ist die Flasche oder Dose für Ihr Getränk, eine Plastikhülle für das Weißbrot mit Ei und Kresse, eine Tüte Chips, vielleicht noch ein Stück Kuchen in einer weiteren Plastikschachtel. Nehmen Sie dazu noch die Papptasse für Ihren Morgenkaffee, ein paar Papierbecher vom Wasserautomaten im Laufe des Tages, vielleicht noch eine Limo für zwischendurch, die Ihnen den nötigen Zuckerflash am Nachmittag beschert – das gibt ein ganz nettes Päckchen. Und vermutlich werfen Sie all das in den Abfalleimer.

Der Mensch konsumiert, und dabei produziert er Müll. Immer wieder graben Archäologen jahrtausendealte Küchenabfälle aus, und was unsere Vorfahren fortgeworfen haben, ist oftmals weit aufschlussreicher als alle Baudenkmäler, die sie uns hinterlassen haben. Ende des 19. Jahrhunderts fing man in Amerika an, sich Gedanken über die Art und Weise zu machen, wie Abfälle entsorgt wurden: Ein Beamter aus dem Gesundheitswesen sorgte sich in seinem Bericht aus dem Jahre 1889, dass »geeignete Plätze [Deponien] Jahr für

Jahr weniger zu finden sind und sich uns in Kürze die Frage nach anderen Methoden der Müllentsorgung stellen wird«. Und diese Gedanken hatte der Mann noch vor der Erfindung von Wegwerf-Rasierklingen (1895), Papierhandtüchern (1907) oder dem Pappbecher für Trinkwasser (1908) gesprochen.[1]

Es ist schwer vorstellbar, was jener Beamte zu unseren heutigen Müllmengen sagen würde. Die Weltbevölkerung ist explodiert, die industrialisierte Welt ist immer reicher geworden, und die Zunahme an entbehrlichem Wohlstand hat zu einer Zunahme an entbehrlichen Kulturgegenständen geführt.

Pro Stunde wird in britischen Haushalten genügend Müll weggeworfen, um die Royal Albert Hall damit zu füllen. In einem Jahr entledigt sich jeder Mensch einer halben Tonne Abfall. Schätzungsweise 25 Millionen Tonnen säumen Großbritanniens Straßen und Grünstreifen – ein Großteil davon, so hat man jedenfalls gelegentlich das Gefühl, in der eigenen Nachbarschaft.[2] Die Müllberge wachsen jährlich um drei Prozent, 81 Prozent der Abfälle werden ohne große Umstände irgendwo deponiert und festgefahren.

In den Vereinigten Staaten sind die Zahlen noch gewaltiger. Fast ein Drittel allen Mülls besteht aus Verpackungsmaterial. Jahr für Jahr produzieren die Amerikaner soviel Frischhaltefolie, dass man damit den gesamten Staat Texas überziehen könnte. An jedem Weihnachtsfest werden zusätzliche fünf Millionen Tonnen Müll produziert – vier Millionen davon sind Geschenkpapier und Einkaufstüten (die übrige Million vermutlich unwillkommene Geschenke). Büros verwenden jedes Jahr soviel Papier, dass sich damit eine vier Meter hohe Mauer zwischen Los Angeles und New York errichten ließe. Und alle drei Monate kommen in Amerika so viele weggeworfene Aluminiumdosen zusammen, dass man daraus die gesamte Flotte der zivilen Luftfahrt neu bauen könnte.[3] Nun sind die Vereinigten Staaten freilich ein sehr viel größeres Land als Großbritannien oder Deutschland oder Frankreich, sowohl was die Einwohnerzahl als auch was die Fläche angeht. Aber in beiden Ländern wird den Menschen allmählich bewusst, dass wir viel zu viel konsumieren und wegwerfen.

Das Problem ist in den Industrienationen besonders ausgeprägt, aber die Entwicklungsländer holen rasch auf. China produziert und entsorgt jährlich mehr als 45 Milliarden Essstäbchen und muss dafür 25 Millionen Bäume pro Jahr fällen.[4] In Dhaka, der Hauptstadt von Bangladesh, werden täglich mehr als zehn Millionen Plastiktüten weggeworfen und verstopfen die Abflusskanäle der Stadt. Wenn es zu Hochwasser kommt, verschlimmern die Tüten die Situation dramatisch.

Müll schädigt die Umwelt. Er kann zu schweren Gesundheitsschäden führen – Fachleute sind der Ansicht, dass die Rattenpopulation in Großbritannien zwischen 1998 und 2001 um 29 Prozent angewachsen ist und nun bei 60 Millionen Tieren liegt.[5] Einige Studien belegen einen Zusammenhang zwischen Wohnorten nahe einer Müllverbrennungsanlage oder einer Deponie und einem erhöhten Krebsrisiko. Und Umweltschützer warnen, dass wir ernsthaft Gefahr laufen, an unserem eigenen Müll zu ersticken.

Man sagt, es gäbe auf der Erde nur zwei vom Menschen geschaffene Bauwerke, die man vom Weltall aus erkennen kann: die Chinesische Mauer und die Mülldeponie Fresh Kills bei New York City. Ob das nun stimmt oder nicht, es ist klar, dass große Städte viel Platz brauchen, um ihren Müll unterzubringen, und vielen geht dieser Platz inzwischen aus. In den Vereinigten Staaten wird jeden Tag eine Müllkippe geschlossen, und Forschungen zufolge hat das Land noch Kapazitäten für weitere achtzehn Jahre Entsorgung per Mülldeponie.[6] Der geschäftsführende Direktor von *London Waste* gibt zu, dass sämtliche Deponien rund um Großbritanniens Hauptstadt schon »vor Jahren« ausgelastet waren und der Müll nun 50 Meilen weiter zu Müllkippen in der Grafschaft Cambridgeshire transportiert wird.[7] Nach Aussage des *World Wildlife Fund* würden wir, wenn jeder auf der Welt soviel konsumieren würde wie der durchschnittliche Bürger eines westlichen Landes (und in demselben Maße zum Kohlendioxidausstoß beitrüge), mindestens noch zwei Erdbälle brauchen, um den ganzen Müll unterzubringen.

Den Abfall vergraben ist natürlich nicht die einzige Antwort – wir könnten ihn verbrennen, aber das würde neue Luftverschmutzung bedeuten. Dann ist da noch die Möglichkeit, ihn zu verschiffen – aber wohin? Die Entwicklungsländer haben ihre eigenen Probleme, und der Gedanke, unseren Müll in unbewohnten Gegenden wie Zentralaustralien oder im Eis der Nordgebiete von Russland und Kanada abzuladen, hat etwas Erschreckendes.

Die beste Lösung – wenigstens für die Umwelt – wäre es, weniger zu kaufen und zu konsumieren und mehr wiederzuverwerten. Die Vereinigten Staaten recyceln etwa ein Zehntel ihres Hausmülls, Großbritannien liegt mit elf Prozent um Haaresbreite darüber. Schweizer Haushalte verwerten um die 56 Prozent ihrer Abfälle, und wenn Sie in Genf leben und es wagen, Flaschen und Papier zusammen mit ihrem Restmüll zu entsorgen, kann Sie das eine Strafe von 100 Schweizer Franken kosten.[8] Österreich, Deutschland, wo der Abfallberg im Jahr 2003 366 Millionen Tonnen schwer war, und die Niederlande glänzen allesamt mit Recyclingraten von über 45 Prozent. All diese Länder haben es fertig gebracht, ihre Bürger mit Hilfe von Recyclingsystemen – und empfindlichen Strafen für etwaige Sünder – zur Wiederverwertung zu erziehen.

Es geht dabei übrigens um mehr als um das vertraute Dreigestirn Papier, Flaschen und Dosen. Umweltschützer sorgen sich zunehmend um elektronischen Müll – die Millionen Fernseher. Nach Angaben der *Umweltschutzbehörde der Vereinigten Staaten EPA (Environmental Protection Agency)* werden im Jahre 2005 um die 250 Millionen Computer und 130 Millionen Mobiltelefone veraltet sein und müssen entsorgt werden. Die Bestandteile elektronischer Geräte sind oftmals für sich genommen ausgesprochen wertvoll – Edelmetalle, Stahl, Glas – oder sind energie- und arbeitsaufwendig in ihrer Herstellung. Und wenn sie weggeworfen werden, können sie umweltschädlich sein: Eine einzige Cadmiumbatterie kann 600 000 Liter Wasser verschmutzen.

»E-cycling« mag bewusst drollig klingen, aber dahinter verbirgt sich ein ernst zu nehmendes Geschäft. Ausrangierte Maschinen werden entweder für den Verkauf in Entwicklungsländer repariert oder in ihre Einzelteile zerlegt, um an die wertvollen Baumaterialien heranzukommen. Eine Reihe von Herstellern in den Vereinigten Staaten hat versucht, Anreize für E-Cycling-Projekte zu schaffen, und die fünf größten britischen Handy-Hersteller haben sich einem Netzwerk angeschlossen, über das ausrangierte Mobiltelefone wiederverwertet werden können.

Eines der größten Probleme, mit denen sich die Umweltschutzbewegung konfrontiert sieht, ist die Tatsache, dass es so schwer ist, den Menschen zu vermitteln, dass auch ihre kleinsten Handlungen Konsequenzen haben. Den Thermostaten Ihrer Zentralheizung um ein Grad zurückzudrehen oder das Licht auszumachen, wenn Sie einen Raum verlassen, mag winzige Auswirkungen auf die Menge an fossilen Brennstoffen haben, die zur Gewinnung von Elektrizität verbrannt werden muss, aber wenn Millionen Menschen es tun, sind die Auswirkungen gar nicht mehr so winzig. Umweltschützer beginnen zu realisieren, dass man, wenn man Menschen dazu bringen will, ihr Verhalten zu ändern, ihnen dies so leicht und schmerzlos wie möglich machen muss.

Recyclingbehälter am Straßenrand gehören zu dem Effizientesten, was eine Kommune tun kann, um das Müllaufkommen zu verringern. Sobald die Mülltrennung Gewohnheit geworden ist, wird es wichtig, den Nutzen zu propagieren, den ein solches »Schließen des Kreises« hat: Es muss ein Markt für die recycelten Produkte geschaffen werden. Aus rein betriebswirtschaftlicher Perspektive betrachtet: Recycling kann nur dann mit den traditionelleren Formen der Müllverwertung konkurrieren, wenn sich die Endprodukte weiterverkaufen lassen. Es ist also nicht nur wichtig, die Geschäftswelt durch Lobbyarbeit dazu zu bringen, ein breiteres Spektrum an recycelten Produkten zu verwenden (und sich selbst zur Wiederverwertung von Abfallprodukten aus dem Herstellungsprozess aufzuraffen), sondern auch, den Verbraucher dazu zu bringen, »grüne« Produkte bevorzugt zu kaufen.

Ganz abgesehen von der Aussicht, dereinst an seinem Müll zu ersticken, hat Großbritannien ganz andere handfeste Gründe dafür, seinen Punktestand zu verbessern. Bis zum

Jahre 2010 sollen, so sieht es die Europäische Gemeinschaft vor, sämtliche Mitgliedsstaaten 30 Prozent ihres Haushaltsmülls wiederverwerten, im Jahre 2015 sollen es 35 Prozent sein. Werden diese Ziele nicht erreicht, kann die EU über säumige Regierungen empfindliche Sanktionen verhängen. Viele europäische Länder erreichen diese Ziele bereits mühelos – in etlichen Ländern, darunter Großbritannien, gibt es noch eine Menge zu tun.

Die meisten Menschen wollen sich umweltgerecht verhalten, und die Unternehmen müssen das realisieren. Manche Aktivisten schlagen vor, man solle Müll von den Straßen auflesen und an die Chefs von Supermärkten versenden. Vielleicht kommen wir ja ohne solche Aktionen aus. Aber wenn Sie das nächste Mal einkaufen gehen, denken Sie darüber nach, wie Sie das verwenden wollen, was zu kaufen Sie im Begriff sind, und wie Sie es wieder loswerden wollen. Kaufen Sie, wenn es geht, Konzentrate. Vermeiden Sie die schicken Plastikbehälter in der Obst- und Gemüseabteilung. Wählen Sie bei Toilettenpapier und Abfalltüten Recyclingprodukte, und wenn Sie sie nicht finden, bitten Sie den Geschäftsleiter ihres Supermarkts, diese künftig vorrätig zu haben. Doch damit nicht genug: Verzichten Sie auf die Werbung in Ihrem Briefkasten, lesen Sie Ihre Zeitung online, bringen Sie Ihre alten Kleider zur Kleidersammlung, oder verkaufen Sie sie auf den Flohmarkt, statt sie in die Mülltonne zu stopfen. Wenn Sie Ihre ureigene Mission zur Rettung des Planeten erst einmal angetreten haben, kann es ziemlich schwer werden, Sie aufzuhalten.

46

Ein durchschnittlicher britischer
Stadtbewohner wird bis zu dreihundert
Mal am Tag von einer Kamera erfasst

In welcher Stadt oder Großstadt der westlichen entwickelten Welt Sie auch Ihren täglichen Geschäften nachgehen: Sie werden beobachtet. In Großbritannien etwa überwachen fast drei Millionen Videoüberwachungssysteme (auch bezeichnet als CCTV von Closed Circuit Television) das Vereinte Königreich, übertragen Bilder auf flimmernde Bildschirme. Mit zehn Prozent des weltweiten Bestands an Videoüberwachungskameras sind die Briten das bestbeobachtete Volk der Welt. Wer aber beobachtet sie, warum macht er das – und müssen wir uns deswegen Sorgen machen?

Wissenschaftler schätzen, dass ein Londoner Bürger damit rechnen kann, an einem ganz normalen Tag von mehr als 300 Kameras in 30 voneinander unabhängigen CCTV-Systemen aufgenommen zu werden.[1] Tausende von Kameras bewachen die U-Bahnlinien, allein Waterloo Station ist mit schätzungsweise 250 Kameras ausgerüstet.[2] Die Überwachungsindustrie hat sich zu einem millionenschweren Geschäft gemausert.

Privacy International gehört zu der zunehmenden Zahl von Datenschutz-Organisationen, die sich angesichts der sich kontinuierlich ausbreitenden Überwachungsindustrie in Großbritannien Gedanken machen. Was zunächst als Strategie zur Abwehr von terroristischen Angriffen und Eigentumsdelikten begonnen hatte, hat sich zu einem System ausgeweitet, das vor allem asoziales Verhalten wie Graffiti-Sprühereien, öffentliches Urinieren und Widerstand gegen die Staatsgewalt aufs Korn nimmt.[3] Das Innenministerium behauptet, CCTV sei die Lösung der Wahl für Probleme wie Vandalismus, Drogenkonsum, Trunkenheit in der Öffentlichkeit, ethnische und sexuelle Gewalt sowie anstößiges Betragen.[4]

Auch muss die Überwachung nicht enden, wenn Sie Ihre Haustür hinter sich schließen. Ein CCTV-Gerät für Ihr Zuhause kostet knapp 1500 Euro, und eine drahtlose Kamera zu installieren ist eine einfache Angelegenheit. Sie können sie auf Ihr Auto in der Einfahrt richten, um zu sehen, wer sich daran zu schaffen macht, oder so einstellen, dass Sie sehen, was bei Ihnen zu Hause vor sich geht, wenn Sie nicht da sind. Die neueste Errungenschaft für schwer arbeitende Eltern ist eine »Nanny Cam« – eine Videokamera, die in einem Kuscheltier oder einer Dekoration versteckt ist und den Babysitter überwacht.

CCTV wird angepriesen als »Wohlfühl«-Technologie. Sie gilt als einfache und relativ kostengünstige Antwort auf einige unserer drängendsten sozialen Probleme: Straßenkriminalität, Vandalismus, asoziales Verhalten. Das Problem aber ist, dass viele Fachleute ernsthafte Zweifel daran haben, dass die Kameras Verbrechen wirklich in nennenswertem Umfang verringern. Die britische Organisation *Nacro (National Association for the Care and Resettlement of Offenders)*, die sich mit der Verbrechensbekämpfung, der Täterresozialisierung und soziologischen Überlegungen zur Entstehung von Kriminalität befasst, ist in einer Studie zu dem Schluss gekommen, dass Überwachungskameras zwar bei Eigentumsdelikten Wirkung zeigen – auf Parkplätzen zum Beispiel oder an Orten, an denen man mit Vandalismus rechnen muss, bei Verbrechen gegen Personen aber weit weniger effizient sind als gedacht.[5] Tatsächlich scheint die hellere Straßenbeleuchtung, die man braucht, um die Videokameras betreiben zu können, eine größere Wirkung zu haben als die Kameras selbst.

Viele Ergebnisse dieser Untersuchungen legen den Verdacht nahe, dass Videokameras nur dazu beitragen, das Verbrechen zu verlagern – an andere Orte, an denen sich keine Kameras befinden. Und selbst wenn die Kameras eingeschaltet sind und jemand ihre Aufzeichnungen überwacht, ist nicht gesagt, dass ein Verbrechen aufgedeckt wird, bevor es geschieht. Ein Bericht des amerikanischen Justizministeriums kam zu dem Schluss, dass es illusorisch sei, einen Menschen verschiedene Videokameras überwachen zu lassen, da die Aufgabe, viele Bildschirme im Auge zu behalten, »langweilig und einschläfernd ist ... Nach etwa zwanzig Minuten Beobachtungs- und Auswertungszeit hatte die Aufmerksamkeit der meisten Personen weit unter jedes annehmbare Maß abgenommen«.[6]

Solchermaßen angeödet von der Aufgabe, Bildschirme beobachten zu müssen, können die Beobachter leicht der Versuchung erliegen, ihre allmächtigen Augen zu missbrauchen. Es gibt hin und wieder Berichte, denenzufolge Beobachter ihre Kameras umfunktioniert und sich als Voyeur betätigt haben, und die Menschenrechtsorganisation *Liberty* ist gar der Meinung, dass es »hochwahrscheinlich« ist, dass Kameras zu ungesetzlichen Zwecken eingesetzt werden. Natürlich könnten wir Technologien entwickeln, die uns das Überwachen abnehmen – Software zur Gesichtererkennung zum Beispiel, mit der sich die aufgezeichneten Bilder per Computer mit den Bildern gesuchter Verbrecher vergleichen lassen –, aber bislang hat sich das nicht als übermäßig hilfreich erwiesen. Die Polizei von Tampa, Florida, hat im August 2003 beschlossen, eine zweijährige Testphase für eine Technologie zur Gesichtererkennung abzubrechen, weil sie in der gesamten Laufzeit keinen einzigen Täter damit hatte identifizieren oder verhaften können.[7]

Großbritanniens planlose und überholte Datenschutzgesetzgebung kommt mit dem Feuerwerk an neuen Technologien, die eigens dazu erdacht sind, seine Bürger im Auge zu behalten, nicht besonders gut zurecht. Der Einsatz von Videoüberwachungsanlagen ist nur mangelhaft reguliert – und kaum ein Fall illustriert dies eindrücklicher als der Fall Geoffrey Peck.

Im Jahre 1995 litt Peck unter schweren Depressionen – er hatte gerade seine Arbeit verloren und erfahren, dass sein Partner todkrank war. Eine Videokamera auf der Brentwood High Street in Essex hielt ihn mit einem Küchenmesser in der Hand fest, bereit, sich die Pulsadern aufzuschneiden. Die Polizei eilte an den Ort des Geschehens und führte ihn ab – ein Verbrechen wurde ihm nicht zur Last gelegt. Der Gemeinderat aber ließ die Nachricht an zwei Regionalzeitungen und zwei lokale Fernsehsender durchsickern, die nur darauf warteten, die Erfolge der Videoüberwachung von CCTV bei der Verbrechensbekämpfung zu feiern. Peck war auf den Aufnahmen leicht zu identifizieren. Er verklagte den Gemeinderat, jedoch ohne Erfolg: Das Gericht befand, dass dieser von Gesetzes wegen nicht dazu verpflichtet gewesen war, die Information für sich zu behalten. Schließlich und endlich kam der europäische Gerichtshof zu dem Schluss, dass Pecks Recht auf Privatsphäre verletzt worden sei.

Weit davon entfernt, die Privatsphäre ihrer Bürger zu schützen, hat die britische Regierung die Möglichkeiten, ihre Bürger zu beobachten, dramatisch ausgeweitet. Das britische Gesetz über die Regelung der Nachprüfungsbefugnisse, der Regulation of Investigatory Powers Act 2000 (RIPA), verlieh dem Außenministerium die Macht, das Abhören von Unterhaltungen zu erwirken, und Behörden wurde gar das Recht eingeräumt, Kommunikationsdaten ohne vorherige richterliche Verfügung einsehen zu dürfen. Das Gesetz, kurz als »snoopers charter«, Schnüfflerlizenz, bezeichnet, erteilt einem breiten Spektrum an öffentlichen Körperschaften – angefangen von der Feuerwehr und Jobcenters bis hin zur Glücksspielaufsicht und dem Wohlfahrtsausschuss – einen Freibrief zum Einsatz von Überwachungsdaten bei Ermittlungsarbeiten. Manche Gruppen erhalten automatisch Zugriff auf Telefon- und Internetdaten. Obendrein will die Regierung Unternehmen verpflichten, persönliche Daten aufzubewahren – prophylaktisch und nur für den Fall, dass diese sich einmal als nützlich erweisen sollten. *Privacy International* warnt, dass diese Informationen aufgrund verschiedener internationaler Abkommen Ermittlern in den meisten anderen europäischen Ländern zugänglich gemacht werden müssen.[8]

Im Nachhall des 11. September hat die Überwachung von Internetkommunikation und anderen Formen der Kommunikation ein nie da gewesenes Hoch erreicht. Regierungen haben angeblich neue Sicherheitsrisiken als Vorwand bemüht, um einschneidende politische Veränderungen zu rechtfertigen. Der amerikanische »Patriot Act« erlaubt das Mitschneiden von Telefongesprächen und den Einsatz von Software zur Überwachung von Internetkontakten, gesteht den Ermittlungsbehörden das Recht zu, Hausdurchsuchungen ohne Wissen der Zielperson durchzuführen, und verlangt von Bibliotheken, Buchläden und Organisationen, dass sie Auskunft über ihre Kunden geben. Internetdienste dürfen der Regierung Zugang zur Kommunikation jedes Nutzers geben, wenn sie »in gutem Glauben« der Ansicht sind, dass es sich um einen Notfall handelt.[9]

Ein wichtiger Bericht zur Zensur im Internet hat die Vereinigten Staaten und Großbritannien dafür gerügt, dass beide keine Minimalstandards in Bezug auf die freie Meinungsäußerung anlegen, sowie dafür, dass sie Technologien entwickeln und exportieren, die sich als Werkzeug der Unterdrückung missbrauchen lassen. »Regierungen von Entwicklungsländern sind darauf angewiesen, dass die westlichen Länder sie mit den notwendigen Technologien der Überwachung und Kontrolle versorgen... Der Transfer von Überwachungstechnologien ist inzwischen ein lukrativer Nebenerwerbszweig für die Waffenindustrie geworden.«[10] Wir mögen angesichts der Versuche verschiedener nichtdemokratischer Regime, den Zugang ihrer Bürger zum Internet zu beschneiden, den Kopf schütteln, aber die dazu notwendigen Techniken und Technologien haben sie von uns gelernt.

In der Hoffnung, uns vor Terrorangriffen schützen zu können, verlassen sich unsere Regierungen also in nie gekanntem Maße auf Überwachungstechnologien. Befürworter dieser vermehrten Beobachtung stehen auf dem Standpunkt, dass, wer nichts zu verbergen hat, auch nichts zu fürchten hat. Aber wir müssen Sicherheit und Privatsphäre gegeneinander abwägen – und darüber nachdenken, wie viele Zugeständnisse wir zu machen bereit sind. Wenn es unser Ziel ist, Terrorismus zu verhindern – wie soll die Speicherung von

Informationen aus einem ganzen Land diesem Ziel dienen? Und was, wenn diese Daten bald beliebig ausgetauscht würden – wenn zum Beispiel die Meldung, dass Sie einen ganzen Tag im Internet nach Artikeln über Herzerkrankungen gesucht haben, an Ihre Krankenversicherung weitergeleitet würde? Es ist der Stoff, aus dem die Alpträume jedes Verschwörungstheoretikers sind. In Anbetracht dessen, dass 2,5 Millionen Briten bereits in der britischen DNA-Datenbank gespeichert sind und die britische Regierung es eilig hat, mit ihren Iriserkennungssystemen vorwärts zu kommen, werden wir möglicherweise niemals mehr anonym sein. Wohin wir auch gehen, man wird uns identifizieren können.[11]

Es besteht die Gefahr, dass wir unsere Gesellschaft zu etwas machen, was wir einst gefürchtet haben: zu einem kontrollierenden, alles sehenden Staat, der jeden unserer Schritte im Auge hat. Dazu Barry Hugill von der Bürgerrechtsbewegung *Liberty*: »Als die Berliner Mauer fiel und das Sowjetregime zusammenbrach, war in der Presse eine Menge über die Unterdrückung in diesen Staaten, vor allem in Ostdeutschland, und über die Stasiakten zu lesen. Über jeden gab es eine Akte, und alles wurde darin festgehalten. Manche Leute behaupten, deshalb sei der Kalte Krieg gewonnen worden, damit so etwas nicht wieder vorkommt. Aber wir bewegen uns selbst in diese Richtung – die Regierung will nun Ausweise für jedermann, und wir erleben das Zusammentragen und Aufbewahren von Informationen über andere aus keinem triftigeren Grund als dem, dass jemand diese Information haben will.«[12]

Es gibt ein paar Dinge, die Sie tun können, um Ihre Privatsphäre zu schützen. Surfen im Internet ist weniger leicht nachzukontrollieren, wenn man es im Internetcafé betreibt oder einen anonymen Browser benutzt. Auch können Sie Verschlüsselungssoftware verwenden, um sicherzugehen, dass Ihre E-Mails von niemandem außer Ihnen gelesen werden können, und ein Mobiltelefon ohne Vertrag, ein Kartenhandy, betreiben. Doch auch dies beides ist nicht narrensicher: Unter dem oben erwähnten Gesetz über die Nachprüfungsbefugnisse ist jeder Brite verpflichtet, verschlüsselte Kommunikation als reines Textdokument oder gar den Verschlüsselungscode selbst auszuhändigen, und die Mobilfunkfirmen können in »befreundeten Netzwerken« nachschauen und Ihre Telefonnummer sehr rasch ausfindig machen.

Simon Davies von *Privacy International* betont, dass die größte Gefahr womöglich gar nicht in den einzelnen Technologien lauert, sondern in der allgemeinen Vorstellung, dass eine Kultur der Überwachung unvermeidlich, ja in unserem eigenen Interesse ist. »Wir müssen deutlich machen, warum all das so wichtig ist. Nach und nach werden die Technologien normal und reguliert, Sie bemerken immer weniger Missbrauch, also fangen die Menschen an, sie zu akzeptieren. Aber wenn Sie die Leute dazu bekommen wollen, dass sie darüber nachdenken, warum Privatsphäre so wichtig ist, werden sie ihre eigenen Wege finden, sich zur Wehr zu setzen.«[13]

Privatsphäre und Menschenwürde sind fundamentale Menschenrechte, aber wir laufen Gefahr, sie uns im Zuge einer Kultur der Überwachung nehmen zu lassen, die für sich in Anspruch nimmt, ihr läge nur unser Bestes am Herzen. Lassen Sie es nicht zu, wenn unsere Regierungen uns das Recht auf ein Privatleben nehmen wollen.

47

Jedes Jahr werden etwa 120 000 Frauen und Mädchen nach Westeuropa verkauft

Ich habe einem Mann 350 Deutsche Mark gegeben, damit ich ohne Papiere nach Griechenland konnte, weil ich keinen Ausweis hatte. Er hat mich in Griechenland an eine Bar verkauft. Wenn ich weglaufe, bringt er mich um, hat er gesagt. Wir konnten das Haus nicht verlassen. Zwölf Frauen waren wir, alle zwischen fünfzehn und zwanzig Jahre alt. Wir haben mit vielen Männern geschlafen, zehn Männern am Tag. Wenn wir zu fliehen versuchten, wurden wir verprügelt. Mich hat man mit einem Gürtel geschlagen ... Als die Polizei kam, hat sie uns Frauen alle verhaftet und in ein kleines Gefängnis gebracht. Ich habe drei Monate im Gefängnis gesessen. Danach wurde ich vor Gericht gestellt. Weil ich keine Papiere hatte, verurteilte das Gericht mich zu drei Monaten [auf Bewährung samt sofortiger Deportation] und erklärte mir, dass ich die nächsten fünf Jahre nicht nach Griechenland zurückkehren dürfe.«[1]

So sieht die menschliche Realität des Handels mit Frauen und Mädchen aus. Es ist ein erschreckendes Geschäft, bei dem das Leben der Opfer zerstört wird. Für die Händler aber ist es eine ausgesprochen lukrative Einnahmequelle, und sie sind rasch bei der Hand, wenn es darum geht, Frauen aus ärmeren Ländern auszubeuten. Sie versprechen ihnen Arbeit mit anständiger Bezahlung, ein besseres Leben, die Gelegenheit, Geld nach Hause zu schicken, um ihre Familien zu ernähren. Was sie dann bekommen, ist eine »Karriere« in der Sexindustrie, in der die Frauen buchstäblich versklavt werden – ihnen werden die Pässe abgenommen, ihre Einkünfte werden konfisziert, angeblich um ihre Einreise zu finanzieren. Die Frauen werden unter Umständen viele Male ge- und wieder verkauft. Werden sie aufgegriffen, landen sie nicht selten im Gefängnis oder werden wieder in ihre Heimat geschickt, wo man ihnen häufig mit Ablehnung begegnet.

Die *Internationale Organisation für Migration IOM* schätzt, dass jedes Jahr 120 000 Frauen und Kinder nach Westeuropa gebracht werden.[2] Viele darunter stammen aus Osteuropa – Moldawien, Russland und die Ukraine sind die drei häufigsten Ausgangspunkte –, andere kommen aus Afrika, Asien und Südamerika. Die Händler verfügen über ein komplexes Netz von Komplizen, »angefangen von vorgespiegelten Arbeitsagenturen über Passfälscher, Lastwagenfahrer zur Personenbeförderung, Ausstellungsräume und ›Warenhäuser‹ für die neuen Mädchen, Internethändler und schließlich die Bordelle im Westen«.[3] Die *Vereinten Nationen* schätzen, dass bei diesem Handel sieben Milliarden Dollar jährlich umgesetzt werden.[4] Innerhalb Europas gibt es mehrere Routen, die, so wird vermutet, von organisierten kriminellen Gruppen kontrolliert werden. Die Köpfe der Händlerringe zahlen 500 Dollar für jedes Mädchen, und wenn die Anwerber es klug anstellen, ist das leicht verdientes Geld.

Mädchenhändler suchen sich die leicht Verführbaren, von Armut Geplagten als Opfer und machen ihnen verlockende Angebote: die Gelegenheit, nach Übersee zu einer guten Arbeitsstelle in einem reichen Land zu reisen. Manchen wird vorher erzählt, in welchem Gewerbe sie zu arbeiten hätten, allerdings werden ihnen gute Bedingungen zugesagt, anderen werden Stellen als Kellnerinnen, Putzfrauen und Sekretärinnen versprochen. Der gewaltige wirtschaftliche und soziale Umschwung in den Mitgliedsstaaten der ehemaligen Sowjetunion hat zu weit verbreiteter Armut und Arbeitslosigkeit geführt. Legale Migration ist nahezu unmöglich, damit wird der Köder der Anwerber verständlich: Sie locken mit einer scheinbar legalen Ausreise in ein wohlhabendes Land und einem gut bezahlten Job am Ende.

Der Menschenhandel versucht, sich das Wohlstandsgefälle zwischen den Industrienationen und den Entwicklungsländern zunutze zu machen, sowie das menschliche Grundbedürfnis, die eigene Situation zu verbessern. Und er ist überall auf der Welt zu finden. Zahlen der US-Regierung zufolge werden alljährlich 900 000 Menschen über die internationalen Grenzen verschoben.[5] Mädchen aus den Dörfern Nepals und Bangladeshs werden an indische Bordelle verkauft. Junge Frauen von den Philippinen reisen als »Unterhalterinnen« nach Japan, wo sie von ihren Arbeitgebern buchstäblich als Sklaven gehalten werden. Mexikanische Mädchen lassen sich von wohlhabenden Männern einladen, die ihnen ein neues Leben in den Vereinigten Staaten versprechen, nur um sie als illegale Einwanderinnen ins Land zu schmuggeln und für sich als Prostituierte arbeiten zu lassen.

Wie jedes Geschäft – legal oder illegal – ist auch der Menschenhandel eine Sache von Angebot und Nachfrage. Wenn die Händler also eine neue Nachfrage wittern, reagieren sie rasch.

Im März 2002 drehte der Nachrichtensender Fox News eine verdeckte Reportage über die Beteiligung des amerikanischen Militärs an der Sexindustrie in Südkorea. Wenige Monate später erschien in der amerikanischen Zeitschrift *Military Times* die Geschichte von »Lana«, einer jungen Frau aus Kirgisien, die geködert worden war durch eine Zeitungsannonce, über die Nachtclubtänzerinnen für Etablissements gesucht wurden, die von den amerikanischen Soldaten in Südkorea häufig aufgesucht werden. Lanas Schicksal klingt nur allzu vertraut: Ihr Arbeitgeber nahm ihr den Pass weg und zwang sie zur Prostitution. Angehörigen der amerikanischen Truppen in Südkorea ist nicht gestattet, Bordelle aufzusuchen, aber die Fox-Reportage berichtete, dass Streifenbeamte den Truppenangehörigen den Besuch vermitteln. Die nichtstaatliche Organisation *Equality Now* berichtet, dass nahezu überall, wo amerikanische Truppen stationiert waren, die ortsansässige Erotikszene einen deutlichen Aufschwung erlebte: Als die amerikanischen Streitkräfte 1999 auf die Philippinen zurückgekehrt waren, hatte sich in einer Stadt die Zahl der eingetragenen »Unterhalterinnen« binnen kurzem fast verdoppelt.[6]

Außerdem hegt man die Befürchtung, dass die legalisierte Prostitution den Beschäftigten nicht etwa eine sicherere und besser kontrollierte Umgebung schafft, sondern Händler vielmehr dazu ermutigen könnte, sich neue Märkte zu erschließen. In den Niederlanden, in denen die Prostitution legal ist, sind einer Studie zufolge 80 Prozent der Frauen in den Bordellen von Händlern aus anderen Ländern »importiert« worden.[7] Deutschland hat 1993 erste Schritte zur Legalisierung der Prostitution unternommen, und es wird geschätzt, dass bis zu 85 Prozent der Frauen des Gewerbes aus anderen Ländern stammen. Nichtstaatliche Organisationen sind der Ansicht, dass die meisten dieser Frauen gehandelt worden sind, da es für Frauen aus ärmeren Ländern so gut wie unmöglich ist, ihre Reise selbst zu bezahlen und sich gewerblich »niederzulassen«.[8] Im November 2003 erklärten Thailänderinnen öffentlich vor Publikum, sie seien strikt gegen die Legalisierung der Sexindustrie. Vor dem Hintergrund europäischer Erfahrungen erklärte die Akademikerin Weerada Somsawasdi den Zuhörern, die Legalisierung käme einem »Geschenk an die Menschenhändler« gleich.[9]

Es ist dringend nötig, dass sich alle Länder mit dem Problem Menschenhandel auseinander setzen. Das relativ geringe Risiko aufzufliegen ist für die Menschenhändler ein unwiderstehlicher Anreiz, ihr Geschäft weiter zu betreiben – vor allem, wenn es dabei so viel Geld zu verdienen gibt. Das muss sich ändern. Die ehemalige UN-Hochkommissarin für Menschenrechte, Mary Robinson, erklärt dazu: »Das ist mehr als eine Frage des Arbeitsrechts oder der ungleichen Entwicklung. Es ist eine grundsätzliche Frage des Menschenrechts, weil es eine so tief gehende und schändliche Form der Diskriminierung darstellt.«[10] Die Allgemeine Erklärung der Menschenrechte ist in diesem Punkt eindeutig. Es gilt nicht nur: »Alle Menschen sind frei und gleich an Würde und Rechten geboren.« Sondern auch: »Niemand darf in Sklaverei oder Leibeigenschaft gehalten werden; Sklaverei und Sklavenhandel sind in allen ihren Formen verboten.«

Glücklicherweise fangen viele Staaten an zu reagieren. Das UN-Protokoll zur Verhinderung, Bekämpfung und Strafverfolgung des Menschenhandels, insbesondere des Frauen- und Kinderhandels, ergänzt das Übereinkommen der *Vereinten Nationen* gegen die grenzüberschreitende organisierte Kriminalität (Abkommen von Palermo) und fordert alle Staaten auf, Menschenhandel und alle damit zusammenhängenden Formen von Korruption für strafbar zu erklären. Am 25. Dezember 2003 trat das Abkommen in Kraft, zum Zeitpunkt der Niederschrift dieses Kapitels hatten es 117 Staaten unterzeichnet.

Die Vereinigten Staaten haben unterdessen eine eigene Initiative gegen den Menschenhandel ins Leben gerufen. Im Jahre 2000 verabschiedete der Kongress ein Gesetz zum Schutz der Opfer des Menschenhandels, den *Trafficking Victims Protection Act*, der einen jährlichen Bericht des Außenministeriums zum Thema Menschenhandel vorsieht, aus dem sich die Fortschritte weltweit ablesen lassen. Der Bericht teilt Nationen in drei Kategorien ein: Länder der Kategorie eins erfüllen die Mindeststandards in vollem Umfang, Kategorie zwei wird zuerkannt, dass sie »deutliche Fortschritte machen«, und Länder der Kategorie drei haben versagt (und müssen unter Umständen mit Sanktionen rechnen). Im September 2003 kündigte Präsident Bush Sanktionen gegen Burma, Kuba und Nordkorea an. Die Vereinigten Staaten, so sagte er, »werden keinerlei Mittel für die Teilnahme von offiziellen Vertretern oder Beschäftigten dieser Regierungen an kulturellen und pädagogischen Austauschprogrammen zur Verfügung stellen, solange diese Regierungen nicht die Mindestnormen dieses Gesetzes erfüllen«.[11] Obwohl Menschenrechtsorganisationen das Außenministerium kritisieren, es gehe gegen manche Länder nicht entschieden genug vor, so hat doch der Bericht das Potenzial, als wirksames Instrument der Disziplinierung zu wirken und Regierungen dazu zu bringen, sich an die internationalen Normen zu halten.[12]

Abgesehen davon, dass das UN-Protokoll Staaten auffordert, Gesetze zu erlassen, die Menschenhandel unter Strafe stellen, gebietet es den Staaten auch, alles zu unternehmen, um die Opfer des Menschenhandels zu schützen. Es schlägt im Einzelnen vor, Staaten sollten sich um angemessene Unterkünfte, medizinische und psychologische Behandlung, Betreuung und Rechtsbeistand bemühen. Oft werden die Opfer des Menschenhandels als illegal eingereiste Fremde betrachtet und samt und sonders abgeschoben. Damit werden nicht nur die ungemein traumatischen und entwürdigenden Erfahrungen dieser Frauen ignoriert, sondern es heißt auch, dass wertvolle Beweise, die dazu beitragen könnten, die Arbeitgeber zur Verantwortung zu ziehen, verloren gehen. Bei der Rückkehr in ihre Dörfer sehen sich viele Opfer des Kinderhandels von ehemaligen Nachbarn abgelehnt, so dass sie erneut anfällig für die Versprechungen von Menschenhändlern werden. Viele Staaten haben ihre Gesetze entsprechend geändert: Italien hat ein Zeugenschutzprogramm eingerichtet, das unter anderem ein sechsmonatiges Visum einschließt und Beratung für die Frauen vorsieht. Die Anklagen sind dadurch auf das Vierfache angestiegen.[13] Die Vereinigten Staaten haben zeitlich begrenzte »T-Visa« eingeführt, unter deren Schutz Opfer im Land bleiben und an den juristischen Schritten beteiligt werden können.

Solange es auf der Welt Ungleichheit gibt und Menschen, die skrupellos genug sind, diese auszunutzen, ist kaum vorstellbar, dass der Menschenhandel eines Tages wirklich ein Ende haben wird. Aber die Regierungen der Welt können eine Menge tun, um die Chance zu erhöhen, dass Menschenhändler gefasst werden, und, indem sie den Opfern helfen, sicherzustellen, dass sie auch verurteilt werden. Dazu müssen sie eine Gesetzgebung schaffen, die Menschenhändler und nicht deren Opfer kriminalisiert, und dafür Sorge tragen, dass diese angemessen umgesetzt wird. Außerdem muss es eine Kooperation auf internationaler Ebene geben, damit länderübergreifende Netzwerke enttarnt werden können. Der Handel mit Menschenleben stellt in unserer heutigen Welt einen der größten Angriffe auf die Würde des Menschen dar. Man darf nicht zulassen, dass er fortbesteht.

48

*Eine aus Neuseeland nach Großbritannien
eingeflogene Kiwi produziert das Fünffache
ihres Gewichtes an Treibhausgasen*

Ein moderner Supermarkt ist ein wahres Wunder. Selbst
wenn es draußen schneit und der Sommer längst zu einer fernen Erinnerung verblasst ist, können Sie Erdbeeren,
Trauben und Pfirsiche kaufen. Amerikaner können fern der
Heimat ihre geliebten Oreo-Kekse erstehen, heimwehkranke
Neuseeländer sich mit Weißwein und Kiwis aus vertrauten
Gefilden trösten. Wenige Tage nachdem die Frucht von der
Ranke gepflückt wurde, liegt sie in Ihrem Einkaufswagen
und schmeckt nach Frühling, während draußen die Blätter
fallen.

Das ist ganz wunderbar – bis Sie anfangen, über die kolossale Kilometerzahl nachzudenken, die da in Ihrem Einkaufskorb ruht. Diese Kiwis sind fast 20 000 Kilometer gereist. Sie
sind im Flugzeug geflogen und mit dem Lastwagen gefahren.
Bis sie im Supermarkt eintreffen, sind sie verantwortlich für
das Fünffache ihres Gewichts an frisch in die Atmosphäre
entlassenen Treibhausgasen.[1] Unsere Nahrung kommt von
immer weiter und weiter her, und wir werden immer abhängiger von den Treibstoffen, die sie zu uns bringen.

Sehr deutlich wurde diese Abhängigkeit während der Benzinpreisproteste im September 2000 in Großbritannien. Angeregt durch ähnliche Aktionen in Frankreich, beschloss eine Gruppe aus Bauern und LKW-Fahrern, die Zufahrt zur Öl-raffinerie in Stanlow, Cheshire, zu blockieren. Die Proteste weiteten sich rasch aus, und beladene Tanklaster konnten die Raffinerien nicht verlassen. Panikkäufe leerten 90 Prozent aller Tankstellen bis auf den letzten Tropfen, und da der Nachschub fehlte, leerten sich die Supermarktregale ebenso rasch.

Es wird geschätzt, dass Lebensmittel heutzutage 40 Prozent aller Straßentransporte im Vereinigten Königreich ausmachen, und der internationale Handel mit Lebensmitteln expandiert rascher als die Weltbevölkerung und ihre Lebensmittelproduktion.[2] Mit anderen Worten: Lebensmittel werden heute mehr denn je umhergefahren, und die ökologischen Folgen davon könnten gewaltig sein.

Obwohl Großbritanniens kühles Klima ideal für den Anbau von Äpfeln ist, sind drei Viertel aller im Vereinigten Königreich verzehrten Äpfel importiert, und in den vergangenen 30 Jahren sind mehr als 60 Prozent aller Obstwiesen zerstört worden.[3] Inzwischen investieren wir mehr Energie in den Transport von Lebensmitteln, als wir gewinnen, wenn wir sie essen. Um ein Kilogramm kalifornischen Salat nach England zu fliegen braucht man soviel Energie, dass man damit eine Glühbirne von 100 Watt acht Tage lang brennen lassen könnte.[4]

Manche Länder befinden sich inzwischen in der bemerkenswerten Situation, im Grunde nichts anderes zu betreiben als ein florierendes Tauschgeschäft. Sie exportieren große Mengen von einem Produkt und importieren ähnliche Mengen von mehr oder minder demselben – eine groteske und extrem unrentable Praxis. Ein besonders deutliches Beispiel bietet die Molkereiwirtschaft. Im Jahre 2001 hat Großbritannien 149 000 Tonnen Frischmilch exportiert und 110 000 Tonnen eingeführt.[5] Vor vierzig Jahren haben die meisten Leute Milch getrunken, die von den ortsansässigen Bauernhöfen stammte, aber zwischen 1961 und 1999 hat der Milchexport um 500 Prozent zugelegt.[6] Milch direkt von der Kuh? Geben Sie sich keinen Illusionen hin. Was Sie auf Ihr Müsli schütten, kommt direkt aus dem Tanklaster und ist vermutlich ein paar tausend Kilometer herumgereist.

Diese weit gereiste Milch mag genauso frisch aussehen wie die von der Kuh um die Ecke, aber es ist sehr unwahrscheinlich, dass Sie damit denselben Nährwert in der Tüte haben. Die Wissenschaft hat gezeigt, dass der Vitamin- und Mineralgehalt abnimmt, je länger Lebensmittel unterwegs sind.[7]

Dieser Nährwertverlust aber ist ein geringes Übel im Vergleich zu den erheblichen Gesundheitsproblemen, die sich durch den Transport von Tieren und Tierfutter ergeben. Vor der Maul- und Klauenseuche im Jahre 2001 hat Großbritannien jährlich 800 000 Lämmer und Schafe lebend exportiert, manchmal bis weit nach Griechenland und Italien hinein. Selbst innerhalb des Vereinigten Königreichs bedeutet die zunehmende Zentralisierung und Spezialisierung der Fleisch verarbeitenden Industrie, dass Tiere unter Umständen auf einem Hof geboren und aufgezogen, auf einem anderen gemästet, zum Schlachten in einen großen Schlachthof gebracht und schließlich zum Zerteilen und Verpacken an eine weitere Stelle transportiert werden. Diese langen Wege, dazu der unkontrollierte Kontakt mit anderen Tierprodukten, haben, so nimmt man an, zur Ausbreitung von Maul- und Klauenseuche und BSE, dem neurodegenerativen »Rinderwahn«, nicht unerheblich beigetragen. Bei einem derart komplex vernetzten System des Tiertransports wird es extrem schwierig, den Ursprung einer Seuche ausfindig zu machen.

Tierschützer beklagen, dass die transportierten Tiere in ihren Containern zu dicht stehen, nicht ausreichend Futter und Wasser zur Verfügung haben – was nicht nur zu Verletzungen oder zum Tod vieler Tiere führt, sondern auch dazu, dass ihr Fleisch, wenn sie schließlich geschlachtet werden, von Hämatomen durchsetzt oder trocken ist –, das heißt, unter grausamen Bedingungen mindere Qualität liefern.[8] Im Juli 2003 stimmte die europäische Kommission einer Überarbeitung der Tiertransportgesetze zu. Diese wurden in manchen Punkten – Pausen, Wasserversorgung und Temperaturkontrollen – verschärft, schreiben aber noch immer keine maximale Reiselänge vor, so dass 90 Stunden während Transporte bis nach Griechenland weiterhin erlaubt bleiben.[9]

Ohne die komplette Ausschöpfung der globalen Ölreserven, die – in weiter Ferne zwar, aber doch deutlich sichtbar – am Horizont dräut, scheint es wenig Anreize zu geben, etwas zu verändern. Das Kyoto-Protokoll, mit dem versucht worden war, die Emission von Treibhausgasen weltweit zu begrenzen, bezieht sich nicht auf Emissionen durch den internationalen See- oder Luftverkehr. Das Verlangen nach einem nie endenden kulinarischen Sommer aber kann unseren Planeten ernsthaft schädigen, und wenn wir Verbraucher uns erst einmal daran gewöhnt haben, mitten im Winter tropische Früchte zu kaufen, ist es schwer, sich wieder in Verzicht zu üben.

Aber das müssen wir. Angesichts eines Klimawandels, der längst keine vage Bedrohung mehr darstellt, sondern Realität geworden ist, muss jedem klar sein, dass unsere Lebensmittelproduktions- und transportmethoden zu den Hauptfaktoren gehören. Supermärkte berufen sich auf finanzielle Gründe – Verbraucher wollen preisgünstige Nahrungs- und Verbrauchsmittel, und das bedeutet, dass sie nach billigen Produkten suchen müssen. Aber die ehrliche Betrachtung der wahren Importkosten kann unter Umständen zu ganz anderen Schlussfolgerungen führen. Eine Umfrage der *South West Local Food Partnership,* einer *Vereinigung zur Förderung der Regionalvermarktung,* kam zu dem Schluss, dass Produkte, die direkt beim Erzeuger oder in Genossenschaften verkauft wurden, letzten Endes um 30 bis 40 Prozent billiger waren als die aus dem Supermarkt.[10]

Trotzdem können wir uns »Kauft um die Ecke« nicht als allgemeingültige Formel auf die Fahnen schreiben: Es kommt immer darauf an, welche Lebensmittel auf dem Weg in unseren Kochtopf die wenigsten Ressourcen verbrauchen. Für Schweden ist es beispielsweise energiesparender, spanische Tomaten zu kaufen statt solche von schwedischen Erzeugern, denn Letztere werden in Treibhäusern gezogen, die mit fossilen Brennstoffen beheizt werden.[11]

Die Realität des britischen Klimas bedeutet, dass das Vereinigte Königreich immer bestimmte Nahrungsmittel aus anderen Ländern wird importieren müssen. Aber es gibt immer eine gute und eine schlechte Alternative. Lebensmittel per Luftfracht zu befördern ist eine teure und umweltstrapazierende Methode – der Transport per Schiff setzt nur ein Sechzigstel davon an Treibhausgasen frei. In den Vereinigten Staaten gibt es Bestrebungen, »Öko-Labels« einzuführen, die anzeigen, wie viel Energie in Herstellung und Transport eines Nahrungsmittels geflossen ist.[12]

Wenn Sie das nächste Mal einkaufen gehen, schauen Sie – vor allem bei Frischwaren – ein bisschen genauer aufs Etikett, und überlegen Sie einen Moment lang, wie weit das Päckchen Chilis oder Krabben gereist ist. Wenn Sie eine blasse Tomate sehen, die außerdem steinhart ist, denken Sie darüber nach, wonach sie wohl schmecken wird. Nach Sommer und Sonnenschein – oder nach viel zu frühem Pflücken und einer langen Reise im Kühlwagen?

Die immer stärker werdende »Slow-Food«-Bewegung, der Verzicht auf Bequemlichkeit und Schnelligkeit zugunsten von Geschmack und Genuss, scheint hier auf dem richtigen Weg. Wer will denn schon mitten im Winter alles essen? Nehmen Sie sich die Muße, die saisonal passenden Produkte zu kaufen, und entdecken Sie eine gemütlichere Art des Kochens: Ihre Geschmacksknospen werden es Ihnen mit Sicherheit danken. Und, mit der Zeit, auch die Umwelt.

49

Die Vereinigten Staaten schulden den Vereinten Nationen über eine Milliarde Dollar an nicht bezahlten Beiträgen

Ende 2002 und Anfang 2003, als die Welt noch darüber nachgrübelte, ob sie gegen den Irak in den Krieg ziehen sollte oder nicht, ruhten aller Augen auf den Vereinten Nationen. Wie weit würde der Sicherheitsrat im Hinblick auf die Zustimmung zu einer militärischen Operation gehen? Welcher Beitrag ist von den Vereinten Nationen zum Aufbau von Staaten und zum Erhalt des Friedens zu erwarten? Viele, viele Zentimeter an Zeitungsmeldungen waren der Diskussion um die fortgesetzte Bedeutung der Vereinten Nationen gewidmet. Und als alles gesagt und getan war – welche Rolle hat es am Ende gespielt?

Wenige Menschen würden die Wichtigkeit irgendeiner Form von Weltinstitution in Frage stellen, in der Nationen zusammenkommen können, um gemeinsame Ziele zu erörtern. Die Vereinten Nationen mitsamt aller ihr zugehörigen Behörden und Fonds verwalten einen Haushalt von rund zehn Milliarden Dollar jährlich – das entspricht etwa 1,70 Dollar für jeden Menschen auf der Erde.[1] Es entspricht dem, was die Welt innerhalb von fünf Tagen für ihr Militär ausgibt. Man könnte sagen: nicht zuviel für das, was man kriegt, oder? Aber in den Augen vieler Regierungen rangieren die Beiträge zu den Vereinten Nationen sehr weit hinten auf der Prioritatenliste. Über mehr als zehn Jahre hinweg hatten die Vereinten Nationen unter einer drückenden Finanzkrise zu leiden, weil die Mitgliedsstaaten ihre freiwilligen Beiträge zurückgefahren hatten und bei der Zahlung ihrer »regulären Abgaben« – aus denen das tägliche Funktionieren der Vereinten Nationen bezahlt wird – säumig gewesen sind. Am 30. November 2004 lagen die Außenstände der Vereinten Nationen bei 3,14 Milliarden Dollar. Der bei weitem größte Schuldner sind die Vereinigten Staaten: An jenem Stichtag schuldeten sie den Vereinten Nationen 1,16 Milliarden Dollar.[2]

Wie ist es dazu gekommen? Wie um alles in der Welt kann die Verwaltungschefin (Untergeneralsekretärin für Management) der Vereinten Nationen Catherine Bertini gezwungen sein, der Vollversammlung mitzuteilen, dass »die finanzielle Stabilität der Organisation unter Druck« sei?[3] Und was kann eine so massive Mittelknappheit für Folgen haben?

Struktur und Aufgabenbereich der Vereinten Nationen wurden im Endstadium des Zweiten Weltkrieges gestaltet. Eines der Hauptziele bestand zu jener Zeit darin, sicherzustellen, dass eine solche weltweite Katastrophe nie wieder geschehen kann. Nach einer Reihe von Treffen in Washington im Laufe des Jahres 1944 einigten sich die Vereinigten Staaten, das Vereinigte Königreich, Russland und China auf Ziele, Struktur und Funktion einer Weltorganisation. Am 26. Juni 1945 nahmen Delegierte aus 50 Nationen an der feierlichen Unterzeichnung der Charta der Vereinten Nationen im Veterans' War Memorial in San Francisco teil. Nach der Unterzeichnung der Charta erklärte der amerikanische Außenminister Edward Stettinius, dies sei ein »Abkommen, geboren aus Leiden und Krieg, auf ihm ruht nun unsere Hoffnung auf einen guten und dauerhaften Frieden«.[4]

Zu Anfang herrschte eitel Optimismus. Die erste General-versammlung wurde im Januar 1946 in London abgehalten, sie verabschiedete ihre erste Resolution zur friedlichen Nutzung der Atomenergie und zur Abschaffung von Massenvernichtungswaffen. Ihr erster Beobachtungsauftrag betraf Palästina im Jahre 1948. Im selben Jahr wurde die Allgemeine Erklärung der Menschenrechte verabschiedet, und im Jahre 1949 vermittelte ein UN-Botschafter den Waffenstillstand zwischen dem jungen Staat Israel und seinen arabischen Nachbarn.[5]

Zu ersten ernsten finanziellen Problemen kam es im Zusammenhang mit den frühen Versuchen der Vereinten Nationen zur Friedenssicherung.[6] Im Jahre 1956 löste die erste friedenssichernde Initiative der UNO im Sinai eine Debatte darüber aus, wer diesen Einsatz bezahlen solle. Eine Reihe von Staaten weigerte sich mitzuziehen, mit dem Argument, dass diejenigen, die verantwortlich seien, auch für die Kosten aufzukommen hätten. Einen ähnlichen Disput gab es im Jahre 1960 über die Beiträge zu einer friedenssichernden Mission im Kongo, auch hier veranlassten politische Differenzen etliche Staaten dazu, ihre Zahlungen zurückzuhalten.

Zu jener Zeit pflegten die Vereinigten Staaten noch pünktlich zu zahlen – vor allem im Vergleich zur damaligen Sowjetunion. Unter der Präsidentschaft von Ronald Reagan aber begannen sich die Dinge zu ändern. Seine Berater fingen an, die Vereinten Nationen als prosowjetische Körperschaft zu porträtieren, äußerten düstere Prophezeiungen über radikale Standpunkte in den Entwicklungsländern. Im Jahre 1983 lehnte ein Zusatz zur amerikanischen UN-Bewilligungsvorlage (UN Appropriations Bill) Mittel für UN-Programme ab, mit denen die Palästinensische Befreiungsorganisation PLO oder Namibias Unabhängigkeitsbewegung hätten unterstützt werden können. Im Jahre 1985 zogen sich die Vereinigten Staaten aus der Organisation der Vereinten Nationen für Bildung, Wissenschaft, Kultur und Kommunikation, *UNESCO (United Nations Educational, Scientific and Cultural Organization)* zurück mit dem Argument, diese sei schlecht organisiert und zu stark politisch orientiert. Die Rückstände wurden größer. Während die Vereinten Nationen sich gezwungen sahen, Haushalte zusammenzustreichen, gingen die Vereinigten Staaten dazu über, die Zahlung der regulären Beiträge zu verschleppen: Sie sind zu Beginn eines jeden Jahres fällig und wurden oftmals erst Monate später gezahlt. Diese Zahlungsverzögerungen dauern bis zum heutigen Tage.

Die wirtschaftlichen Umwälzungen in der ehemaligen Sowjetunion und verschiedenen osteuropäischen Ländern Ende der Achtzigerjahre und zu Beginn der Neunziger ließen in vielen Staaten, Schuldenberge anwachsen. Zur selben Zeit begannen die Vereinigten Staaten sich vermehrt auf ihr Militär zu konzentrieren, zogen Interventionen bei Konflikten auf der ganzen Welt in Betracht. Zwar hatte die Clinton-Regierung ursprünglich eine Ausweitung der friedenserhaltenden Rolle der Vereinten Nationen angestrebt, doch was das Budget anging, verfolgte sie denselben harten Kurs. Im September 1994 waren die Außenstände der Vereinten Nationen auf 3,5 Milliarden Dollar angewachsen, 1,5 Milliarden davon schuldeten allein die Vereinigten Staaten.

Der Kongress war nie zimperlich, wenn es um Mittel für bestimmte UN-Gremien ging, deren Mandate er kritisch sah. Im Juli 2003 stimmte das Repräsentantenhaus für die Fortführung der Mittelblockade für den Bevölkerungsfond, weil man mutmaßte, dieser habe Verbindungen zu Gruppen in

China, die Zwangsabtreibungen propagierten. Die Mittelblockade bestand auch dann noch weiter, als eine von Amerika eingeleitete Untersuchung keinerlei Belege dafür auftreiben konnte, dass der Fond solche Gruppen unterstützt.[7]

Im Jahre 1999 verabschiedeten die Vereinigten Staaten eine Verordnung, die vorsah, dass ein beträchtlicher Teil der amerikanischen Schulden bei den Vereinten Nationen zurückgezahlt werden sollten. Das »Helms-Biden-Abkommen« (so benannt nach seinen beiden Befürwortern) schlug drei große Ratenzahlungen vor, die von den Vereinigten Staaten an die Vereinten Nationen überwiesen werden sollten. Der Plan sah vor, dass den Vereinten Nationen und ihren Sonderbehörden 926 Millionen Dollar zugehen sollten, 712 Millionen davon sollten in den regulären Haushalt fließen. Doch das Abkommen verlangte die Erfüllung bestimmter Bedingungen, zum Beispiel wurde den Vereinigten Staaten das Recht eingeräumt, weitere Zahlungen zurückzuhalten, sollten gewisse Haushalts- und Reformziele nicht erreicht werden. Außerdem forderten die Vereinigten Staaten eine dauerhafte Absenkung ihres Anteils an den Beiträgen für den regulären UN-Haushalt sowie ihrer Zahlungen an die Weltgesundheitsorganisation, die Ernährungs- und Landwirtschaftsorganisation und die Internationale Arbeitsorganisation.[8]

Doch so wichtig es auch sein mochte, das Helms-Biden-Gesetz erreichte nur eine teilweise Begleichung der amerikanischen Schulden. Den Zahlen der Vereinten Nationen zufolge waren die Vereinigten Staaten am 31. August 2003 noch immer 1,22 Milliarden Dollar an alten und laufenden Beiträgen schuldig – über die Hälfte der Außenstände der Vereinten Nationen.[9]

Natürlich sind die Vereinigten Staaten nicht der einzige Schuldner. Bis Ende 2003 hatten zwei Drittel der Mitgliedsstaaten ihre Beiträge noch immer nicht in voller Höhe überwiesen, und im November 2004 waren noch 695 Millionen des regulären UN-Haushalts nicht bezahlt. Drei der fünfzehn größten Beitragszahler – die USA, Brasilien und Mexiko – hatten ihre jährlichen Verpflichtungen bis dahin nicht vollständig beglichen.[10]

Diese Unwägbarkeit in Kombination mit den großen Geldbeträgen, die ihr noch geschuldet werden, haben für die Vereinten Nationen schwerwiegende Folgen. Die Zahlungen für die internationalen Strafprozesse für das ehemalige Jugoslawien und Ruanda sind dermaßen im Rückstand – allein für 2003 gibt es einen Fehlbetrag von 96 Millionen Dollar – dass man sich von offizieller Seite gezwungen sah, 41 Millionen Dollar von Konten zu borgen, die ursprünglich der Friedenssicherung vorbehalten gewesen waren. Und das ungeachtet der Tatsache, dass der Mittelfond zur Friedenssicherung sich bereits mit mehr als 1,1 Millionen Dollar in den roten Zahlen befindet.[11] Ende Oktober mahnte die »Gruppe der 77«, ein Zusammenschluss von ursprünglich 77 Entwicklungsländern, inzwischen sind es weit mehr, die Vereinten Nationen benötigten zu lange, um die an einer Mission zur Friedenssicherung Beteiligten zu entschädigen, und beklagten sich darüber, dass gegebenenfalls Mittel aus anderen Fonds entnommen würden. Verwaltungschefin Bertini erklärte darauf jedoch, das würde sich erübrigen, wenn alle Länder ihre Beiträge in vollem Umfang bezahlten.[12]

Es scheint eine so einfache Lösung: Alle Regierungen, allen voran die wohlhabenden und mächtigen, zahlen den Vereinten Nationen pünktlich und in voller Höhe, was sie zu zahlen haben. Es nicht zu tun gefährdet die Zukunft der Vereinten Nationen. Die Zahlungen der Vereinigten Staaten hinken schon solange dem normalen Rhythmus hinterher, dass dies bereits zur Gewohnheit geworden ist und andere Länder wie zum Beispiel Japan ermutigt hat, sich diesem Beispiel anzuschließen und ebenfalls verspätet zu zahlen. Der amerikanische Kongress hat bereits seine Besorgnis geäußert: Der Haushaltsentwurf des Außenministeriums für das Jahr 2003 kommt zu dem Schluss, dass die »säumigen Zahlungen der Vereinigten Staaten die Vereinten Nationen und andere internationale Organisationen zwingen, sich gewisser Haushaltspraktiken zu bedienen, die weder solide noch verantwortbar sind«.[13] Das Repräsentantenhaus forderte kürzlich einen Bericht über die Auswirkungen von Zahlungsverzögerungen an und wies den Präsidenten an, einen Plan auszuarbeiten, der die Zahlung der UN-Schulden zu Beginn eines Kalenderjahres vorsieht.

Sogar die amerikanische Öffentlichkeit scheint eine verantwortungsvollere Haltung zur Finanzlage der Vereinten Nationen am Herzen zu liegen: Bei einer Umfrage gaben mehr als 60 Prozent der Befragten an, die Vereinigten Staaten sollten ihre UN-Schulden in voller Höhe begleichen, und als man den Betreffenden erklärte, der amerikanische Beitrag werde gemäß des amerikanischen Anteils an der Weltwirtschaft festgelegt, fanden 56 Prozent, der Betrag sei angemessen.[14,15]

Es besteht kein Zweifel, dass die Rückzahlungen unter dem Helms-Biden-Abkommen viel dazu beigetragen haben, den Vereinten Nationen aus ihrem finanziellen Engpass zu helfen, aber es muss noch mehr geschehen. Als größte Wirtschaftsmacht der Welt – und, wie einige sagen, als ihre einzige Großmacht – ist es nur recht und billig, dass die Vereinigten Staaten den größten Beitrag leisten. Aber sie müssen diesen Beitrag rechtzeitig und in voller Höhe bezahlen und aufhören, Zahlungsverzögerungen als Druckmittel zur Durchsetzung von Reformen oder Kursänderungen in der Politik zu benutzen.

Das benötigte Geld ist ein kleiner Bruchteil dessen, was die Vereinigten Staaten für ihren Kampf gegen den Terrorismus ausgeben. Trotzdem könnte es sein, dass sich die Vereinten Nationen dank ihrer humanitären Programme, ihrer international gültigen juristischen Instrumente und ihrem multilateralen Herangehen an Weltereignisse als bester Frontkämpfer erweisen werden, den die Vereinigten Staaten je haben werden. Das amerikanische Volk ist der Ansicht, die Ausgaben für die Vereinten Nationen sind ihr Geld wert – nun bleibt ihm nur noch, seine Führer davon zu überzeugen.

50

Kinder, die in Armut aufwachsen, erkranken
mit einer dreimal so hohen Wahrscheinlichkeit
an psychischen Leiden wie Kinder aus
wohlhabenden Familien

Diese Tatsache sollte Großbritannien mit Scham erfüllen:
Es ist die viertgrößte Wirtschaftsnation der Welt und gehört trotzdem zu den Ländern mit den höchsten Anteilen an
Kinderarmut in der industrialisierten Welt. Fast vier Millionen britische Kinder – jedes dritte – leben in Armut.[1] Das
sind dreimal so viele, wie im Jahre 1970 unterhalb der Armutsgrenze lagen. Mehr als die Hälfte der Kinder im Herzen
von London gelten als arm, und das in einer Stadt, die das
höchste Pro-Kopf-Einkommen Europas und die meisten Millionäre hat.[2]

Betroffen sind auch andere Länder wie Deutschland, wo
laut Angaben des UN-Kinderhilfswerks *UNICEF* die Kinderarmut in einem Industrieland besonders rasch wächst. Etwa
jedes siebte Kind lebte Ende des zwanzigsten Jahrhunderts
dort in einem Haushalt, der weniger als die Hälfte des Durch-
schnittseinkommens zur Verfügung hat. Tendenz steigend.

Im Westen wird Armut anders definiert als in den
Entwicklungsländern. Statt einer absoluten Einkommens-
schwelle – dem von Hilfsorganisationen so oft zitierten einen
Dollar pro Tag – wird Armut in Europa vermittels relativer
Maßstäbe definiert. Wissenschaftler betrachten den Mindest-

standard des Lebens in einer Gesellschaft, wobei alle Bereiche – materielle, kulturelle und soziale – einfließen. Erreicht jemand diese Mindestnormen nicht, gilt er als arm.

Die Auswirkungen eines solchen gesellschaftlichen Ausgeschlossenseins können extrem sein. Kinder, die in arme Verhältnisse hineingeboren werden, sterben häufiger im ersten Lebensjahr, kommen leichter durch Unfälle im Kindesalter zu Tode und leben weniger lange als Kinder aus wohlhabenden Familien.[3] Sie leben häufiger in beengten Wohnungen, in feuchten Behausungen mit unzureichender Heizung. Im Vereinigten Königreich leben 750000 Familien mit Kindern in ungenügenden Wohnverhältnissen.[4] Arme Kinder bleiben häufiger von sozialen Aktivitäten wie Schulausflügen und Freizeitangeboten ausgeschlossen.[5] Und junge Leute, die fortgesetzt in ausgeprägter Armut leben, haben häufiger gespannte Beziehungen zu ihren Eltern, sind weniger oft zufrieden mit der eigenen Erscheinung und ihrem Leben insgesamt.[6]

Es nimmt also kaum Wunder, dass Kinder aus den untersten Einkommensgruppen dreimal so häufig psychisch erkranken wie Kinder aus den wohlhabendsten Familien. Das britische *Office for National Statistics* berichtet, dass 16 Prozent aller Kinder aus Familien mit einem Einkommen von unter 150 Euro pro Woche leben, bei Kindern aus Familien mit mehr als 500 Euro pro Woche sind es nur sechs Prozent.[7]

Neera Sharma von der Kinderschutzorganisation *Banardo's* berichtet, wie sich das Einkommensgefälle in Großbritannien auf die psychische Gesundheit von Kindern auswirkt. »Es gibt jede Menge Kinder, für die Tagesausflüge, Mahlzeiten bei Pizza Hut und Ähnliches selbstverständlich sind. Aber es gibt auch eine Menge Kinder, für die es so etwas nicht gibt, und diese fühlen sich tatsächlich von der übrigen Gesellschaft ausgeschlossen. Viele dieser Kinder sorgen überdies für einen Elternteil, der behindert oder psychisch krank ist. Solche Dinge führen zu Hänseleien in der Schule, die dem Kind das Gefühl geben, ausgeschlossen oder anders zu sein, und das hat Auswirkungen auf seine psychische Gesundheit.«[8]

Wird bei Kindern eine psychische Erkrankung diagnostiziert, besteht die Gefahr, dass sie nicht in angemessenem Umfang versorgt werden. Die BBC berichtet, dass einer von der britischen Regierung geförderten Studie zufolge bis zu einem Viertel aller britischen Teenager mit psychischen Problemen eine Behandlung erfahren, die sogar von ihren eigenen Ärzten als »unzureichend« bezeichnet wird.[9] Die Gesamtausgaben für die psychische Gesundheit von Kindern und Jugendlichen belaufen sich in Großbritannien auf etwa 350 Millionen Euro – das entspricht sieben Prozent dessen, was für die psychische Gesundheit bei Erwachsenen zur Verfügung steht.[10] Nur etwa ein Viertel aller Kinder mit psychischen Problemen tritt mit Spezialisten in Kontakt – diese Zahl muss dringend erhöht werden.[11]

So wie ihnen warme Kleidung und eine gesunde Ernährung abgehen, fehlt Kindern aus armen Familien oftmals auch die Chance, sich zu einem besseren Leben emporzuarbeiten. Ein Vater aus einem Südlondoner Viertel mit vielen Sozialwohnungen berichtete dem *Observer*, er habe sich seinerzeit nach der Schule bei einem Ausbildungsprogramm zum Schweißer ausbilden lassen und binnen Monaten Arbeit gefunden. Seine Söhne beteiligten sich ebenfalls an Ausbildungsprogrammen, bekämen aber am Ende nie eine Stelle. Ein anderer Mann spricht von geringen Erwartungen an das

Leben: »Die Thatcher-Regierung hat uns unser Arbeiterleben genommen, aber nichts an seine Stelle gesetzt. Dass unsere Kinder weniger Chancen im Leben haben, liegt nicht daran, dass sie nicht zur Universität gehen können, sondern daran, dass sie keine Arbeit haben.«[12]

Kinder aus armen Verhältnissen wachsen mit großer Wahrscheinlichkeit zu armen Erwachsenen heran, laufen vermehrt Gefahr, später arbeitslos oder unterbezahlt zu sein. Wenn sie die Schule ohne Abschluss verlassen, sinkt die Chance, dass sie eine Berufsausbildung erhalten, um zwei Drittel.[13] Bekommen sie irgendeine psychische Krankheit, ist die Wahrscheinlichkeit, dass sie mit der Polizei aneinander geraten, zehnmal so hoch, außerdem ist es sehr wahrscheinlich, dass sie im späteren Leben weiterhin Probleme haben werden: Bis zur Hälfte aller psychischen Erkrankungen bei Erwachsenen werden im Kindesalter diagnostiziert.[14]

Der Leiter der *Aktionsgruppe gegen Kinderarmut Child Poverty Action Group*, Martin Barnes, erläutert, dass viele Menschen der Ansicht sind, Armut sei in Großbritannien kein Problem, und so etwas macht einen unhaltbaren Zustand noch weit schwerer anzugehen. »Die Armut unserer Tage wird oft – bedingt durch die damit verbundene Stigmatisierung, Isolation und Verlegenheit – hinter verschlossene Türen gedrängt. Die persönlichen und wirtschaftlichen Kosten sind beträchtlich und steigen ständig, doch statt mit Empörung und Entschlossenheit begegnet man dem Problem mit Gleichgültigkeit und Selbstzufriedenheit.«[15] In Großbritannien existiert Armut nicht deshalb, weil es ein armes Land ist, sondern weil Ungleichheit herrscht. Und es mit dieser Ungleichverteilung aufzunehmen ist eine schwere Aufgabe für jede Regierung, die mutig genug ist, diesen Versuch zu wagen.

Die Schere der Ungleichverteilung klafft in Großbritannien heute doppelt so weit auseinander wie 1977[16], und die Kluft zwischen arm und reich ist in den Neunzigerjahren des 20. Jahrhunderts merklich breiter geworden. Der Ginikoeffizient – ein Maß für die Ungleichverteilung innerhalb einer Gesellschaft – hat in den vergangenen 30 Jahren stetig zugenommen und befindet sich gegenwärtig auf einem Dauerhoch. Die einkommensschwächsten zehn Prozent der Bevölkerung erhalten nur drei Prozent des britischen Gesamtvermögens, während die einkommensstärksten zehn Prozent mehr als ein Viertel des Gesamtvermögens einnehmen.[17] Die Reichen Großbritanniens schöpfen heutzutage mehr vom versteuerten Einkommen der Nation ab als zu jeder anderen Zeit in der Geschichte, während die Armen Not leiden.

Die britische Regierung hat eingesehen, dass Kinderarmut ein massives Problem darstellt, und im Jahre 1999 hat sich Premierminister Tony Blair verpflichtet, es binnen einer Generation auszuräumen. Kanzler Gordon Brown nannte das Problem »eine Narbe in Großbritanniens Seele« und sprach davon, dass Kinder auf diese Weise in eine klare Verliererlage gedrängt werden: »Arm in der Jugend, arbeitslos als Erwachsene.«[18] Brown erklärte, die Regierung habe vor, Kinderarmut binnen zwanzig Jahren vollständig zu beseitigen – ihr erstes Ziel sei die Verringerung der Anzahl an armen Kindern um ein Viertel bis Ende 2004.

Leider sieht es so aus, als würde dieses Ziel nicht erreicht. Das Londoner *IFS (Institute for Fiscal Studies)* hat errechnet, dass die Regierung das Ziel um 200 000 Kinder verfehlen wird, wenn sie nicht sehr rasch handelt. Das Institut weist allerdings auch darauf hin, dass sich die Ausgaben für die Kinderförderung aus Steuern und staatlichen Wohlfahrtssystemen um 50 Prozent erhöht haben, seit die Labour-Regierung an der Macht ist.[19]

Veränderungen am britischen Steuer- und Wohlfahrtssystem waren ein Teil der Lösung, ebenso die Bestrebungen, Arbeitswillige aus der staatlichen Wohlfahrt ins Arbeitsleben wiedereinzugliedern. Aber es gibt Grenzen für das, was solche Initiativen erreichen können. Die Regierung sollte das Thema Unterbezahlung und Weiterbeschäftigung mit höchster Dringlichkeit angehen. Um das »angemessene Mindestentgelt« des Europarats zu erfüllen, sollte der Mindestlohn in Großbritannien bei 10,72 Euro pro Stunde liegen. Gegenwärtig liegt er bei 7,10 Euro.

Die Erhöhung des Einkommens ist ein wichtiger Faktor zur Lösung des Armutsproblems – die Verfügbarkeit von guten öffentlichen Dienstleistungen wie Transport, Bildung und Sozialdiensten sind ein weiterer. Auch ist es von entscheidender Bedeutung, dass das Wohlfahrtssystem so ausgerichtet ist, dass wer nicht arbeiten kann, nicht benachteiligt wird. *Barnado's* betont, dass Mittel selektiv auf besonders bedürftige Kinder verteilt werden müssen – auf behinderte Kinder, Kinder aus ethnischen Minderheiten oder extrem armen Verhältnissen, denen es an Perspektiven mangelt. Ein System nach dem Gießkannenprinzip wird diesen Kindern nicht gerecht.

Die Labour-Regierung hat erkannt, dass es nicht ausreicht, ärmeren Menschen Arbeit zu verschaffen, um den Ungleichheiten innerhalb der britischen Gesellschaft zu begegnen, und dass eine Umverteilung von Reichtum, Macht und Chancen unerlässlich ist. Ja, wenn der Regierung das gelänge, könnte sie mit dramatischen Ergebnissen rechnen. Einer Studie zufolge könnten, wenn das Wohlstandsgefälle in Großbritannien auf das Niveau von 1983 zurückgeschraubt würde, um die 7500 Todesfälle von Menschen unter 65 Jahren verhindert werden – könnte die Kinderarmut aus der Welt geschafft werden, würde dies jährlich 1400 Kindern unter fünfzehn Jahren das Leben retten.[20]

Ungleichheit zu mindern ist eine schwierige Aufgabe. Steuererhöhungen zur Verbesserung öffentlicher Dienstleistungen gelten in Großbritannien im Hinblick auf die nächsten Wahlen nach wie vor als politischer Selbstmord – und dennoch hat eine vom Meinungsforschungsinstitut *MORI* durchgeführte Umfrage ergeben, dass nahezu zwei Drittel aller Briten ebendas befürworten würden.[21] Doch ob sie eine wie auch immer geartete Umverteilung von Wohlstand befürworten würden, ist längst nicht so klar. Eine andere Umfrage zeigte, dass nur sechs Prozent aller Briten Armut und Ungleichheit als ein für ihr Land wichtiges Thema einschätzen.[22]

Die britische Regierung hat begonnen, das Problem Kinderarmut anzugehen, wenn sie auch noch einiges mehr tun könnte. Vielleicht muss die große Wende in unseren Köpfen stattfinden. Großbritannien mag ein wohlhabendes Land sein, in der Lage, Millionen Pfund an Entwicklungshilfe zu leisten, teure Kriege zu führen, um anderen Völkern aus Armut und Unterdrückung zu helfen. Doch seine wirtschaftliche Macht geht auf Kosten seiner eigenen ärmeren Bürger. Solange es Tragweite und Dringlichkeit des Problems Kinderarmut nicht erkennt, versagt es kläglich.

Quellen für die 50 Fakten

1. **Eine japanische Frau kann damit rechnen, 84 Jahre alt zu werden, eine Botswanerin wird im Mittel nur 39.**
news.bbc.co.uk/1/hi/health/1977733.stm; US Census Bureau, zitiert unter www.usaid.gov/press/releases/2002/pr020708.html.

2. **Ein Drittel aller übergewichtigen Menschen lebt in Entwicklungsländern.**
www.who.int/nut/obs.htm.

3. **Die Vereinigten Staaten und Großbritannien haben von allen Industrienationen die meisten Teenagerschwangerschaften zu verzeichnen.**
UNICEF, »A League Table of Teenage Births in Rich Nations«, Innocenti Report Card Nr. 3, Juli 2001.

4 **China fehlen 44 Millionen Frauen.**
Amartya Sen, »Many Faces of Gender Inequality«, *The Hindu, 27* October 2001.

5. **In Brasilien gibt es mehr Avon-Beraterinnen als Armeeangehörige.**
pr.avon.com.br/PRSuite/selling/benefits.jsp;
www.brazil.org. uk/page.php? pid=94.

6. **Im Jahre 2002 fanden einundachtzig Prozent aller Hinrichtungen weltweit in nur drei Ländern statt: in China, im Iran und in den Vereinigten Staaten.**
Amnesty International, »Facts and Figures on the Death Penalty«, web.amnesty.org/pages/deathpenalty_facts_eng.

7. **Britische Supermärkte wissen mehr über ihre Kunden als die britische Regierung.**
Aus einem Gespräch der Autorin mit einem Marktforscher in einem britischen Supermarkt am 30. September 2003.

8. Jede Kuh in der Europäischen Union wird mit zwei Dollar fünfzig pro Tag subventioniert. Das ist mehr, als fünfundsiebzig Prozent aller Afrikaner zum Leben haben.

»Cows Can Fly Upper Class on Common Agricultural Fare«, *Guardia* vom 25. September 2002.

9. In über siebzig Ländern verstoßen gleichgeschlechtliche Beziehungen gegen das Gesetz. In neun Ländern werden sie mit dem Tode bestraft.

www.ilga.org/lnformation/Legal_survey/ilga_world_legal_survey%20 introduction.htm.

10. Einer von fünf Menschen auf der Erde lebt von weniger als einem Dollar pro Tag.

UN Human Development Report (UNHDR) 2003, www.undp.org/hdr2003.

11. In Russland sterben jährlich über 12000 Frauen als Opfer von häuslicher Gewalt.

»Russia: Domestic Violence Persists«, Radio Free Europe/Radio Liberty, March 2001, www.rferl.org/nca/features/2001/03/0703 20011 20749.asp.

12. Im Jahre 2003 unterzogen sich 15 Millionen Amerikaner der einen oder anderen Form von plastischer Chirurgie.

American Society of Plastic Surgeons, Procedural Statistics 2003, www.plasticsurgery.org/public_education/statisticaltrends.cfm.

13. In jeder Stunde wird mindestens ein Mensch von Landminen getötet oder verstümmelt.

www.landmin8s.org.uk/6.

14. In Indien gibt es 44 Millionen Kinderarbeiter.

Internationale Arbeitsorganisation, zitiert unter www.globalmarch.org/worstformsreport/world/india.html.

15 Ein Bewohner der Industrienationen verzehrt jährlich zwischen sechs und sieben Kilogramm an Nahrungsmittelzusatzstoffen.
   Erik Millstone und Tim Lang, *The Atlas of Food* (London: Earthscan, 2003).

16. Der Golfspieler Tiger Woods ist der höchstbezahlte Sportler der Welt. Er verdient 78 Millionen Dollar pro Jahr – oder 148 Dollar pro Sekunde.
   Forbes Magazine, Celebrity 100 List 2003.

17. Sieben Millionen Amerikanerinnen und eine Million Amerikaner leiden unter einer Essstörung.
   National Association of Anorexia Nervosa and Associated Disorders,.www.anad.org/site/anadweb/content.php?type=1&id=6982.

18. Fast die Hälfte aller britischen Fünfzehnjährigen hat schon einmal illegale Drogen ausprobiert, und fast ein Viertel gehört zu den Gewohnheitsrauchern.
   »Smoking, Drinking and Drug Use Among Young People in England in 2002«,Umfrage im Auftrag des Gesundheitsministeriums, 2002, www.doh..gov.uk/public/sddsurvey02.htm.

19. Die Industrielobby beschäftigt in Washington 67 000 Personen – das macht 125 Lobbyisten auf jeden gewählten Kongressabgeordneten.
   »How Lobbyists Influence Foreign Policy«, US Foreign Policy Agenda, Juli 1996, usinfo.state.gov/journals/itps/0796/ijpe/pj9lobby.htm.

20. In jeder Minute sterben zwei Menschen durch Autounfälle.
   World Road Association/Global Road Safety Partnership/Department for International Development, »Keep Death Off Your Roads«, April 2003.

21. Seit 1977 hat es an nordamerikanischen Abtreibungskliniken über 90 000 Fälle von Gewalttaten und Vandalismus gegeben.
   NAF Violence and Disruption Statistics, www.prochoice.org

A/Violence/Statistics/stats.pdf, listet 92211 Fälle zwischen 1977 und September 2004 auf.

22. **Mehr Menschen kennen die goldenen Bögen des McDonald's-Emblems als das Kreuz der Christenheit.**
Umfrage von Sponsorship Research International in Großbritannien, Deutschland, den USA, Indien, Japan und Australien. »A Sign of the Times as Big Mac Becomes an Arch Rival of the Cross«, *Daily Mail* vom 20. Juli 1995.

23. **In Kenia machen Bestechungsgelder in einem normalen Durchschnittshaushalt ein Drittel der Ausgaben aus.**
Transparency International, Kenyan Urban Bribery Index, Januar 2001, www.transparency.org/cpi.

24. **Weltweit werden durch den Handel mit illegalen Drogen etwa 400 Milliarden Dollar umgesetzt – ungefähr genauso viel wie in der gesamten legalen Pharmaindustrie der Welt.**
UN Office on Drugs and Crime, Zahlen zitiert von Kofi Annan unter www.un.org/News/Press/docs/1998/19980608.gasm45.html.
Aus www.worldpharmaceuticals.net/marketresearch.html stammt die Schätzung, derzufolge die Pharmaindustrie im Jahre 2002 um 406 Milliarden Dollar zugelegt habe.

25. **Über ein Drittel aller Amerikaner glaubt, dass schon einmal Außerirdische auf der Erde gelandet seien.**
National Science Foundation, »Science and Engineering Indicators 2002«, Kapitel 7.

26. **In über 150 Ländern wird gefoltert.**
Amnesty International, »Combating Torture: A Manual for Action«, www.amnesty.org/library/lndex/ENGACT400012003?open of=ENG-313.

27. **Jeder fünfte Mensch auf der Erde leidet Tag für Tag Hunger – das sind insgesamt mehr als 1 Milliarde Menschen.**
Welternährungsprogramm der Vereinten Nationen, Januar 2001, www.wfp.org/index.asp? section=1.

28. **Ein in den Vereinigten Staaten geborener Schwarzer männlichen Geschlechts wird mit einer Wahrscheinlichkeit von eins zu drei mindestens einmal im Leben im Gefängnis landen.**
Bureau of Justice Statistics, »Prevalence of Imprisonment in the US Population, 1974–2001«, August 2003.

29. **Ein Drittel der Weltbevölkerung ist gegenwärtig in einen Krieg verwickelt.**
Armed Conflict Report 2002, Project Ploughshares, www.ploughshares.ca/content/ACFi/acr.html.

30. **Die Ölreserven der Welt könnten im Jahre 2040 erschöpft sein.**
Colin Campbell und Jean Laherrere »The End of Cheap Oil«, *Scientific American,* März 1998.

31. **Zweiundachtzig Prozent aller Raucher leben in Entwicklungsländern.** Worldwatch Institute, *Vital Signs 2003.*

32. **Über 70 Prozent der Erdbevölkerung haben noch nie ein Freizeichen gehört.**
Jan Kavan, Präsident der Vollversammlung der Vereinten Nationen, zum World Telecommunications Day am 17. Mai 2003.

33. **Bei einem Viertel aller bewaffneten Konflikte der Welt in den letzten Jahren hat der Kampf um natürliche Ressourcen eine ursächliche Rolle gespielt.** Worldwatch Institute, *Vital Signs 2003.*

34. **In Afrika sind 30 Millionen Menschen HIV-positiv.**
www.worldbank.org/afr/aids.

35. **Jedes Jahr sterben zehn Sprachen aus.**
portal.unesco.org/culture/en/ev.php@URL_ID=8270&URL_DO=DO= TOPIC&URL_SECTION=201 .html.

36. **Jahr für Jahr kommen mehr Menschen durch Selbstmord ums Leben als in sämtlichen bewaffneten Konflikten der Welt.**
www.who.int/mental_health/prevention/suicide/suicideprevent/en/.

37. **Jede Woche werden in Amerika im Durchschnitt 88 Kinder der Schule verwiesen, weil sie eine Schusswaffe mit in den Unterricht gebracht haben.**
Brady Campaign to Prevent Gun Violence,
www.bradycampaign.org/facts/issues/?page=kids.

38. **Es gibt auf der Welt mindestens 300 000 Gesinnungsgefangene.**
Gespräch der Autorin mit Neu Durkin von Amnesty International.

39. **In jedem Jahr werden zwei Millionen Mädchen und Frauen Opfer von Genitalverstümmelungen.**
WHO, »Female Genital Mutilation Fact Sheet«, Juni 2000.

40. **In den bewaffneten Konflikten der Welt kämpfen gegenwärtig 300 000 Kindersoldaten.**
Human Rights Watch, hrw.org/campaigns/crp/index.htm.

41. **An den allgemeinen Wahlen des Jahres 2001 beteiligten sich in Großbritannien knapp 26 Millionen Wähler. Bei der ersten Staffel der Reality-TV-Show *Pop Idol* wurden über 32 Millionen Stimmen abgegeben.**
Nach Auskunft von Telescope, dem Kommunikationsunternehmen, das die Stimmen für Thames ausgewertet hat: www.telescopeuk.com/news_popidols2.html; und dem britischen Wahlausschuss: »Voter Engagement and Young People«, August 2002.

42. **Amerika gibt jährlich 10 Milliarden Dollar für Pornographie aus – denselben Betrag, den es auch in die Auslandshilfe steckt.**
»With Pot and Porn Outstripping Corn, America»s Black Economy is Flying High«, *Guardian* vom 2. May 2003; amerikanische Auslandshilfe 2001 unter www.oecd.org/dataoecd/42/30/1860571.gif.

43. **Im Jahre 2003 gaben die Vereinigten Staaten 396 Milliarden Dollar für die Rüstung aus. Das entspricht dem Dreiunddreißigfachen dessen, was alle sieben »Schurkenstaaten« zusammen investieren.**

Center for Defense Information, www.cdi.org, »Fiscal Year 2004 Budget«.

44. **Gegenwärtig gibt es auf der Welt 27 Millionen Sklaven.**
www.antislavery.org/archive/press/pressRelease2002-festival offlight.htm.

45. **In Amerika werden pro Stunde 2,5 Millionen Plastikflaschen weggeworfen. Das würde ausreichen, um alle drei Monate den Weg zum Mond damit zu pflastern.**
www.ecology-action.org/learn_facts.shtml.

46. **Ein durchschnittlicher britischer Stadtbewohner wird bis zu dreihundert Mal am Tag von einer Kamera erfasst.**
Michael McCahill und Clive Norris, »CCTV in London«, Arbeitspapier Nr. 6, Urban Eye project, Juni 2002.

47. **Jedes Jahr werden etwa 120 000 Frauen und Mädchen nach Westeuropa verkauft.**
IOM, »Victims of Trafficking in the Balkans«, Januar 2002.

48. **Eine aus Neuseeland nach Großbritannien eingeflogene Kiwi produziert das Fünffache ihres Gewichtes an Treibhausgasen.**
»A Free Ride for Freight«, *Financial Times,* vom 21. November 2000.

49. **Die Vereinigten Staaten schulden den Vereinten Nationen über eine Milliarde Dollar an nicht bezahlten Beiträgen.**
»US v. Total Debt to the UN«, Global Policy Forum, www.global policy.org/finance/tables/core/un-us-03.htm.

50. **Kinder, die in Armut aufwachsen, erkranken mit einer dreimal so hohen Wahrscheinlichkeit an psychischen Leiden wie Kinder aus wohlhabenden Familien.**
Social Survey Division des Office for National Statistics, »The Mental Health of Children and Adolescents in Great Britain«, 1999.

Anmerkungen

1. **Eine japanische Frau kann damit rechnen, 84 Jahre alt zu werden, eine Botswanerin wird im Mittel nur 39.**

1. Population Reference Bureau (PRB), »Human Population: Fundamentals of Growth«, www.prb.org/Content/Navigation-Menu/PRB/Educators/Human_Population/Human_Population_Fundamentals_of_Growth_and_Change.htm.

2. Jim Oeppen und James Vaupel, »Broken Limits to Life Expectancy«, *Science,* Mai 2002, zitiert unter news.bbc.co.uk/1/hi/health/1977733.stm.

3. US Census Bureau, zitiert unter
www.usaid.gov/press/releases/2002/pr020708.html.

4. PRB, »Human Population: Fundamentals of Growth«, op. cit.

5. World Bank DepWeb, »Life Expectancy«, www.worldbank.org/depweb/english/modules/social/life.html.

6. Global Fund to Fight Aids, Tuberculosis and Malaria, Pressemitteilung am 6. Juni 2003, www.globalfundatm.org/journalists/press% 20releases/pr_03606.html.

2. **Ein Drittel aller übergewichtigen Menschen lebt in Entwicklungsländern.**

1. Worldwatch Institute, »Chronic Hunger and Obesity Epidemic Eroding Global Progress«, März 2000.

2. »FAO/WHO Launch Expert Report on Diet, Nutrition and Prevention of Chronic Diseases«, Pressemitteilung am 23. April 2003.

3. Zahlen von der WHO, zitiert in »Clustering in Cities, Asians Are Becoming Obese«, *New York Time* am 13. März 2003.

4. »US Lifestyles Blamed for Obesity Epidemic Sweeping Mexico«, *Guardian* am 11. August 2003.

5. WHO, »Globalization, Diet and Health: An Example from Tonga«, 2001.

6. Zitiert von Aziz Choudry, »Killing Me Softly«, ZNet, Kommentar am 3. August 2003.

7. Pressemitteilung der Regierung der Fidschi-Inseln am 15. März 2001, www.fiji.gov.fj./press/ 2001_03/2001_03_15-01. shtml.

8. Brief der Sugar Association an Gro Harlem Brundtland, Generaldirektorin der WHO, zitiert im *Guardian,* »Sugar Industry Threatens to Scupper WHO«, 21. März 2003.

9. WHO, »Globalisation, Diet and Health: An Example from Tonga«, op. cit.

3. Die Vereinigten Staaten und Großbritannien haben von allen Industrienationen die meisten Teenagerschwangerschaften zu verzeichnen.

1. UNICEF, »A League Table of Teenage Births in Rich Nations«, Innocenti Report Card Nr. 3, Juli 2001.

2. »Lessons from US Teen Pregnancy Drap«, BBC News Online am 22. November 2004.

3. UNICEF, »A League Table of Teenage Births in Rich Nations«, op. cit.

4. Alan Guttmacher Institute »Teen Pregnancy: Trends and Lessons Learned«, The Guttmacher Report, Bd. 5., Nr. 1, Februar 2002, www.agi-usa.org/ pubs/tgr/05/1/gr050107.html.

5. UNICEF Innocenti Research Centre/University of Essex, »The Outcomes of Teenage Motherhood in Europe«, Juli 2001.

6. UNICEF, »A League Table of Teenage Births in Rich Nations«, op. cit., mit Bezug auf K. Kiernan, »Transition to Parenthood: Young Mothers, Young Fathers – Associated Factors and Later Life Experiences«, Welfare State Programme, Diskussionsvorlage, London School of Economics, 1995.

7. Cathy Hamlyn, zitiert in »›Benny Hill Culture‹ Blamed for Teenage Pregnancies«, *Daily Telegraph* am 18. Juli 2002.

8. *Times Online* am 21. Februar 2003.

9. »Sex Lessons for Five Year Olds ›Should be Compulsory‹«, *Guardian* am 11. Juli 2003.

10. »Politics and Science in the Bush Administration«, US House of Representatives Committee on Government Reform Report, August 2003.

11. D. Kirby, »Emerging Answers: Research Findings on Programs to Reduce Teen Pregnancy (summary)«, National Campaign to Prevent Teen Pregnancy, Washington DC, 2001.

12. Untersuchung von Peter Bearman, Columbia University, und Hannah Bruckner, Yale University, vorgestellt auf der National STD Prevention Conference, zitiert in einem Bericht in CBS

News Online am 9. März 2004: »›Abstaining‹ Teens Still Get STDs«.

13. Human Rights Watch, »Ignorance Only: HIV/Aids, Human Rights and Federally Funded Abstinence Only Programs in the United States«, September 2002.

14. Ebenda.

15. Tatsachenpapier präsentiert am Sexuality Information and Education Council of the United States, SIECUS Report, Bd. 29., Nr. 6., August/September 2001.

16. UNICEF, »A League Table of Teenage Births in Rich Nations«, op. cit.

17. The Social Exclusion Unit, »Teenage Pregnancy«, Juni 1999.

4. China fehlen 44 Millionen Frauen.

1. *Shanghai Star* am 30. Oktober 2002, zitiert unter www.china.com.cn/english/life/ 47238.htm.

2. news.bbc.co.uk/1/hi/world/south_asia/736466.stm, am 4. Mai 2000.

3. »China»s Missing Girls«, *Shanghai Star* am 24. Oktober 2002, www.shanghai-star.com.cn/2002/1024/fo5-1.html.

4. Radha Venkatesar, »Female Infanticide: Old Reasons, New Techniques«, *The Hindu,* 24. Juli 2001.

5. Research for the *British Medical Journal,* zitiert unter news.bbc.co.uk/1/low/ world/south_asia/3076727.stm.

6. Elisabeth Rosenthal, »China's Widely Flouted One-Child Policy Undercuts its Census«, *New York Times,* 14. April 2000.

7. The Society for the Prevention of Infanticide (Gesellschaft zur Verhinderung von Kindesmord), www.infanticide.org/history.htm.

8. Zitiert unter www.aidindia.org/nodowry/index.shtml.

9. Zitiert unter www.indiatogether.org/2003/jul/wom-girls.htm.

10. Laut der Demographin Minja Kim Choe am East-West Center in Honolulu, zitiert in »Modern Asia's Anomaly: The Girls Who Don't Get Born«, *New York Times* am 5. Juni 2001.

5. In Brasilien gibt es mehr Avon-Beraterinnen als Armeeangehörige.

1. www.brazil.org.uk/page.php?pid=94.

2. pr.avon.com.br/PRSuite/selling/benefits.jsp.

3. Zahlen von Goldman Sachs, zitiert im *Economist* am 24. Mai 2003.

4. Studie der London Guildhall University, zitiert unter news.bbc. co.uk/1/hi/uk/1038531.stm.

5. David Buss, Zitat aus einer Mitschrift der Radiosendung *The Descent of Man,* zu beziehen unter www.abc.net.au/science/descent/ trans2.htm.

6. Reuters, 9. Februar 2003.

7. »An Army of Underemployed Goes Door-to-Door in Brazil«, *Wall Street Journal* am 19. Februar 2003.

8. Roberto DaMatta, zitiert ebenda.

9. Ebenda.

10. »Demand for Quality: Consumer Products Focusing on Cosmetics«, *Inside Brazil*, 20 August 1996.

11. »Avon Lady Calls on the Girl Power Generation«, *The Times* am 5. Oktober 2002.

12. www.the-infoshop.com/study/eo15474._direct.html

6. Im Jahre 2002 fanden einundachtzig Prozent aller Hinrichtungen weltweit in nur drei Ländern statt: in China, im Iran und in den Vereinigten Staaten.

1. Texas Department of Criminal Justice, www.tdcj.state.tx.uk/stat/beazleynapoleonlast.htm.

2. »Napoleon's Last Stand«, *Texas Monthly*, Juli 2002.

3. »Bush Defends Executions«, CBS News.com am 26. Mai 2000.

4. www.gallup.com/poll/releases/pr030519.asp.

5. Amnesty International, »Facts and Figures on the Death Penalty«, web.amnesty.org/pages/death penalty_facts_eng.

6. Ebenda.

7. Amnesty International, »China: Striking Harder Than Ever Before«, 9. Januar 2003.

8. Zum Beispiel unter news.bbc.co.uk/1/hi/world/asia-pacific/627293.stm.

9. Bericht aus *Beijing Today*, zitiert in »China Uses Mobile Death Vans to Execute Prisoners«, *The Wire,* Amnesty International, Mai 2003.

10. Hands Off Cain 2004. Bericht zu beziehen bei www.handsoffcain.org.

11. www.hrw.org/wr2k3/mideast3.html.

12. Zitiert unter news.bbc.co.uk/1/hi/world/middle_east/2287 381.stm.

13. Amnesty International, »Facts and Figures on the Death Penalty«, op. cit.

14. web.amnesty.org/library/print/engamr510032002.

15. Ebenda.

16. Erklärung des Präsidenten am 12. Juli 2002, einzusehen unter www.whitehouse.gov/news/releases/2002/07/20020712-9.htm.

17. Human Rights Watch World Report 2003, www.hrw.org/wr2k3.

18. Interview mit *BBC HardTalk* am 25. April 2002.

19. edition.cnn.com/2001/us/05/03/us.human/

20 Zitiert unter www.cbsnews.com/stories/2003/01/11./national/main536143. shtml.

21 www.whitehouse.gov/news/releases/2003/01/20030113-6. html.

7. Britische Supermärkte wissen mehr über ihre Kunden als die britische Regierung.

1. Aus einem Gespräch der Autorin mit einem Marktforscher in einem britischen Supermarkt am 30. September 2003.

2. »What Wal-Mart Knows About Customers' Habits«, *New York Times* am 14. November 2004.

3. »The Card up their Sleeve«, *Guardian* am 19. Juli 2003.

4. »Buying Trouble«, *Village Voice,* 24.-30. Juli 2002.

5. Ebenda.

6. »Claim: RFID Will Stop Terrorists«, aus der Zeitschrift *Wired* am 8. August 2003, www. wired.com/news/privacy/0,184859 624,00. html.

7. »UK Trial Addresses Privacy Issue«, *Rfidjournal,* am 23. Oktober 2003.

8. »Euro Bank Notes to Embed RFID Chips by 2005«, *EETimes* am 19. Dezember 2001.

9. »Smart Cards Track Commuters«, BBC News Online am 25. September 2003.

10. Gespräch der Autorin mit Barry Hugill von Liberty am 27. November 2003.

8. **Jede Kuh in der Europäischen Union wird mit zwei Dollar fünfzig pro Tag subventioniert. Das ist mehr, als fünfundsiebzig
Prozent aller Afrikaner zum Leben haben**

1. Zitiert in »Cows Can Fly Upper Class on Common Agricultural Fare«, *Guardian*, 25. September 2002.

2. Weltbankpräsident James Wolfensohn, zitiert in *Christian Science Monitor*, 13. Juni 2003.

3. europa.eu.int/pol/agr/overview_en.html

4. Zitiert in »EU pays the price for farm subsidies«, *International Herald Tribune*, 26. Juni 2002.

5. Ebenda.

6. Ebenda.

7. Zac Goldsmith, »When common sense is a crime«, *New Sta-
tesman* am 30. Juni 2003.

8. »Stop the Dumping! How EU Agricultural Subsidies are Da-
maging Livelihoods in the Developing World«, Oxfam Informa-
tionspapier am 31. Oktober 2002.

9. Ebenda.

10. Zitiert in »Cutting Agricultural Subsidies«, 20. November
2002, web.worldbank.org/wbsite/external/news/.

11. »Questions and Answers – US Farm Bill«, Mai 2002, euro-
pa.eu.int/comm/agriculture/external/wto/press/usfarmbill.pdf.

12. Zitiert in »EU Farm Chief Slams Poor Nations' Demands«,
Guardian am 5. September 2003.

9. **In über siebzig Ländern verstoßen gleichgeschlechtliche Beziehungen gegen das Gesetz. In neun Ländern werden sie mit dem
Tode bestraft**

1. »Saudis Beheaded for Sodomy«, *The Washington Blade* am 4.
Januar 2002.

2. web.amnesty.org/pages/deathpenalty-developments-eng.

3. Sure VII (Al-Araf, Der Wall), Verse 80-81, zitiert aus *Der Koran*, Stuttgart, 2005 (in der Übersetzung von Max Henning).

4. Zitiert in »Campaigning for Gay and Lesbian Human Rights«,
Amnesty International, September 1999, web.amnesty.org/libra-
ry/Index/ENGACT 790022001?open&of=ENG-347.

5. web.amnesty.org/library/Index/ENGACT530032002?open&of
=ENG-392

6. Zitiert in »Campaigning for Gay and Lesbian Human Rights«, Amnesty International, September 1999, web.amnesty.org/libra ry/Index/ENGACT 790022001?open&of=ENG-347.

7. Ebenda.

8. Ebenda.

9. Amnesty International, »Crimes of Hate, Conspiracy of Silence«, 2001.

10. Ebenda

11. www.aclu.org/lesbiangayrights/lesbiangayrightsmain.cfm.

10. Einer von fünf Menschen auf der Erde lebt von weniger als einem Dollar pro Tag.

1. Jeffrey Sachs und Sakiko Fukuda-Parr, »If We Cared To, We Could Defeat World Poverty«, *LA Times* am 9. Juli 2003.

2. Weltbank-Entwicklungsbericht 2000/2001.

3. Sachs und Fukuda-Parr, »If We Cared To, We Could Defeat World Poverty«, op. cit.

4. »OECD DAC Countries Begin Recovery in Development Aid«, OECD-Pressemitteilung am 22 April 2003.

5. UN Human Development Report (UNHDR) 2003.

6. Ebenda.

7. Ebenda.

8. Ebenda. Beim so genannten Ginikoeffizienten – einer statistischen Größe zur quantitativen Beschreibung von Ungleichheit in einem Staatswesen, bei der 0 für perfekte Gleichheit steht und 1 für ein Höchstmaß an Ungleichheit – liegt Brasilien bei 0,61, die Welt insgesamt bei 0,66.

9. Weltbank-Entwicklungsbericht 2000/2001.

10. UNHDR, 2003.

11. Ebenda.

12. Jubilee Research, »Inequality and Poverty – a Spiral of Despair«, www.jubilee2000uk.org.

13. Jeffrey Sachs und Sakiko Fukuda-Parr, »If We Cared To, We Could Defeat World Poverty«, op. cit.

14. Bericht für den OECD Round Table zur nachhaltigen Entwicklung, Januar 2003.

15. Oxfam, »Rigged Rules and Double Standards«, www.make tradefair.org/ stylesheet.asp?file=03042002121618&cat=2&subcat =6&select=1.

16. Jubilee Research at the New Economics Foundation, »Real Progress Report on HIPC«, September 2003.

17. UNHDR 2003.

18. www.heifer.org.

19. »Drugs Are Just the Start«, *Guardian* am 28. August 2003.

11. In Russland sterben jährlich über 12 000 Frauen als Opfer von häuslicher Gewalt.

1. Zitiert in Human Rights Watch, »Uzbekistan Turns its Back on Battered Women«, Juli 2001.

2. The Commonwealth Fund, »Health Concerns Across a Woman's Lifespan: 1998. Survey of Women's Health«, Mai 1999, zitiert unter www.endabuse.org.

3. Lori Heise, Mary Ellsberg und Megan Gottemoeller, »Ending violence against women«, Population Reports series L, Nr. 11, Dezember 1999, zitiert unter www.endabuse.org.

4. Zitiert in »Russia: Domestic Violence Persists«, Radio Free Europe/Radio Liberty, März 2001, www.rferl.org/nca/features/2001/03/07032001120749.asp.

5. Ebenda.

6. Zero Tolerance Charitable Trust, »Young People's Attitudes Towards Violence, Sex and Relationships«, 1998, zitiert von der Women's Aid Federation of England unter www.womensaid.org.uk.

7. William Blackstone, *Commentaries on the Laws of England* (1765-1769), 1. Buch, Kapitel 15.

8. Human Rights Watch, »What Will It Take? Stopping Violence Against Women«, Juni 2000.

9. Justizministerium der Vereinigten Staaten von Amerika: »Violence by Intimates: Analysis of Data on Crimes by Current or Former Spouses, Boyfriends or Girlfriends«, März 1998, zitiert unter www.endabuse.org.

10. Bureau of Justice Statistics Crime Data Brief, »Intimate Partner Violence 1993-2001«, Februar 2003, zitiert unter endabuse.org.

12. Im Jahre 2003 unterzogen sich 15 Millionen Amerikaner der einen oder anderen Form von plastischer Chirurgie.

1. Patientenporträts unter www.plasticsurgery.org/public_education/patient_profiles.cfm.

2. American Society of Plastic Surgeons, Procedural Statistics 2003, www.plasticsurgery.org/public_education/statisticaltrends. cfm.

3. American Society of Plastic Surgeons, Pressemitteilung am 8. März 2004., www.plasticsurgery.org/news_room/procedural-statistics-press-kit-index. cfm.

4. »Pots of Promise«, *Economist* am 24. Mai 2003.

5. www.plasticsurgery.org/history.cfm.

6. John Orlando Roe, amerikanischer Schönheitschirurg des 19. Jahrhunderts, zitiert unter www.plastic surgery.org/history.cfm.

7. www.cosmeticscanada.com/cosmetic_surgery_popular.html.

8. »Pots of Promise«, *Economist,* op. cit.

9. Ebenda.

10. Zitiert in Alissa Quart, *Branded* (Boulder, CO: Perseus, 2003), S. 162.

11. »»Extreme Makeover‹ Gave Local Man New Face, New Life«, *Seattle Post-Intelligencer* am 20. September 2003.

12. »Saving Face«, *Observe* am 16. März 2003.

13. In jeder Stunde wird mindestens ein Mensch von Landminen getötet oder verstümmelt.

1. International Committee of the Red Cross, »Basic Facts: The Human Cost of Landmines«, Januar 1995.

2. Porträts unter www.landminesurvivors.org.

3. Human Rights Watch, »Global Progress on Banning Landmines: United States Gets Mixed Reviews«, September 2003.

4. The World Federation of Public Health Associations Resolution on Landmines, Mai 1994, einzusehen unter www.apha.org/wfpha/ landmines.htm.

5. www.icbl.org/resources/problem.html.

6. N. Dentico, »Landmines: The Silent Sentinels of Death«, *IDOC Internazionale 1,* 1995.

7. Internationale Kampagne gegen Landminen, Landmine Monitor Report 2003.

8. Human Rights Watch, »Global Progress on Banning Landmines«, op. cit.

9. Zitiert in Human Rights Watch, »Exposing the Source: US Companies and the Production of Anti-personnel Mines«, April 1997.

10. Zitiert unter www.oneworld.org/guides/landmines/.

14. In Indien gibt es 44 Millionen Kinderarbeiter.

1. »Marked for Life«, aus der Zeitschrift *New Internationalist*, Juli 1997.

2. Global March against Child Labour, www.globalmarch.org.

3. Arbeitsministerium der Vereinigten Staaten, »By the Sweat and Toll of Children«, 1998.

4. Anti-Slavery International Annual Report, www.anti-slavery.org.

5. Human Rights Watch, »Promises Broken«, Dezember 1999.

6. »Child labour crackdown«, BBC News Online am 24. April 2002.

7. »American Working Teens Fact Sheet«, www.nclnet.org/workingteens.htm.

8. UNICEF Voices of Youth, »Children and Work«, www.unicef.org/ foy/meeting/ lab/farcase1.htm.

9. Human Rights Watch, »Promises Broken«, op. cit.

10. »Thank You, Mr Harkin, Sir«, *New Internationalist,* Juli 1997.

11. www.enda.sn.

12. www.rugmark.org.

13. »Marked for Life«, *New Internationalist*, op. cit.

15. Ein Bewohner der Industrienationen verzehrt jährlich zwischen sechs und sieben Kilogramm an Nahrungsmittelzusatzstoffen.

1. Federation of European Food Additives and Food Enzyme Industries, »Additives: Ingredients with a Purpose«, www.elc-eu.org/addit-d.htm.

2. Erik Millstone und Tim Lang, *The Atlas of Food* (London: Earthscan, 2003).

3. www.faia.org.uk/honey.htm.

4. www.foodcomm.org.uk/additives_sweets2_98.htm.

5. Erik Millstone und Tim Lang, *The Atlas of Food,* op. cit.

6. David Rall, Generalinspekteur des amerikanischen Gesundheitswesens, US Public Health Service, zitiert unter www.cspinet.org/foodsafety/additives_acesulfame.html.

7. www.cspinet.org/reports/chemcuisine.htm.

8. Erik Millstone und Tim Lang, *The Atlas of Food,* op. cit.

16. **Der Golfspieler Tiger Woods ist der höchstbezahlte Sportler der Welt. Er verdient 78 Millionen Dollar pro Jahr – oder 148 Dollar pro Sekunde.**

    1. »Mining Woods for Gold«, *Sports Illustrated Online* am 20. September 2000.

    2. Zitiert unter www.golftoday.co.uk/news/yeartodate/news00/woods56.html.

    3. »Mining Woods for Gold«, *Sports Illustrated Online,* op. cit.

    4. »The Paupers and Princes of the Sporting World«, BBC Online am 1. Februar 2002, news.bbc.co.uk/sport1/hi/football/1795 385.stm.

    5. news.bbc.co.uk/sport1/hi/golf/1024896.stm.

    6. money.cnn.com/2003/08/18/news/companies/nike_endorsements/.

17. **Sieben Millionen Amerikanerinnen und eine Million Amerikaner leiden unter einer Essstörung.**

    1. Eating Disorders Coalition, www.eatingdisorderscoalition.org/reports/statistics.html.

    2. Untersuchung der Mayo-Klinik, zitiert unter www.pbs.org/wgbh/nova/transcripts/2715thin.html.

    3. »TV Brings Eating Disorders to Fiji«, news.bbc.co.uk/1/hi/health/347637.stm.

    4. »Ultra-thin Magazine Models Found to Have Little Negative Effect on Adolescent Girls«, www.apa.org/monitor/oct99/nb9.html.

    5. »Elson Wins Battle with Anorexia«, *Vogue Online,* 9. August 2002.

    6. www.anred.com/causes.html.

    7. *Dying to be Thin,* PBS Nova Dokumentation am 12. Dezember 2000, www.pbs.org/wgbh/nova/transcripts/2715thin.html.

18. **Fast die Hälfte aller britischen Fünfzehnjährigen hat schon einmal illegale Drogen ausprobiert, und fast ein Viertel gehört zu den Gewohnheitsrauchern.**

    1. »Smoking, Drinking and Drug Use Among Young People in England in 2002«, Umfrage im Auftrag des britischen Gesundheitsministeriums, 2002.

2. Europäische Beobachtungsstelle für Drogen und Drogensucht EMCDDA, Jahresbericht 2003.

3. Pride Survey 2002-2003, herausgegeben im September 2003, www.pridesurveys. com.

4. »Smoking, Drinking and Drug Use Among Young People in England in 2002«, op. cit.

5. Ebenda.

6. American Lung Association, »Adolescent Smoking Statistics«, November 2003, www.lungusa.org.

7. National Institute on Drug Abuse, »Monitoring the Future«, 2002. Die zwölfte Klasse ist in Amerika das letzte Schuljahr der weiterführenden Schulen, die meisten Schüler sind zwischen 17 und 18 Jahren.

8. »Reducing Underage Drinking: A Collective Responsibility«, Institute of Medicine at the National Academy of Science, September 2003.

9. www.teenpregnancy.org.

10. »Smoking, Drinking and Drug Use Among Young People in England in 2002«, op. cit.

11. Europäische Beobachtungsstelle für Drogen und Drogensucht EMCDDA, Jahresbericht, 2003.

12. American Lung Association, »Adolescent Smoking Statistics«, op. cit.

13. »Teenage Drug Use«, *British Medical Journal,* 1996, 313, S.375.

14. »Tobacco Giant's Secret Papers Revealed«, *Observer* am 7. September 2003.

15. Schools Health Education Unit study, Oktober 2003, zitiert unter news.bbc. co.uk/1/hi/education/3171254.stm.

16. www.theantidrug.com/steerclear/factsheet.asp; www.nida. nih.gov/Marij Broch/parent pg9-10N.html.

19. Die Industrielobby beschäftigt in Washington 67 000 Personen – das macht 125 Lobbyisten auf jeden gewählten Kongressabgeordneten.

1. »Clooney Show Blurs Fact and Fiction in Corridors of Power«, *Observer* am 21. September 2003.

2. »Record 2004, Lobby Expenditures to Exceed $2 Billion«, Po-

litical Money Line am 28. Dezember 2004, Zugang unter www.politicalmoneyline.com.

3. www.lobbyists.info.

4. »How Lobbyists Influence Foreign Policy«, US Foreign Policy Agenda, Juli 1996, usinfo.state.gov/journals/itps/0796/ijpe/pj9lobby.htm.

5. Gespräch mit Slashdot.org am 1. September 2003.

6. Center for Responsive Politics, Pressemitteilung am 21. Oktober 2004.,
www.opensecrets.org/pressreleases/2004/04spending.asp.

7. Center for Responsive Politics, »Tracking the Payback«, November 2003, www.opensecrets.org/payback/index.asp.

8. Ebenda.

9. »American Lobbyist Swayed Eastern Europe's Iraq Response«, *International Harald Tribune* am 20. Februar 2003.

10. www2.europarl.eu.int/lobby/lobby.jsp?lng=en

11. Gespräch mit der Autorin am 1. Dezember 2003.

12. Zu finden unter sopr.senate.gov.

13. Center for Responsive Politics, »Influence, Inc., 2000«.

20. In jeder Minute sterben zwei Menschen durch Autounfälle.

1. Einzelheiten von der britischen Organisation für Verkehrssicherheit RoadPeace, www.roadpeace.org/articles/ WorldFirst Death.html.

2. Department for Transport, www.dft.gov.uk.

3. World Road Association/Global Road Safety Partnership/Department for International Development, »Keep Death Off Your Roads«, April 2003.

4. Bureau of Transportation Statistics, www.bts.gov.

5. WHO, »Road Traffic Injury Prevention«, www.who.int/violence_injury_prevention/unintentional_injuries/road_traffic/rtip1/en/.

6. WHO, Pressemitteilung, www.epha.org/a/754.

7. Weltbank, www.worldbank.org/html/fpd/transport/roads/saf_docs/graph1.xls.

8. OECD Newsroom, »Road Deaths Cost OECD Economies the Equivalent of 2% of GDP«, 30. Juli 1999.

9. Department for Transport, »Transport Statistics for Great Britain 2004 Edition«, einzusehen unter www.dft.gov.uk.

10. G.D. Jacobs und Amy Aeron-Thomas, »A Review of Global Accident Fatalities«, RoSPA Road Safety Congress, März 2000, einzusehen unter DFID, www.transport-links.org.

11. Zitiert in Vinand Nantulya und Michael Reich, »The Neglected Epidemic«, *British Medical Journal,* 2002, Bd. 324.

12. Rede von Premierministerin Laisenia Qarase vor dem Road Safety Forum (Forum für Straßensicherheit), Februar 2002, zitiert unter www.fiji.gov.fj./speeches_features/S2002_02/S2002_02_25-01.shtml.

13. »Keep Death Off Your Roads«, op. cit.

14. GRSP (Global Road Safety Partnership) Jahresbericht, Juli 2003.

15. Nelson Mandela, *The Long Walk To Freedom,* zitiert in »Keep Death Off Your Roads«, op. cit.

21. Seit 1977 hat es an nordamerikanischen Abtreibungskliniken über 90 000 Fälle von Gewalttaten und Vandalismus gegeben.

1. news.bbc.co.uk/1/hi/world/americas/3077040.stm.

2. www.agi-usa.org/pubs/archives/nr_011503.html.

3. Die Violence and Disruption Statistics der National Abortion Federation, einzusehen unter www.prochoice.org, registriert 92 211 Vorfälle im Zeitraum zwischen 1977 und September 2004, wobei angemerkt wird, dass es sich dabei nur um gemeldete Ereignisse handelt und die tatsächliche Zahl vermutlich »weit höher« liegt.

4. Aufsatz von Horsley, zitiert unter www.christiangallery.com/aog.html, eingesehen am 12. Oktober 2003.

5. NOW (National Organisation for Women) »The Truth About George«, Internetseite: www.thetruthaboutgeorge.com/women/index. html. Zum Vergleich zwischen Abtreibung und Terrorismus kam es, als Präsident Bush beschloss, den 29. Jahrestag des Urteils Roe gegen Wade zum »National Sanctity of Human Life Day« zu erklären. Bush verkündete: »Am 11. September haben wir klar einsehen müssen, dass in dieser Welt das Böse existiert und dass es das Leben nicht achtet … nun befinden wir uns im Kampf gegen das Böse und die Tyrannei, um Leben zu erhalten und zu schützen.«

6. National Organisation for Women, »Anti-Abortion Leader Loses Two Court Fights«, 3. Juli 2002.

22. Mehr Menschen kennen die goldenen Bögen des McDonald's-Emblems als das Kreuz der Christenheit.

1. Durchgeführt wurde die Umfrage von Sponsorship Research International in Großbritannien, Deutschland, Amerika, Indien, Japan und Australien: »A Sign of the Times as Big Mac Becomes an Arch Rival of the Cross«, *Daily Mail* am 20. Juli 1995.

2. MORI Social Research Institute, August 2003.

3. »The Decline and Rise of the Church in the West«, Council for World Mission, 19. August 2003, cwmission.org.uk/features/default.cfm?FeatureID=1421.

4. Zitat von Timothy Garton Ash, »Islam and Us«, im *Guardian* am 6. Februar 2003.

5. »Faith Fades Where Once it Burned Strang«, *New York Times* am 13. Oktober 2003.

6. MORI Social Research Institute, op. cit.

7. Fox News, www.foxnews.com/story/ 0,2933,99945,00.html.

8. »Starbucks Chain Stays on the Boil«, *Evening Standard* am 14. November 2003.

9. »The Toxic Threat of Unsecured Consumer Lending«, *Daily Telegraph* am 14. Dezember 2003.

10. Jay Gary, »Ten Global Trends in Religion«, www.wnrf.org/cms/tentrends.shtml.

11. »Where Faith Grows, Fired by Pentecostalism«, *New York Times* am 14. Oktober 2003.

12. »Attracting and Keeping Newcomers«, www.virtualresourcelibrary.org/ newcomers.htm.

13. »Church Joins University ›Milk Round‹ in Hunt for Young Vicars«, *Daily Telegraph* am 18. Mai 2003.

14. Zitiert in Timothy Garton Ash, »Islam and Us«, op. cit.

15. 1990 Reith Lecture, »The Persistence of Faith«.

23. In Kenia machen Bestechungsgelder in einem normalen Durchschnittshaushalt ein Drittel der Ausgaben aus.

1. Kevin Omindo, zitiert in »Country of Bribes«, www.worldpress.org/africa/359.cfm.

2. Gespräch mit der Autorin am 16. Oktober 2003.

3. Transparency International: Corruption Perceptions Index 2003.

4. »Wolfensohn in Kenya Addresses Corruption«, web.world-bank. org, 13. August 2003.

5. »Lesotho fines second dam firm«, BBC News Online am 27. August 2003.

6. »Swiss join oil bribery enquiry«, *Guardian* am 7. Mai 2003.

7. Transparency International, Bribe Payers Index 2002, Mai 2002.

8. Gespräch mit der Autorin, op. cit.

9. »Kibaki and 30 MPs Declare their Riches«, *Daily Nation* am 30. September 2003.

24. **Weltweit werden durch den Handel mit illegalen Drogen etwa 400 Milliarden Dollar umgesetzt – ungefähr genauso viel wie in der gesamten legalen Pharmaindustrie der Welt.**

1. Zitiert in Edward Brecher, »The Consumers Union Report on Licit and Illicit Drugs«, 1972, einzusehen unter www.druglibrary.org.

2. National Drug Control Strategy, FY 2004. Budget Summary, März 2004.

3. Zitiert unter www.drugpolicy.org/library/factsheets/economiccons/fact_economic.cfm.

4. UN Office on Drugs and Crime, www.unodc.org.

5. www.worldpharmaceuticals.net/marketresearch.html schätzt, dass der Wert im Jahre 2002 bei 406 Milliarden Dollar lag.

6. »Just Say No: Government's War on Drugs Failure«, John Stossel, ABC News am 30. Juli 2002.

7. Cleveland Report, zitiert im *Observer* am 9. Dezember 2001.

8. www.drugpolicy.org/global/terrorism.

9. Ebenda.

10. UN Office on Drugs and Crime, op. cit.

11. Cleveland Report, op. cit.

12. National Household Survey on Drug Abuse, 2001.

13. University of Amsterdam Centre for Drug Research, 1997, zitiert unter www.drugwar facts.org.

14. »Just Say No«, ABC News, op. cit.

25. **Über ein Drittel aller Amerikaner glaubt, dass schon einmal Außerirdische auf der Erde gelandet seien.**

1. National Science Foundation, »Science and Engineering Indicators 2002«, Kapitel 7.

2. Umfrage des Medienkonsortiums Roar, zitiert im *London Evening Standard* am 17. Dezember 1999.

3. Siehe »Close Encounters«, *Time Magazine* am 29. September 2003.

4. edition.cnn.com/us/9706/15/ufo.poll.

5. Josef Allen Hynek, zitiert in der Zeitschrift *Popular Mechanics*, popularmechanics.com/science/space/1998/7/6_ufo_sight ings.html.

6. Floyd Rudmin, »Conspiracy Theory as Naive Deconstructive History«, April 2003, newdemocracyworld.org/conspiracy.htm.

7. Seth Shostak, zitiert unter www.space.com/searchforlife/seti_shostak_visit_020627.html, Juni 2002.

8. www.setileague.org/general/drake.htm.

9. www.setileague.org.

26. In über 150 Ländern wird gefoltert.

1. Zitiert unter web.amnesty.org/pages/stoptorture-manual-index-eng.

2. »US decries abuse but defends interrogations«, *Washington Post* am 26. Dezember 2002.

3. Gemeinsame Anhörung der Geheimdienstausschüsse von Repräsentantenhaus und Senat am 26. September 2002.

4. Mehr unter Human Rights Watch, www.hrw.org/us/usdom.php? theme= Torture/Mistreatment.

5. news.bbc.co.uk/1/hi/world/americas/3182346.html.

6. Amnesty International, »Human Dignity Denied: Torture and Accountability in the ›War on Terror‹«, Oktober 2004.

7. Zitiert unter edition.cnn.com/2003/law/03/03/cnna.dershowitz.

8. Basil Fernando, Direktor der Asian Human Rights Commission, zitiert unter www.omct.org/displaydocument.asp?DocType=Appeal&lndex= 2810&Language=EN.

9. Cesare Beccaria, *Über Verbrechen und Strafe*, Scientia, Aalen, 1990, Kapitel 12, S. 91.

10. Gespräch mit der Autorin am 24. Oktober 2003.

27. Jeder fünfte Mensch auf der Erde leidet Tag für Tag Hunger – das sind insgesamt mehr als 1 Milliarde Menschen.

1. WHO, »Nutrition for Health and Development: A Global Agenda for Combating Malnutrition«, 2000.

2. Erik Millstone und Tim Lang, *The Atlas of Food* (London: Earthscan, 2003).

3. »Why Half the Planet is Hungry«, *Observer* am 16. Juni 2002.

4. »Why Famine Stalks Africa«, BBC News Online am 12. November 2002.

5. www.fao.org/worldfoodsummit/english/fsheets/food.pdf.

6. »Armed Conflict and Hunger«, www.worldhunger.org.

7. Care International, »HIV/Aids and Food Insecurity: Breaking the Vicious Cycle«, 2002.

8. »The State of Food and Agriculture 2001«, www.fao.org.

9. »Against the Grain«, *Guardian* am 11. September 2003.

10. »Food Aid to Save and Improve Lives«, www.fao.org/worldfoodsummit/english.fsheets.wfp.pdf.

11. Zahlen von der UNESCO, zitiert von der FAO, ebenda.

12. Zahlen von der Weltbank, zitiert von der FAO, ebenda.

13. Pressemitteilung am 16. Oktober 2003.

14. WHO Pressemitteilung am 3. September 2003, www.who.int/nut/nutrition1.htm.

28. **Ein in den Vereinigten Staaten geborener Schwarzer männlichen Geschlechts wird mit einer Wahrscheinlichkeit von eins zu drei mindestens einmal im Leben im Gefängnis landen.**

1. Bureau of Justice Statistics, »Prevalence of Imprisonment in the US Population, 1974-2001«, August 2003.

2. Ebenda.

3. The Sentencing Project, »Facts About Prisons and Prisoners«, www.sentencingproject.org/pdfs/1035.pdf.

4. Bureau of Justice Statistics, Sourcebook of Criminal Justice Statistics, 2001, www.albany.edu/sourcebook.

5. The Sentencing Project, »Facts About Prisons and Prisoners«, ebenda.

6. Ira Glasser, »American Drug Laws: The New Jim Crow«, Rede vor der ACLU Biennial Conference 1999, nachzulesen unter www.aclu.org/drugpolicy/drugpolicy.cfm?id 540&c=82.

7. Mehr in einer exzellenten Diskussion unter www.jimcrowhistory.org.

8. The Sentencing Project, »Does the Punishment Fit the Crime? Drug Users and Drunk Drivers, Questions of Race and Class«, www.sentencingproject.org/pdfs/9040smy.pdf

9. ACLU, »Drugs and Race«, am 17. Dezember 2001.

10. Ebenda.

11. Center for Constitutional Rights, »CCR Achieves Historic Settlement in Street Crimes Unit Class Action«, 18. September 2003, www.ccr-ny.org.

12. The Sentencing Project, »Fact Sheet: Women in Prison«, www. sentencingproject.org/pdfs/1032.pdf.

13. »Hardest Hit by the Prison Craze«, *Salon.com* am 12. Januar 2001.

14. The Sentencing Project, »Fact Sheet: Women in Prison«, op. cit.

15. Human Rights Watch/The Sentencing Project, »Losing the Vote«, 1998.

16. Ira Glasser, »American Drug Laws: The New Jim Crow«, op. cit.

17. »One in 100 Black Adults now in Jail«, *Observer* am 30. März 2003.

18. Paul Street, »Race, Prison and Poverty«, *Z Magazine,* Mai 2001.

19. Ebenda.

29. Ein Drittel der Weltbevölkerung ist gegenwärtig in einen Krieg verwickelt.

1. Homepage unter www.ploughshares.ca.

2. Vorwort zum Project Ploughshares Armed Conflicts Report 2003, www.ploughshares.ca/CONTENT/ACR/ACROO/ACR03-Preface.html.

3. »Sudan: Displaced Caught in the Crossfire«, IRINnews.org, 2002, www.irinnews.org/webspecials/idp/rSudan.asp.

4. Ebenda.

5. International Rescue Committee, DR Congo Mortality Survey 2002.

6. International Rescue Committee, »IRC staff members talk about ›the biggest humanitarian crisis on the planet‹«, April 2003.

7. Beispiele aus der PBS-Dokumentation *The Environmental Impact of War* am 29. August 1999, produziert am Center for Defense Information.

8. Interview with IRIN, 2003, www.irinnews.org.

9. Bericht des Generalsekretärs vor dem Sicherheitsrat zum Schutz der Zivilbevölkerung in bewaffneten Konflikten am 26. November 2002.

10. Präsident Dwight D. Eisenhower am 16. April 1953.

30. Die Ölreserven der Welt könnten im Jahre 2040 erschöpft sein.

1. www.opec.org.

2. Colin Campbell und Jean Laherrere, »The End of Cheap Oil«, *Scientific American,* März 1998.

3. Zitiert aus: The Money Programme, »The Last Oil Shock«, 23. Oktober 2001.

4. CIA, »Global Trends 2015: A Dialogue About the Future with Non-government Experts«, 2000.

5. Renewable Energy Information Sheet, US Department of Energy, www.eia.doe.gov.

6. Motor Equipment and Manufacturers Association, www.mema.org.

7. news.bbc.co.uk/1/hi/england/kent/3200604.stm.

8. »GM Confident Hydrogen Powered Vehicles Will Hit Road from 2010«, Asia Pulse, 28. Oktober 2003.

31. Zweiundachtzig Prozent aller Raucher leben in Entwicklungsländern.

1. Im Jahre 2000 sind Schätzungen zufolge 4,83 Millionen Menschen an tabakbedingten Erkrankungen gestorben. Veröffentlicht ist die Studie in *Lancet,* September 2003, zitiert außerdem unter www.cbsnews.com.

2. www.who.int/tobacco/health_impact/en/.

3. Worldwatch Institute, *Vital Signs 2003.*

4. National Center for Chronic Disease Prevention and Health Promotion, »Smoking Prevalence Among US Adults«, Oktober 2003.

5. Nationalstatistik, »Living in Britain 2001«.

6. Pressesprecher von Rothmans, 1992, zitiert in: WHO, The Tobacco Atlas, einzusehen unter www.who.int/tobacco/statistics/tobacco_atlas/en.

7. Untersuchungen zitiert in »Tobacco Explained«, verfasst für den WHO-Aktionstag gegen das Rauchen.

8. World Health Organisation, Regional Office for the Western Pacific, Pressemitteilung am 28. Mai 2002.

9. WHO, The Tobacco Atlas, op. cit.

10. »From Social Taboo to ›Torch of Freedom‹: The Marketing of Cigarettes to Women«, *Tobacco Control,* Bd. 9, 2000.

11. Ebenda.

12. Center for Disease Control, Global Youth Tobacco Survey.

13. Ebenda.

14. Action on Smoking and Health, »Tobacco: Global Trends«, www.ash.org.uk/html/international/html/globaltrends.html.

15. »In Ex-Soviet Markets, US Brands Took on Role of Capitalist Liberator«, *Washington Post* am 19. September 1996.

16. Richard Peto, zitiert in »Vast China Market Key to Smoking Disputes«, *Washington Post* am 20. November 1996.

17. World Bank, »Economics of Tobacco Control«, wwwl.worldbank.org/tobacco.

18. »Tobacco Ruling Makes Japan Laughingstock«, *Yomiuri Shimbun,* 22. Oktober 2003.

19. Vendhan Gajalakshmi, Richard Peto, Thanjavur Santhanakrishna Kanaka und Prabhat Jha, »Smoking and Mortality from Tuberculosis and Other Diseases in India«, *Lancet,* Bd. 362, Heft 9383, August 2003.

20. www.aidsmap.org/treatments/ixdata/english/10838483-5ca 4-46a3-aea3-ffc8fbd88667.htm.

21. Weltbank, »Economics of Tobacco Control«, ebenda.

22. Siehe Umfrage der Weltbank zum Einfluss der Tabakindustrie, einzusehen unter www.who.int/tobacco/policy/indus try_conduct/en/index.html

23. Rede vor der jährlichen Generalversammlung von British American Tobacco am 29. April 1999.

24. Untersuchung veröffentlicht in *Canadian Medical Association Journal* 2002, zitiert in Worldwatch Institute, *Vital Signs 2003.*

32. Über 70 Prozent der Erdbevölkerung haben noch nie ein Freizeichen gehört.

1. Untersuchung der University of California in Berkeley, Bericht in BBC News Online am am 31. Oktober 2003.

2. Ebenda.

3. AMD Global Consumer Advisory Board, »Charting and Bridging Digital Divides«, Oktober 2003.

4. »Africa Takes on the Digital Divide«, *UN Africa Recovery Magazine*, am 23. Oktober 2002, www.un.org/ecosocdev/geninfo/afrec/vol17.no3/173tech.htm.

5. World Economic Forum, »Annual Report of the Global Digital Divide Initiative«, 2001-2002.

6. Thomas Friedman, »The Internet Wars«, *New York Times* am 11. April 1998, zitiert in Robert McChesney, *Rich Media, Poor Democracy* (Champaign, IL: University of Illinois Press, 1999).

7. »Media Convergence«, *New York Times* am 29. Juni 1998, zitiert in Robert McChesney, *Rich Media, Poor Democracy,* op. cit.

8. AMD Global Consumer Advisory Board, »Charting and Bridging Digital Divides«, op. cit.

9. UK Online Jahresbericht 2002, Cabinet Office.

10. Ebenda.

11. »Africa Takes on the Digital Divide«, op. cit.

12. Zitiert in World Economic Forum, »Annual Report of the Global Digital Divide Initiative«, op. cit.

13. »India Bridges Digital Divide«, *Washington Post* am 12. Oktober 2003.

14. »UN Summit Fails to Bridge Digital Divide«, *Guardian,* 12. Dezember 2003.

33. Bei einem Viertel aller bewaffneten Konflikte der Welt in den letzten Jahren hat der Kampf um natürliche Ressourcen eine ursächliche Rolle gespielt.

1. Worldwatch Institute, *Vital Signs 2003.*

2. International Rescue Committee, DR Congo Mortality Survey 2002.

3. Final Report of the Panel of Experts on the Illegal Exploitation of Natural Resources and Other Forms of Wealth of the Democratic Republic of Congo (Abschlussbericht des Expertenausschusses zur illegalen Ausbeutung natürlicher Ressourcen), dem UN-Sicherheitsrat vorgetragen am 16. Oktober 2002.

4. »Vital Ore Funds Congo's War«, *Washington Post,* 19. März 2001.

5. Bericht an den Sicherheitsrat am 28. Oktober 2003.

6. Council on Foreign Relations, www.terrorismanswers.com/groups/farc.html.

7. Zitiert in »Middle East Water – Critical Resource«, *National Geographic,* Mai 1993.

8. www.fao.org.

9. CGIAR Pressemitteilung am 2. November 2003, www.water-forfood.org.

10. UN IRIN Service, veröffentlicht unter www.scienceinafrica.co.za/2003/Mai/nile.htm.

11. southasia.oneworld.net/article/view/69335/1.

12. »Water Hotspots«, BBC News Online, news.bbc.co.uk/1/shared/spl/hi/world/03/world_forum/water/html/default.stm.

13. »›Real Conflicts‹ Over the World's Water«, BBC News Online am 20. März 2003.

34. In Afrika sind 30 Millionen Menschen HIV-positiv.

1. UNFPA, »State of the World's Population 2003«, Oktober 2003.

2. US Census Bureau, zitiert in www.usaid.gov/press/releases/2002/pr020708.html.

3. Laut der UNFPA-Vertreterin für Sierra Leone, Dr. Mamadou Diallou, zitiert in einer Pressemitteilung der UNFPA am 16. Juli 2002.

4. Vortrag an der Fort Hare University, zitiert im *Daily Telegraph* am 27. Oktober 2001.

5. Darstellung aus »The Belated Global Response to Aids in Africa«, *Washington Post* am 5. Juli 2000.

6. Ebenda.

7. Human Rights Watch, »China's Epidemic of Secrecy«, 30. Oktober 2003.

8. »Hidden from the World, a Village Dies of Aids while China Refuses to Face a Growing Crisis«, *Guardian* am 25. Oktober 2003.

9. Human Rights Watch, »Aids in India: Money Won't Solve Crisis«, 13. November 2002.

10. »The Impact of HIV and Aids on Africa«, www.avert.org/aidsimpact.htm

11. Ebenda.

12. www.guardian.co.uk/aids/graphic/0,7367,898064,00.html.

13. UNFPA, »HIV/Aids in Sub-Saharan Africa«, www.unfpa.org/africa/hivaids.htm.

14. »Annan Issues Stark Aids Warning«, BBC News Online am 22. September 2003.

15. www.nationmaster.com.

35. Jedes Jahr sterben zehn Sprachen aus.

1. »Alarm Raised on the World»s Disappearing Languages«, *Independent* am 15. Mai 2003.

2. Barbara F. Grimes, »Global Language Viability«, www.sil.org/sociolx/ndg-lg-grimes_article.html.

3. Die Datenbank ist Eigentum von SIL International (www.sil.org), einer Organisation, die sich mit Menschen befasst, die wenig bekannte Sprachen sprechen.

4. www.ethnologue.com.

5. Zitiert unter www.unesco.org/education/educprog/wtd_99/english/mother.htm.

6. www.nzhistory.net.nz/gallery/tereo/history.htm.

7. www.tpk.govt.nz/maori/language/educationmi.asp.

8. www.unesco.org/courier/2000_04./uk/doss21.htm.

36. Jahr für Jahr kommen mehr Menschen durch Selbstmord ums Leben als in sämtlichen bewaffneten Konflikten der Welt.

1. Center for Disease Control (CDC), »Suicide in the United States«, www.cdc.gov/ncipc/factsheets.suifacts.htm.

2. Office of National Statistics, »Non-fatal Suicidal Behaviour Among Adults aged 16 to 74«, März 2002, zitiert im *Guardian* am 25. März 2002.

3. WHO, Suicide Prevention Programme, www.who.int/mental_health/prevention/suicide/suicideprevent/en/.

4. American Association of Suicidology, »The Links between Depression and Suicide«, www.suicidology.org.

5. Zitiert in Matthews, »How did Pre-Twentieth Century Theories of the Aetiology of Depression Develop?« www.priory.com/homol/dephist.htm.

6. World Vision, »Intervention Proves Effective in Treating Depression in Africa«, www.worldvision.org.

7. N. Husain, F. Creed and B. Tomenson, »Depression and Social Stress in Pakistan« (2000), *Psychological Medicine,* 30, S. 395–402.

8. www.nimh.nih.gov/publicat/depression.cfm.

9. »Lifestyle Causing Huge Rise in Suicide by Men«, *The Times* am 29. September 2003.

10. Office of National Statistics, »Social Trends 31«, 2001.

11. CDC, »Suicide in the United States«, op. cit.

12. www.nimh.nih.gov/publicat/depression.cfm.

13. www.suicidology.org.

14. Ebenda.

15. Ebenda.

16. Zitiert in »Stigma Ties«, *Guardian* am 11. September 2002.

17. www.who.int/mental_health/management/depression/definition/en.

18. WHO, »Suicidal behaviour in Europe«, 1998.

19. Albert Camus *Der Mythos des Sisyphos*, Hamburg 1959, S. 9.

20. Zahlen zitiert in *Economist,* »Might As Well Live«, 30. Oktober 2004.

21. Zitiert in Andrew Solomon, *Saturns Schatten* (Frankfurt, Fischer, 2002).

22. Our Healthier Nation, www.ohn.gov.uk.

23. Zitiert in Andrew Solomon, *Saturns Schatten*, op. cit.

37. Jede Woche werden in Amerika im Durchschnitt 88 Kinder der Schule verwiesen, weil sie eine Schusswaffe mit in den Unterricht gebracht haben.

1. Darstellung aus »Red Lion Reeling from Two Deaths«, *York Daily Record* am 25. April 2003.

2. www.wsvn.com/news/articles/C27361/.

3. Zitiert in »Bullies, Bullied: Armed and Dangerous«, CBS News Online am 15. April 2003.

4. Zitiert in »Our Kids Have Guns, Now What do We do About it?«,*Time* am 2. April 2001.

5. National Gun Policy Survey of the National Opinion Research Center, Dezember 2001, zitiert in The HELP Network, »Guns and Gun Attitudes in America«, www.helpnetwork.org/frames/resources_factsheets_gunsinus.pdf.

6. National Institute of Justice, Research in Brief, Mai 1997, zitiert in The HELP Network, »Guns and Gun Attitudes in America«, op. cit.

7. US Secret Service National Threat Assessment Center und US Bildungsministerium, »Safe School Initiative«, Mai 2002, zitiert unter www.kidsandguns.org.

8. Center for Disease Control, »Rates of Homicide, Suicide and Firearm-related Death Among Children – 26 Industrialised Countries«, Morbidity and Mortality Weekly Report, 7. Februar 1997.

9. Gespräch der Autorin mit Neu Durkin von Amnesty International Großbritannien am 24. Oktober 2003.

10. National Institute of Justice, Guns in America: National Survey on Private Ownership and Use of Firearms, Mai 1997.

11. Amnesty International und Oxfam International, »Shattered Lives«, 2003.

12. Zitiert in »The Myth of the Second Amendment«, Brady Campaign to Prevent Gun Violence, www.bradycampaign.org/facts/issues/?page=second.

13. Zitiert unter nrawinningteam.com/010.5./fortune.html, 18. Mai 2001.

14. »The NRA's Enormous Political Clout«, CNN.com, 29. April 2003.

15. Zitiert in »Senate Leaders Scuttle Gun Bill Over Changes«, New York Times am 3. März 2004.

16. Mitschrift der 3. Fernsehdebatte des Präsidenten am 13. Oktober 2004, eingesehen unter www.pbs.org/newshour/vote2004/debates/3rddebate/part5.html.

17. Peter Hart Research Associates, »Americans» Attitudes on Children's Access to Guns«, Juli 1999.

18. S. Teret et al., »Support for New Policies to Regulate Firearms«, New England Journal of Medicine, 1998, zitiert unter www.helpnetwork.org.

19. Zitiert in: Johns Hopkins University Center for Gun Policy and Research Factsheet, »Firearm Injury and Death in the United States«, www.jhsph.edu/ gunpolicy.

20. Zitiert unter news.bbc.co.uk/1/hi/world/americas/332555.stm.

21. Journal of the American Medical Association, 1997, zitiert in »Kids and Guns in America«, www.bradycampaign.org/facts/issues/?page=kids.

38. Es gibt auf der Welt mindestens 300000 Gesinnungsgefangene.

1. Amnesty International World Report 2003.

2. Amnesty International, »Defiance Under Fire«, www.amnestyusa.org/amnestynow/leyla.html.

3. www.hr-action.org/action/zana.

4. »Kurdish Test-case Drags On«, BBC News Online am 17. Oktober 2003.

5. www.rsf.org/article.php3?id_article=69.

6. Amnesty International, »Riad al-Turk Talks to *The Wire*«, *The Wire,* November 2003.

7. See www.hermaja.org.

8. www.wri-irg.org/news/htdocs/27032002b.html.

9. Präambel zur Allgemeinen Erklärung der Menschenrechte, verabschiedet am 10. Dezember 1948.

10. Human Rights Watch, »UN Rights Body in Serious Decline«, 25. April 2003.

11. Human Rights Watch, »Libya's Human Rights Record in the Spotlight«, 17. Januar 2003.

12. www.amnestyusa.org/prisoners_of_conscience/.

13. Mehr Information unter www.prisonersofconscience.org.

39. In jedem Jahr werden zwei Millionen Mädchen und Frauen Opfer von Genitalverstümmelungen.

1. Zitiert in UNFPA, »FAQs About Female Genital Cutting«, www.unfpa.org/gender/faqjgc.htm.

2. WHO, Female Genital Mutilation Fact Sheet, Juni 2000, www.who.int/inf-fs/en/fact241.html.

3. Ebenda.

4. Weitere Diskussion unter Muslim Women's League, »Female Genital Mutilation«, www.mwlusa.org/publications/positionpapers/fgm.html.

5. WHO, Female Genital Mutilation Fact Sheet, op. cit.

6. www.fgmnetwork.org.

7. »Couple's Stand Against Female Circumcision«, BBC News Online am 22. Januar 2003.

8. Gespräch der Autorin mit Jacqui Hunt von Equality Now am 18. November 2003.

9. Gemeinsame Erklärung von Weltgesundheitsorganisation, UNICEF und UN-Bevölkerungsfonds, Februar 1996, zitiert in Amnesty International, »Female Genital Mutilation: A Human Rights Information Pack«, 1998.

10. Equality Now, Tanzania: »Failing to Enforce the Law Against Female Genital Mutilation«, Juni 2001.

11. Gespräch mit Jacqui Hunt von Equality Now, op. cit.

12. Samia Mohammed, »Campaigns Against Female Genital Mutilation are Paying off in Eritrea«, *Awaken*, Zeitschrift der National Union of Eritrean Youth and Students, April 2003.

13. »Togolese Anti-FGM Legislation Shows Results«, afrol News Online am 29. Oktober 2002.

14. Zitiert in »Young Africans Reject Genital Mutilation«, Women's e-News, 10. Januar 2003.

40. In den bewaffneten Konflikten der Welt kämpfen gegenwärtig 300000 Kindersoldaten.

1. Zeugenaussage des dreizehnjährigen Martin P., entführt im Februar 2002. Zitiert in Human Rights Watch, »Stolen Children: Abduction and Recruitment in Northern Uganda«, März 2003.

2. Human Rights Watch, »Facts about Child Soldiers«, www. hrw.org/campaigns/crp/facts.htm.

3. Ebenda.

4. Coalition to Stop the Use of Child Soldiers, Child Soldiers Global Report, Mai 2001.

5. Human Rights Watch, »»My Gun Was as Tall as Me‹: Child Soldiers in Burma«, Oktober 2002.

6. Ebenda.

7. Ebenda.

8. Coalition to Stop the Use of Child Soldiers, Child Soldiers Global Report, op. cit.

9. Amnesty International, »DR Congo: Children at War«, September 2003.

10. Amnesty International, »DR Congo: Child Soldiers Tell their Stories«, September 2003.

11. »Tough Calls in Child-soldier Encounters«, *Christian Science Monitor* am 27. Juni 2002.

12. Brigadegeneral William Catto vom Marine Corps Warfighting Laboratory, zitiert in *Christian Science Monitor,* op. cit.

13. Gespräch mit der Autorin am 21. November 2003.

14. Ebenda.

15. »Secretary-General Provides List to Security Council of those Using Child Soldiers, Says Exposure Means Violators of Protection Norms Can No Longer Act with Impunity«, UN-Pressemitteilung am 14. Januar 2003.

16. Zitiert unter web.amnesty.org/pages/childsoldiers-index-eng.

41. An den allgemeinen Wahlen des Jahres 2001 beteiligten sich in Großbritannien knapp 26 Millionen Wähler. Bei der ersten Staffel der Reality-TV-Show *Pop Idol* wurden über 32 Millionen Stimmen abgegeben.

1. Laut Auskunft von Telescope, dem Kommunikationsunternehmen, das die Stimmen für Thames ausgezählt hat: www.telescopeuk.com/news_popidols2.html.

2. Electoral Commission, »Voter Engagement and Young People«, August 2002.

3. »Survey of Attitudes During the 2001 General Election Campaign«, MORI, 4. Juli 2001.

4. »Candidates Wooing Younger Voters«, *The News Journal Online* am 9. November 2003.

5. »Election Leaves Young Japanese Cold«, *Asia Times Online*, 7. November 2003.

6. European Commission Flash Eurobarometer, Post European Elections Survey, Juli 2004.

7. »Shellshocked Brussels Seeks Apathy Antidote«, BBC News Online am 15. Juni 2004.

8. European Commission Flash Eurobarometer, op. cit.

9. »Weird and Wonderful Euro Vote Tactics«, BBC News Online am 4. Juni 2004.

10. »Young People are not Interested in Politics«, *The Star* am 11. November 2003.

11. Electoral Commission, »Voter Engagement and Young People«, op. cit.

12. Ebenda.

13. »Candidates Wooing Younger Voters«, *The News Journal Online,* op. cit.

14. »For 21 Million Young Voters: What Next?« MTV.com am 5. November 2004.

15. CIRCLE, »How Young People Express their Political Views«, Juli 2003.

16. Ebenda.

17. »Ministers Contemplate Cut in Voting Age to 16«, *Times Online* am 14. Februar 2003.

18. MORI-Umfrage für Nestlé Family Monitor, 16. Juli 2003.

19. Birgit Meiners, zitiert in *Deutsche Welle* am 4. September 2003.

20. Electoral Commission, »Voter Engagement and Young People«, op. cit.

21. »Text Message Voting to be Trialled«, BBC News Online am 5. Februar 2002.

42. Amerika gibt jährlich 10 Milliarden Dollar für Pornographie aus – denselben Betrag, den es auch in die Auslandshilfe steckt.

1. www.worldwideboxoffice.com schätzt die nationalen Gesamteinkünfte an den Kinokassen im Jahr 2002 auf 9,2 Milliarden Dollar.

2. »With Pot and Porn Outstripping Corn, America's Black Economy is Flying High«, *Guardian* am 2. Mai 2003.

3. »When Kid Porn isn't Kid Porn«, Wired.com, 8. Mai 2002.

4. Interview für die PBS-Dokumentation *American Porn,* 2001, www.pbs.org/wgbh/pages/frontline/shows/porn/business/howtheme.html.

5. Ebenda.

6. Dennis McAlpine, Analyst der Unterhaltungsbranche, interviewt für *Frontline*, Sendung bei PBS im August 2001, einzusehen unter www.pbs.org/wgbh/pages/frontline/ shows/porn/interviews/mcalpine.html.

7. »Corporate America Gets Rich off Pornography«, *American Blue Online* am 27. Juli 2002, www.american-blue.com/article.asp?id=2895.

8. Diskussion bei Feminists for Free Expression, www.ffeusa.org/pornography.html.

9. Dennis Hof, Mitherausgeber des *Hustler,* und Verleger Larry Flynt, zitiert in »Pornography, Main Street to Wall Street« unter www.policyreview.org/feb01/jenkins.html.

10. Dan Kennedy, »Wholly War: Ashcroft's Anti-porn Crusade Threatens Everyone's Free-speech Rights«, *Boston Phoenix* am 5. September 2003.

43. Im Jahre 2003 gaben die Vereinigten Staaten 396 Milliarden Dollar für die Rüstung aus. Das entspricht dem Dreiunddreißigfachen dessen, was alle sieben »Schurkenstaaten« zusammen investieren.

1. Stockholm International Peace Research Institute, »Recent Trends in Military Expenditure«, 17. Juni 2003.

2. Army News Service, Pressemitteilung am 24. November 2003.

3. Zahlen aus dem Center for Defense Information (CDI), »Fiscal Year 2004 Budget«.

4. Global Issues, »High Military Expenditure in Some Places«, 11. Juni 2003, www.globalissues.org.

5. Worldwatch Institute, *Vital Signs* 2003.

6. Center for Arms Control and Non-Proliferation, »FY04 Military Budget«.

7. CDI, »The Pentagon Budget: More of the Same. Much, Much More«, 14. März 2003, www.cdi.org.

8. Mitschrift einer Rede am 24. November 2003, www.whitehouse.gov.

9. »Bush Signs $401b Defense Bill«, *Boston Globe* am 25 November 2003.

10. Steve Kosiak vom Center for Strategic and Budgetary Assessments, zitiert im *Boston Globe*, op. cit.

11. CDI, »Top Seven Reasons Why we Need to Increase Military Spending (and why they're wrong)«, www.cdi.org, Mai 1998.

12. Council for a Livable World, »Pentagon Allows Export of US Navy's Newest Jet«, *Arms Trade Insider*, 9. August 2001.

13. Amnesty International und Oxfam International, »Shattered Lives«, 2003.

14. International Institute of Strategic Studies, Pressemitteilung, »The Military Balance 2003-2004«, 15. Oktober 2003.

15. CDI, »Top Seven Reasons«, op. cit.

16. Eine sehr gute Diskussion hierüber bietet »How the Iraq War Will Affect the International System«, Bericht des Project on Defense Alternatives vom 6. Mai 2003, www.comw.org/pda/0305 br15.html.

17. OS Earth Global Simulations, »What the World Wants«, www.osearth.com/resources/wwwproject/index.html.

44. Gegenwärtig gibt es auf der Welt 27 Millionen Sklaven.

1. Auskunft an Beth Herzfeld vom *Reporter*, der Zeitschrift von Anti-Slavery International, Oktober 2003.

2. Ebenda.

3. Geschichtlicher Abriss aus www.wikipedia.org.

4. Zahlen aus www.antislavery.org and www.iabolish.org.

5. Amnesty International, »Mauritania: A Future Free from Slavery«, 7. November 2002.

6. www.antislavery.org.

7. Anti-Slavery International, »Debt Bondage«, Dezember 1998.

8. US State Department Trafficking in Persons Report 2003, www.state.gov/g/tip/rls/tiprpt/2003/.

9. Anti-Slavery International, Action Briefing, »Trafficking to the UAE«, August 2003.

10. Amnesty International, »Mauritania: A Future Free from Slavery«, op. cit.

11. www.freetheslaves.net

12. Kevin Bales, »How We Can End Slavery«, National Geographic Online, September 2003.

13. Ebenda.

45. In Amerika werden pro Stunde 2,5 Millionen Plastikflaschen weggeworfen. Das würde ausreichen, um alle drei Monate den Weg zum Mond damit zu pflastern.

1. The Rotten Truth About Garbage, »A Garbage Timeline«, Association of Science-Technology Centers and the Smithsonian Institution Traveling Exhibition Service, 1998.

2. Tidy-Britain-Kampagne (Aktion »Sauberes Großbritannien«), zitiert in »Drowning in a Tide of Discarded Packaging«, *Guardian* am 9. März 2002.

3. Sämtliche Zahlen aus Clean Air Council, »Waste Facts and Figures«, www.cleanair. org/Waste/wasteFacts.html.

4. »China's Chopsticks Crusade«, *Washington Post* am 6. Februar 2001.

5. National Rodent Survey 2002, www.npta.org.uk.

6. National Solid Wastes Management Association, »Garbage by the Numbers«, Juli 2002.

7. »The State We're In«, *Guardian* am 23. Oktober 2003.

8. »Tackling Britain's Waste Mountain«, BBC News Online am 11. Juli 2002.

46. **Ein durchschnittlicher britischer Stadtbewohner wird bis zu dreihundert Mal am Tag von einer Kamera erfasst.**

1. Michael McCahill und Clive Norris, »CCTV in London«, Working Paper Nr. 6., Projekt Urban Eye, Juni 2002.

2. Ebenda.

3. Privacy International, »Häufig gestellte Fragen zum CCTV«, www.privacyinternational.org/issues/cctv/cctv_faq.Html.

4. »CCTV: Looking Out for You« Broschüre, zitiert in Privacy International, »Häufig gestellte Fragen zum CCTV«, op. cit.

5. »To CCTV or Not to CCTV?«, Nacro-Forschungsbericht, Mai 2002, www.nacro.org.uk/data/briefings/nacro-200206.28.00-csps.pdf.

6. Justizministerium der Vereinigten Staaten, »The Appropriate and Effective Use of Security Technologies in US Schools«, September 1999.

7. »Tampa Cops Send Face Recognition Code Packing«, *The Register* am 20. August 2003.

8. »Security Fears Over UK »Snooper's Charter‹«, *The Register* am 4. November 2003.

9. Country summary given in Privacy International and GreenNet Educational Trust, »Silenced: An International Report on Censorship and Control of the Internet«, September 2003.

10. Ebenda.

11. Gespräch der Autorin mit Simon Davies von Privacy International, am 1. Dezember 2003.

12. Gespräch mit der Autorin am 27. November 2003.

13. Gespräch mit der Autorin am 1. Dezember 2003.

47. **Jedes Jahr werden etwa 120 000 Frauen und Mädchen nach Westeuropa verkauft.**

1. *Human Rights Watch*-Gespräch mit bulgarischen Opfern des Menschenhandels im Korydallos-Frauengefängnis in Athen, November 2000, zitiert unter www.hrw.org/campaigns/migrants.

2. IOM, »Victims of Trafficking in the Balkans«, Januar 2002.

3. »Pacing Down Traffickers«, *Newsweek* am 25. August 2003.

4. »Trafficking of Women and Children in South East Asia«, *UN Chronicle Online,* Ausgabe 2, 2003.

5. US Department of State, Trafficking in Persons Report, 2003.

6. Equality Now, »United States: The Role of Military Forces in the Growth of the Commercial Sex Industry«, Juni 2003.

7. Studie der Budapest Group, »The Relationship Between Organized Crime and Trafficking in Aliens«, Juni 1999, zitiert in »Coalition Against Trafficking in Women International, Ten Reasons for Not Legalising Prostitution«, www.womenlobby.org/htmldoc/reasons.html.

8. Ebenda.

9. »Move to Legalise Prostitution in Bangkok Opposed«, AFP, 28. November 2003.

10. Hintergrundinformation des UN Department for Public Information für die Weltkonferenz gegen Rassismus in Durban, »The Race Dimensions of Trafficking in Persons – Especially Women and Children«, am 31. August 2001.

11. Beschluss 2003-35 des Präsidenten am 9. September 2003.

12. Human Rights Watch, »Letter to Colin Powell on the Trafficking in Persons Report 2003«, 27. Juni 2003.

13. »Pacing Down Traffickers«, Newsweek, op. cit.

48. Eine aus Neuseeland nach Großbritannien eingeflogene Kiwi produziert das Fünffache ihres Gewichtes an Treibhausgasen.

1. »A Free Ride for Freight«, Financial Times, 21. November 2000.

2. Sustain/Elm Farm Research Centre Report, »Eating Oil – Food in a Changing Climate«, Dezember 2001.

3. »Miles and Miles and Miles«, Guardian, 10. Mai 2003.

4. Sustain/Elm Farm Research Centre Report, »Eating Oil«, op. cit.

5. FAO, FAOStat Datenbank, 2003.

6. Erik Millstone und Tim Lang, The Atlas of Food (London, Earthscan, 2003).

7. Sustain/Elm Farm Research Centre Report, »Eating Oil – Food in a Changing Climate« zitiert zwei Studien: D.A. Bender und A.E. Bender, Nutrition Reference Handbook (Oxford: Oxford University Press, 1997) und MAFF, Manual of Nutrition (London: The Stationery Office Books, 1997).

8. news.bbc.co.uk/1/hi/uk_politics/3025927.stm.

9. European Commission Pressemitteilung IP/03/1023, 16. Juli 2003.

10. »Local Food Costs Less at Farmers' Markets«, März 2002, www.southwestfoodlinks.org.uk.

11. Rich Pirog am Leopold Centre for Sustainable Agriculture der Iowa State University, zitiert in »Local Foods Could Make For Greener Grocers«, Science News Online am 9. August 2003.

12. Ebenda.

49. Die Vereinigten Staaten schulden den Vereinten Nationen über eine Milliarde Dollar an nicht bezahlten Beiträgen.

1. Global Policy Forum, »UN Financial Crisis«, www.globalpolicy.org/finance/.

2. Global Policy Forum, »US vs Total Debt to the UN 2004«, www.globalpolicy.org/finance/tables/core/un-us-04.htm.

3. UN-Pressemitteilung GA/AB/3578 am 21. Oktober 2003.

4. Rede anlässlich der Unterzeichnung der Charta der Vereinten Nationen, San Francisco am 26. Juni 1945.

5. Die historischen Ereignisse im Detail finden Sie unter www.un.org/aboutun/milestones.htm.

6. Ich danke dem Global Policy Forum für die Analyse »Background and History of the UN Financial Crisis«, www.globalpolicy.org.

7. »Women Denied Help«, *New York Times* am 17. Juli 2003.

8. United Nations Association of the United States of America, »Status of US Financial Obligations to the United Nations«, Juni 2003, www.una-usa.org.

9. Global Policy Forum, »US vs Total Debt to the UN 2004«, op. cit.

10. Ebenda.

11. »Peacekeeping Assessments More than $1,100 Million in Arrears, UN Official Says«, UN News Service, 20. November 2003.

12. »War Crimes Tribunals Forced to Borrow Cash«, *Washington Times* am 24. November 2003.

13. Zitiert unter www.betterworldfund.org/factsheets/o_21563.shtml.

14. Umfrage von Zogby International, Dezember 1998.

15. Umfrage der PIPA, 1996, zitiert unter www.americans-world.org/digest/globalIssues/un/unSb.cfm.

50. Kinder, die in Armut aufwachsen, erkranken mit einer dreimal so hohen Wahrscheinlichkeit an psychischen Leiden wie Kinder aus wohlhabenden Familien.

1. End Child Poverty Campaign, www.ecpc.org.uk.

2. Umfrage für die Greater London Authority, 28. Dezember 2002, zitiert unter www.wsws.org/articles/2002/dec2002/lond-d28.shtml.

3. End Child Poverty Campaign, op. cit.

4. Ebenda.

5. Save the Children, »Britain's Poorest Children«, 2003.

6. Ebenda.

7. Social Survey Division of the Office for National Statistics, »The Mental Health of Children and Adolescents in Great Britain«, 1999.

8. Gespräch mit der Autorin am 9. Dezember 2003.

9. »Teenagers ›get poor mental care‹«, BBC News Online am 8. Mai 2002.

10. www.youngminds.org.uk/policy/million_children.php.

11. Ebenda.

12. »Council Estate Decline Spawns New Underclass«, *Observer* am 30. November 2003.

13. www.poverty.org.uk/summary/key_facts.htm.

14. www.youngminds.org.uk/policy/million_children.php.

15. Zitiert in »Report Reveals Britain's 10 Poorest Areas«, *Guardian* am 18. Februar 2002.

16. Gespräch mit Neera Sharma von Barnardo's am 15. Dezember 2003.

17. Institute for Fiscal Studies, »Inequality and Living Standards in Great Britain: Some Facts«, Dezember 2002.

18. news.bbc.co.uk/1/hi/uk_politics/394115.stm.

19. »Boost Benefits to Hit Poverty Targets, Warns Thinktank«, *Guardian* am 1. Dezember 2003.

20. Policy Press, »Inequalities in Life and Death – What if Britain Were More Equal?«, 2000.

21. MORI-Umfrage für die britische Gewerkschaft GMB am 1. Dezember 2001.

22. MORI-Umfrage für *The Times*, 22. Februar 2001.

Glossar

BIP Das Bruttoinlandsprodukt (englisch: GDP – *gross domestic product*) ist ein Maß für die wirtschaftliche Gesamtleistung eines Landes, und ist definiert als der Geldwert aller volkswirtschaftlichen Endprodukte (Waren und Dienstleistungen), die in einem Land in einem bestimmten Zeitraum (zum Beispiel einem Jahr) hergestellt worden sind. Oft wird es als Pro-Kopf-Größe angegeben, das heißt als die durchschnittliche wirtschaftliche Leistung des einzelnen Bürgers. Das Bruttonationalprodukt (BNP) bemisst sich etwas anders, es misst den Wert aller volkswirtschaftlichen Endprodukte, die in einem Land von allen inländischen *und* ausländischen Bewohnern in einem Zeitraum (zum Beispiel einem Jahr) hergestellt worden sind. Das BNP unterscheidet sich vom Bruttoinlandsprodukt (BIP) dadurch, dass es auch Einkommen aus dem Ausland mit berücksichtigt.

CIA Die Central Intelligence Agency ist eine amerikanische Bundesbehörde, die zuständig ist für die Beschaffung von Informationen über fremde Regierungen, Unternehmen und Einzelpersonen. Sie verfügt außerdem über eine große geheime Militärabteilung.

EU Die Europäische Union ist ein Zusammenschluss aus gegenwärtig 25 europäischen Ländern. Sie verfügt über fünf Hauptinstitutionen: das Europäische Parlament (in das jedes Mitgliedsland Repräsentanten, die »Europa-Abgeordneten«, wählt), die Europäische Kommission, eine Gruppe aus zwanzig bestellten Kommissaren, die die Interessen Europas als Ganzem vertreten, den Ministerrat, bestehend aus Ministern der Mitgliedsstaaten (nicht zu verwechseln mit dem Europarat, einer eigenen Organisation, in der 45 europäische Staaten vertreten sind), den Europäischen Gerichtshof und den Europäischen Rechnungshof.

FAO Die Ernährungs- und Landwirtschaftsorganisation der Vereinten Nationen (englisch: Food and Agriculture Organisation), zu ihren Aufgaben gehören Fragen der Landwirtschaft, der Lebensmittelproduktion und des -vertriebs, der Ernährung und der Hungerbekämpfung.

FBI Das Federal Bureau of Investigation ist die Hauptermittlungsbehörde des amerikanischen Justizministeriums, in ihren Aufgabenbereich fällt auch der Schutz der Vereinigten Staaten vor Terrorangriffen aus dem Ausland.

G8 und G21 G8 steht für »Gruppe der Acht«, einem Zusammenschluss der acht führenden Industrienationen: Großbritannien, Frankreich, Deutschland, Italien, Japan, die Vereinigten Staaten, Kanada und Russland. Den Namen G21 gab sich eine Koalition aus 21 Entwicklungsländern – angeführt von Brasilien, Indien, Südafrika und China –, die bei den Gesprächen der Welthandelsorganisation in Cancun die Entscheidungen der »Subventions-Supermächte« auf spektakuläre Weise blockierten.

IAO Die Internationale Arbeitsorganisation (englisch ILO: International Labour Organisation) war die erste Sonderorganisation der Vereinten Nationen, zuständig für Fragen rund um die Arbeit: Arbeitsrecht, Ausbildung und Arbeitervertretung.

IOM Die Internationale Organisation für Migration befasst sich mit Flüchtlings- und Migrationsfragen.

IWF Der Internationale Währungsfonds (englisch IMF – International Monetary Fund) versucht, die Handelsschranken zwischen Ländern zu senken, indem er den Währungshandel beobachtet und u. a. Entwicklungsländern Geld leiht.

NATO Nordatlantisches Verteidigungsbündnis (englisch: North Atlantic Treaty Organisation) aus 19 Mitgliedsstaaten aus Europa und Nordamerika. Ihr ursprünglicher Hauptzweck waren die gemeinsame politische und militärische Verteidigung gegen Angriffe von außen und ein Nichtangriffspakt der Staaten untereinander. In den vergangenen fünfzehn Jahren aber hat sie eine aktivere Rolle in der globalen Friedenssicherung übernommen.

NGO Nichtstaatliche Organisation (englisch: Non-governmental Organisation), jede internationale Körperschaft oder Organisation, deren Mitglieder Einzelpersonen und keine Staaten sind. Unter den Begriff fällt eine riesige Bandbreite an Vereinigungen von Wohlfahrtsverbänden über Bürgerorganisationen bis hin zu Lobbyistengruppen. Grundsätzlich sollten sie unabhängig von politischen Parteien sein und nicht gewinnorientiert arbeiten.

NRA National Rifle Organisation, eine mächtige amerikanische Lobbyistenvereinigung, die die Rechte von Waffenbesitzern vertritt.

NSA Im Zusammenhang mit bewaffneten Konflikten werden mit dem Begriff »nichtstaatliche Akteure« (englisch: non-state actors) bewaffnete Gruppen bezeichnet, die unabhängig von Regierungen operieren. Dazu können Rebellengruppen, bewaffnete Milizen oder auch die Truppen von illegal herrschenden Regionalregierungen gehören. Für Gruppen, die versuchen, internationales Recht durchzusetzen oder den Opfern bewaffneter Konflikte zu helfen, stellen sie ein besonders großes Problem dar.

OECD Die Organisation für wirtschaftliche Zusammenarbeit und Entwicklung (englisch: Organisation for Economic Co-Operation and Development) ist eine Vereinigung aus 30 Industrienationen und laut Internetseite der OECD »dem Ziel gewidmet, in ihren Mitgliedsstaaten starke und leistungsfähige Volkswirtschaften aufzubauen, die Effizienz der Märkte und Verwaltungen zu verbessern, den freien Markt auszuweiten und die Entwicklung insgesamt sowohl in Entwicklungsländern, als auch in industrialisierten Ländern zu fördern.«

OPEC Die Organisation Erdöl exportierender Länder (englisch: Organisation of Petroleum Exporting Countries) repräsentiert elf Entwicklungsländer, deren Wirtschaft in hohem Maße auf dem Export von Erdöl basiert. Das Kartell gibt für seine einzelnen Mitgliedsstaaten Fördermengen vor und versucht, Ölangebot und -nachfrage zu regulieren.

Perestroika Eine Initiative des ehemaligen russischen Präsidenten Michail Gorbatschow, der Mitte der Achtzigerjahre des 20. Jahrhunderts versuchte, sein Land zu einer stärker marktorientierten Wirtschaft zu führen, und Wirtschafts- und Handelsbeziehungen mit dem Westen einging. Sie trug dazu bei, den Zusammenbruch der einstigen Sowjetunion zu beschleunigen.

PLO Die Palästinensische Befreiungsorganisation (englisch: Palestinian Liberation Organisation) ist ein Zusammenschluss verschiedener politischer und militärischer Kräfte. Bis zu seinem Tod angeführt von Jassir Arafat, gilt sie als offizielle Vertretung des palästinensischen Volkes.

SARS Das Schwere Akute Atemwegssyndrom (englisch: Severe Acute Respiratory Syndrome) ist eine Viruserkrankung. Der erste Ausbruch größeren Umfangs wurde im Jahre 2003 aus Asien gemeldet, die Epidemie breitet sich rasch auf zwanzig weitere Länder aus und forderte 774 Menschenleben.

Scharia Die Scharia, oft auch als islamisches Recht bezeichnet, ist ein religiöses Gesetzeswerk, das islamisches Leben – auf religiöser und säkularer Ebene – bestimmen soll. In welchem Maße die Scharia in den Gerichten umgesetzt wird, ist von Staat zu Staat sehr unterschiedlich.

UN United Nations, siehe Vereinte Nationen.

UNAIDS Das Koordinierungsprogramm der Vereinten Nationen zur Bekämpfung von HIV/AIDS. Das Programm wird von neun anderen Organisationen – darunter der Weltgesundheitsorganisation und der Weltbank – mitgetragen.

UNESCO Die UN-Organisation für Erziehung, Wissenschaft und Kultur (englisch: United Nations Educational, Scientific, and Cultural Organisation) hat die Aufgabe, die internationale Zusammenarbeit im Dienste der Bildungsförderung, der Erhaltung kultureller Vielfalt, der Wissenschaft und Kommunikation zu fördern.

UNFPA Der Bevölkerungsfonds der Vereinten Nationen (englisch: United Nation Population Fund) ist die weltgrößte Quelle von Fördermitteln für Bevölkerungsfragen. Seine Arbeit steht im Dienste der Sicherheit von Schwangerschaft und Geburt, begleitet die Familienplanung, versucht, der Ausbreitung von sexuell übertragenen Krankheiten wie HIV/AIDs und der Gewalt gegen Frauen entgegenzuwirken.

UNICEF Das Kinderhilfswerk der Vereinten Nationen, versucht, Kindern langfristig humanitäre Hilfe zukommen zu lassen. Zu seinen angestrebten Zielen und Projekten gehören die Primärschulbildung für alle Kinder, flächendeckende Impfungen und der Kinderschutz.

Vereinte Nationen Die Vereinten Nationen sind *die* internationale Organisation, zu ihren Mitgliedern zählen 191 Staaten, dazu eine Vielfalt an Organisationen und Zusammenschlüssen mit »Beobachterstatus« wie der Vatikan, die Palästinensische Autonomiebehörde und die Europäische Gemeinschaft. Die Vollversammlung sämtlicher Mitgliedsstaaten tagt einmal im Jahr. Der Sicherheitsrat, in dessen Verantwortung der Friedenserhalt unter den Mitgliedsstaaten fällt, besteht aus fünf ständigen Mitgliedern – China, Großbritannien, Frankreich, Russland und die Vereinigten Staaten – sowie zehn für jeweils zwei Jahre hinzugewählten nichtständigen Mitgliedern.

Weltbank Die Weltbank hat das Ziel, ihren Mitgliedsstaaten die finanziellen Mittel für die Entwicklung und die Armutsbekämpfung zur Verfügung zu stellen. Von Globalisierungsgegnern wird sie wegen ihrer Politik der Liberalisierung des Handels auf Kosten der nationalen Souveränität getadelt.

WHO Ziel der Weltgesundheitsorganisation (englisch: World Health

Organisation) ist es, »allen Völkern der Erde ein Höchstmaß an Gesundheit zu bringen«. Ihre Arbeit wird gelenkt von der Vollversammlung ihrer 191 Mitglieder.

WTO Die Welthandelsorganisation (englisch: World Trade Organisation) befasst sich mit den globalen Handelsbeziehungen zwischen ihren Mitgliedsstaaten. Sie überwacht die Einhaltung einer Reihe von Abkommen, die von ihren Mitgliedern unterzeichnet wurden und bestimmte Handelsrichtlinien festlegen. Die WTO ist davon überzeugt, dass uneingeschränkter Handel auf der Basis multilateraler Abkommen der beste Weg zu wirtschaftlichem Wachstum ist. Ihre Gegner sind der Auffassung, dass die Abkommen der WTO den reichen Industrienationen die Mittel an die Hand geben, den Welthandel auf Kosten der kleineren Entwicklungsländer zu beherrschen.

Selbst etwas tun

Falls das, was Sie bis hierher gelesen haben, in Ihnen den Wunsch geweckt haben sollte, selbst aktiv zu werden oder mehr über ein paar der hier aufgeführten Fakten zu erfahren – so finden Sie im Folgenden einige Organisationen, die Ihnen dabei behilflich sein werden. Natürlich erhebt diese Liste keinerlei Anspruch auf Vollständigkeit. Es gibt viele, viele hundert Hilfsorganisationen, Denkfabriken und nichtstaatliche Organisationen, die hervorragende Arbeit leisten; sie alle aufzulisten ergäbe ein eigenes Buch. Ich habe ein paar von denen aufgeführt, die mir beim Schreiben dieses Buches sehr von Nutzen gewesen sind. Wenn Sie Interesse haben, aber nicht wissen, wo Sie anfangen sollen, hier sind ein paar Vorschläge.

Der deutschen Ausgabe sind in jedem Abschnitt ein bis zwei deutschsprachige Internetseiten beigefügt.

Menschenrechtsgruppen

American Civil Liberties Union (ACLU). Gegründet im Jahr 1920, hat sie sich geschworen, »gegen die Verletzung bürgerlicher Freiheiten zu kämpfen, wo immer es dazu kommt«, sie betreibt in Washington Lobbyarbeit zum Schutz der Bürgerrechte. www.aclu.org

Amnesty International. Veranstaltet Aktionen und Kampagnen zu einer großen Bandbreite von Menschenrechtsthemen und ist berühmt für ihre Briefaktionen »gegen das Vergessen«. Die internationale Internetseite hat die Adresse www.amnesty.org, die deutsche www.amnesty.de

Human Rights Watch. Dem Schutz und der Durchsetzung der Menschenrechte auf der ganzen Welt verpflichtet hat sich Human Rights Watch zum Ziel gesetzt, Verstöße und deren Urheber in aller Öffentlichkeit anzuprangern, sowie Aktionsbündnisse zu bestimmten Menschenrechtsverletzungen zu schmieden. www.hrw.org

Liberty. In England beheimatete Menschenrechtsgruppe mit dem Ziel, Menschenrechte und -freiheiten zu sichern und gleichzeitig unbotmäßiger Machtausübung von Regierungsseite den Kampf anzusagen. www.liberty-human-rights.org.uk

Internationale Gesellschaft für Menschenrechte (IGFM) – Deutsche

Sektion e.V. Im Jahre 1972 in Frankfurt am Main gegründet, unterstützt die Organisation »Menschen, die sich gewaltlos für die Verwirklichung der Menschenrechte in ihren Ländern einsetzen, oder die verfolgt werden, weil sie ihre Rechte einfordern«. www.igfm.de Einen Überblick über vierzig Menschenrechtsorganisationen und ihre Arbeit in Deutschland findet sich unter **Forum Menschenrechte – Netzwerk deutscher Menschenrechtsorganisationen**. www.forum-menschenrechte.de

»Think Tanks« (Denkfabriken)

Center for Responsive Politics. In der amerikanischen Hauptstadt Washington beheimatete Gruppe, die sich mit dem Weg des Geldes in der Politik und seinem Einfluss auf Wahlen und die Politik beschäftigt. www.opensecrets.org

Global Policy Forum. Überwacht die politischen Abläufe innerhalb der Vereinten Nationen, tritt für global verantwortbare Entscheidungen ein und setzt sich ein für Friedensfragen, Rechtsprechung und Bürgerbeteiligung. www.globalpolicy.org

Jubilee Research. Begann ihr Dasein als Jubilee 2000, einer Kampagne zum Schuldenerlass. Heute beschreibt sich Jubilee selbst umfassender als Institution des Denkens und Handelns. www.jubilee2000uk.org.

Worldwatch Institute. Betreibt einen globalen und interdisziplinären Ansatz zu Fragen des Umweltschutzes und anderen Weltfragen. Seine jährlichen Publikationen *Vital Signs* und *Zur Lage der Welt* sind erstklassig. www.worldwatch.org

Hilfsorganisationen

Actionaid. Arbeitet daran, Menschen in Armut Lebensmittel, Wasser, medizinische Grundversorgung und Bildung zu sichern und ihnen die Chance zu geben, ihre Rechte geltend zu machen. www.actionaid.org

Caritas Internationalis. Internationales Caritas-Netzwerk, katholisches Hilfswerk für Not- und Katastrophenhilfe, mit mehr als 150 katholischen Organisationen (unter anderem Cafod), die sich in nahezu 200 Ländern und Regionen der Erde in der Katastrophenhilfe, der Entwicklungshilfe und in sozialen Projekten engagieren. www.caritas-international.de

CARE International. Humanitäre Organisation und Katastrophenhilfe, die Kriegsopfern, den Überlebenden bewaffneter Konflikte und von Naturkatastrophen Nahrung und Obdach gewährt. www.care.org

Oxfam. Organisation zur Not- und Katastrophenhilfe mit Vertretungen in verschiedenen Ländern, fördert außerdem in langfristigen Projekten die wirtschaftliche und soziale Entwicklung und leistet entwicklungspolitische Lobby- und Kampagnenarbeit. www.oxfam.de

Antikorruptionsorganisation

Transparency International. Die nach eigenen Angaben einzige internationale nichtsstaatliche Organisation zur Bekämpfung der Korruption (»Die Koalition gegen Korruption«) mit Vertretungen in der ganzen Welt, zeigt mit ihrem CPI (Corruption Perceptions Index – einer Auflistung der »gefühlten« Korruption) – auf faszinierende Weise, wie Bürger ihre Regierungen einschätzen. In Deutschland: www.transparency.de

Abtreibung, Sexualerziehung

International Planned Parenthood Federation. In Großbritannien ansässige Wohlfahrtsorganisation, die sich mit Fragen der Frauengesundheit, Sexualerziehung und Familienplanung befasst und selbständige Organisationen in über 180 Ländern miteinander vernetzt. www.ippfwhr.org

Die Bundeszentrale für gesundheitliche Aufklärung unterhält eine Internetseite zum Thema Frauengesundheit und Gesundheitsförderung, auf der zahlreiche Organisationen zum Themenkreis Sexualität, Familienplanung, Schwangerschaft und Abtreibung aufgelistet sind. www.artemis.bzga.de

pro familia. die Deutsche Gesellschaft für Familienplanung, Sexualpädagogik und Sexualberatung e.V., unterhält Vertretungen in ganz Deutschland und berät Ratsuchende aller Altersgruppen zu Fragen der Sexualität, Schwangerschaft und des Schwangerschaftsabbruchs. www.profamilia.de

Frauenrechte, Gewalt in der Familie, Kindsmord an Mädchen

Equality Now! Schützt und fördert die Durchsetzung der Menschenrechte von Frauen auf der ganzen Welt. www.equalitynow.org

Family Violence Prevention Fund. Internationale Gruppe, die versucht, häusliche Gewalt als Problem sichtbar zu machen und zu ihrer Eindämmung beizutragen. www.endabuse.org liefert eine hervorragende Quelle zur Forschung über Gewalt in der Familie.

National Organisation for Women (NOW). Frauenrechtsgruppe mit Sitz in den USA (Betty Friedan gehörte zu ihren Gründungsmitgliedern), die sich für die Gleichberechtigung von Frauen – ein Ende der Diskriminierung, Geburtenkontrolle, selbstbestimmte Sexualität und ein Ende der Gewalt gegen Frauen – stark macht. www.now.org

Society for the Prevention of Infanticide. Versucht, die historische und gegenwärtige Praxis des Kindesmords der Allgemeinheit ins Bewusstsein zu rufen. www.infanticide.org

Terre des Femmes, gemeinnützige internationale Menschenrechtsorganisation für Frauen und Mädchen, die sich dafür einsetzt, dass Frauen und Mädchen ein gleichberechtigtes und selbstbestimmtes Leben führen können und unveräußerliche Rechte genießen. www.terre-des-femmes.de. Des Weiteren unterhält **Amnesty International** eine Sektionskoordinationsgruppe Menschenrechtsverletzungen an Frauen: www.frauen-menschenrechte.de, für die politische Berücksichtigung und Umsetzung von Frauenrechten kämpft in Deutschland außerdem der **Deutsche Frauenrat**: www.frauenrat.de

Medica Mondiale unterstützt traumatisierte Frauen in Kriegs- und Krisengebieten. www.medicamondiale.org

Todesstrafe, Strafgerechtigkeit, Diskriminierung

Al-Fatiha. Internationale Organisation für lesbische, schwule, bisexuelle oder transsexuelle Muslime. www.al-fatiha.net

Initiative gegen die Todesstrafe e.V./German Coalition to Abolish Death Penalty (GCADP) Deutscher Verein, der zum Tode verurteilte Gefangene betreut und sich durch Briefaktionen und Appelle für die Abschaffung der Todesstrafe einsetzt. www.initiative-gegen-die-todesstrafe.de

International Lesbian and Gay Association. Netzwerk verschiedener Gruppen, die sich für die Gleichberechtigung von homosexuellen und bisexuellen Männern und Frauen sowie von Transsexuellen engagiert. Auf der Internetseite findet sich ein umfassender Überblick über die Rechtslage zur Homosexualität auf der ganzen Welt. www.ilga.org

Lesben- und Schwulenverband Deutschland (LSVD) Bürgerrechts- und Selbsthilfeorganisation von homosexuellen Männern und Frauen. www.lsdv.de

Reprieve. Britische Wohlfahrtsorganisation, die zum Tode verurteilte amerikanische Gefangene betreut. www.reprieve.de

Waffenkontrolle

Brady Campaign to Prevent Gun Violence. Amerikanische Graswurzelorganisation, benannt nach John Brady, dem Pressesprecher Ronald Reagans, der bei einem versuchten Attentat auf den Präsidenten schwer verletzt worden war. www.bradycampaign.org

Control Arms. Größte Waffengegner-Initiative der Welt, im Oktober 2003 gemeinsam von Oxfam, Amnesty International und dem International Action Network on Small Arms in 70 Ländern ins Leben gerufen. www.controlarms.org, eine deutschsprachige Internetseite dazu gibt es aus Österreich: http://www.controlarms.at

Gesundheit, Ernährung, Medizinische Krisensituationen

Action on Smoking and Health (AHS) Eine Gruppe, die sich für die Rechte von Nichtrauchern einsetzt. www.ash.org

Deutsche Internetadressen zum Thema Rauchen beziehungsweise Nichtrauchen bieten eine gemeinsame Initiative des Deutschen Krebsforschungszentrums und der Bundeszentrale für gesundheitliche Aufklärung: **Rauchfrei 2006**: www.rauchfrei.de oder www.rauchfrei2006.de, sowie das **Rauchertelefon** des Deutschen Krebsforschungszentrums: www.tabakkontrolle.de

The Global Fund to Fight AIDS, Tuberculosis and Malaria. Bündnis aus Regierungen, Bürgervertretungen, dem Privatsektor und betroffenen Gemeinschaften im Kampf gegen drei der verheerendsten Krankheiten der Welt. www.theglobalfund.org

Internationales Komitee des Roten Kreuzes/International Committee of the Red Cross (ICRC). Im Jahre 1863 gegründete humanitäre Mission mit dem Ziel, Kriegs- und Bürgerkriegsopfern zu helfen. Das ICRC bildet das Herz der Internationalen Rot-Kreuz- und Roter-

Halbmond-Bewegung und tritt für die Umsetzung humanitärer Gesetzeswerke ein: www.icrc.org. Eine deutschsprachige Internetseite, von der aus man sich auch über die internationalen Projekte und Einsätze informieren kann, ist die des Deutschen Roten Kreuzes: www.drk.de

Ärzte ohne Grenzen/Médecins sans Frontières. Medizinische Hilfsorganisation, die hilft, wo immer sie gebraucht wird, und sich auf ihre Fahnen geschrieben hat, das Elend der Menschen, denen sie zu Hilfe kommt, ins öffentliche Bewusstsein zu rücken www.msf.org, die deutsche Internetseite dazu hat die Adresse: www.aerzte-ohne-grenzen.de

Slow Food Movement. Hat sich zum Ziel gesetzt, in Ernährungsfragen das kulturelle Erbe zu bewahren, predigt eine saisonal angepasste Kost, macht sich stark für Regionalvermarktung und die traditionelle Zubereitung von Mahlzeiten. www.slowfood.de

Sustain. Ein Bündnis für bessere Ernährung und Tierhaltung, fördert den Tier- und Umweltschutz. www.sustainweb.org

Worldhunger. Hervorragende Internetquelle zum Thema Hunger, seinen Ursachen und Auswirkungen, und zu den Maßnahmen, die gegenwärtig zu seiner Bekämpfung getroffen werden. www.worldhunger.org. Deutschsprachige Informationen bietet die **Welthungerhilfe** und die ihr angeschlossenen Organisationen, einzusehen unter www.welthungerhilfe.de

FIAN-International. FIAN, das »Food First Informations- und Aktions-Netzwerk«, 1986 gegründet, setzt sich als internationale Menschenrechtsorganisation mit UN-Beraterstatus dafür ein, dass alle Menschen frei von Hunger leben und sich eigenverantwortlich ernähren können. www.fian.de

Landminen

Adopt-A-Minefield. Organisiert Mittel für die Kampagne gegen Landminen. www.landmines.org

International Campaign to Ban Landmines (ICBL) Netzwerk aus verschiedenen nichtstaatlichen Organisationen in 60 Ländern, die sich für ein umfassendes Verbot von Landminen stark machen. Sein jährlicher Bericht kontrolliert und dokumentiert die Fortschritte in aller Welt: www.icbl.org. Deutschsprachige Internetseiten zum Thema Landminen und zur deutschen Beteiligung an der Internationalen Kampagne gegen Landminen bieten die **Kindernothilfe**: www.kindernothilfe.de/kampagnen/landminen/index.html, sowie das **Aktionsbündnis Landmine**: www.landmine.de.

Konflikte

Coalition to Stop the Use of Child Soldiers. Gegründet 1998, deckt den Einsatz von Kindersoldaten in bewaffneten Konflikten auf und berichtet darüber: www.child-soldiers.org.

Deutsche Koordination Kindersoldaten. Deutsches Aktionsbündnis gegen den Einsatz von Kindersoldaten, zu dem sich zehn nichtstaatliche Organisationen zusammengeschlossen haben und das über die Problematik berichtet, zu öffentlichkeitswirksamen Aktionen aufruft und Lobbyarbeit betreibt: www.kindersoldaten.de

International Rescue Committee. Wurde im Jahre 1933 auf Vorschlag von Albert Einstein als Vereinigung gegründet, die den Opfern des Hitlerregimes helfen sollte. Das IRC engagiert sich auch heute noch für die Unterstützung von Flüchtlingen und anderen Menschen, die in ihren Heimatländern von bewaffneten Konflikten betroffen sind. www.theirc.org

Project Ploughshares. Diese kanadische Gruppe veröffentlicht jedes Jahr einen Bericht, in dem sämtliche bewaffneten Konflikte der Welt aufgelistet sind und bewertet werden. www.ploughshares.ca/content/acr/acr.html.

Sklaverei, Zwangsarbeit, Kinderarbeit

African Movement for Working Children and Youth. Zusammenschluss mehrerer hundert Graswurzelorganisationen zur Verbesserung der Situation erwerbstätiger Kinder und Jugendlicher. www.enda.sn/eja. Deutschsprachige Informationen zum Thema Kinderarbeit finden sich unter anderem bei der **Kindernothilfe**: www.kindernothilfe.de, im **Deutschen NGO-Forum Kinderarbeit**, dem mehrere Organisationen angeschlossen sind, die sich bemühen, eine differenzierte Sicht der Situation zu gewinnen und zu vermitteln: www.forum-kinderarbeit.de, beim Kinderhilfswerk der Vereinten Nationen www.unicef.de und dem Verein **ProNATs e.V.** Verein zur Unterstützung arbeitender Kinder (NATs leitet sich aus dem Spanischen her: Niñas, Niños y Adolescentes Trabajadores) www.pronats.de

Anti-Slavery International. Die 1839 gegründete Organisation gegen den Sklavenhandel ist die älteste Menschenrechtsorganisation der Welt. Sie hat Ihren Hauptsitz in London und unterhält eine hervorragende Internetseite unter www.antislavery.org. Ihre Schwesterorganisation in den vereinigten Staaten heißt **Free the Slaves** und hat die Adresse www.freetheslaves.net

Fairtrade Foundation. Die in England ansässige Organisation handelt nicht selbst mit Waren, sondern vergibt Gütesiegel für den fairen Handel an Produkte, die unter fairen, ethisch vertretbaren Bedingungen hergestellt und gehandelt werden. Die britische Website hat die Adresse www.fairtrade.org.uk, Informationen über internationale Initiativen finden sich unter www.fairtrade.net. In Deutschland gibt es seit 1992 den gemeinnützigen Verein **TransFair**, der nach demselben Prinzip arbeitet und seit 2003 auch unter demselben Fairtrade-Logo firmiert. Unter www.gepa.de finden sich deutschsprachige Informationen zum fairen Handel. Ein anderes Beispiel für die Vergabe von Gütesiegeln ist die **Rugmark Foundation**, eine Initiative, die in Südostasien Teppiche auszeichnet, die ohne den Einsatz von Kinderarbeit hergestellt worden sind. www.rugmark.org

Kinderarmut

Barnardo's. Größte britische Kinder-Wohlfahrtsorganisation, befasst sich mit Kindern und Familien, die durch Armut, Missbrauch oder Diskriminierung besonderen Gefahren ausgesetzt sind. www.barnardos.or.uk

Child Poverty Action Group. Lobbyarbeit und Vertretung für Kinder in Armut. www.cpag.org.uk

End Child Poverty Campaign. Ausgezeichnete Quelle für Fakten und Zahlen zum Ausmaß des Problems Kinderarmut in Großbritannien. www.ecpc.org.uk

Netzwerk Sozialhilfe-Kinderarmut. Zur Kinderarmut in Deutschland, siehe Stichwort Kinderarmut auf der Homepage der **Arbeiterwohlfahrt** unter www.awo.org und www.kinder-armut.de

Save the Children. Liefert internationale Perspektiven und Daten zum Thema Kinderarmut. www.savethechildren.org

Datenschutz, Informationsbeschaffung, Privatsphäre

Caspian. Amerikanische Gruppe, die Kampagnen gegen den Missbrauch von Kundenkarten und anderen Informationsbeschaffungssystemen organisiert. www.nocards.org

Privacy International. Menschenrechtsgruppe, die sich als Wachhund für Fragen des Datenschutzes engagiert. www.privacyinternational.org.

Zwei deutsche Adressen zum Thema Datenschutz sind der **Bundesbeauftragte für den Datenschutz und die Informationsfreiheit,** www.bfdi.bund.de, sowie das **Virtuelle Datenschutzbüro**: www.datenschutz.de

Global denken, lokal handeln

Einer nichtstaatlichen Organisation beizutreten ist nicht das Einzige, was Sie tun können, um die Welt ein bisschen zu verändern. Behalten Sie die Vorstellung im Hinterkopf, dass globales Denken und lokales Handeln zusammen gehen müssen. Einige der größten Veränderungen, die wir zu leisten imstande sind – vor allem auf dem Sektor Umweltschutz – beginnen im ganz Kleinen.

Zu den wichtigsten Dingen, die Sie tun können, gehört es, sich darüber Gedanken zu machen, wie Sie Ihren Einfluss auf die Erde insgesamt so klein wie möglich halten können. Umweltschützer sprechen manchmal davon, die eigenen Fußabdrücke zu verkleinern – die Ressourcen zu verringern, die man verbraucht –, zum Beispiel so viele Wertstoffe wie möglich wiederzuverwenden und Recyclingprodukte zu kaufen oder am Arbeitsplatz für Recyclingsysteme einzutreten. Kaufen Sie »grüne« Putzmittel, und ersetzen Sie Ihre Glühbirnen durch Energiesparlampen. Lassen Sie das Auto so oft wie möglich stehen, und benutzen Sie den öffentlichen Nahverkehr. Achten Sie beim Einkaufen auf fair gehandelte Produkte, außer in den einschlägigen Eine-Welt-Läden werden sie inzwischen in vielen Supermärkten angeboten. Sollte Ihrer nicht dazu gehören, fragen Sie die Marktleitung danach, regen Sie den Verkauf an. Denken Sie auch über die Kilometer nach, die das, was Sie kaufen, womöglich zurückgelegt hat: Besinnen Sie sich, statt teure Gemüse- und Obstsorten zu kaufen, die in Ihrem Land gerade keine Saison haben und um die halbe Welt geflogen sind, auf qualitativ gute regionale Produkte. Die Slowfood-Bewegung ist da eine gute Anregung.

Manche Banken fangen an, Geschäfte anzubieten, die sich ausdrücklich an ethisch vertretbaren Grundsätzen orientieren, unter anderem die britische Co-operative Bank (www.co-operativebank.co.uk), die italienische Banca Etica (www.bancaetica.com) und die kanadische Citizens» Bank (www.citizensbank.ca), während die niederländische Triodos-Bank ihren Kunden die Möglichkeit gibt, in Mikrokredite an Kleinunternehmer in Entwicklungsländern oder zur Förderung alternativer Energiequellen zu investieren. Und um das Einkaufen ein bisschen weniger schuldbefrachtet zu machen, bieten einige Banken gar Kundenkarten an, bei denen die jeweilige Bank bei jedem Einkauf einer von Ihnen genannten Wohlfahrtsorganisation eine Spende zukommen lässt.

Das sind nur einige wenige Ideen, Sie haben sicher jede Menge eigene. Das Wichtigste ist, sich darüber klar zu werden, dass diese kleinen Dinge wirklich etwas bewirken und dass, wenn viele Menschen an einem Strang ziehen, diese Wirkung sichtbar wird. Engagement hat nicht unbedingt etwas mit großer Geste zu tun, ja, es könnte durchaus sein, dass es gerade diese kleinen Schritte sind, die die Welt eines Tages wirklich verändern.

Danksagung

Ich hatte immer geglaubt, ein Buch zu schreiben sei eine einsame Tätigkeit, aber ich habe mich geirrt. Viele Leute haben mir geholfen, mich inspiriert und zum Gelingen beigetragen, und ihnen allen bin ich unendlich dankbar.

Ein ganz besonderer Extradank geht an Neil Durkin von *Amnesty International* und Steve Crawshaw von *Human Rights Watch*, an Jacqui Hunt von *Equality Now*, Gladwell Otieno von *Transparency International Kenia*, Barry Hugill von *Liberty*, Neera Sharma von *Barnado's* und an Simon Davies von *Privacy International*. Dank auch an alle, die sich die Zeit genommen haben, mit mir zu reden, an alle, die zu den Disputen, die in diesem Buch behandelt wurden, beigetragen oder diese angeregt haben, und an alle Gruppen – große und kleine –, die daran arbeiten, die Welt zu einem besseren, gerechteren Ort zu machen.

Zwei Menschen gibt es, ohne die dieses Buch nicht zustande gekommen wäre: Professor Ziauddin Sardar, dessen großmütige Empfehlung und Ermutigung all dies erst in Bewegung gesetzt hat, und an Andrew Furlow von Icon Books, der eine ängstliche und von Zweifeln geplagte Autorin mit nonchalanter Gelassenheit zu beruhigen wusste.

An meine Kollegen bei HardTalk – Carey, Tim, Sola, Ali, Bridget, Tanya, Sian, Tama, Nick und Dougal: Danke euch allen für eure Ideen und euer Engagement. Dank auch an meine Familie und meine Freunde für ihre Liebenswürdigkeit, ihren nie erlahmenden Zuspruch und ihr Verständnis für das plötzliche Verstummen eines Telefons. Mein Freund Callum brachte es fertig, mich aus einer Entfernung von 12 000 Meilen aufzuheitern – eine konkurrenzlos beeindruckende Leistung. Und dann ist da noch John – meine rechte Hand, mein offenes Ohr und wunderbarer, geduldiger Komplize bei jeder Schandtat. Er wird sich vor Verlegenheit winden, wenn er sich in einer solchen Liste findet, ein Grund mehr für mich, ihm von Herzen zu danken.

GOLDMANN

*Das Gesamtverzeichnis aller lieferbaren Titel erhalten Sie
im Buchhandel oder direkt beim Verlag.
Nähere Informationen über unser Programm erhalten Sie auch im Internet unter:*
www.goldmann-verlag.de

★

Taschenbuch-Bestseller zu Taschenbuchpreisen
– Monat für Monat interessante und fesselnde Titel –

★

Literatur deutschsprachiger und internationaler Autoren

★

Unterhaltung, Kriminalromane, Thriller
und Historische Romane

★

Aktuelle Sachbücher, Ratgeber, Handbücher und
Nachschlagewerke

★

Bücher zu Politik, Gesellschaft, Naturwissenschaft und Umwelt

★

Das Neueste aus den Bereichen
Esoterik, Persönliches Wachstum und Ganzheitliches Heilen

★

Klassiker mit Anmerkungen, Anthologien und Lesebücher

★

Kalender und Popbiographien

★

Die ganze Welt des Taschenbuchs

★

Goldmann Verlag • Neumarkter Str. 28 • 81673 München

Bitte senden Sie mir das neue kostenlose Gesamtverzeichnis

Name: _____

Straße: _____

PLZ / Ort: _____